工程设计导论 下

【美】约翰·R.卡尔斯尼茨 斯蒂芬·奥布莱恩 约翰·P.哈钦森 著

赖文绚 李婵 李超 等译

上海科技教育出版社

出版说明

21世纪是知识和经济全球化的时代，科技创新越来越受到重视，社会对科技与工程类人才的需求与日俱增。各国为了应对竞争压力，纷纷进行基础教育改革，尤其是美国发起的STEM（科学、技术、工程和数学，简称STEM）教育，在全世界引起了广泛的关注和探索实践。

当前，我国基础教育阶段的工程教育尚处于起步阶段，没有成熟的课程设置与师资配备，也缺乏相对权威可靠的课程资源。为此，我们精选美国"项目引路"机构（Project Lead the Way，简称PLTW）的课程资源，引进出版了这套"中小学工程教育"丛书。目前，美国50个州和哥伦比亚特区已经有4700多所学校开设PLTW课程，PLTW的课程资源是目前美国初中和高中使用最广泛的预备工程教育课程资源。我们希望，这套丛书的引进出版，为我国当下正在策划的基于"核心素养"的基础教育课程改革，以及我国以工程技术思想为龙头的STEM教育的有效实施提供参考。

需要说明的是，原书使用的度量衡单位、符号及部分规范，与国内通用的国际单位有所不同，为了原汁原味地保持原有内容，以及行文的简洁，我们仅在每本书的前面附上了单位换算表，以方便读者使用。此外，该套丛书涉及科学、技术、工程和数学多个领域，翻译难度较大。不当之处，欢迎广大读者批评指正。

丛书序

教育要面向未来多变的社会，要培养具备全球胜任力的学生。在这样的背景下，综合性、跨学科的知识和能力越来越重要，这也是我国当前课程改革中最新提出培养、发展学生核心素养（即必备品格与关键能力）的重要内涵。因此，通过加强跨学科课程建设，给学生提供跨学科学习经历尤显重要。国际上当前流行的STEM、STEAM课程，也正是以跨学科、综合性作为其重要特征的。

我国的基础教育历来十分注重学科课程。虽然学科课程原本内涵着跨学科的元素（如物理中有数学，化学中有物理，历史中有地理），但长期以来已被固化，缺乏与时俱进的深化和拓展。近年的课程改革又开始重视综合性课程和跨学科课程的开发，如全国课程改革中的综合实践活动课程，上海课程改革中的研究型课程、科学课程和艺术课程。但在实施中，这些课程远未达到应有的水平。而且现在看来，这些课程缺乏了一个重要内容，就是工程教育。工程是科学、数学与技术等的整合与应用，航天工程、生物工程、桥隧工程、建筑工程、"菜篮子工程"等都是工程。在工程中，必须把设计思维和实践能力放在重要位置，这就要求能够在面临一个复杂的、综合性的任务时，创造性地利用各种手段和方式去完成任务。在设计思维里，系统性思想、以人为本的思想都非常重要。因此，工程教育是跨学科的，是培养设计思维和实践能力的一个很重要的载体，而这正是发展学生核心素养的重要内容。

在基础教育课程改革中，我们首先关注课程的育人价值，在今天特别要考虑课程面对未来的育人功能。工程教育的缺失会产生育人的短板，这也是国际教育界通过反思之后特别重视STEM课程的重要原因。当前，加强工程教育已经成为国际共识。相比之下，我们就更需要努力了。

如何弥补工程教育在我国基础教育中的薄弱与空白？由于当前国内还没有理想的中小学工程教育教材，所以需要学习和借鉴。本套"中小学工程教育"丛书是从美国引进的，有很多值得借鉴的优点。首先，内容系统、完整。书中对工程学科有全面、系统的介绍，包括工程设计的一般流程，工程建设相关的工具、材料、职业等。书中还结合具体的工程项目，介绍了物理、数学等学科知识在工程问题中的应用。其次，它是跨学段的系统设计，初中阶段的学生用书是《工程学入门》，高中阶段的学生用书是《工程原理》《工程设计导论》，内容的难易与梯度都比较合适。第三，语言生动、图文并茂，可读性很强。最后，整套书不仅有功能类似传统教材的学生用书，还有配套实践手册，可供学生练习、提高。

"他山之石，可以攻玉"。我希望这套"中小学工程教育"丛书的翻译出版，可以为我国当前的课程改革、教材开发服务。希望国内的相关人士，能够在此基础之上，开发本土中小学工程教育教材。

张民生
2017年12月

单位换算表

量的名称	英（美）制单位		换算关系
	名称	符号	
长度	英寸	in	1 in = 25.4 mm
	英尺	ft	1 ft = 12 in = 0.3048 m
	英里	mi	1 mi = 5280 ft = 1609.344 m
面积	平方英寸	in²	1 in² = 645.16 mm²
	平方英尺	ft²	1 ft² = 0.092 903 m²
体积	立方英寸	in³	1 in³ = 16.387 cm³
容积	加仑（美）	gal	1 gal = 231 in³ = 3.785 4 L
速度	英尺每秒	ft/s	1 ft/s = 0.3048 m/s
	英里每小时	mi/hr, mph	1 mph = 0.447 04 m/s
加速度	英尺每平方秒	ft/s²	1 ft/s² = 0.3048 m/s²
	英里每小时每秒	mi/hr·s	1 mi/hr·s = 0.447 04 m/s²
质量	磅	lb	1 lb = 0.453 59 kg
	盎司	oz	1 oz = 28.3495 g
	金衡盎司	Toz	1 Toz = 31.1035 g
压强，应力	磅每平方英寸	lb/in², psi	1 psi = 6894.757 Pa
温度	华氏度	°F	华氏度 = $\frac{9}{5}$ 摄氏度 +32 华氏度 = $\frac{9}{5}$ 开氏度 −459.67
功、能、热	英制热量单位	Btu	1 Btu = 1055.056 J
功率	马力	hp	1 hp = 550 ft·lb/s = 745.700 W
油耗	英里每加仑	mi/gal, mpg	1 mpg = 0.425 km/L

前言

学习设计的过程就像是一段旅程。无论你是想要设计节能住宅还是城市巨型工程，无论你是想发明一支更有效的牙刷还是一个新型的医疗机器人，无论你是想让轿车更安全、更节能，还是设计体育器材，你都将经历一段旅程，它能帮助你理解设计是人类思想的独特形式，设计能产生解决人类问题的新方案。本教材提供了工程师和专业设计师们在寻求帮助人类提高生活质量的新方案时，遵循的路线图。

《工程设计导论》（第二版）已经经过修订和扩充，旨在鼓励学生在工程和技术领域寻求就业机会。本书通过论述工程相关原理和概念，让学生了解工程师和专业设计人员是如何塑造人类世界，以及改变现代世界。《工程设计导论》将帮助学生在设计的旅程中，提高解决问题的能力和技术素养。

工程设计与 PLTW 公司

本书由德尔玛圣智学习出版公司（Delmar Cengage Learning）和"项目引路"机构联合出版。PLTW 是一家开发工程类课程的非营利性组织，它为学生提供严谨的、相关的和基于现实的知识，这些知识在学生从事工程和工程技术项目时都是必需的。

PLTW 的课程开发人员试图通过在课堂上构建学生亲身参与的、基于实际生活的活动项目，让学生将数学和科学知识结合起来。为了实现 PLTW 的课程目标，同时为了支持所有想在工程学领域和工程技术领域策划项目的老师，德尔玛圣智学习出版公司出版了一系列教材来配合 PLTW 的九门课程：

▲ 技术入门
▲ 工程设计导论
▲ 工程原理
▲ 数字电子学
▲ 航空航天工程
▲ 生物技术工程

▲ 土木工程与建筑
▲ 计算机集成制造
▲ 工程设计与开发

本书的研发过程

本书的研发始于一个讨论小组，该小组里包括有经验的教师以及课程研究人员，他们来自工程学科的不同领域，通过讨论，他们得出了两个重要结论：（1）教师需要一种适应当今工程学教学的资源；（2）教师希望有支持基于项目和问题学习的互动资源。

多年来，教师们一直试图让传统的教科书适用于以科学（Science）、技术（Technology）、工程（Engineering）与数学（Mathematics）（STEM）为基础的工程学课程。大多数高中教师在教学时，都会先从厚厚的课本中提取有用的素材，然后组合起来再给学生讲解工程学的概念。《工程设计导论》一书满足了以上需求，因为它以互动式的文字描述了工程学的理论知识和相关的应用技术。从此，教师们可以只选择一本书进行教学，因为这本书解决了基于项目和问题学习的问题；同时，还涵盖了工程设计过程中需要使用的重要概念和技术。

本书的独特之处在于它是由一个具有教学经验及专业工程技能的作者团队撰写的，能确保学生理解书中内容，而且书中包含了足够的工程知识。《工程设计导论》通过以下方式支持基于项目和问题的学习：

▲ 创造了以概念为指导、授人以渔式的教育方式。每章开始的"头脑准备"栏目，通过提问的方式，列出本章将要介绍的主要概念，引导学生带着问题学，提高学生的自学能力。

▲ 通过学习现实生活中有关工程学的应用、项目、问题，来巩固主要概念和原理。

▲ 将课本内容与现实生活相结合。案例研究、工程师档案、讲述人类成就的短文以及拓展学习部分的资源向学生展示了工程师和建筑师如何迈上职业道路，如何战胜失败挫折，如何不断创新以完善成果、提高项目质量。

▲ 加强了课本的互动性。学生通过共同完成激动人心的设计项目来体验工程设计的旅程。

组织

本书分为两部分，"工程设计"的概念和应用以一种灵活的形式呈现。第 1 部分描述工程和技术产品的设计过程。通过学习 20 世纪伟大的工程成就，学生将了解工程的历史。他们还将学习如何识别问题和机会，如何组建包括工程师和其他设计人员的设计团队，如何研究问题以及查找资料，如何创造性地解决问题以及开展设计和实践活动。

第 2 部分讲述实施过程中需要应用和实践的特殊技巧和能力。在这些锻炼技巧的章节中，学生能学到怎样设计结构、机械、电气或气动系统。他们会探索人因工程，学习数学、科学原理如何应用到现实问题，学习视觉形态或者产品风格如何对产品的成功起作用。最后，学生会探索如何使用平面设计原理加强产品设计，使产品更加令人印象深刻。

版本更新说明

本书是第二版，修订耗时 2 年，为学生和老师提供了更符合教学的内容。作者加入了一些工程的最新信息，包括很多工程亚学科的独特特点和职业生涯简介；同时，特别关注了工程学科及其他设计领域的多样化。所有的这些努力，都是为了帮助工程领域的学生更好地进行探索和研究。

工程制图方面的附加信息进一步强调了基础实践技能的重要性，这些技能包括测量的技能，以及使用测量工具和系统的技能。绘图的章节移到了第 1 部分，主要是考虑了绘图在设计过程和解决设计方案时的重要性。

本书对内容进行了全面更新，涵盖了最新的研究方法和工具，使寻找信息以及熟悉资源和概念变得更加简单。本书对特色栏目，例如"STEM"和"轮到你了"，进行了重新设计，提高了书本的互动性和可阅读性。

另外，还新增了"设计风格"这一章节，通过提供经典建筑及产品设计的相关视觉形态，补全工程设计的故事。"案例研究"突出了两位重要的设计师，一位致力于改善残疾人的生活，另一位是 ipad 及其他苹果产品的设计者。这个章节强调了一个事实：产品的外观是衡量产品设计成功与否的重要因素之一。

特色

教师们希望能够有一本互动性的教科书，以使学生对塑造当今世界的工程产品和工程方案背后的故事感兴趣。本书中包含大量的趣味阅读和关于当代技术的介绍，通过以下这些小栏目，让学生体验整个设计过程。

▲ **案例研究** 让学生探索学习设计团队创造新技术的过程。

▲ **趣味阅读** 展示有趣的故事以及产品不断完善的过程。

轮到你了
绘制正等轴测草图

使用正等轴测网格纸（如有需要，可以在网上找一张 PDF 格式的正等轴测网格纸，并将其打印出来）绘制厨房里的一件物品。可以找一个具有简单 3D 效果的物品，如电动开罐器或烤箱。

▲ **轮到你了** 通过技能型活动，加强对概念的认识。

技术 (technology)： 人类为了满足自身的需求和愿望，遵循自然规律，在长期利用和改造自然的过程中，积累起来的知识、经验、技巧和手段。

▲ **专业术语** 贯穿全文，为工程学术语提供可靠的解释。

▲ **STEM** 展示用科学和数学原理在解决工程技术领域问题的一些例子。

数学可以帮助你理解财务问题。1854年，一个叫"豪"的人获得了超过200万美元的补偿金。在今天看来，这个数量的金额等价于多少呢？这算是巨额吗？下面的解释可以帮助你进行比较：

1. 1854年，一个面包大约7美分。

2. 利用美元相对价值计算器计算1854年200万美元的专利侵权赔偿款，在现在相当于多少价值。当在计算器中键入数量时，不要输入 $ 符号和逗号。《六种计算美元相对价值的方法，1790—2005》可以帮助你更好地理解经济因素对相对价值的影响。

▲ **工程师档案** 介绍一些优秀的工程技术人员，激发学生对工程学领域职业的追求。

▲ **设计摘要**和**工程师笔记本**是进行有效沟通的重要方式。

图 6-20　工程师笔记本中关于内部机械装置的草图。

▲ **课后作业**　在每章的最后，都有相应的问题和活动，以加强学生对本章知识的理解。

▲ **补充作业**　在每章最后的工程设计挑战或探索项目中，为那些想继续挑战的学生提供了一个深入学习的机会。

配套材料

为了帮助教师在工程学教学中运用现代化教学手段，通过实践练习和活动加强学生对教科书中概念的理解，出版本书的同时还配套出版了学生实践手册。

工程设计如何支持 STEM 教育

科学和数学是我们交流工程技术思想的语言。在本书中，几乎所有段落都讨论了整合科学、技术、工程以及数学（iSTEM）的重要性。作者对于数学、科学以及工程、技术之间的联系还进行了补充阐述。书中"STEM"栏目展示了工程师和其他技术专家是如何运用数学和科学原理完成杰出的设计。

致谢

没有家人和朋友的耐心支持，没有团队成员的敬业奉献，我们不可能完成《工程设计导论》这样一本书。作者想在这里感谢一些人，感谢他们在出书过程中的支持和鼓励。

写作初期，作者咨询了华强丘区域高中的吉布森（Christopher Gibson）和芒特（Daryn Mount），以及威廉姆斯镇中学的马西斯（Kenneth Mathis），这三位专家都是 PLTW 的老师，他们都毕业于新泽西学院技术研究系，他们的教学经验为《工程设计导论》教材提供了有价值的指导。我们还想感谢肖尔（Kevin Schauer）给予我们的技术支持，另外，要感谢其他工艺技术教育/学前教育工程以及 M/S/T 项目的在校大学生，他们在教材的组稿阶段提供了大量有参考价值的信息。还要感谢汉德里（Brett Handley），他对初稿进行深入阅读，并给出了详细的反馈信息。

除了署名作者外，还有很多人对本书也有很大贡献。特别要感谢奥斯维戈市纽约州立大学的马特森（Donna Matteson），她确立了本书的各个要素，并提供了第 6 章的内容。我们还有幸得到了舍尔茨（Karen Schertz）和惠特尼（Terry Whitney）的专业指导，惠特尼先生对虚拟团队的见解已经在他 12 年的工程制图教学经验中得到证实，他目前是美国安全部门的高级教练和研发经理。

撰写第 5 章的帕特里夏·哈钦森（Patricia Hutchinson）博士在工艺设计方面的工作已经得到国家的认可，本书中，她借助艺术的特殊性来表述一些重要的技术概念。苏珊娜·卡尔斯尼茨（Suzanne Karsnitz）是一名学校图书管理员，她提供了本书第 7 章的内容，卡尔斯尼茨女士在工程设计项目方面与老师和学生的合作长达 30 年，并且是新泽西中心图书馆最先用电脑工作的图书管理员之一。马尔加良（Jennifer Markarian）是一名化学工程师和科技写作专家，他审阅了工程概念相关的章节。

圣智学习出版公司还希望对讨论小组和审稿团队为本书作出的贡献表达诚挚的谢意。

讨论小组成员

贝尔图奇（Connie Bertucci），纽约州维克多，维克多高中
加西亚（Omar Garcia），加利福尼亚州圣迭戈，卡尼高中
汉德利（Brett Handley），纽约州斯科茨维尔，惠特兰—奇利中学
马特森（Donna Matteson），纽约州立大学奥斯威戈分校
赖希魏因（Curt Reichwein），宾夕法尼亚州兰斯代尔，北潘高中
雷卢斯库（George Reluzco），纽约州鹿特丹，莫霍纳森高中
施罗尔（Mark Schroll），克恩家族基金会项目协调人
威廉斯（Lynne Williams），科罗拉多州科泉市，科罗拉多高中

审稿团队

本顿（Brian Benton），佐治亚州玛丽埃塔，威尔敦高中
博（David Boe），洛杉矶曼苏拉，阿沃耶尔公立高中
布雷斯兰（Mike Braceland），康涅狄格州韦斯特布鲁克，西风高中
布兰尼夫（Ted Branoff），北卡罗来纳州罗利，北卡罗莱纳州立大学
鲁布奇（Andrew Bucci），纽约州罗切斯特，希腊雅典娜中学
坎贝尔（Brenda Campbell），阿拉巴马州森特维尔，森特维尔高中
狄辛格（Todd Dischinger），纽约州利物浦，利物浦高中
汉德里（Brett Handley），纽约州斯科茨维尔，惠特兰—奇利中学
马蒂沃（John Mativo），俄亥俄州艾达，俄亥俄北方大学
纳吉（Terry Nagy），纽约州克里夫顿公园，Shenendehowa 高中
奥斯特曼（Michael G. Osterman），佛罗里达州坦帕市，米德尔顿高中

柯特·赖希魏因（Curt Reichwein），巴拿马兰斯代尔，北潘高中

罗伯特·赖希魏因（Robert Reichwein），威斯康星州密尔沃基市，密尔沃基南部高中

辛格（Thomas Singer），俄亥俄州代顿，社区学院

我们也希望感谢本系列书的特别顾问：

克拉克（Aaron Clark），北卡罗来纳州罗利，北卡罗莱纳州立大学

另外，还要感谢PLTW的课程主管考克斯（Sam Cox）和特雷尔（Wes Terrell）对早期版本和本版本内容更新提供的反馈及建议。

关于作者

约翰·卡尔斯尼茨（John Karsnitz）教授是新泽西学院工程学院技术研究系的系主任。他拥有俄亥俄州立大学的博士学位，并出版了《平面设计》（Graphic Communication）《社会伦理学与工艺》（Society Ethics and Techlogy）以及《技术设计与问题解决》（Design and Problem Soloving）。卡尔斯尼茨教授有长达30余年的教龄，他活跃于国际技术和工程教育工作者协会，是新泽西工程教育委员会的委员，还是新泽西学院STEM教育卓越中心董事会成员之一。

奥布赖恩（Steve O'Brien）拥有西华盛顿大学数学和物理学士学位，以及康奈尔大学电气工程硕士和博士学位。目前，奥布赖恩博士是新泽西学院工程学院技术研究系的副教授。奥布赖恩博士拥有20多年在工程领域工作的经验以及6年多的教学经验，他擅长半导体激光的设计和应用，特别是大功率和高速激光。奥布赖恩博士与合伙人共同创办了T-Networks，这是一家专门为通信行业研究高速激光的公司，公司拥有40种出版物和13项专利。目前，奥布赖恩博士的主攻领域是为K-12的学生设计预备工程教育课程。

约翰·哈钦森（John Hutchinson）是新泽西学院工程学院技术研究系的一名已退休教授。他是宾夕法尼亚州立大学博士，出版过《技术设计及问题解决》（Design and Problem Solving in Technology）与《Pro/DESKTOP设计》（Designing with Pro/DESKTOP）。哈钦森博士曾任教于高中、社区大学，其中在大学的教学时间长达35年。任教期间，哈钦森博士与来自美国、英国、德国及其他国家的专家合作，共同开发设计和技术课程。他曾经还是"设计与技术教育：国际期刊"编辑委员会的成员。

帕特里夏·哈钦森（Patricia Hutchinson）于1970年在葛底斯堡大学艺术系获得了学士学位，并于1972年在宾夕法尼亚州立大学获得了美术硕士学位。哈钦森曾在特伦顿州立大学、美世县社区学院和海洋国家大学担任美术教师，教龄长达10余年。获得博士学位前，哈钦森博士花费1年时间，以富布莱特学者身份在牛津大学研究基于设计的教学模式，最后，她于1987年获得了博士学位。哈钦森博士最终来到了新泽西学院，管理国家科学基金会赞助的"儿童设计与工程"项目，在这之前，她利用5年时间在德雷塞尔大学与人合办TIES杂志，并担任总编。

唐娜·马特森（Donna M. Matteson）是奥斯威戈州立大学教育系的一名副教授。她的专业领域是建筑与计算机辅助设计。马特森女士拥有27年的教学经验和8年的从商经历。暑假期间，马特森女士是PLTW的高级教师，已为10所大学提供毕业生水平的培训。马特森女士与PLTW一起开发课程、课后考试等内容，她是《工程设计导论》（2008版）课程的项目主管，是"土木工程和建筑"版块的主要作者。

卡伦·舍尔茨（Karen Schertz）在技术教育领域拥有30多年的丰富经验。她曾在高中、社区学院、大学教授过绘画、CAD，以及其他设计课程。舍尔茨女士曾在科罗拉多州柯林斯堡前山社区学院担任先进技术部门主任，她同时还是科罗拉多州立社区学院的教授，拥有纽约州立大学布法罗分校教育科学学士学位、宾夕法尼州立大学教育学硕士学位。她是《工程团队的设计工具，一种整合的学习方式》（Design Tools for Engineering Teams, an Integrated Approach）一书的作者之一。

目录

第11章 结构系统设计 296

引语	297
结构系统	298
技术结构	300
牛顿力学	303
结构载荷和力	305
常见的力	308
结构部件	311
桥梁结构	311
计算结构载荷	316
总结	323
课后作业	324
补充作业	324

第12章 机械系统设计 326

引语	327
机构和机器	329
运动学	330
机构中的运动	335
杠杆和连杆机构	337
旋转机构	342
机械设计建模	349
总结	351
课后作业	352
补充作业	353

第13章 电气电子系统设计 354

引语	355
电学	358
主要电路元件	370
电子系统设计	375
总结	394
课后作业	395
补充作业	395

第14章 气动和液压系统设计 396

引语	397
流体特性	398
气动 VS. 液压	399
气动系统的原理	400
气动系统部件	402
计算流体系统的受力情况	406
基本的液压回路	409
流体系统中的安全性问题	411
总结	412
课后作业	412
补充作业	413

第15章 设计和工程中的人体工程学 414

引语	415
人体尺寸	416
人类行为	421

姿势和动作	422
通用设计	426
运用人体测量数据进行设计	430
以人体工程学评估设计	434
总结	437
课后作业	438
补充作业	439

第16章
数学和科学的应用　440

引语	441
测量：认识差异度	441
旋转门	469
总结	480
课后作业	481
补充作业	481

第17章
设计风格　482

引语	483
建筑设计	485
建筑风格	496
后现代建筑师	505
工业设计	508
总结	516
课后作业	517
补充作业	517

第18章
平面设计和汇报展示　518

引语	519
平面设计过程	520
利用设计原理创作有效的平面设计	529
使用有效的排版印刷	535
使用照片	541
使用插图、符号以及商标	543
网页设计	544
使用POWERPOINT做展示	546
总结	549
课后作业	550
补充作业	550

术语表　551

《工程设计导论（上）》目录

第 1 章　技术：人类设计的世界

第 2 章　设计的过程

第 3 章　团队建设

第 4 章　产生和开发想法

第 5 章　通过绘图开发设计想法

第 6 章　逆向工程

第 7 章　设计开发的调查与研究

第 8 章　工程制图

第 9 章　测试与评估

第10章　制造

第 11 章
结构系统设计

Menu

头脑准备
在学习本章的概念时，请思考下面的问题：

1. 什么是结构，与人类设计的其他物品相比，它有何不同之处？
2. 土木工程师和建筑师为何要设计和制作结构？
3. 结构失效的原因是什么？
4. 设计结构时必须要理解哪些内容？
5. 载荷和自然力如何影响结构？
6. 设计和制作结构时会用到哪些类型的组件？
7. 桥梁结构通常有哪些类型？
8. 如何计算结构的载荷？

引语

早期建筑结构的应用,是为了给人类自己提供荫蔽和保护。原始人类就地取材,然后进一步设计和建造了人类早期的建筑物。例如,生活在美国大陆不同地区的原住民建造了各式各样的房屋:在西北部和东北部,森林茂盛,木材资源十分丰厚,原住民就充分利用木头来建造房屋;而在平原地区,印第安原住民大量使用动物皮革,例如犀牛皮,在大草原上建造了一座座印第安锥形帐篷,这种锥形帐篷外面由动物毛皮包裹,中间用一根木棍支撑起来,为印第安人挡风避雨,并且很容易拆卸,可以随犀牛群的迁移搬到其他地方(如图11-1);在西南部,人们用黏土混合干稻草制成的土坯砖来建造房屋,这种类型的土砖和炎热干燥的沙漠气候是绝配,更有意思的是,这种类型的房屋外形与我们现代的公寓很像,并且可以随着家庭成员的增加随时扩建(如图11-2)。早期的人类在建造这些建筑物时并未完全理解其中的原理,当他们建造房屋时,只是细致入微地观察大自然,并改进当时的建造技术。

今天,人类可以利用各式各样的材料来修建建筑结构。虽然有时,一些天然的原材料仍然适用,但人类已经越来越多地使用合成的、人造的工程材料。因为这类材料强度更高,重量更轻,性能更好,而且价格更低。设计师和工程师会在各类民用住宅、商用建筑、桥梁、大坝和隧道中使用品种繁多的建筑材料。这些建筑材料还可以被用来制造各类管道、公共塔、家具、交通工具,甚至是医疗设备。土木工程师、结构工程师和建筑设计师设计了许多建筑结构。

在当今众多的摩天大楼中,设计师李祖原(C. Y. Lee)和他的团队合作设计的中国台湾的台北101大厦是一座具有代表性的建筑物(如图11-3)。它完工于2004年,其写字楼和零售商店区域总面积达2.34百万平方英尺,是台北市的地标性建筑。它头顶上有一座60英尺高的尖塔,这个设计灵感来源于当地的竹子,并且融合了中国的传统文化,力求达到形神兼备的效果。大楼设计时,建筑师和工程师需要充分考虑如何抵抗地震、台风等极端情况。

图11-1 锥形帐篷是生活在平原上的印第安人的家。

图11-2 美国西南部的印第安人建造了砖砌的公寓式房屋。

图11-3 台北101大厦建于2004年,是世界最高的摩天大楼之一,高508米(1667英尺)。

结构系统

对一个设计合理的 **建筑结构** 而言，只有当材料本身失效或者节点破坏时，建筑才有可能垮塌。现如今，工程师在设计时还必须考虑一个可能使建筑被破坏的额外因素，如恐怖袭击。

在设计新的建筑结构时，工程师和建筑师必须采用科学的、数学的设计理念和原理。设计师必须考虑一系列突发事件，并满足客户对结构的期望。安全设计不仅要考虑标准的安全系数，例如桥梁或者建筑的最大载荷；更应该考虑如何提升使用时的安全程度；还必须设计得易于保养和维修；最后，非常重要的一点是要充分利用材料，有效规划施工步骤，使整个建造费用最低。初级工程师通常会被要求设计横梁、柱子，或者其他的基本建筑构件，在设计这些构件时，工程师必须精确地计算外部载荷，并且深刻理解这些外力是如何作用在结构上的（如图 11-4）。

有一名青少年很喜欢木工，他总是说想要亲自动手，给自己的卧室制作一张桌子。于是，家中地下室工作坊传来无数电锯和锤子敲击声后，他带着一张钉着四条腿的桌子出现了。这虽然看上去像一张桌子（结构的一种类型），但是缺乏所有使其稳定的元素。图 11-6a 展示的是某件物品可以很像一个结构，但却完全没有一个结构应当具有的功能。此图中，四根棒被钉在一起构成一个四边形，如果施加力上去，就会像图 11-6b 展示的那样，四根棒会移动，结构形状会改变。即使我们用强度更高、可以拧得更紧的螺栓和螺母来替换这些钉子，也仅仅是增加

建筑结构（structure）：

建筑结构是指在建筑物中，用来承受各种载荷和作用力，起到骨架作用的系统，除了由于材料本身的弹性而发生的变化，其形状不会发生变化。

图 11-4　工程用木材。

趣味阅读

埃菲尔铁塔是一座以优雅而闻名遐迩的建筑物（如图 11-5）。法国建筑师古斯塔夫·埃菲尔（Gustave Eiffel，1832—1923）设计了这座举世闻名的高塔。铁塔高 320 米（1050 英尺），矗立于法国巴黎塞纳河畔的战神广场。它是全巴黎最高的建筑，也是巴黎在世界上的标志性建筑。埃菲尔还设计了纽约自由岛上的自由女神像，法国政府于 1876 年在美国独立百年盛典之时，将这座雕像赠送给了美国。

图 11-5　法国巴黎，埃菲尔铁塔。

了螺栓与木条之间的摩擦力,从而使其抵抗变形的能力加强。如果我们给这个体系加入一个对角线的木条,形成两个三角形,如图11-6c所示,这种两个三角形构成的形状不会被轻易改变。同样的,这种形成三角形的方法,也可以被运用到桌子设计中,使得结构更加稳固。这种重新设计的形状就是一种稳定结构,只有当木条的材料损坏,或者节点损坏时,这个结构才会破坏。三角形设计在许多结构设计中都非常重要。

埃菲尔铁塔中也到处使用了三角形,作为次级的组成结构。

如图11-7所示,自然界和技术世界都存在着结构。结构的每个组成部分必须保持在相对稳定的位置上,才能承受载荷,抵抗各种各样的外力。最为重要的是,结构不能在预定的使用期限前失效!自然结构能够教会我们很多。我们大家都非常熟悉的一个自然结构便是人类骨骼。人体内骨骼能帮助人类维持身体姿势,能支撑人体器官和身体其他部分,能经受住外力冲击而不倒下,能使人类直立行走。更多人类能力相关的内容将在第15章中详细讨论。我们躯体有承受外力的能力,例如站立、坐下、行走、举重,或者跑向某一目标,这些对我们正常的工作和生活都是必要的(如图11-8)。

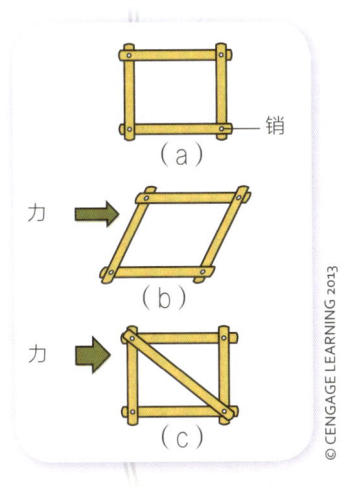

图11-6 (a),(b)和(c)哪一个是结构?

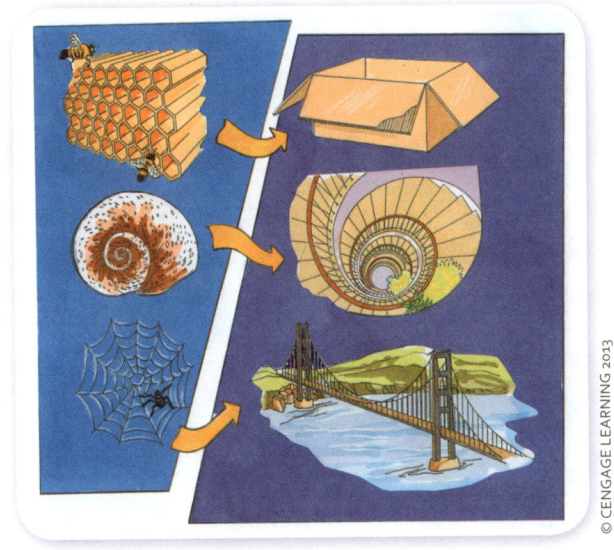

图11-7 自然界和技术世界中的结构示例。

图11-8 人体能够承受外力,是一个结构。

轮到你了

想一想在日常生活中,哪些常见的结构用到了三角形?

第11章 结构系统设计

图 11-9 两种自然界结构的示例：（a）富勒（Buckminster Fuller）认为鸡蛋是一个完美结构；（b）仿织物形状的棕衣。

骨架由多种结构组成，包括骨头、关节和肌肉。关节由韧带和软骨包裹，能够做一些特定方式的运动；肌肉和骨骼通过肌腱相连，为躯体运动注入动力；躯体能够感受内外刺激，传递信息并作出响应。人的躯体是一个极其复杂的结构，人类可以通过观察研究躯体运动和其他自然结构的运行模式，来学到很多东西，并解决实际工程问题。人类同样也可以通过观察其他的自然结构来为设计新产品寻找灵感（如图11-9）。

技术结构

如同造物主在动植物界创造了成千上万、无与伦比的自然结构一样，人类同样也设计建造了成千上万的工程结构。自然结构和人造结构都是我们现代生活不可缺少的一部分。观察结构的一种直观方式，就是看这个结构有什么功能。结构可以用来居住、存储、运输等（如图11-10）。你的手机，作为通信设备，也使用了一些结构。

土木工程师和建筑师在设计建筑时都必须考虑结构的目的和其他一些重要因素。所有结构，无论在建造时出于什么目的，都必须能够承受内外力产生的载荷，更重要的是，不能在预期的使用期限内失效。

结构失效

我们必须假设，所有设计精良的工程技术结构随着时间的推移，或者使用不当，最终都会失效。据美国交通部联邦高速公路管理中心的资料显示，全美现有桥梁59 000余座。大部分桥梁的安全使用年限为50年，而至今已有超过40%的桥梁使用了40年以上。对这些桥梁的安全检查，养护修复，甚至是重建都势在必行。所有的建筑物、桥梁、大坝、隧道、高塔和其他的结构，在设计时都有一个安全使用年限。

设计世界里的职业

一个权衡利弊的过程：斯蒂芬·道格拉斯，土木工程师，高地工程

工程设计的过程通常是一个权衡利弊的过程，在这一点上，土木工程师斯蒂芬·道格拉斯（Stephen Douglas）做得非常出色。在科罗拉多州丹佛的一项高地工程中，斯蒂芬需要满足当地法规规定的高标准，这与客户期望的减少工程费用、缩短工期是冲突的。尽管工程费用和工期有限制，但客户还是需要质量得到保障。

斯蒂芬说，平衡这一系列矛盾的最佳办法就是尽力维护客户、审查机构和工程团队之间的有效沟通。斯蒂芬总是在为每个人出谋划策，竭尽全力让大家相互沟通来实现最优方案。

工作内容

科罗拉多州丹佛的高地工程由一家专业从事土地开发、市政工程管理、公路及高速公路建设的土木建设和地质勘测公司负责设计。斯蒂芬参与了整个项目的建设，他负责一个新的土地开发项目的设计和整合工作，并向上级资深经理直接汇报工程进度。斯蒂芬领导了一个包含项目工程师和CAD工程师的团队，他们完成了整个项目的工作。整个团队通力合作，不断改进创新理念，尽可能满足客户对设计的需求，控制整个工程的预算，并且与制定当地施工标准、设计规程的政府机构合作，共同完成项目。

职业启蒙

斯蒂芬很享受解决问题、迎接挑战的过程。截至目前，斯蒂芬获得称赞最多的一项工程是他为一户家庭设计的位于山坡上的房屋。山区地带的陡坡地形增加了设计的难度，例如，污物净化池的坡度和安装位置等。最大的挑战在于，要让人造的结构适应当地的自然环境。

教育经历

斯蒂芬高中毕业后就加入了美国海军核训练项目，他的具体工作是负责维护一艘核潜艇的电子系统，也正是这段经历让他萌生了攻读工程学位的想法。随后，斯蒂芬从科罗拉多州立大学获得了土木工程学学位。大学期间，他明白了注重细节的重要性，并掌握了与专业相关的基础知识，这些知识在他工程生涯中始终有用。

给学生的建议

"应好好听从已经从事本行业多年的项目经理的指导，"斯蒂芬说，"项目经理在这个领域有着丰富的知识和经验，这些都能给你带来极大的帮助。同时，随身携带一本笔记本，记录下他人对你的指导。当你自己开始独立设计时，这会成为你的备忘录和指南针。"斯蒂芬已经养成了为工程设计中的变更和重要信息作记录的习惯，这个习惯对客户和工程设计公司有着巨大的价值，因为客户和工程设计公司往往要多次召开会议来评估项目的设计与开发进程。

"团队工作有助于工程项目的成功，因为你能人尽其用，充分发挥每个人的特长来完成工作。如果你喜欢自我挑战，并且也期待在自我挑战的同时能够让世界变得更加美好，"斯蒂芬说，"那么一份工程师的工作恰好可以满足你的期望。"

图 11-10　结构有多种功能：(a)住宅，(b)存储，(c)通信和(d)交通运输。

计划性淘汰 (planned obsolescence)：
工业上的一种策略，有意设计、缩短产品的寿命，使产品在一定时间后报废。

计划性淘汰一词最早出现在 20 世纪 20 年代和 20 世纪 30 年代左右，直到 1954 年，一位名叫史蒂文斯（Brooks Stevens）的美国工业设计师在一系列演讲中用到这个词，它才被广泛使用，并且在全世界范围内流传。在英国，这个词的概念是"内置报废"。计划性淘汰可以是功能上的，也可以是美学上的（形式上的）。产品的生产者能够从计划性淘汰中获益，因为消费者会被迫或是自己有意愿重复购买产品。斯隆（Alfred P. Sloan，1923—1956）是美国通用汽车公司董事会主席，他雇佣厄尔（Harley Earl）领导一个新的设计部门。厄尔极大地影响了所有通用汽车的外形设计，他被认为是雪佛兰克尔维特之父（如图 11-11）。在厄尔的管理下，计划性淘汰开始在汽车工业的模型制造中广泛应用。大多数民众都很关心汽车的功能性品质，既希望保修期内的行驶路程高达 50 000～100 000 英里，同时又会追求最新款式和最新造型的汽车。

美国商务部用**"耐用品"**和**"非耐用品"**这两个术语来描述产品的有效使用时间。耐用品是指那些能够有效使用 3 年以上的产品，非耐用品是指那些使用期限在 3 年内的产品。有时候，因结构、材料、系统的知识匮乏而失败的设计会使整个技术系统在预定的使用期限前失效。

图 11-11　1968 年产的雪佛兰克尔维特车型。

耐用品和非耐用品 (durable and nondurable goods)：
美国商务部用来描述产品有效使用时间的名称。耐用品是指那些能够有效使用 3 年以上的产品，非耐用品是指那些使用期限在 3 年内的产品。

结构损坏的典型例子就是塔科马大桥（Tacoma Narrow Bridge），这座大桥在 1940 年因为自然风吹过桥体时引起桥梁整体共振而垮塌（如图 11-12）。现如今，人们更好地理解并有效控制了这些类似的由风引起的振动，并把这些知识应用到不断更新的桥梁设计准则中，包括加强桥面板的硬度等。塔科马大桥的垮塌事故是无法预测的（当然也是人们不希望看到的），这被称为"第四类技术冲击"。而有些系统失效是因为设计与材料、构件，或者过程不匹配而引起。你是否曾经购买过便宜的剪刀或者类似的工具，由于设计太差或者用料不对，很难正常工作，时常损坏？

系统有时也会因为一些我们可预知的原因而失效。所有的系统都被暴露在湿气中、受到振动这样的外力，这些外因会随着时间不断地弱化结构中的某些具体构件。许多外因其实是可控的，例如，在金属外壳上喷上防腐底漆，能够阻止自然环境中的湿气不断地腐蚀钢材，这体现了设计师和工程师是如何考虑外因对产品的影响。除了外因，不正确的使用方法也会使产品失效，例如，所有产品都有最大载荷，如果整个系统的承载力超过了最大载荷，这个系统就会在某种情况下失效。设计师和工程师会选用一个适宜的安全系数来计算这个极限载荷。

图 11-12　塔科马大桥。

安全系数

安全系数决定了一件产品，或者产品的某个部件的极限承载。安全系数往往在项目设计初期就被确定下来。了解材料和结构组件是如何在系统中运行对安全系数的确定尤为重要。安全系数（Safe Factor，简称 S.F.）应该大于 1（S.F.>1.0）。举个例子，在设计赛车时会尽可能减轻自重来获得更大的加速度，设计师会绞尽脑汁地让汽车更轻，这样这辆车的速度才能更快，所以，这样的一辆赛车，安全系数非常接近 1.0。

> **安全系数（safety factor）：**
> 衡量产品超载能力的系数，它是极限应力（破坏点的应力）和工作应力（允许构件承受的最大应力值）的比值。

我们希望大部分产品，即使是满载荷工作，也能够正常地、安全地工作。一个额定起重量为 2 吨的千斤顶（1 吨 =2000 磅），在顶起 4001 磅重量时，我们不希望它会失效。千斤顶的安全系数一般在 1.5 左右，这就意味着一个额定为 2 吨的千斤顶，可以将 6000 磅左右的重物安全地顶起来——超出额定起重量 2000 磅。

S.F. = 极限应力（破坏点的应力）/ 工作应力（允许构件承受的最大应力值）

S.F. = 6000 磅（千斤顶破坏时）/4000 磅（安全使用时的最大载荷）

S.F. = 1.5

牛顿力学

牛顿运动定律是经典**牛顿力学**的基础，包括三大物理定律，它们揭示了作用于物体上的力与物体的运动之间的关系，由艾萨克·牛顿爵士在 1687 年总结提出。专业设计人员想要成为一名成功的工程师和建筑师，就必须完整而深刻地理解牛顿运动定律。

牛顿第一运动定律：任何物体在不受外力或受平衡力作用时，总是保持静止状态或匀速直线运动状态，直到有作用在它上面的外力迫使它改变这种状态为止。

牛顿第二运动定律：物体的加速度跟物体所受的合外力成正比，跟物体的质量成反比，加速度的方向跟合外力的方向相同。

牛顿第三运动定律：两个物体之间的作用力和反作用力位于同一直线上，大小相等，方向相反。

例子：牛顿第三运动定律的应用

一个实际的例子会帮助我们更好地理解科学与技术活动之间的关系。出于科学目的，我们将载荷施加在一个物体上，这将遵循牛顿第三定律：任何一个施加在物体上的力，都会存在一个等大反向的反力。在图示的例子中，这个施加力就是坐在板凳上的女孩的重力。作为一名工程设计师，应该知晓如何能够最高效、最适宜地运用这些科学技术原理。设计时必须明白，如果100磅重的人坐在椅子上，这个椅子将会承受100磅重的压力，$F=R$（如图11-13）。

图 11-13 用科学原理解决工程设计问题。

工程设计分析（engineering design analysis）

将数学和科学知识应用到工程设计中，当这个工程设计已经成型，或者大量生产时，对设计方案进行检验，判断设计无法实现预期目标的原因是什么。

当我们观察外力对技术系统的作用时，可以发现：科学和技术的关联被很好地展示出来。科学的目的在于探索与描述，设计的目的在于发明与创新，两者之间存在一种重要的共生关系，本书中，我们将直接应用科学原理而不对其进一步解释。例如，当我们在讨论力的时候会使用重量的概念，表达时要么采用英制（美式）的磅力，要么采用国际单位制（SI，通常被称为公制）的牛顿。1牛顿的力等于让1千克的物体产生1米/秒^{2}加速度时所用的力，$1\ N=(1\ kg)(1\ m/s^2)$。

在设计、技术和工程领域，绝不能够在一个新的设计中违背一些为人熟知的科学原理（见第16章，"数学和科学的应用"）。有时，设计会涉及我们尚未完全理解的自然原理。通常情况下，设计师在记录那些新的设计中所使用的原理时，会同时使用科学定律和数学工具来分析他们的设计工作。在工程领域，这种对科学与数学知识的理解应用到设计中的过程叫做"**工程设计分析**"。对于工程师而言，当这个工程设计原型已经制造出来,或者开始大量生产时,工程设计分析的过程有助于他们判断设计无法实现预期目标的原因是什么。

除了科学知识外,为了得到成功的设计解决方案,我们也同样需要理解各种必要的技术原理,并将其应用在设计中。

虽然有关力的大小的计算结果只有一个是正确的,但是许多有趣的技术挑战和机遇都会在设计这把椅子的过程中得到解答。设计师需要完全理解该设计的主要约束条件,如时间或成本,同时还需要解答一系列的问题,例如:应当使用什么材料?这把椅子看上去怎么样?应该呈现什么样的形状(人体因素)?它将怎样被生产出来并投放市场?除此之外,设计师还需要考虑该产品的安全性、可靠性,以及整个设计过程对环境的影响(如图 11-14)。

图 11-14 可调式座椅是一种非常好的设计方案,因为可调式座椅的适用人群非常广。但其成本也会较高些。

结构载荷和力

结构载荷可以分为活载荷和恒载荷。**活载荷**指的是所有建筑物使用者和建筑物内部可以移动的物品(例如家具等)的总重量。而**恒载荷**指的是所有结构本身的原材料,以及所有主要的建筑外观装饰材料的总重量。其他一些载荷也需要考虑,例如,由风、水、雪或地震和海啸运动引起的自然力。同时还要考虑施工过程中由于机器、设备、建筑材料、人的重量引起的暂时作用力。

不是所有的载荷都是一样大的。坐在椅子上的人可以看作是**静载荷**。静载荷指的是不动的载荷。静载荷很容易预测,因为静载荷比较容易被测量。

动载荷是由运动的力形成的。一个动载荷的实例就是一个人从开始坐下,到完全坐在椅子上这个过程。你也许有一些活泼的弟弟妹妹,他们飞一样地坐到椅子上,这种情况下,坐上椅子产生的动载荷比静载荷或人体重量要大得多。一把椅子,或者任何其他的产品在设计时都必须考虑动载荷。所有这些载荷以及自然界的外力,最后都要被结构的内力所平衡,否则结构就会垮塌。

平衡

当外部载荷施加到一个结构上(例如椅子)时,结构必然会产生内力,以抵抗每个外部载荷。内部的力是由材料的分子结构产生的,用于抵抗外部的力,外部力是施加到物体上的载荷。同样以椅子为例,木材或金属的分子结构产生作用力,支承外部的载荷(坐在椅子上的人的重量），分子产生的力的大小与人的重量相等，这种情况称为 **平衡**（如图 11-15）。

图 11-15 力的平衡。

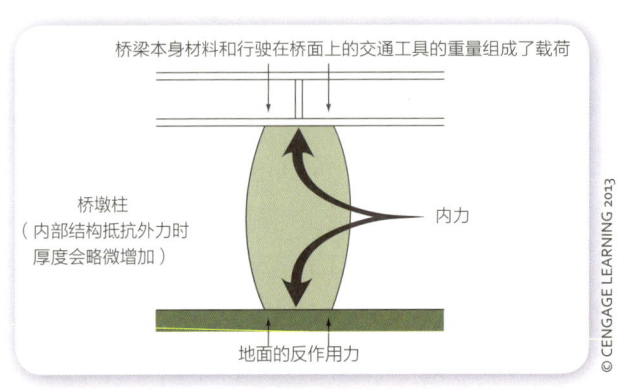

图 11-16 在一个平衡的结构中，内力必须平衡外载荷。

如果外载荷大于材料分子结构所能产生的最大的力，那么椅子将被压坏。如果椅子产生的内力大于载荷对应的外力（人的重量），那么人将被抛向空中。

平衡的科学原理将被应用在设计或建造技术结构中。当力或外载荷施加到结构上时，内力将帮助结构抵抗外部载荷的变化（如图 11-16）。虽然材料的变化可能不明显，但事实上，外载荷都会使材料发生轻微的变薄或增厚的变化。混凝土高速路的形变可能很小，但是当我们在装满水的气球上施加一点压力时，就能观察到气球的形状发生了明显的改变。

应力

应力 用来描述施加载荷时，材料中内力的产生与分布状况。根据

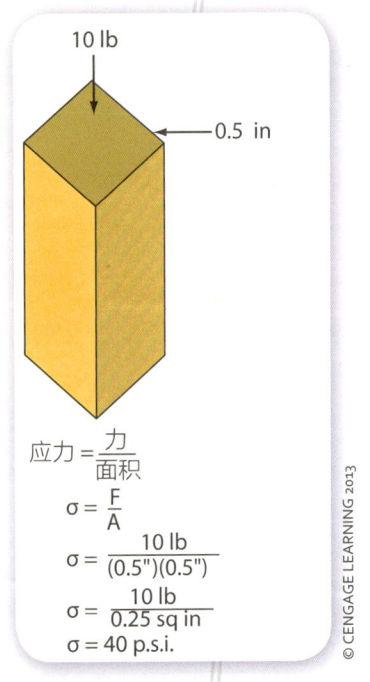

图 11-17 应力的计算公式。

牛顿第三定律，当外载荷作用于物体上时，材料会产生一个大小相等、方向相反的力。最终，当施加的外力足够大时，所有材料都会失效或破裂。应力等于 F（力）除以 A（面积），如图 11-17 所示。

> 采用国际单位制，应力通常用"兆牛/平方米"（MN/m^2）来表示。若用英制单位，应力被表示为"磅/平方英寸"（psi）。应力用符号 s 或者希腊字母 σ（sigma）表示。极限应力表明了材料在多大的外力下会失效或破裂，体现了材料的强度特性。

应变

应变用来描述材料由于受到拉伸或者挤压时而产生的变形程度（如图 11-18）。极限应力描述了我们需要多大的力才能使材料破坏，而应变描述了材料本身在应力极限之前会被拉伸或者压缩多少。应变通常按照与原材料初始长度的百分比关系来描述，用希腊字母 ε（epsilon）表示。

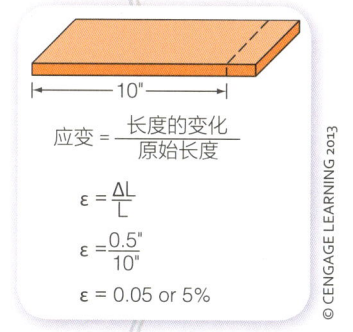

图 11-18 应变的计算公式。

表 11-1 杨氏弹性模量。

材料	MN/m²（估计值）	psi（估计值）
橡胶	7	1000
鸡蛋壳膜	8	1100
人软骨	24	3500
人体肌腱	600	80 000
墙板	1400	200 000
非增强塑料	1400	200 000
胶合板	7000	1 000 000
木材（顺木纹）	14 000	2 000 000
混凝土	17 000	2 400 000
镁金属	42 000	6 000 000
普通玻璃	70 000	10 000 000
铝合金	73 000	10 400 000
黄铜和青铜	120 000	17 000 000
铁和钢	210 000	30 000 000
铝氧化物	420 000	60 000 000
钻石	1 200 000	170 000 000

第11章 结构系统设计 307

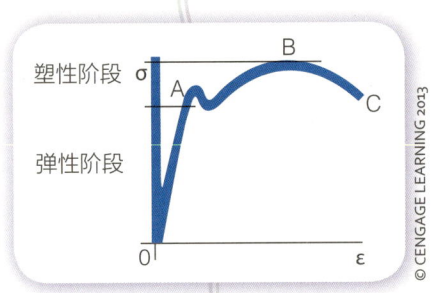

图 11-19 用应力/应变图确定材料的杨氏弹性模量。

结合应力和应变的测量，我们可以得到一种表达材料强度的物理量——**杨氏弹性模量**，用字母 E 表示，如图 11-19 所示。在应力/应变图上，A、B、C 三点非常重要。每一个点代表材料分子结构的不同阶段。从点"0"到点"A"，该材料被认为处于**弹性阶段**。在弹性阶段，材料在外力作用下会改变形状，但是，当力被去除后，材料会恢复到原来的形状，弹性阶段的曲线是线性的，撑竿跳高运动员所用的玻璃纤维杆就是一个很好的例子，材料受力弯曲，而后恢复到原来的形状。下一阶段发生在点"A"和"B"之间，被称为**塑性阶段**。在这一阶段，材料在载荷作用下形状发生永久性地变化，即使载荷去除，也不能恢复到原始形状，如果玻璃纤维杆在撑杆跳后仍然是弯曲的，它就无法再使用。最后阶段，发生在点"C"，这个点是**材料的破坏点或断裂点**。一般情况下，受力状态处于弹性阶段之外的材料是不应该再被使用的。

从设计和建造的角度来看，我们应当根据 E（弹性模量）值选择合适的材料，用于特定的工程（参见表 11-1）。弹性模量较低的材料，如混凝土，即使非常坚硬，也不应该被用在需要承受较大的拉伸或弯曲的位置。低碳钢和铝是特例，其兼具强度和柔韧性。

常见的力

在设计结构时，通常需要考虑五种力：（1）压力，（2）拉力，（3）弯曲力，（4）剪切力，（5）扭力。正如前面所说，外力施加到一个结构上，该结构的内力会抵抗结构形状的变化，这些外力可以是静态的（静止的）或动态的（运动的）。应力（强度）、应变（形状变化）和弹性（非永久变形）的概念描述了材料在载荷作用下的物理变化。五种不同的力或载荷的施加方式，有助于判断结构元素是如何被设计和建造的。

压力

压力常在推、压某个物体的时候产生。将一个物体置于结构件的顶端时，压力大小等于物体的重力（如图 11-20）。在这种情况下，压力往往作用在该结构件的顶端将该结构件往下压，而地面或其他结构件则作用于该结构件的底端，产生另一个与向下的压力大小相等、方向相反的力。如果该结构件处于平衡状态，那么它就必须有足够的强度（应力）来承受压力。压力有可能使结构垮塌，例如，椅子腿或桌子腿处于承受过大压力的状态下就会是如此。

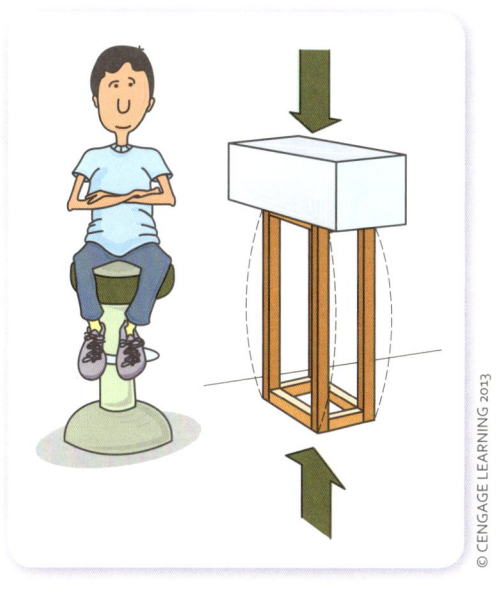

图 11-20　材料在压力状态下。

图 11-21　材料在拉力状态下。

拉力

通常情况下，外载荷会以拉力的形式作用到结构上（如图 11-21）。当发生这种情况时，该结构件被认为是处于拉伸状态中。**拉力**会试图把结构件撕裂，如拔河比赛中绳索上的力。为了保持平衡，结构件必须能够抵抗外部的拉力。

当压力和拉力两种载荷同时作用时，外载荷一般作用于结构件的长轴方向，然而，也有一些载荷会作用在长轴的垂直方向上。

弯曲力

当一个结构，如一只书架装满了书时，就会有**弯曲力**施加在材料上（如图 11-22）。与此同时，结构件中心轴附近存在一个中性轴，使材料同时受到压力和拉力的作用。位于弯曲中性轴内侧的材料受到压缩，也就是说，外载荷试图迫使材料内部分子间距减小；同时，位于弯曲中性轴外侧的材料受到拉伸，弯曲作用力迫使该侧材料的分子间距增大（如图 11-23）。

大多数制作架子的材料，在载荷作用下会弯曲到一定程度。胶合板，常用来制作货架，它是由多层薄木板胶合在一起形成的复合材料，这种材料能更有效地抵抗弯曲（我们可以认为每一层材料都有一个独立的中性轴）。如

图 11-22　材料在载荷作用下会弯曲。

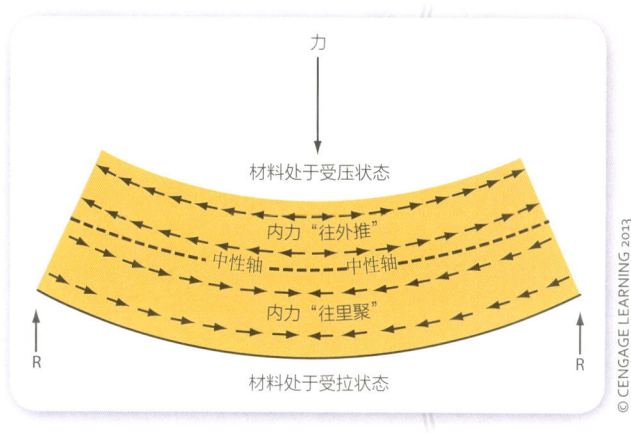

图 11-23　材料弯曲时会同时承受拉力和压力的作用。

第 11 章　结构系统设计　309

果支撑物距离太远或太多的重物放在架子上，架子材料也可能会超出弹性极限而失效。

轮到你了

如果我们拿一块泡沫橡胶或者类似的材料做实验，可以很容易地观察到，在弯曲力作用下，材料同时受拉和受压。我们沿着材料一边的中点划一条线，作为材料的中性轴。再沿着中性轴附近画平行的线。如果这块泡沫橡胶弯曲，你能够很清楚地观察到：中性轴以上的材料是受压的，中性轴以下的材料是受拉的。

剪切力

当一对横向力间隔一定距离沿相反方向作用到材料上时，会产生**剪切力**（如图 11-24）。图中，人的重量压在木板上，竖直向下，而支承点产生了一个反方向的力，这个反方向的力试图将材料沿竖直方向剪切。剪刀利用剪切力的原理可以剪切薄纸，甚至剪切金属板。我们必须重点关注剪切力，它可能是许多结构失效的主要原因。大多数的紧固连接构件，诸如螺栓、销钉和铆，都受剪切力的作用。

图 11-24　剪切力作用下的材料。

扭力

扭力是一种扭转力（如图 11-25）。在诸如汽车传动轴，或秋千座椅这样简单的旋转应用中，结构件都会承受扭力。扭力是一种试图通过扭转或旋转将材料分开的力。与弯曲力一样的是，材料承受扭力时也有一个中性轴，并且材料同时受到压力和拉力的作用。扭转力矩（也称为扭矩）与机械系统密切相关，如发动机、引擎和相关的运动部件。扭力也在许多其他系统中出现，包括飞机、桥梁，以及几乎所有技术系统。

图 11-25　扭力作用下的材料。

这五种类型的力：压力、拉力、弯曲力、剪切力和扭力，通常同时作用于同一物体上。例如，一把椅子或一张桌子可能主要是承受压力，但也可能同时抵抗弯曲力和扭力。当你设计结构件时，需要确定结构中每个点的力的类型和载荷的数量，必须选择不同类型的结构部件来保持结构的稳定和平衡。

图 11-26 （a）早期的梁使用天然材料；（b）现代工程梁。

结构部件

所有结构部件的使命都是承受载荷、保持结构稳定且不失效。结构内部和外部载荷，会试图使结构失去稳定，并最终使结构失效垮塌。设计师和工程师必须首先计算结构部件上力的大小和类型（如压力等），根据这些计算结果，选择合适的构件，或者如果标准构件不可用的话，重新设计新的构件。

梁

梁是建筑结构中经常出现的部件，一般水平放置。梁在设计之初主要是为了抵抗弯曲力，但也必须能抵抗剪切力和扭力。早期的梁截面都很大，通常由固体材料制成，例如大块石头或木材，如图 11-26a 所示。通过改良和创新，目前梁的设计更多地关注节约材料、减轻重量，并加大强度，这些新设计的梁已经提高了梁的比强度。而且通过使用更少的材料，节约了自然资源，降低了成本。新材料的开发也是为了克服其他问题，如材料的有效利用率，材料的重量或强度不够，湿度或温度的影响，成本，环境因素，或者是与材料有关的美学问题等（如图 11-26b）。在桥梁领域，梁是用来搭建桁架和形成主梁的；在建筑领域，梁被应用于所有住宅和商业建筑中。几乎所有的结构都会使用梁。

桥梁结构

桥梁能够极大满足社会交通需求，它能跨越艰险的地形，进而改进运输系统。尽管人和动物可以在相对陡峭的山坡上行走，但是大多数汽车、卡车和火车在陡峭的山坡上却无能为力。南北战争结束后，在内

趣味阅读

布鲁克林大桥（The Brooklyn Bridge）是一个珍贵的、结构优雅的地标性建筑。它是美国最古老的悬索桥之一，全长 1825 米（5989 英尺），横跨纽约东河，连接着纽约最为重要的金融区和布鲁克林非常适宜的生活区。桥梁由来自新泽西特伦顿的约翰·奥古斯塔斯·罗布林（John Augustus Roebling）的工程公司设计。该结构的主要建筑材料是石灰石、花岗岩、罗森代尔天然水泥，以及“钢丝绳”。建筑风格是哥特式的，最富有特色的是通道上各塔的拱门。

布鲁克林大桥于 1870 年开始施工，而奥古斯塔斯却已经在一次河边勘察时因事故去世。他的儿子，华盛顿·罗布林（Washington Roebling），接手了布鲁克林大桥的施工，但好景不长，他不久后就患了沉箱病。当时的人们对这个疾病不了解，这种疾病会使人在沉箱中工作时痛苦不堪。沉箱是这座桥的工作场所，它是一个巨大的木结构，这座桥的桥塔就是在它上面修建。桥塔上沉重的石头迫使沉箱下沉到河床，工人在沉箱里工作，清除里面的淤泥、泥浆等，使沉箱继续下沉深入河床底部，直到接触到河床表面的基石。今天，沉箱病泛指人体因环境压力急速降低时造成的疾病，通常被称为“减压病”。华盛顿·罗布林瘫痪后，他的妻子艾米丽·沃伦·罗布林（Emily Warren Roebling）接手管理该桥的建设。为了完成这一工程，她学会了工程管理，以便可以与现场管理人员沟通。当工程于 1883 年 5 月 24 日完工时，艾米丽成为跨越布鲁克林大桥的第一人。布鲁克林大桥的建造一共耗资 15 000 000 美元，27 名工人在建设这座桥时失去了生命。今天，任何游览纽约的游客都会被建议徒步行走布鲁克林大桥。

© SVLUMA/WWW.SHUTTERSTOCK.COM.

图 11-27　布鲁克林大桥。

COURTESY OF LIBRARY OF CONGRESS (LC-DIG-PPMSCA-08971)

（a）

COURTESY OF LIBRARY OF CONGRESS (LC-USZ62-79046).

（b）

图 11-28　（a）布鲁克林大桥（约 1890 年）和（b）桥塔设计。

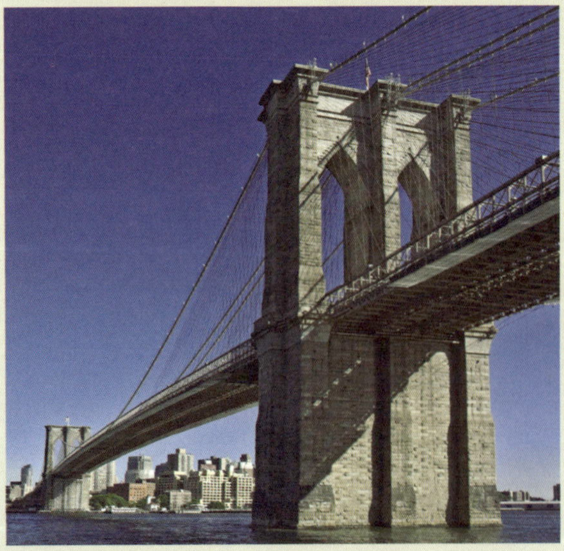

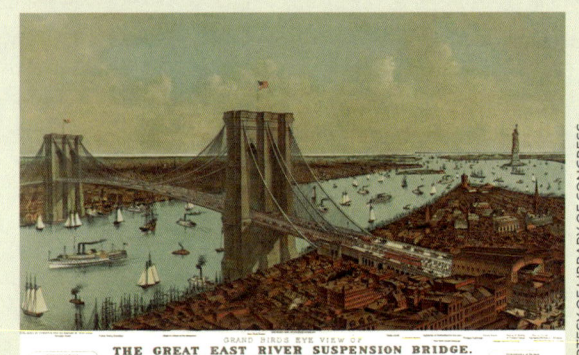

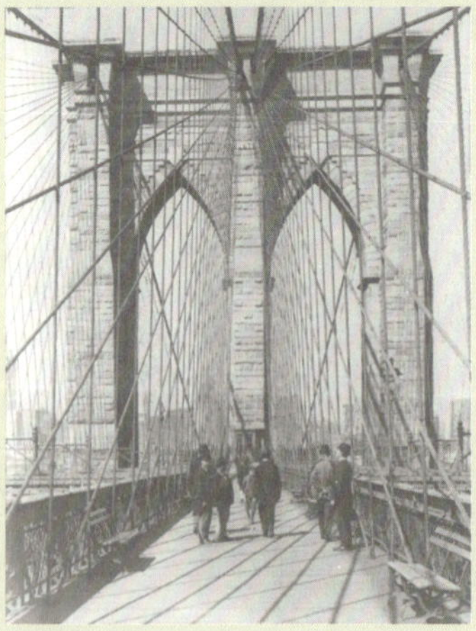

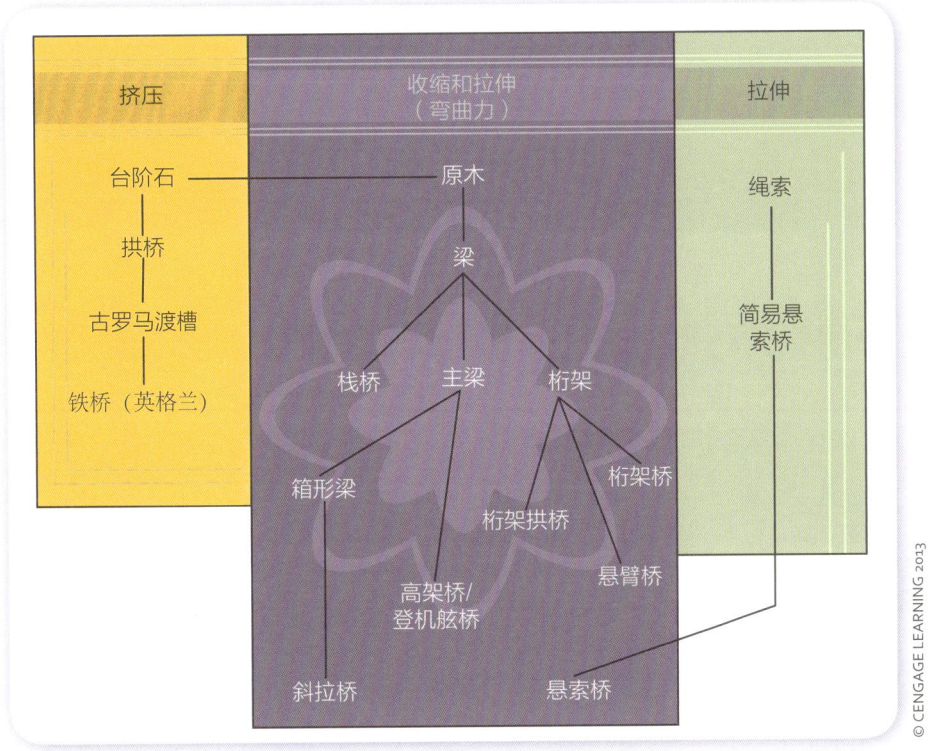

图 11-29　按照受力原理进行划分的桥梁。

布拉斯加州和加利福尼亚州之间修建联合太平洋铁路时，需要通过内华达州境内陡峭的内华达山脉。为了满足设计规范，所有桥梁和隧道的设计和建造，都必须满足坡度的最大变化不能超过3°的要求。难以想象这是19世纪60年代就取得的巨大工程成就！

桥梁类型之间的主要区别是它们所能跨越距离的能力，跨越的距离取决于支承点之间的距离。在桥梁设计中，这些点可以由峡谷两岸或其他自然结构充当，或者是在跨越的区域之间建造的桥塔或桥墩。建筑师和工程师的工作是把梁桥、桁架桥、拱桥，或悬索桥的设计组合到一起，建成某种组合桥梁（如图 11-29）。

图 11-30　梁式桥。

梁式桥

梁式桥的距离一般不超过60米（200英尺）。梁式桥是最古老的桥梁类型，很久以前，有人在一条小溪上铺设了木头，从而创造出了这种桥型。在美国，共有近600 000座梁式桥（如见图11-30）。

由人、小汽车、卡车，或火车带来的载荷会使梁弯曲（如图11-31），梁式桥必须能够抵抗这种弯曲。梁式桥一般被放置在桥墩上，桥墩必须能够支承桥梁的载荷（包括桥梁本身重量）和桥梁上各种活载荷产生

第11章　结构系统设计　313

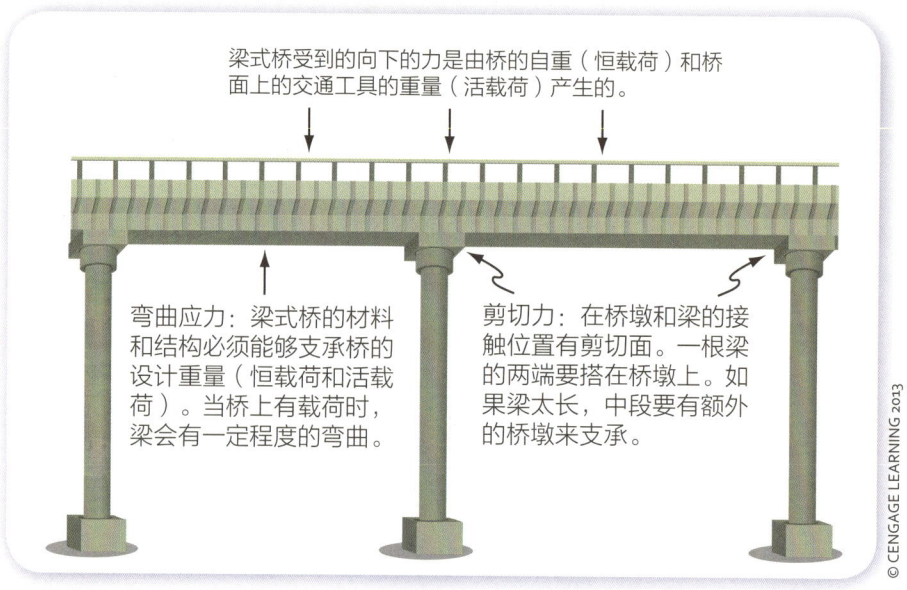

图 11-31 梁式桥设计中的弯曲力和剪切力。

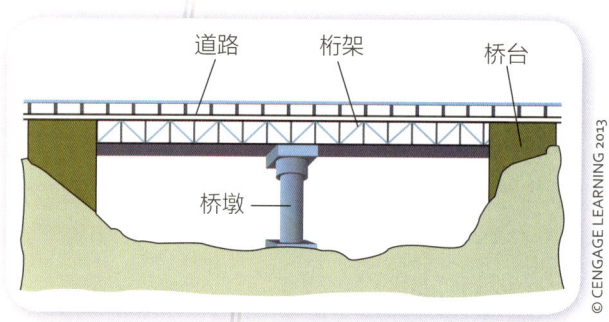

图 11-32 桁架桥的基本构件。

图 11-33 普拉特桁架。

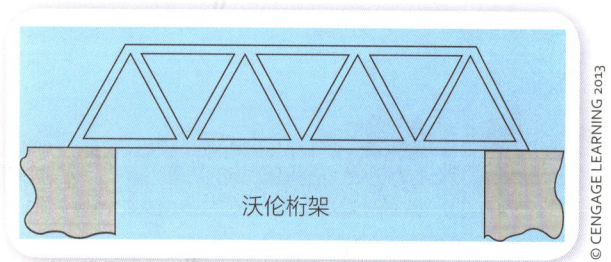

图 11-34 沃伦桁架。

的剪切力。工程师使用现有的梁作为模版进行设计,或设计新的方案,保证梁的承载能力和稳定。梁式桥的设计不仅用于公路和铁路桥梁,还用于方便人们在繁忙的街道之上或建筑物之间穿越的人行天桥上。

桁架桥

桁架桥必须能够抵抗压力和拉力,它以梁式桥为基础,是一种更为复杂的桥型。梁式桥的构件组成坚固的结构,而桁架桥由多种构件组成,这些构件的合理组合能够在保持桁架稳定的同时,减少用料,如图 11-32 所示。

桁架设计中最常见的类型是普拉特(Pratt)桁架,1844 年由设计师托马斯·普拉特(Thomas Pratt)和迦勒·普拉特(Caleb Pratt)原创设计。普拉特桁架最初是用木头搭建,今天,由普拉特桁架衍生出许多类型,其中一种是由直杆组成具有直角三角形的空间结构(如图 11-33)。19

世纪70年代修建宾夕法尼亚铁路时，工程师开发了许多类型的普拉特桁架。

1848年，英国工程师沃伦（James Warren）和蒙祖诺（Willoughby Monzoni）申请了沃伦桁架专利，该桁架由等边或等腰三角形构成，并将顶部和底部的弦杆连接在一起（如图11-34）。

豪氏桁架是在竖直构件之间加入对角线元素形成的三角形结构，这与普拉特桁架是类似的。豪（William Howe）在1840年申请了豪氏桁架专利。豪氏桁架产生张力和压力的方式与普拉特桁架相反（如图11-35）。早期用于铁路桥梁的豪氏桁架一般是木头做的，由于竖杆会受到拉力，因此工程师会用更薄的铁拉杆来连接较厚的受压的木梁。

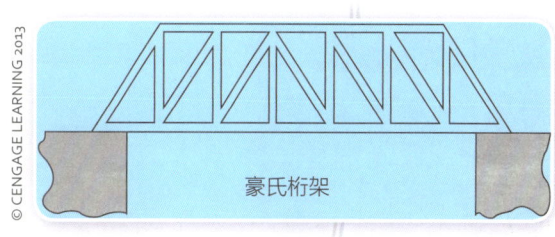

图11-35　豪氏桁架。

图11-36　由悬臂桁架组成的苏格兰福斯铁路桥。

桁架设计通常采用悬臂结构构件。**悬臂梁**是一种结构构件，它在给外界提供支持力的同时，本身只有一个末端受到支承。悬臂梁结构在悬挑式房屋的露台和门廊中可以见到。许多建筑在设计时都会使用悬臂，例如大多数屋顶是悬臂式的，屋顶两侧长度超出房屋结构长度。

在桥梁中，悬臂桁架的应用允许工程师设计更大跨度的桥梁。如图11-36所示的苏格兰福斯桥，就是一座悬臂梁式桥，它横贯南、北昆斯费里，中心跨度达350英尺长。

拱桥

拱桥的设计源自古罗马土木工程。罗马拱门通常是用石头筑成，且常用于建筑、道路桥梁，有时也用于将水从山上的水库向城市输送的渡槽。现如今，古罗马拱门仍然可以在欧洲的许多地方和中东地区看到（如图11-37）。拱结构非常稳固，将载荷转换为拱结构中的压缩力，桥台或者基座可以防止拱的两端移动。现代拱桥可以跨越300米（1000英尺）的距离。

悬索桥

现代**悬索桥**是所有桥梁类型中跨越距离最长的一种。1998年建成的明石海峡大桥主跨跨度达1991米（6529英尺），如图11-38所示。

(a)

(b)

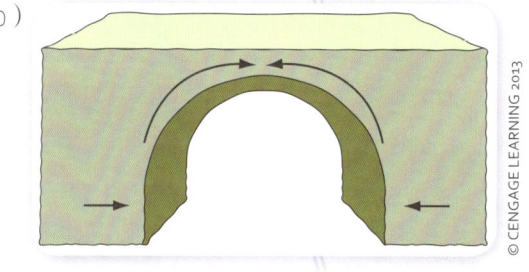

图11-37　古罗马渡槽。

图 11-38 日本的明石海峡大桥是目前世界上最长的悬索桥。

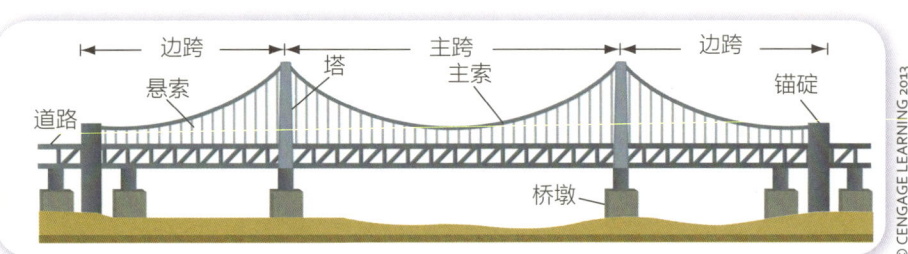

图 11-39 典型悬索桥的结构构件。

悬索桥通过巨大的钢索来传递恒载荷或活载荷,和布鲁克林大桥的钢索一样。悬索桥的索一直都处在受拉状态下,悬挂在塔之间,并最终固定在桥两端的锚碇上。塔必须承受大部分载荷,并承受缆绳载荷的压力。桥面挂在悬索桥的缆绳上,通常形成一个桁架结构,使悬索桥上的道路路面保持平稳(如图 11-39)。

结构部件必须承受所有的外力。如果桥梁的一个组件受弯(弯曲破坏)或突然断裂(破坏),这座桥将垮塌。设计桥梁时,要么将外力分散到其他部件,要么将外力转移至其他可以承受压力的部件上。拱形的设计是为了分散桥梁的载荷,而悬索桥的设计则是采用了转移载荷的思路。为了承受压力,我们必须使用一种叫做框架支柱的结构,框架支柱一般是指结构中的桥墩和柱子。拉索是一种抵抗压力的结构部件,在悬索或斜拉桥上,拉索通常是钢拉索;在桁架桥上可能是更坚固的钢结构。结构内的所有部件,都必须用诸如铆钉或螺栓等连接,或采用焊接等机械工艺让所有部件紧密连接,这些紧密连接的部件都承受剪切力。

计算结构载荷

为了设计安全稳定的结构,设计人员必须计算作用于结构上的不同类型的载荷。当有了一定的数据后,可以在结构设计时对材料和部件的类型(梁等)进行选择和组合。如果使用了不恰当的结构类型,或者使用了不正确的部件或材料,这个结构就可能会破败。

简单的载荷测试

通过简单的经验测试和建模,可以进行基本的载荷测量。你可以通过在卧室中放置一把椅子,在椅子旁放上一台体重秤,来确定典型的动态和静态载荷。当你站在体重秤上时,可以得到你的静态的体重;当你从椅子上跳到秤上时,你便会发现秤上的读数比你的实际重量更重(如图 11-40)。你也可以使用弹簧秤来自制一把简易秤,确定施加在摆动的吊灯上的力(如图 11-41)。你还可以用弹簧秤来测量速度为 25 英里/时的风对帐篷的系绳产生的力的大小。通过一个简单的硬纸板和

图 11-40 用一台体重秤来完成简单的静态、动态载荷测试。

图 11-41 用弹簧自制的简易秤。

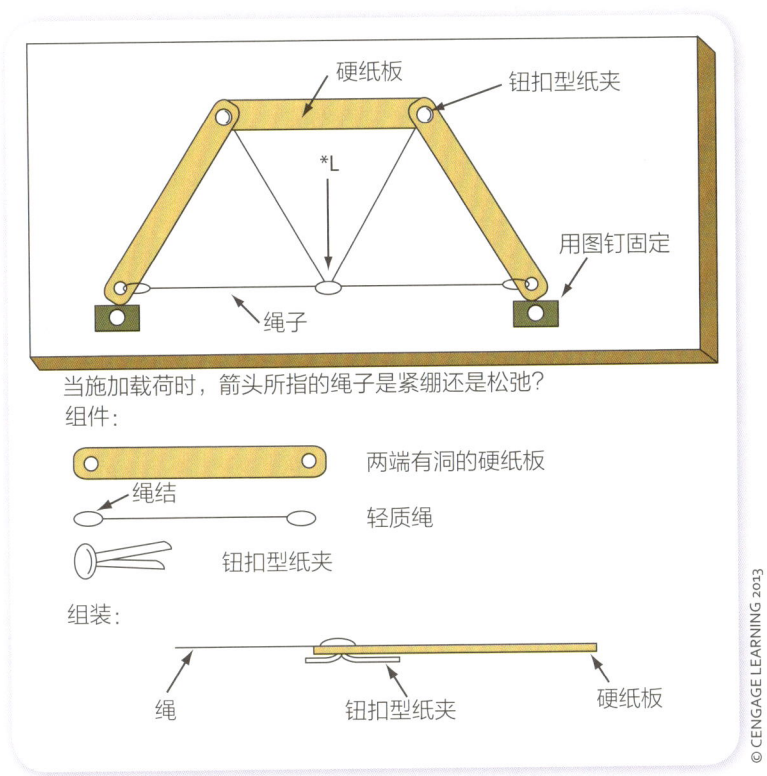

图 11-42 用绳子和硬纸板制成的模型来确定拉力和压力的大小。

绳子或橡皮筋模型,就可以确定桥或桁架中的哪个部分处于拉伸和压缩状态(如图 11-42)。在这个测试中,事先认为受压的部件使用纸板,而受拉的部件使用绳子,如果绳子在外载荷作用下松弛,则该部件是受压状态,应该用硬纸板代替。所有不是非常明显的受压部件,都需要用绳子进行这样的测试。物理建模技术很有效,但在适当的时候,应该使用数学或图形来进行建模。

第11章 结构系统设计

用数学知识计算载荷

结构中的载荷计算常借助数学或计算机建模。以一个简单的 **力矩** 计算来说明问题。力矩的计算可以确定作用于门把手的力的效果。进行原理设计（如设计手柄工具）时，计算力矩是一种重要的测量方式，我们需要计算这个手柄所能承受的最大力矩。转动手柄时，克服力矩的力将一直存在，直到拧紧螺母达到平衡为止。如果结构始终是保持平衡，那么肯定存在一个反作用力，抵消了作用在结构构件上的外力。这个例子中的载荷称为点载荷。许多结构，如屋顶，载荷会分布在整个表面，当计算需要考虑材料结构的重量时，需要使用 **均匀分布载荷（UDL）** 的方法（如图 11-43）。

你可以通过矢量分析法（包含代数和三角函数）来确定作用于墙壁支架结构的载荷数量和类型。你甚至可以借助图形分析的数学方法来完成这一计算（如图 11-44）。

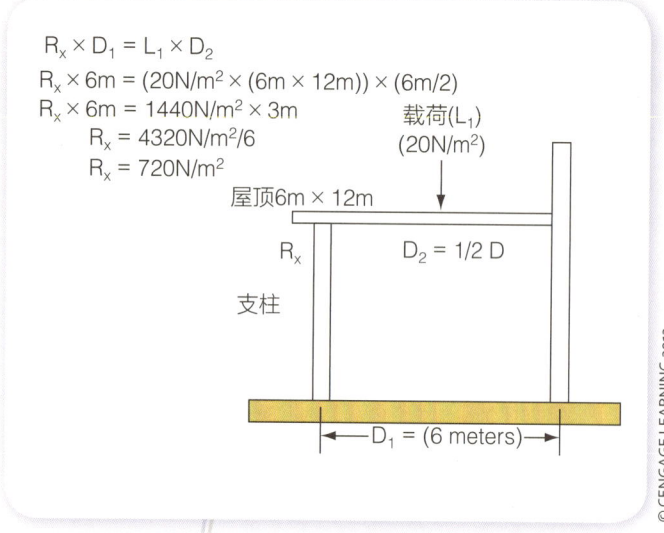

图 11-43 均匀分布载荷的计算过程。

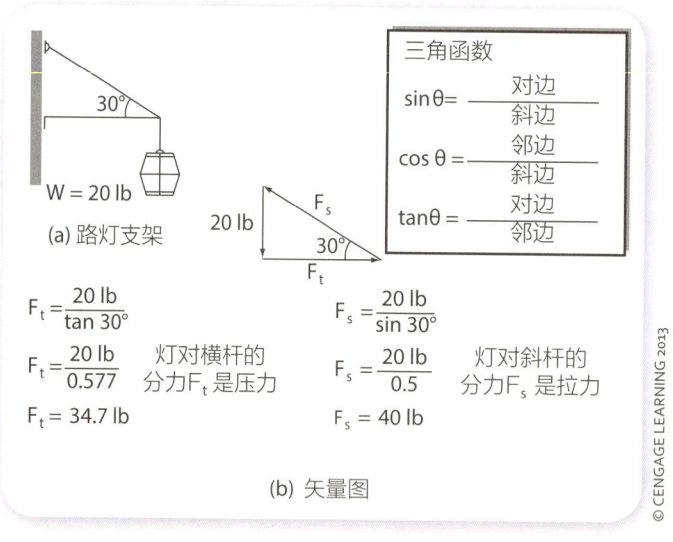

图 11-44 用三角函数来计算力矢量。

轮到你了

用均匀分布载荷方法计算结构时，还有一些其他的问题，比如：墙体受到的剪切力是多少？假设存在 30 厘米（12 英寸）厚的雪作为载荷，那么极限承载力是多少？假设在现有的载荷上再加上 25 磅重的木瓦屋盖，此时的载荷又是多少？

在物理学和微积分中，用矢量来描述力的大小和方向。在欧几里得空间，矢量是从原点指向终点的带箭头的线段，线段的长度表示矢量的大小，箭头方向表示矢量的方向，因此，箭头形象体现了矢量的根本特点。矢量在拉丁语中的意思是"负重的人或物"。

使用图解法

矢量多边形的分析方法，是图形分析的基础。我们用**矢量**来表示作用于系统的力的大小和方向。多边形是在平面内，由不在同一条直线上的几何线段，首尾顺次连接的封闭图形。我们用自行车车架作为图解分析的例子（如图 11-45）。记住：要解决一个技术问题，我们必须知道作用在系统上的力的大小，以及力的类型。

鲍氏记号法

鲍氏记号法是借助结构图形求解力的一种方法。这种方法要求在图中准确绘制结构的尺寸，如图所示 11-46a。

图 11-45 用图解法分析作用在自行车上的力。

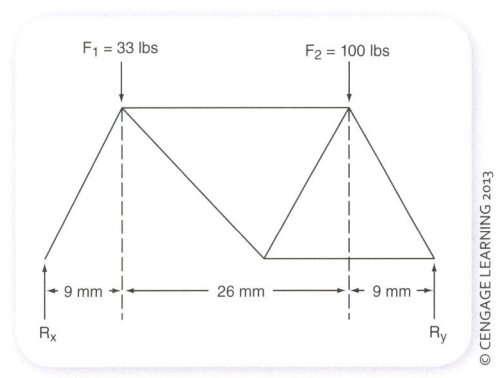

图 11-46 （a）计算 R_x 和 R_y。

▶▶ 第 1 步

计算 F_1 和 F_2 的反作用力 R_x 和 R_y。R_x 和 R_y 之间的距离为 44 毫米，R_x 和 F_1 之间的距离为 9 毫米，F_2 和 R_y 之间的距离为 9 毫米。

$(R_x)(44\text{ mm}) = (9\text{ mm})(100\text{ lb}) + (35\text{ mm})(33\text{ lb})$

$(R_x)(44\text{ mm}) = 2055\text{ mm} \cdot \text{lb}$

$R_x = 2055\text{ mm} \cdot \text{lb}/44\text{ mm}$

$R_x = 46.7\text{ lbs}$

$(R_y)(44\text{ mm}) = (9\text{ mm})(33\text{ lb}) + (35\text{ mm})(100\text{ lb})$

$(R_y)(44\text{ mm}) = 3797\text{ mm} \cdot \text{lb}$

$R_y = 3797\text{ mm} \cdot \text{lb}/44\text{ mm}$

$R_y = 86.3\text{ lbs}$

>> **第2步**

用鲍氏记号法在图中给每一个区域编号,如图 11-46b 所示。编号时,从结构的左下角开始,沿着结构的外围,按顺时针方向编号。给所有已知的力和数字加上标签。注意,每一条线都需要用 2 个字母确定(例如,AE 表示自行车的前轮叉)。

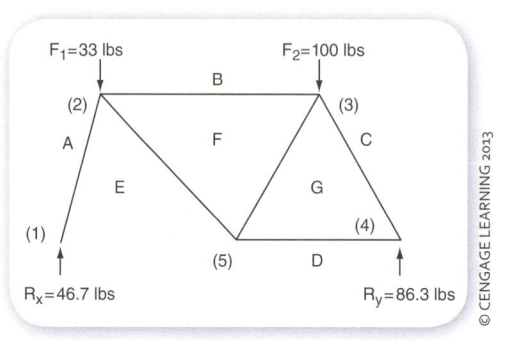

图 11-46 (b) 鲍氏记号法的运用。

>> **第3步**

实际的计算是从绘制力的矢量图开始的。绘图前,我们必须选择合适的比例尺(我们选择 0.5 毫米 =1 磅),如图 11-46c 所示。注意,有些力的方向是竖直向下的(骑车人的重力),有些力的方向是竖直向上的(地面的反作用力),上下力必须使物体处于平衡状态($F_1+F_2=R_x+R_y$)。

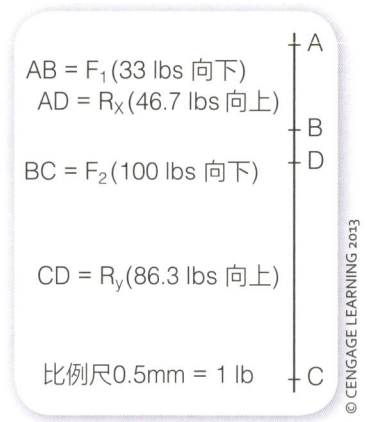 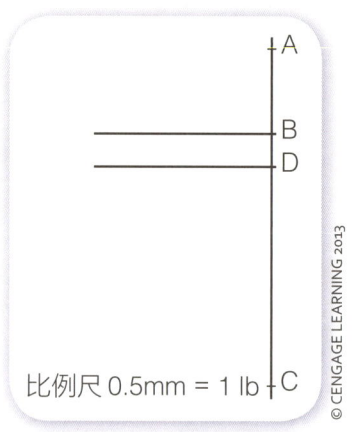

图 11-46 (c) 矢量图(已知的竖直方向力)。　　图 11-46 (d) 矢量图(未知的水平方向力)。

>> **第4步**

如矢量图所示,将所有水平方向的矢量,添加到竖直方向的力上。本例中,有向线段 *BF* 和 *DG* 是水平方向的矢量,代表大小未知的力,所以它们的实际长度不能确定,如图所示 11-46d 所示。基本矢量图用来求解每个节点处的力的大小和类型。

>> 第5步

首先从左下角的节点1开始画该节点的受力图。受力图将被用来确定力的方向（压力或拉力），如图11-46e所示。需要注意的是，我们只关注力 R_x 和线段 AE。如果在节点1和5之间有一个连接组件，那么在这种情况下也需要考虑线段 ED。

图 11-46 （e）节点1的受力图。

>> 第6步

在图11-46c中画矢量图，画矢量代表线段 AE。从点 A 开始，沿着 AE 方向画线，直到与 D 点所在的水平线相交，如图11-46f所示。

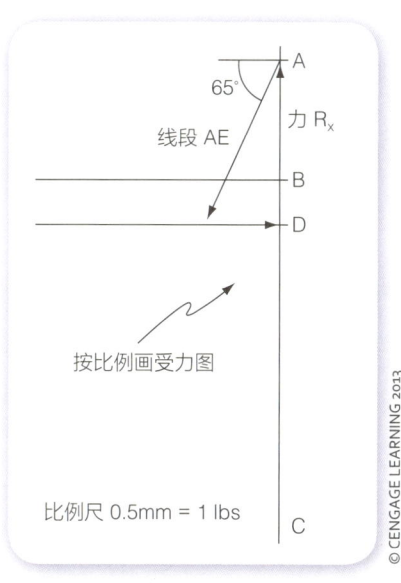

图 11-46 （f）矢量图中的有向线段 AE。

图解分析

矢量图上有向线段 AE 的长度等于该分量上的力除以相应的比例后对应的长度。由于有向线段 AE 在图上的长度是26.5毫米，比例尺为0.5毫米 = 1磅，我们可以换算得到有向线段 AE 表示一个大小为53磅的力，这个力即为自行车的前轮叉受到的力。同样重要的是，这个载荷（53磅）会作用在结构上。注意，矢量图上的箭头方向表明了力的作用方向。由节点1的分析可得，我们必须遵循力 R_x 在受力图的组成。力 R_x 在矢量图中方向竖直向上。在点 A 处，力沿着 AE 的方向到 E 点，然后在 E 点处转回到 D 点。很重要的是，在把力从矢量图画到受力图上时，不能弄错了力的方向，如图11-46g所示。如果箭头（力的方向）指向作用点（以节点1为例），那么这个组件处于被压缩状态。相反，如果箭头的指向背离作用点，则该组件处于拉伸状态。

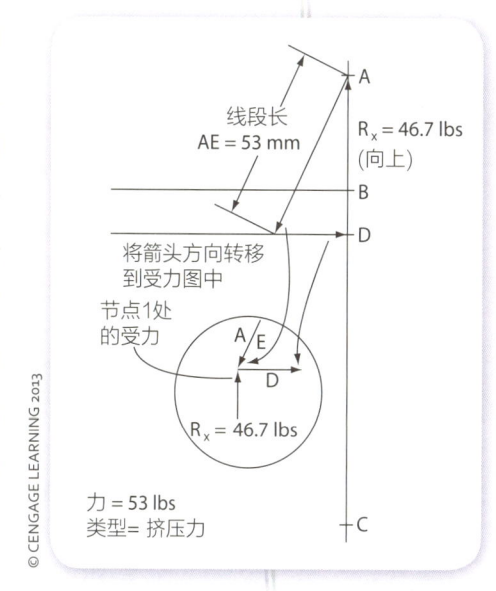

图 11-46 （g）计算力的方向和大小。

第7步

对于余下的每个节点的计算，重复第5步和第6步：

节点2，有向线段 EF 和有向线段 BF，图 11-46h；

节点3，有向线段 FG 和有向线段 CG，图 11-46i；

节点4，有向线段 DG，图 11-46j。

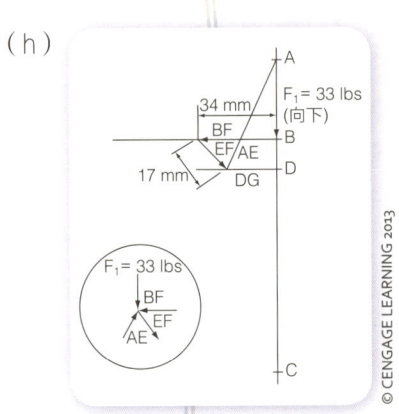 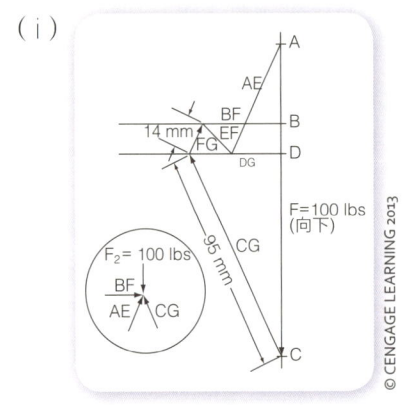 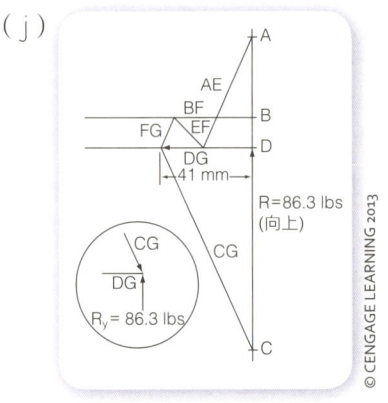

图 11-46 （h）、（i）、（j）三个图分别表示节点2、3、4上力的方向和大小。

第8步

制作一个记录所有杆件所受的力的大小和类型的表格（如表 11-2）。

表 11-2 自行车各杆件所承受的力的类型和大小。

自行车杆件	力的大小	力的类型
AE	53 磅	压力
BF	34 磅	压力
EF	17 磅	拉力
FG	14 磅	压力
CG	95 磅	压力
DG	41 磅	拉力

轮到你了

我们重新考虑自行车结构，假设节点1和节点5之间没有连接，此时再观察节点2处的力，你能得出什么结论？当然，你也可以通过问自己"我能在这个自行车上施加哪种类型的力，或什么类型的力？"这样的问题，来继续深入讨论。

总 结

早期人类建造建筑物时都是就地取材，主要目的是遮风挡雨、提供保护。今天我们使用各种类型的材料来制造主要的结构体系。虽然天然材料仍然是建造房屋的主要材料，但随着科学的进步和发展，工程师们也越来越多地使用人工合成或工程材料，以提高材料的强度、减轻重量、抵抗自然力、降低成本。所有材料都可供设计人员或工程师在住宅和商业建筑、桥梁、水坝、隧道等设计中应用。大多数大型结构是由土木工程师、结构工程师或建筑师设计的。

结构是一种能够支承载荷和抵抗外力的主体构造，除了少数情况我们需要在施工中利用材料的弹性以外，大部分情况下结构在外载荷下都不会明显变形。对于一个设计良好的结构，只有节点破坏或材料本身破坏时，结构才会垮塌。结构的用途是区分结构方式的一种有效方式，结构有很多用途，包括居住、存储、通信和交通运输等。

在设计新结构时，工程师和建筑师必须充分考虑科学和数学的原理和概念。设计人员还必须满足给定的设计规范，考虑结构承载的所有恒载和活载，并竭尽全力满足客户的要求。结构设计同样要重视安全，这里的安全不仅要考虑标准的安全系统，如桥梁或建筑物的最大载荷，同时还要考虑到人类的使用安全。结构的设计必须便于保养维修。

我们可以假设，由于一些不可抗拒的外力，如自然老化、误用，以及可能的恐怖袭击，所有设计良好的技术结构在某些时候都可能会垮塌。所有的建筑、桥梁、堤坝、隧道、高塔和其他技术结构都有一个设计的安全使用寿命。计划性淘汰是指设计者有意使产品在一定时间后报废。安全系数决定了产品，或产品中某部件可以超载多少，安全系数通常大于1（S.F. > 1）。牛顿运动定律是结构设计的基础。牛顿运动定律包括三大物理定律，揭示了作用于物体的力与物体运动之间的关系。

当外部载荷被施加到结构上时，结构内部必然会出现一些内力，以抵抗外部载荷产生的力，内力是由物质的分子运动产生。结构设计通常需要考虑五种力：（1）压力，（2）拉力，（3）弯曲力，（4）剪切力，（5）扭力。外力施加到结构上时有可能使结构发生形变，而内部的力会抵抗结构形状的变化。外力可以是静态的（静止的），也可以是动态的（运动的）。同时，我们用应力（强度）、应变（形状变化）和弹性应变（结构形状改变，但没有永久变形）的概念来描述材料在载荷作用下的物理变化。五种不同的力的施加方式，决定了结构元素将被如何设计。

要创造有效的设计，设计人员必须计算作用于结构的载荷的大小和类型。使用简单的经验测试和建模，通过一些数学公式的计算，或图形分析，工程师可以对载荷进行计算。

课后作业

观察 / 分析 / 综合

1. 在社区内挑选一栋建筑物或者结构，为它绘制一幅简单的草图，该结构的特点是使用了三角形的形状作为支撑，以保障结构的稳定性。

2. 在社区内，寻找至少 5 个精心设计的结构，绘制简单的草图，这些结构可以是住宅、商业大楼、桥梁、大坝、隧道等。如果你所在的地区或者周边地区有历史遗址，可以考虑把该遗址作为一个主题。

3. 查阅下列其中一个结构的历史或关于它的设计师的信息：布鲁克林大桥、埃菲尔铁塔、摩天轮、吉隆坡双子塔、明石海峡大桥、胡佛大坝、台北 101 大厦、棕榈群岛（迪拜，阿联酋）、米洛高架桥、三角洲工程（荷兰）、欧洲隧道，或千年穹顶。准备一份 PPT 演示文稿，介绍这些工程。

4. 从本章中选择一种桥的类型，或选择一座你所在地区的桥，做一份简单的分析，把你认为受压的构件和受拉的构件用硬纸板搭建出来，用胶带连接各个节点，给这座桥施加一个适当的外载荷，并评估你的模型。

5. 用 1 盎司重的木质搅拌棒设计一个横梁，要求这个横梁跨越 30 厘米的开放空间。梁必须能抵抗弯曲力、剪切力和扭力，而且这根梁只能在两端受到支撑。在这根梁上不断添加载荷，直到这根梁的挠度达到 1 毫米，并记录此时的载荷重量。

安全提醒

去小区内挑选结构绘制草图前，务必征得老师或家长的同意。

补充作业

工程设计分析挑战

假设你是一名拥有结构设计许可证的结构工程师的学徒,客户需要在单层家庭住宅(如图11-47)中额外增加一个卫生间,希望工程师能提供一系列的设计图纸。卫生间的两侧位于承重墙上,所以不需要额外的支撑。因为卫生间的东南角无法放置在现有的承重墙上,因此必须在东侧的楼板下面添加一个竖向的梁,同时在这个梁的下面放置一根柱子,来支撑这个梁和楼板。

工程师要求你仔细审阅图纸,并让你提出合适的建议,设计新的梁来满足客户需求。你应使用适当的公式,计算出屋顶和浴室的恒载和活载。因为房子是位于美国东北部,所以应考虑可能会有六英尺厚的雪堆在屋顶。

一旦屋顶和浴室的均布负载通过计算确定下来,你就可以选择合适的尺寸,使用标准规格的地板梁。你可以从网上查找关于惠好公司的TrusJoist Parallam梁(TJ-9000)的信息。你的老师——结构工程师希望看到所有的计算过程,以便于检查你的工作是否正确。如果是正确的,工程师将把梁添加到图纸上,并签署该项目。

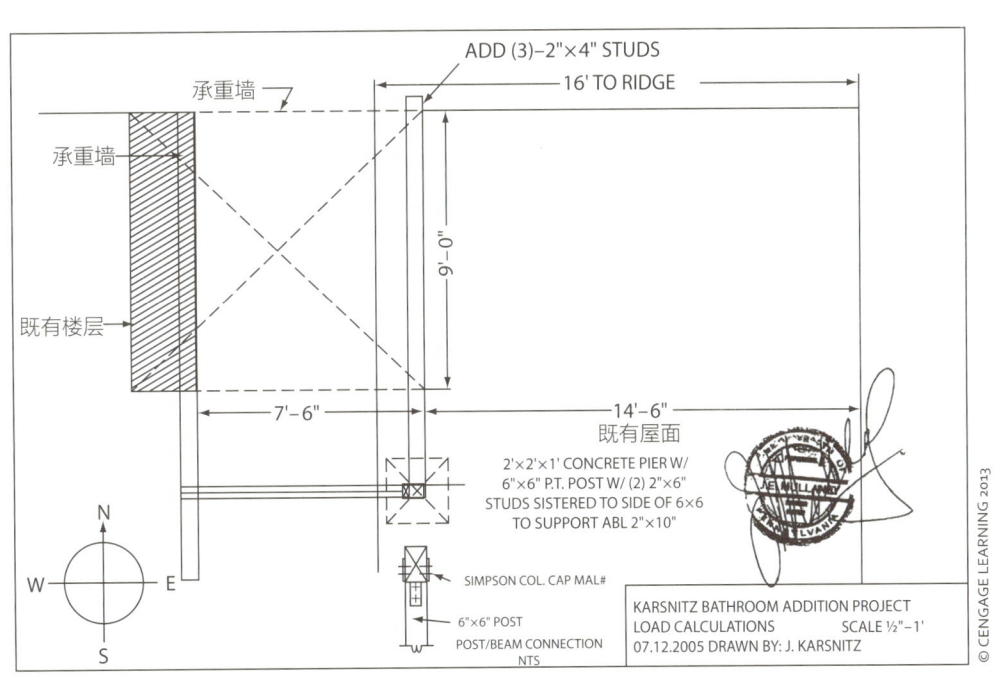

图11-47 新增浴室草图。

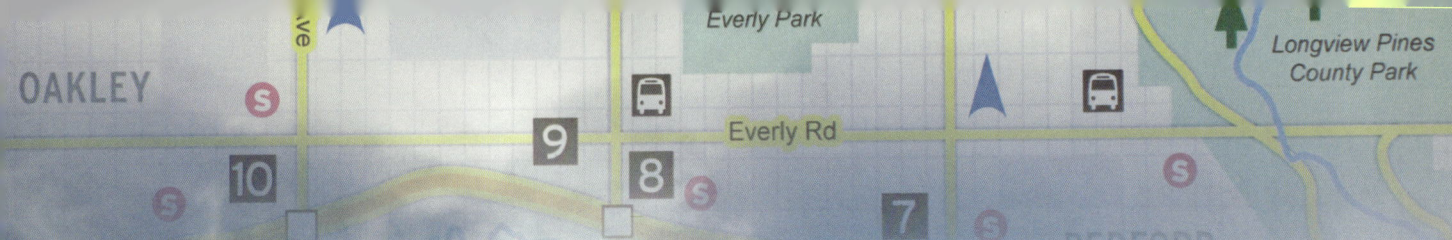

第 12 章
机械系统设计

Menu

 **头脑准备**

在学习本章的概念时，请思考下面的问题：

1. 机械工程师和其他的设计专家为何要设计和制造机构？
2. 机构是什么？它与人类设计的其他物品有什么区别？
3. 当我们设计机构时，必须遵守哪些STEM准则？
4. 机构的期望输出运动是什么？
5. 如何使用杠杆和连杆设计机构？
6. 旋转运动如何在机构中实现？
7. 机械设计如何建模？

>> 引　语

产品和设备中随处可见机械装置和机械系统。20世纪最伟大的工程成就网站认为：汽车、飞机、农业机械化、空调和冰箱、航天飞机、家用电器和医疗设施都属于其中的伟大成就，所有这些伟大的成就都离不开人们对现代机械原理的理解（如图12-1）。机械装置可以通过产生人类预期的输出动作和力量，拓展人类的能力。例如，一把小小的镊子可以帮助技术人员夹住螺母，同时当外科医生进行手术时，镊子也可以帮助他们控制和固定血管。本章主要介绍一些机械概念，同时为大家阐释让机械系统正常运转的科学和数学原理（STEM）。

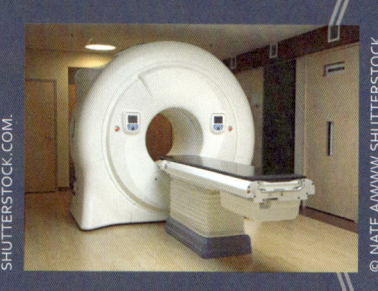

图12-1　使用机械系统的现代产品举例。

纵观整个历史，人类很早就开始使用机械来解决技术问题了，达·芬奇（Leonardo da Vinci，1452—1519）是以著名画作《蒙娜丽莎》及其他一系列杰作而闻名遐迩的意大利文艺复兴时期的画家，他同时也是许多机械装置的设计者和发明者。直到今天，有超过4200幅达·芬奇设计的机械装置草图依然保存着（如图12-2）。达·芬奇的大部分设计都是在他去世多年后才实现，因为当时的材料和制造精度没有发展到相应要求的水平。达·芬奇的很多想法中常包括一种实验飞行机器，数百年后的1903年，莱特兄弟成功地制造了首架飞行器。而达·芬奇关于直升机的想法直到1940年才得以实现。在达·芬奇的年代，虽然他并不能够完全理解内在的科学原理，但他设计的可移动的桥、降落伞、起重吊车后来都被成功制造了。可以说，达·芬奇是一位伟大的大自然的观察者。

图12-2　达·芬奇的旋转螺旋桨设计是现代直升机的基础。

第12章　机械系统设计　327

趣味阅读

直升机

在航空史上，西科斯基（Igor Sikorsky）因发明直升机而与莱特兄弟齐名。西科斯基（1889—1972）出生在俄罗斯，是一名科学家和工程师，于1919年移民到美国。他的一生有许许多多的杰作，例如固定和旋转翼飞机的发明，这项发明直接催生了世界上第一架实用直升机——VS-300的诞生，如图12-3所示。

为了实现自己建造飞机的梦想，西科斯基从俄罗斯来到美国。最开始他以教数学和飞行谋生。后来在朋友的鼓励下，1923年，他开始创办航空企业——西科斯基飞行器公司。西科斯基公司在飞机设计和建造方面有着骄人和辉煌的历史，被认为是美国航空公司的先驱者之一。

1909年以来，西科斯基致力于直升机的研发制造，在整整30年里遭遇无数次的失败，才成功研制出直升机！此后他继续研究和改进VS-300型直升机，直到1943年，研发出第一架可以大批量生产的直升机——VS-316（R-4）。VS-316（R-4）型直升机在第二次世界大战期间被美国军方广泛运用于太平洋地区。因为大部分太平洋战区前线参与"越岛作战"行动，而VS-316（R-4）型直升机非常适合在这些岛屿之间运送物资。

直升机通过旋转螺旋桨产生升力。而控制直升机的飞行不是一件容易的事，直升机的着陆尤其危险，旋翼可能进入自己产生的涡旋（涡流）发生打滑。尾部螺旋桨对直升机的控制至关重要。直升机能够向前飞行是通过倾斜螺旋桨来产生一个向前推力而实现的。

1946年，世界上第一架商用直升机"贝尔47号"开始投入使用。

图12-3　1940年，西科斯基驾驶VS-300型直升机试飞成功。

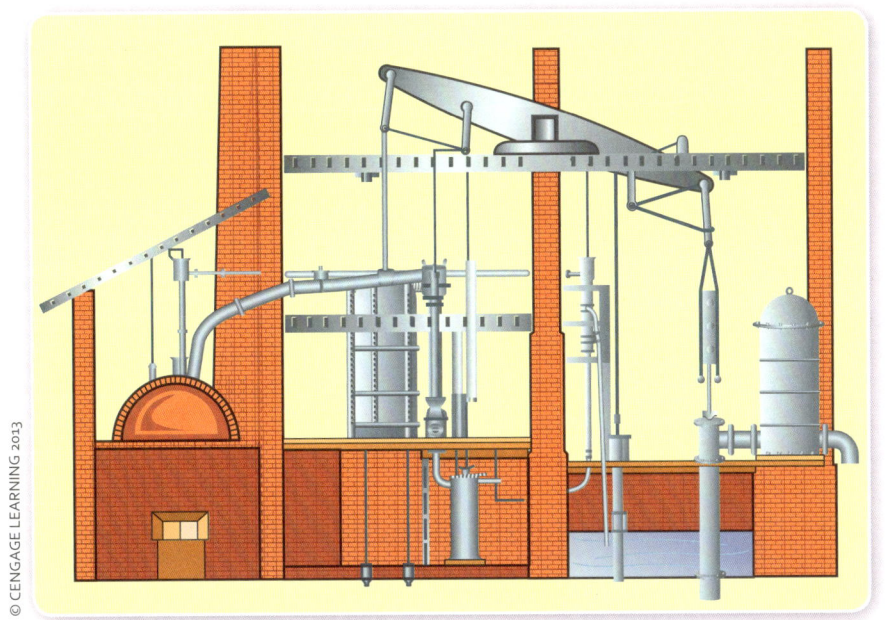

图 12-4　瓦特于 1769 年改良后的蒸汽机。

机械在推动人类社会进步的过程中发挥了重要作用。1769 年，瓦特（James Watt，1736—1819）为他的蒸汽机的分离式冷凝器原理申请了专利。瓦特是一名苏格兰工程师，他一生中最大的成就是成功改进了蒸汽机（如图 12-4）。蒸汽机是 18 世纪初期欧洲工业革命的主要推动力之一；19 世纪初，蒸汽机在美国也发挥了重大作用。此外，瓦特的改进还包括曲柄传动装置（通过曲柄的运动，蒸汽机可以使车轮转动）、节流阀、调速器和其他许多的装置，所有的这些改进都使蒸汽机更加实用。

机构和机器

机构和机器很相似，它们都是一系列运动部件的集合，都能完成指定的运动。机器与机构的不同点在于，机器能够转化能量，并利用转化的能量做功。通常，我们认为一台机器比一个工具更复杂，人类在使用时，机器可以独立工作，而工具不能。如图 12-4 的瓦特蒸汽机就是一台**机器**（可以转化能量）连接到一个**机构**上（可以完成设计好的运动）的例子。机器和由一系列零件组成的机构相互连接，共同完成工作。早期的蒸汽机被连接到抽水机上，将水从矿井中抽出来；或者被放在有轮子的车厢上，形成最早期的蒸汽火车头。牙钻、割草机、洗衣机、手电钻、食物加工机和印刷机等一些我们日常生活中常见的装置都是机器。有些机器，如蒸汽机、柴油机或汽油机、水轮机等，被认为是机械运动的"原动力"，因为它们的用途是将能量直接转化为机械运动。

机器（machine）：

机器是一种能够通过转化能量来完成任务的装置。机器可以是机械的，如动力工具和汽车，机器也可以是由电力驱动的，例如计算机。科学中所研究的简单机械包括杠杆、车轮和车轴、滑轮、斜面、楔块和螺钉等，这些简单机械只能改变力的方向或大小。学生在学习本章的机械工程设计时，首先需要了解杠杆和曲柄、摩擦轮和齿轮、凸轮、蜗杆，还有其他的可以传递拉力和压力的工具，以及提供间歇性运动的工具。学生在充分学习了解这些工具后，要尽可能多地使用这些工具来设计可能的解决方案。

机构（mechanism）：

机构是一系列相关的运动部件的集合，机构能够输入运动和力，并将其转化成输出的运动和力。机构在运行时遵循自然法则和物理规律。

第 12 章　机械系统设计

运动学

19世纪后期，一位名叫勒洛（Franz Reuleaux，1829—1905）的德国机械工程师发展了现代机构的基本概念，这个概念称为 **运动学**。勒洛是当时极富盛名的美国机械工程师协会（ASME）第一位荣誉会员，他本人也被人们称为"运动学之父"。运动学是力学的一个分支，它研究的是机器和机械系统中 **零件** 和运动副之间的相对运动。运动学和动力学（研究作用于物质的力与物体运动的关系）是工程力学和机械设计理论的基本内容（如图12-5）。

> **运动学 (kinematics)：**
> 运动学是工程力学的一个分支，研究运动而不考虑导致物体运动的力或物体的质量。

图 12-5　勒洛设计的行星式齿轮链模型。

勒洛设计的六类机械元件（如图12-7）和符号表示法对现代机械工程设计至关重要，这也是机械设计理论的重要基础。除了理解这些机械元件的工作原理外，机械工程专业的学生还需要学习机械动力学和振动力学、多体动力学方法，并掌握微分方程和有限元方法等一系列机械设计开发的必要技能。他最著名的发明是"勒洛三角形"，这是一种特殊类型的等边三角形，该三角形的每条边都是圆弧，弧半径等于内接等边三角形的边长（如图12-6）。这种机制是现代汪克尔转子发动机诞生的基础。除了在运动学上的贡献，勒洛提出的有关设计综合体、优化设计、设计中的美学的观念还成为了工程教育的一部分。勒洛对现代机械设计很重要的贡献还有动力学、应力分析学、材料科学。

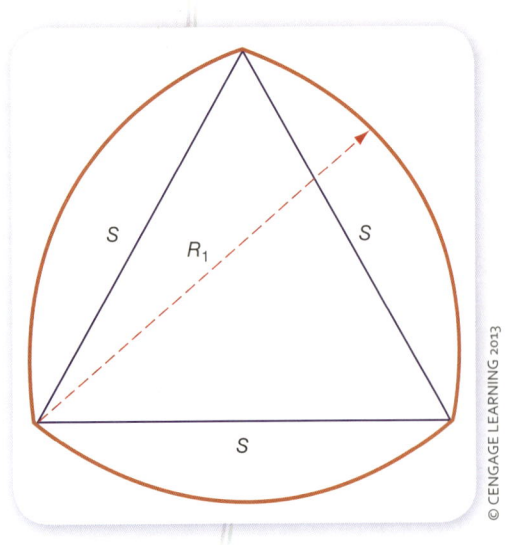

图 12-6　勒洛三角形。

勒洛的六类机械零件

图 12-7 所示的是现今工业中运用的勒洛六类机械零件:

▶ 杠杆和曲柄(图 12-7a)
▶ 摩擦轮和齿轮(图 12-7b)
▶ 凸轮机构(图 12-7c)
▶ 蜗杆(图 12-7d)
▶ 传递拉力或者压力的零件(图 12-7e)
▶ 传递间歇性运动的零件(图 12-7f)

(a)用杠杆和曲柄打开窗户。

(b)摩擦轮和齿轮可以用来传递运动。

(c)用凸轮机构打开或关闭汽车引擎阀门。

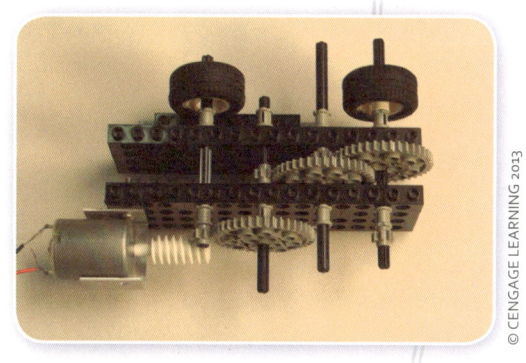

(d)LEGO 传动装置中的蜗轮和蜗杆。

(e)能够传递压力或拉力的零件,例如摩托车上驱动车轮转动的链条或传动带。

(f)能够传递间歇性运动的零件,例如在钟表结构中使用的(防倒转的)棘轮。

图 12-7 在机械装置中大量使用的勒洛六类机械零件。

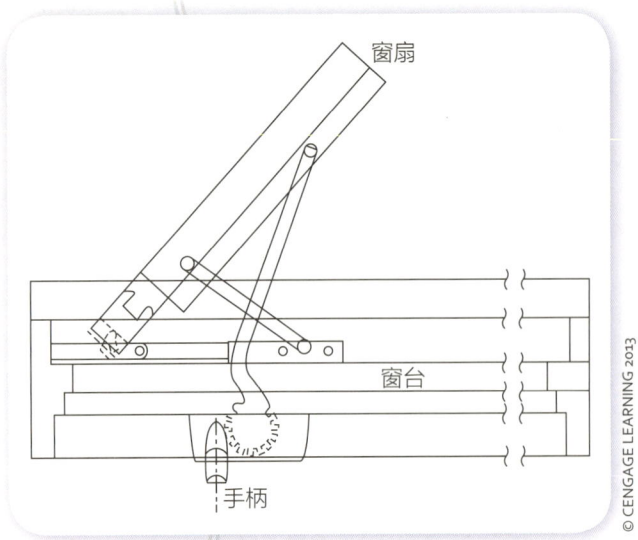

图 12-8 窗户的机械图纸上,无法有效地显示机构的运作机制。

运动学可以帮助我们更好地掌握机械系统的运动信息,并为我们提供一种有条理的方式来研究、记录和设计这些运动系统。例如图 12-8 所示的窗户,设计师用运动学的原理来确定窗户是否可以通过转动手柄来打开和关闭。

运动简图

当灵感在脑海中慢慢成形时,很重要的一点是你能设想出脑海中的机构是如何运作的。因为机械工程图纸往往非常复杂,如图 12-8 的窗户图纸,工程师很难将脑海中的灵感转化为图纸,并分析这种机构的关键运动。

为了解决这个问题,设计师和工程师使用了运动简图(如图 12-9)。这些简单的图形通常只显示机构中最重要的要素。

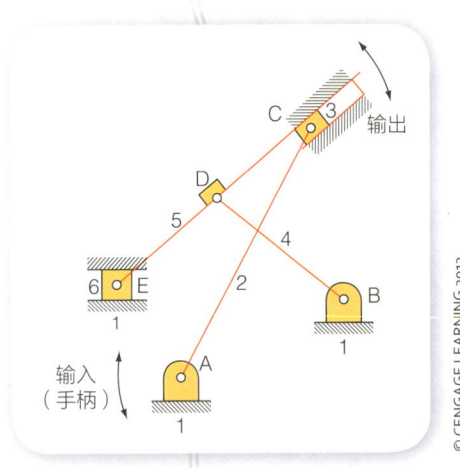

图 12-9 窗户机构在开窗时的运动简图。

在绘制运动简图的过程中,这些原件都从机架或接地连杆开始连接(如图 12-9,#1)。所有机构或机器的零件必须有相应的编号。两个构件直接接触并产生相对运动的可动连接,叫做 **运动副**,如图 12-9 所示的运动副已经用字母编号。将运动副连接在一起的零件称为 **构件**,如曲柄(A)和滑块(C)连接在一起,称为 AC 构件。当一组元件既包含运动节又包含运动副时,这组构件的集合就叫做 **运动链**。在运动链中当某一构件被固定,整个系统就被称作一个机构。窗户在曲柄(1)处被固定,与可以滑动的运动节(AC)、(DE)和旋转构件(BD)形成一个运动链。在绘制运动简图的过程中,"输入"运动和"输出"运动也同样需要标注出来。

运动简图允许初步的可视化。图 12-10 为我们展示了一些常见的运动学符号。当我们需要对一个运动系统进行更详细地分析时,运动简图会等比例缩小。从缩小后的比例图中,我们可以分析出支点位置、固定角度、链接长度、运动、位移、力和其他可以计算的量。

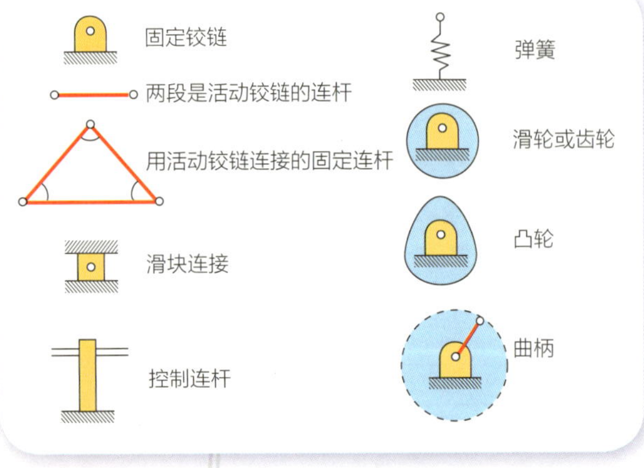

图 12-10 常见的运动学图符号。

运动构件

所有的机械零件如杠杆、曲柄、摩擦轮、齿轮、凸轮、蜗杆、皮带、链条和棘轮都可以被称为运动构件。如图12-9所示,组成运动副的运动构件(存在相对运动的构件)和运动节(用于连接运动副),连接在一起形成运动链,在图中,必须进行标注。构件可能是那些用于开窗的刚性零件,或是非刚性构件,如缆线、链条等,非刚性的构件只能承受拉力。如图12-11(a)所示,当窗户和其他所有运动链中某一构件被固定时,这样的集合叫做机构。正如前文所述,机构是一种设备,输入一种运动或力,输出一种期望的运动或力。如果构件的组合被固定后,不输出运动,那么它不再被认为是一种机构,而是称之为结构,如图12-11(b)所示。

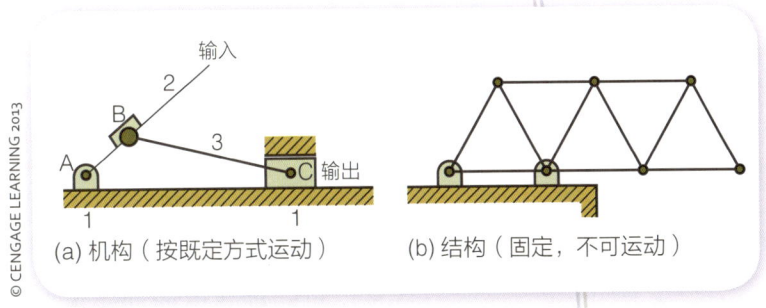

图12-11 运动链展示了机械装置(a)和结构(b)的不同之处。

当机器或机构旋转时,力的作用效果等于力(强度)和到旋转轴的垂直距离的乘积。如图12-13所示,一个力作用在扳手(杠杆)上,这个扳手会绕着杠杆支点旋转,这样就产生了力矩。力矩的大小是由距离(D:支点到力的作用线的距离)和所施加力(F)的大小的乘积决定的,力的单位为牛顿或磅力。力矩是矢量,方向沿着物体旋转时所绕的轴。下面通过一个实例,我们来加深下理解。假设图12-13的扳手长20厘米(0.2米),施加的力是20牛顿,那么,施加的力矩=0.2米×20牛=4牛·米。

运动 运动描述的是物体位置的变化,可以是直线运动,也可以是空间中任意曲线的运动。当考虑一个对象的位置随时间发生的变化时,<mark>速度</mark>和<mark>时间</mark>必须经常测量,以达到所需的精度。速度是单位时间内物体发生的位移。加速度也是一个与运动有关的重要物理量,加速度的定义是单位时间内物体速度的变化。

动量 物体的质量乘以它的速度,得到的就是动量。因为速度是矢量,所以动量也是矢量,并且和所有的矢量一样有大小和方向。

功 根据牛顿定律,如果一个物体受到力的作用,并在力的方向上发生了位移,我们就说这个力对物体做了功。功的单位是(力)×(距离),所以在英制中功的单位是英尺磅,在国际单位制(公制)中,它的单位是牛顿·米($N·m$)。功的单位同时也是能量单位。在公制中,能量的单位是焦耳[1焦耳=1牛×1米=1牛·米]。以瓦特蒸汽机为例,蒸汽进入汽缸工作时,它推动活塞向前运动来抵抗机车车轮传递带来的阻力。当人们举起一个物体时，人们会做功，因为人们举起一个物体时需要抵抗物体的重力。

功率　单位时间内所做的功称为功率，它的单位是单位时间内所消耗的能量。在国际单位制中，功率的单位是瓦特（W），1瓦特=1焦耳/秒；在英制中，功率的单位为马力，目前，除了汽车协会，其他机构或个人几乎都不使用这个单位。

能量　能量用来表征物体做功的能力，单位是焦耳。所有的物体都有能量，存在的形式可能是热能、化学能、电能、辐射能或核能。机械系统具有势能、动能，或两者兼有。**势能**有时被认为是储存的能，就如同储备的金钱一样，它可以以后使用。势能可以产生作用于某个物体的力。**动能**是运动过程的能量，是由物体的运动引起的。一把铁锤从空中下落砸到一枚钉子上，这是势能做功的例子。连接汽车发动机的飞轮，将从发动机转动获得的动能传递到轴承和轮胎上，使轮胎向前转动，以推动汽车前进。

物理定律

机器或机构的运动都遵循牛顿三大运动定律。因为机构通过一系列预设的运动来传递力，从而做出动作或响应外界的作用，所以这些机械部件与动力相关。力使物体（机构）产生加速度（移动），**力**具有**矢量**特征，可以使物体以一定的强度向着预定的方向升高或降低，受推或受拉。

力的单位是牛顿（国际制单位）或磅（英制单位）。1牛顿就是在1秒内，将一个1千克的物体加速到1米/秒时所需要的力：

$$1 \text{ N} = 1 \text{ kg} \cdot 1 \text{ m/s}^2$$

矢量用来表示既有大小、又有方向的物理量。矢量的大小对应于力的强度的大小，而矢量的方向表示力的方向。矢量可以在**笛卡儿坐标系**中表示，需要确定矢量的起点和终点，并在平面（x、y轴）或空间（x、y、z轴）表示出矢量的方向。矢量的几何表示法既直观又简单。矢量通常用黑体字表示，也可用在字母上标箭头的方式呈现于示意图中（如图12-12）。

在这个例子中，点A是起点或原点，而点B是终点或者目标点。线段的长度表示力的大小，而箭头方向表示力的方向。利用作图法来分析矢量的方法我们已在第11章中接触过。

扭矩也被称为力矩,可以被认为是导致旋转运动发生变化的"旋转力"。以希腊字母"τ"(tau)表示扭矩,其大小等于力乘以旋转轴到该力的作用线的距离(如图 12-13)。

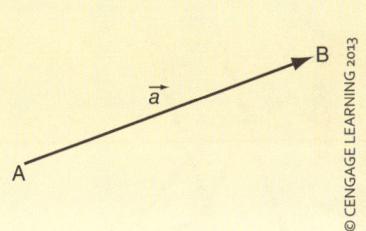

图 12-12　标记了大小和方向的矢量力。

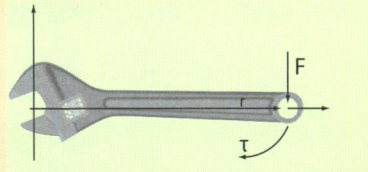

τ = D×F
D：旋转中心到该力的作用线的距离
F：作用在扳手的力

图 12-13　一个可调式扳手末端有一个垂直方向的力,这个力的扭矩(力矩)的计算方法如上图。

轮到你了

许多小玩具都蕴含着丰富的机械原理,它们能够做出各式各样的花哨动作,为学生解决问题提供丰富的灵感(如图 12-14)。

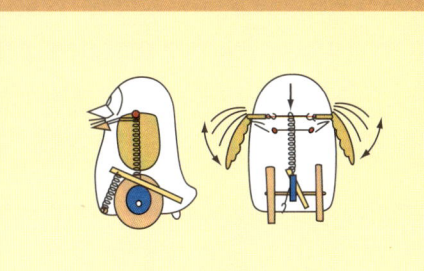

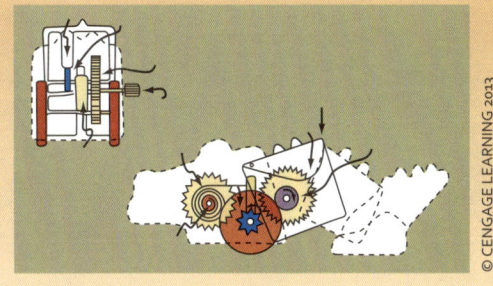

图 12-14　机械玩具。

机构中的运动

我们给某种机构输入一种运动或力,它能够输出一种我们期望的运动或力。一种机构可以由单一的杠杆、曲柄、摩擦轮、齿轮、凸轮、

第12章　机械系统设计　335

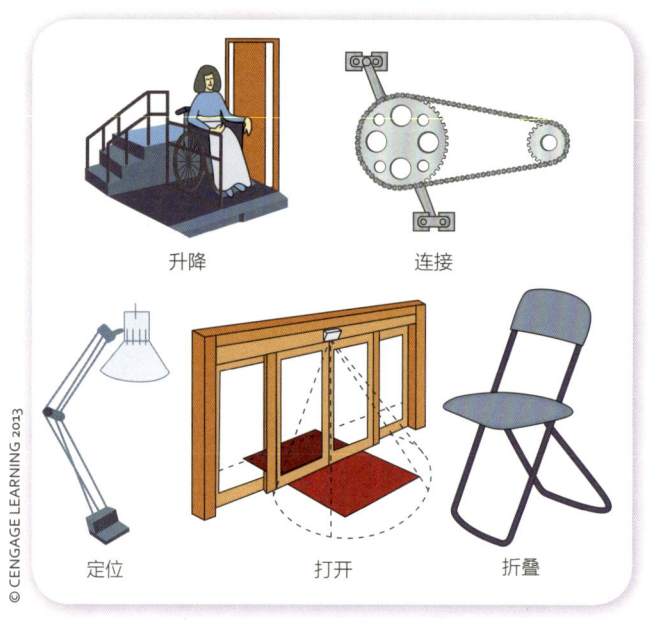

图 12-15 机构示例。

蜗杆、传动带或棘轮等零件组成。数字时钟被认为是一种机构,因为它是用来输出一种与时间相应的周期运动(指针的规律运动)。大多数机构被制造出来,都可以达到一些独特的应用,如夹持、升降、固定、打开、连接,以及作适当的调整或折叠等(如图 12-15)。

因为机构往往与运动相关,所以了解不同种类的机械运动很重要。大多数机构使用旋转的方式,例如用电动机输入动力。常见的四种机械运动模式有:线性运动、往复运动、旋转运动和摆动运动(如图 12-16)。

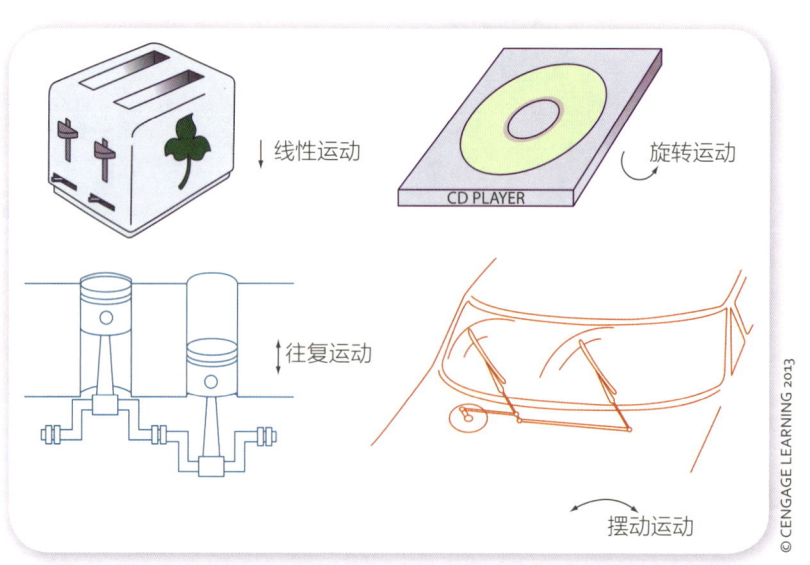

图 12-16 常见的四种机械运动。

线性运动 线性运动是一种直线运动,只在一个方向发生。线性运动的例子有:烤面包机的托架上下运动,抽屉式CD机的碟仓进出。做线性运动的物体可以返回到起始位置。

往复运动 往复运动是来来回回的直线运动。内燃机的活塞和缝纫机的针的运动就是典型的往复运动。

旋转运动 旋转运动围绕轴或中心点进行,如汽车方向盘或自行车车把的旋转运动。旋转运动非常高效,是原动机产生的最常见的机械运动形式。旋转运动常被用于机械装置,如用于印刷日报或书籍的大型印刷机。

摆动运动 摆动运动主要指沿着弧线的往复运动。时钟钟摆和全自动洗衣机的波轮,都是做摆动运动。

机构采用上述某种运动形式作为输入,并传递或者输出不同的运动。输出的运动可以是连续的或几乎连续的。许多机构会产生一个输出运动来改变整个运动周期的相对速度,这会带来其他一些问题。机构也能输出间歇运动。

轮到你了

如果一扇闸门有20英尺高,重70磅,那我们需要多大的力才能把闸门抬起来?杠杆的支点与力的作用点之间的距离为3英尺。为了将这扇闸门抬起来,操作者需要把杠杆支点与作用点之间的距离由3英尺变为5英尺,这一改变过程需要多大的力?当形成一个杠杆后,操作者在较长一端发力,物体在较短一端受力,这样有什么好处?

杠杆和连杆机构

杠杆是一种简单机械,它的使用遵循科学基本原理。杠杆是人类最早创造的工具之一,在人类改造自然的进程中发挥着重要作用。可以根据支点相对于动力点和阻力点的位置对杠杆进行分类(如图12-17)。

第一类杠杆,支点位于动力点和阻力点之间,如游乐场的跷跷板、钳子、剪刀等。**第二类杠杆**,阻力点在支点和动力点之间,如独轮车、胡桃钳和小推车等。**第三类杠杆**,动力点在支点和阻力点之间,如铁锹和镊子等。

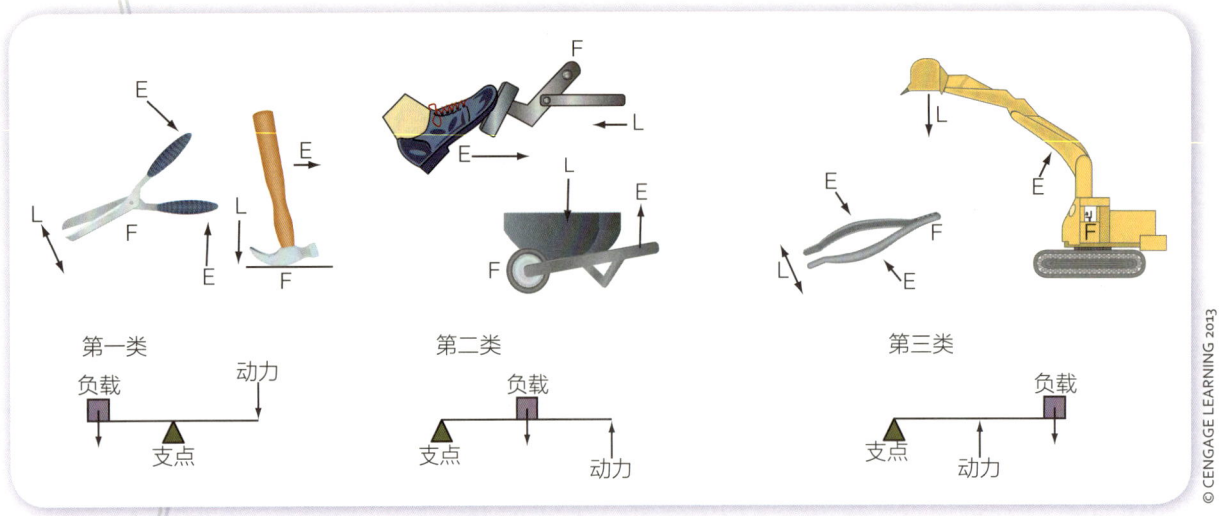

图 12-17 第一类、第二类、第三类杠杆示意图。

改变杠杆支点、动力点和阻力点之间的位置及距离，可以使杠杆获得机械效益或增加输出运动幅度（如图 12-18）。当动力臂$(F_E)\cdot(D_E)$等于阻力臂$(F_L)\cdot(D_L)$时，杠杆达到平衡。记住，机构是用来输出一种运动或者力的。杠杆被用于增大输出力时，输入运动的量就需要增加；杠杆被用于增加输出运动时，输入力就需要增大。这些增加的量可以通过数学方法进行计算。

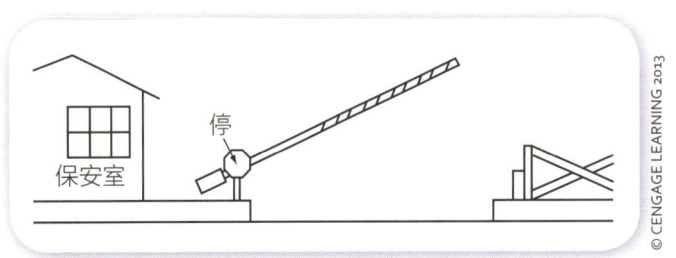

图 12-18 当支点靠近动力点时，杠杆输出运动的幅度会变大。

机械效益

机械效益的大小（MA）是阻力与动力之比（如图 12-19）。机械效益大于 1（$MA>1$），意味着实现了省力的目的，即通过增加输入运动的幅度，实现了增大输出力的效果；机械效益小于 1（$MA<1$），意味着实现了省距离的目的，即输出运动幅度的增益，是由增加输入力来实现的。因为第三类杠杆的机械效益总是小于 1，所

以第三类杠杆不用于省力装置。而事实上，第三类杠杆通常被用于增加输出运动的幅度，或节省运动空间。

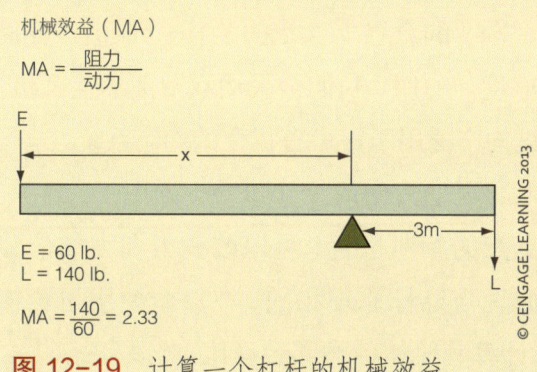

图 12-19　计算一个杠杆的机械效益。

传动比

对于每一个机械效益大于 1（$MA>1$）的杠杆而言，在运动中其效率都会降低。科学和技术一样，无法两全，我们不可能制造出一种既省力、又省距离的机构。**传动比（VR）**是动力移动的距离和阻力移动的距离之比，如图 12-20 所示。为了增加机械效益，动力必须移动更多距离，例如，起重机用于提升重物时，通过使用多个滑轮，可以得到很高的机械效益，然而，根据平衡方程，起重链条拉了 25 英尺的距离时，重物可能才提升了 1 英尺。传动比大于 1（$VR>1$）意味着，动力比阻力移动更多距离。

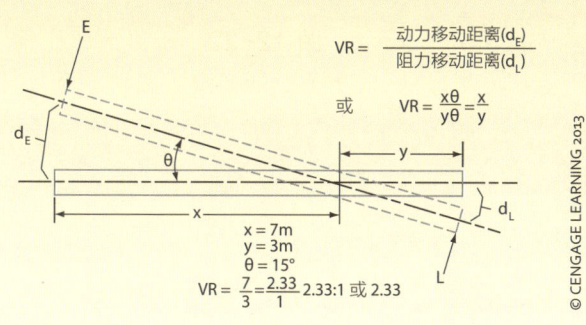

图 12-20　计算一个杠杆的传动比。

连杆机构

连杆机构在机构中起着至关重要的作用，因为它们能够将输入的力或者运动转换为期望得到的输出。连杆机构能改变力的方向，改变力的运动距离，或将运动和力拆分为多条路径。连杆机构能够使物体以人们期望的任何方式进行运动。

曲柄和扭转连杆机构 曲柄连杆机构是一种基本的连杆机构，之所以叫这个名字，是因为它最早是用于敲钟的（英文中曲柄连杆机构叫 bell crank linkage，其中 bell 就是"钟"的意思）（如图 12-21）。曲柄连杆机构可以使力的运动方向改变 90 度。有时，我们会采用双臂曲柄连杆机构。如图 12-22 所示，曲柄连杆机构广泛用于许多自行车的刹车系统。

扭转连杆机构可以使力的运动方向改变 180 度（如图 12-23）。通过改变连杆机构的长度和支点的相对位置，可以改变力和力的位移大小。扭转连杆机构的工作原理与杠杆原理相同，在每个使用扭转连杆机构的系统中，我们都可以计算其机械效益和传动比。

图 12-21 曲柄连杆机构示例。

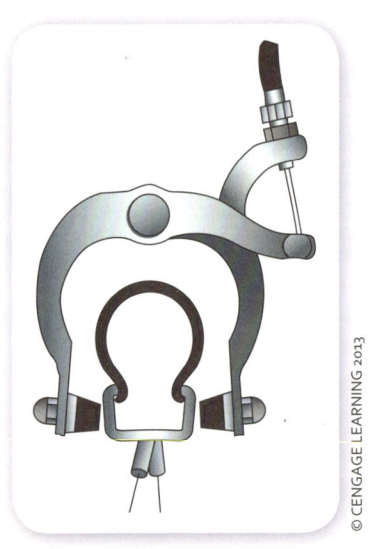

图 12-22 采用曲柄连杆机构的自行车刹车系统。

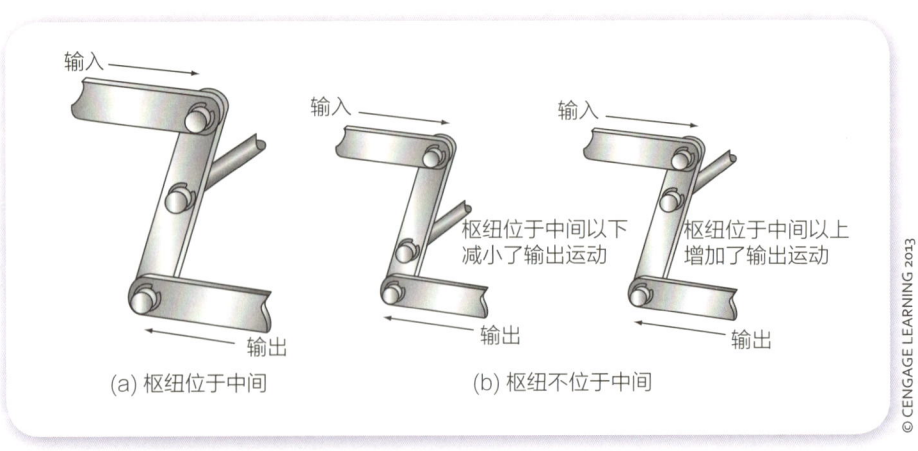

图 12-23 用于改变传动方向的连杆机构。

轮到你了

比较 10 速变速自行车和山地自行车刹车机构的机械效益,并说明二者的不同之处。

平行连杆机构 许多令人着迷的装置中都包含平行连杆机构。平行连杆机构是基于平行四边形这个几何图形而设计的,它能够使组件平行移动。平行连杆机构通常用于剪式门、桌子和工具箱,如图 12-24 所示。

踏板连杆机构 当我们希望将往复运动转变为旋转运动时,需要采用踏板连杆机构。踏板连杆的得名来源于用脚踏来驱动缝纫机、木车床,以及其他 20 世纪之前的类似设备(如图 12-25)。今天,最为常见的踏板连杆机构是汽车雨刷,在这个例子中,踏板连杆机构的机制被反过来应用,由旋转运动输出汽车雨刷器的往复运动。

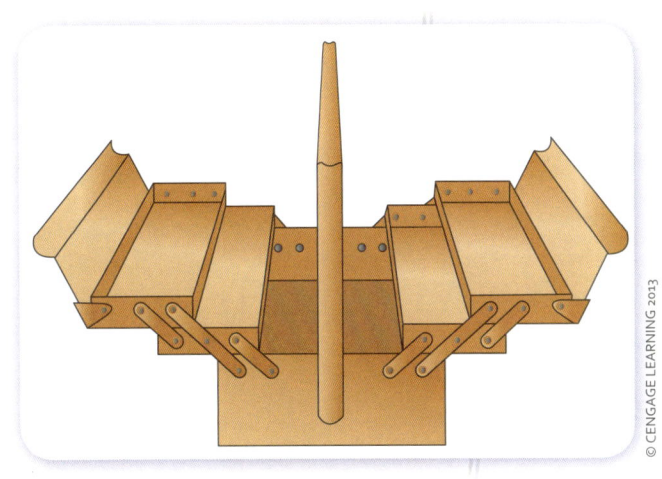

图 12-24 采用平行连杆机构设计的工具箱。

肘杆连杆机构 肘杆连杆机构是一种夹紧连杆机构,它会因两边对称角接近 90 度而产生巨大的力,如图 12-26 和 12-27 所示。许多机械装置使用肘杆机构,包括螺丝钳和老虎钳。肘杆机构也可用于一般消费品,如卡桌、折叠椅、折叠婴儿车等。需要注意的是,如果将肘杆连杆往前推,过了直线的位置后,就会处于锁定位置(如图 12-27),需要施加附加力才能进入开启位置。

图 12-25 18 世纪采用踏板连杆机构的缝纫机。

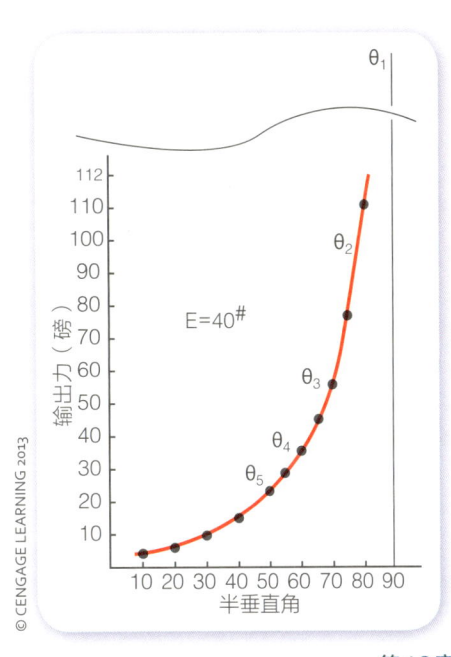

图 12-26 肘杆装置在不同角度下输出的力的变化。

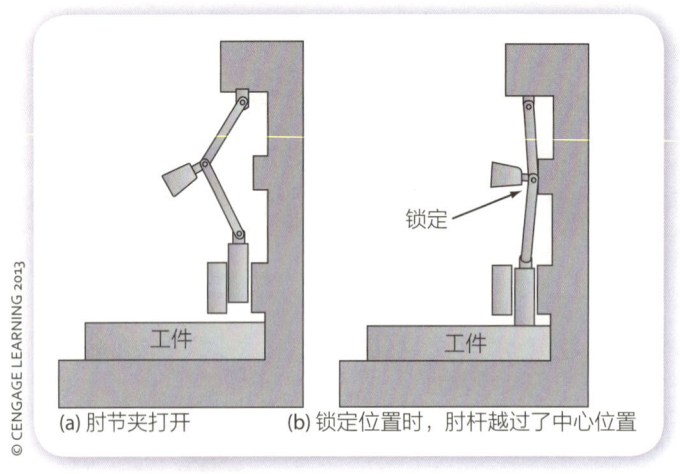

图 12-27 锁定肘杆连杆机构。

我们通常用希腊字母"θ"表示角度,测量角度的大小时,通常以这个角的顶点为圆心,选定任意长度的半径 r 作一个圆弧 s,然后将弧长 s 除以半径 r,就得到了角度 θ(如图 12-28)。

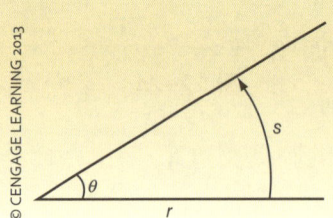

图 12-28 计算角度的大小。

旋转机构

齿轮、带轮、凸轮,和其他相关机构被统称为高副机构。这些旋转机构可以将输入的旋转运动和力转化为输出运动和力。根据应用功能的不同,旋转机构可以输出旋转或往复运动(如图 12-29)。

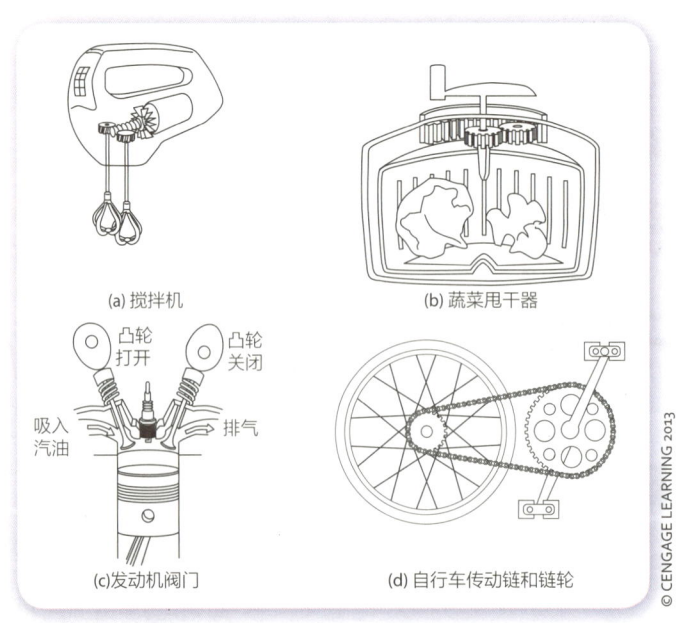

图 12-29 旋转机构示例。

齿轮

齿轮一般固定在轴上，轮子和轴都是基本的机械元件。固定在输入轴上的齿轮称为主动齿轮，驱动力或能量被施加在主动齿轮上。其他齿轮固定在输出轴，叫做从动齿轮（如图 12-30），从动齿轮向外传递输出力。由一系列齿轮组成的齿轮传动系统称为齿轮系。

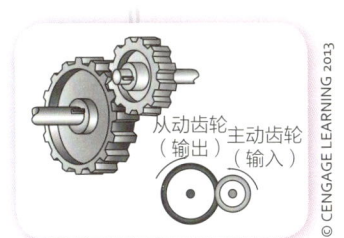

图 12-30　主动齿轮和从动齿轮。

齿轮输入运动和力与输出运动和力之间的关系与杠杆一样，可以用下面的公式计算（如图 12-31），此时采用齿数比来表示传动比。

齿数比（GR）

$$GR = \frac{从动齿轮的齿数（输出）}{主动齿轮的齿数（输入）}$$

$$GR = \frac{16}{12} = 1.333 : 1$$

（图 12-30 的齿轮数目比计算）

图 12-31　计算齿数比。

当两个齿轮啮合时，主动齿轮的运动使得从动齿轮往反方向转动。当输入（主动齿轮）和输出（从动齿轮）都必须在同一方向转动时，如图 12-32 所示，我们可以在主动齿轮和从动齿轮之间添加一个中间齿轮（即介轮）。

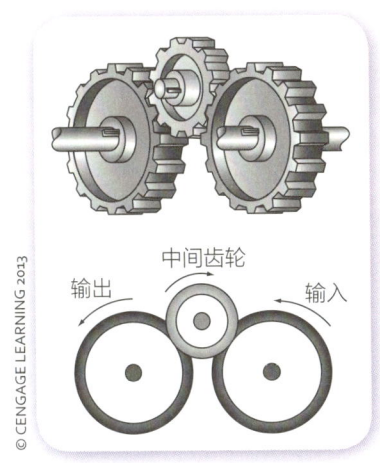

图 12-32　中间齿轮使得主动齿轮和从动齿轮沿同一方向转动。

有时我们需要得到变化很大的输出速度或力。在这种情况下，我们需要使用一个极大或者极小传动比的复合齿轮系。复合齿轮系在同一轴

第12章　机械系统设计

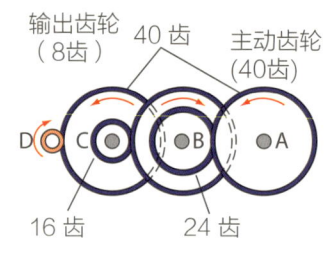

复合齿轮的齿数比

AB = $\frac{24}{40}$ × BC $\frac{16}{40}$ × CD $\frac{8}{40}$ = $\frac{6}{125}$

6:125 或 1:20.83

一般用1:n的齿数比代表齿轮系的转速增加，用n:1代表转速减小。本例中，输入齿轮每转1圈输出齿轮就会转20.83圈。

齿数比

AB = $\frac{24}{40}$ = 0.6:1 或 1:1.67

BC = $\frac{16}{40}$ = 0.4:1 或 1:2.5

CD = $\frac{8}{40}$ = 0.2:1 或 1:5

图 12-33　计算复合齿轮传动系的齿轮比。

上有两个尺寸大小完全不同的齿轮，其中一个是主动齿轮，一个是从动齿轮，从动齿轮又是下一个相邻齿轮的主动齿轮，这种紧凑的传动机构使得连续多个齿轮传动成为可能。想要确定复合齿轮系的齿数比，每一对齿轮的齿数比都必须先确定下来（如图 12-33）。

最基本的齿轮类型是正齿轮。正齿轮比较容易制造，也是齿轮出现的最早形式（如图 12-34）。螺旋齿轮是一种技术更为先进的齿轮（如图 12-35）。这种齿轮往往以一定的角度切削而成，螺旋齿轮的形状是螺旋形的一部分。与其他齿轮相比，螺旋齿轮的设计，实现了高速运行时更安静，具有传递更大力矩的功能，这主要是因为螺旋齿轮有更大的接触齿面。螺旋齿轮比正齿轮更容易实现变速。

蜗杆传动和锥齿轮传动被用于改变运动的方向（一般改变90度）。蜗杆看起来像螺钉，其实它是一种单齿，环绕在主动轴上。这种蜗杆传动可以大大降低运行速度，如12-36 所示是传动比为30:1的蜗轮系统。

图 12-34　瑞士施坦斯山缆车上的正齿轮。

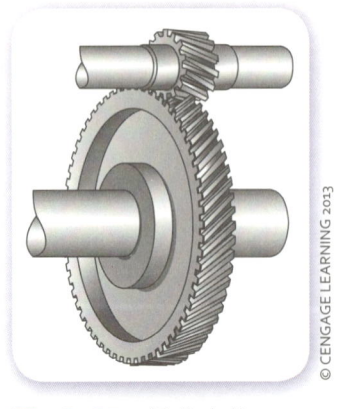

图 12-35　螺旋齿轮。

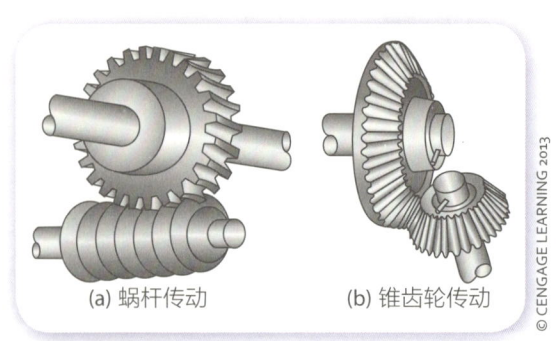

(a) 蜗杆传动　　(b) 锥齿轮传动

图 12-36　蜗杆传动和锥齿轮传动改变传动方向。

在锥齿轮传动中，我们可以通过改变主动齿轮和从动齿轮的大小来改变齿轮传动比。与蜗轮传动相比，锥齿轮传动一般用于传动比变化较小的系统。一种特殊模式的锥齿轮传动被用在轿车和卡车的后轮传动上，用来改变主动轴的旋转速度和旋转方向。这类系统的齿轮传动比一般在3.00∶1到4.10∶1之间。

齿条和齿轮传动系统能够将输入的旋转运动以直线运动的形式输出（如图12-37）。在这种传动系统中，齿条是平直的、长条形的，它的作用是把旋转运动转化为直线运动。齿条和齿轮传动常用于汽车转向系统，另外，一些技术实验室的机器中也会运用齿条和齿轮传动，例如钻床。

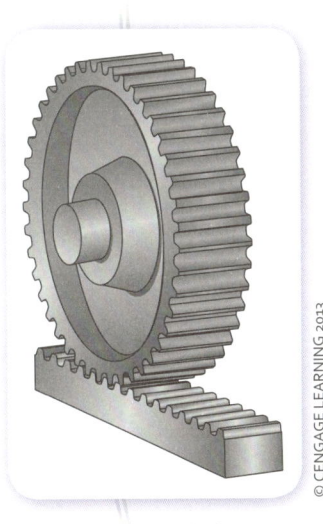

图 12-37 齿条和小齿轮传动系统。

齿轮可以由各种材料制成。虽然齿轮大都是用钢制的，但也有用其他的金属，比如黄铜制的，塑料齿轮也很常见。塑料齿轮没有金属齿轮坚硬，但是便宜，运行起来更安静，且不需要润滑。

其他旋转系统 带轮和链轮传动系统利用各种传动带、链条输入旋转运动和力，产生并输出我们需要的运动和力（如图12-38）。

这两种系统的机械效益和齿数比计算方法与齿轮一样。带轮系统工作时噪声小，可同时改变输出运动的速度和方向。大多数带轮系统可以通过弹簧载荷或张紧轮来调节传动带的张紧力（如图12-39）。

图 12-38 带轮和链轮传动系统示例。

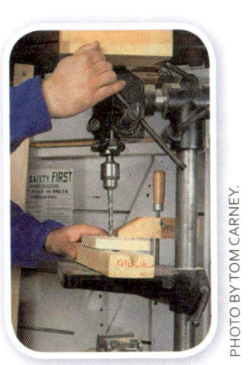

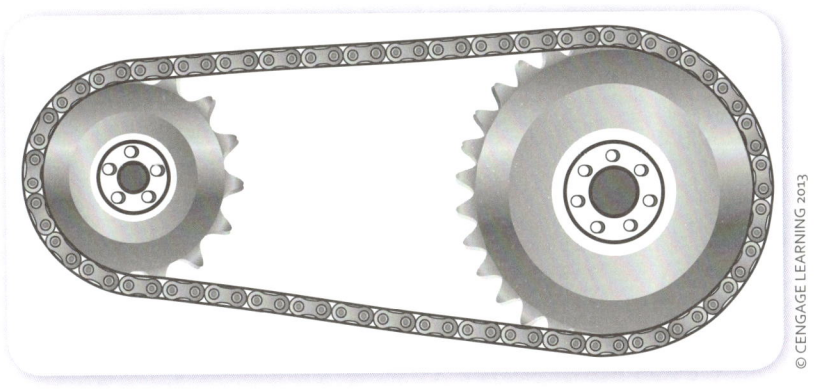

图 12-39 张紧轮可紧绷传动带，避免与带轮产生相对滑动。

图 12-40 链传动系统。

第12章 机械系统设计

链传动系统比带传动系统噪声大,但它们能够传输更大的力,如图12-40所示。链轮必须保持良好的润滑,否则链条将会被快速磨损。链传动系统除了可以改变转速(如自行车运动速度),还可以将旋转运动变为直线运动,传动带就是一个很好的例子。

凸轮和曲柄滑块机构

凸轮周面光滑,但其外形不一定是圆的。曲柄滑块机构可由凸轮驱动,做旋转运动,然后将输入的旋转运动转换为所需的往复运动或振动输出。偏心轮是最简单的一种凸轮,偏心轮能使从动件产生一个顺畅的往复运动,从动件可以是钝头的,也可以是滚子(如图12-41)。

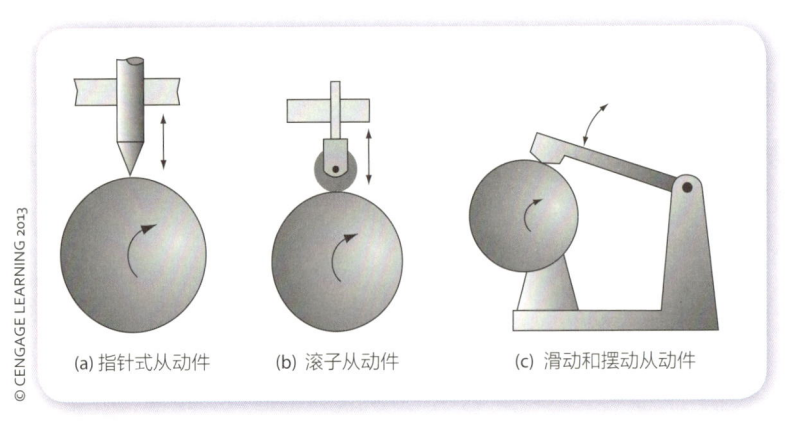

图 12-41 偏心凸轮和各类从动件。

曲柄滑块机构使旋转运动和往复运动相互转换。录像机中,曲柄滑块机构将小电动机的旋转运动,转化为磁带的线性运动。发动机,如柴油或汽油发动机,采用曲柄滑块机构将汽缸内活塞的来回往复运动,转化为轴承的持续旋转运动,这个转换过程类似于本章前面讨论的踏板联动机制。

凸轮运动 凸轮运动的输入和输出用位移图来表示(如图12-42)。偏心轮的轴的位置偏离圆盘的圆心,可以使从动件输出平滑、谐振的、线性的运动。"梨形"凸轮可以按照我们预先设计好的停顿时间,输出间歇性的线性运动,停顿时间是指在转过某一些特定的角度时,凸轮的旋转运动不会引起从动件运动的变化。例如,在汽车发动机上,凸轮可以间歇性地开启和关闭阀门。需要注意的是,凸轮因其特殊的形状,使得阀门在一段时间内保持关闭或开放状态,而不是简单地打开和关闭阀门。

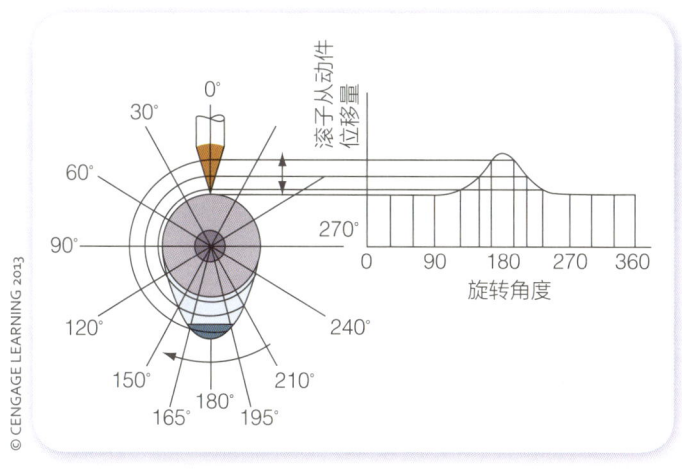

图 12-42 此图显示了由于凸轮旋转引起的从动件的位移量。

轮到你了

凸轮可以用来产生一系列有趣的运动,例如孩童的玩具。心形凸轮是另一种常见的凸轮形状。你能想象出心形凸轮是如何运动的吗?并思考一下它可以应用在哪里(如图 12-43)?

图 12-43 凸轮和曲柄滑块机构在简单玩具中的应用。

棘轮机构

棘轮机构是最古老的产生间歇运动的机构(如图 12-44)。达·芬奇在他的许多设计中都使用了棘轮机构。当某种机械被设计成只能朝一个方向转动时,我们必须使用棘轮机构。棘轮机构可用于防止齿轮向错误的方向转动。当重物被抬起时,使用棘轮机构很必要,例如当我们将发动机从一辆车上拉起时,如果没有棘轮,因手抓不住链条,发动机又会跌落到车上。许多不同类型的汽车千斤顶也使用棘轮装置来保护操作者。

棘轮机构也可用于将直线运动转换为旋转运动。在这类设计中,棘爪被用来拨动棘轮上的齿,旋转运动量由棘爪的移动量决定。

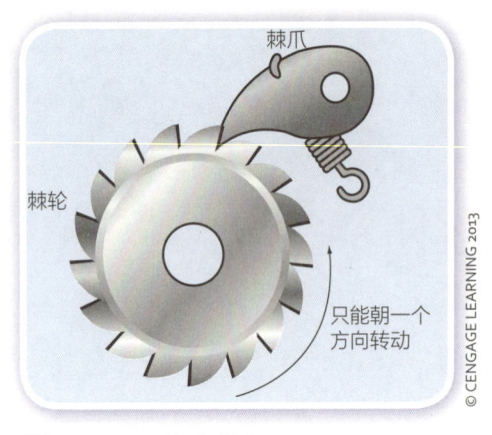

图 12-44 棘轮机构。

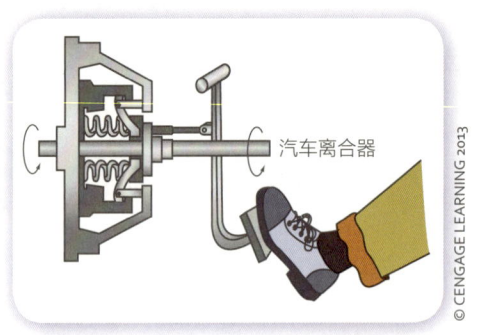

图 12-45 汽车离合器使车轴连接旋转。

离合器和制动器

当机械系统输出的运动需要暂时中断时，我们可以使用离合器来实现这一功能；当运动必须停止时，则需要使用制动器（如图 12-45）。离合器是一种可以方便地将传动接合或分离的装置。无论在输入或输出轴转动时，摩擦式离合器都可接合或分离。离心式离合器通常用于割草机或助力车，它也是一种摩擦式离合器；当输入轴按照预定的速度旋转时，摩擦式离合器接合，割草机或助力车就可以按照预定速率工作。正离合器是一种输入轴和输出轴上的联锁装置，它使两个轴同时以相同的速度转动，或者同时停止转动。

从传统意义上讲，制动器是通过摩擦力降低机构的速度的装置，如图 12-46 所示。鼓式制动器和盘式制动器都是常用的制动器类型。山地自行车和大多数现代汽车使用的是一种特殊形式的盘式制动器，因为盘式制动器可以产生更大的制动力，并且散热效率比鼓式制动器更高。有些汽车在后轮上使用鼓式制动器，因为鼓式制动器更容易使制动块在制动轮上压紧，从而实现紧急刹车。在制动过程中，车辆的后制动器需要的制动力较小。

你可能认为创新在制动系统中并不是很重要，但制动系统恰恰是新型混合动力汽车亟待解决的主要难点之一。汽车工程师设计的**可再生制动系统**是利用汽车电动机来控制汽车减速或停车。行驶中的汽车具有相当大的动

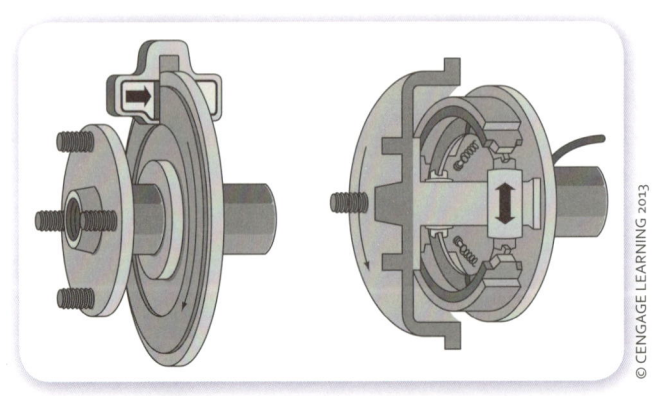

图 12-46 制动装置。

能，按照传统的刹车方式，刹车片会和刹车鼓紧密接触，产生的摩擦力会消耗动能，并产生热量，从而最终使汽车减速停下来。因为能量不能被凭空创造或消失，所以在传统的汽车制动系统中，制动产生的热量没有任何的实际利用价值。混合动力制动系统的特别之处在于，电动机可以逆向运转成为发电机，在载荷下产生电和阻力，并最终使汽车慢慢停止。传统的汽车制动系统中，能量通常是以热量的形式损失；在混合动力汽车制动系统中，热量转化为电能储存在电池系统中，并可被汽车再次使用。现如今，传统的制动系统仍与混合制动系统并存。

机械设计建模

许多学习套件都可以帮助学生学习机械设计建模（如图12-47）。有些建模套装将机械和电气相结合，来制造机器人或汽车；有些建模套装工具非常复杂，在实际生活中可以用于工业模拟。

图12-47　模拟机械系统套件。(a)慧鱼系统模型套件可用于机械系统和电子系统建模模拟，Profi套装包中涉及如何使用太阳能、气压传动、电子传感器和逻辑器，甚至变速箱和差速器等车辆工程方面的构件；(b)VEX机器人套装被用来模拟机器人和自主机械系统，该套装中包括可编程的微控制器、变速电动机、齿轮和车轮，以及底盘组件，等等。

设计世界里的职业

尼古拉斯·班尼克：制造工程师，DEPUY 骨科股份有限公司，美国强生公司

完成一项设计需要一个团队

你很少能在美国强生旗下子公司 DePuy 骨科股份有限公司的办公桌旁找到尼古拉斯·班尼克（Nicholas Barnick）。尼克领导着制造整形外科植入物的工程师团队。他大部分时间都在生产车间，其余时间都在他所负责项目的小组会议上检查项目进度。

当人们一提到美国强生公司，你可能会想到婴儿粉或洗发水，但强生公司还有其他子公司生产不同领域的产品，例如医疗设备，DePuy 骨科股份有限公司就是这样一家公司。制造工程师尼克领导的团队，主要负责骨科医疗器械的开发和制造。作为整个团队的领袖，尼克必须确保项目进度和目标与公司的战略计划一致。

工作内容

为了研发新的整形外科植入物的制造工艺，尼克需要与不同职能的团队合作。多种类型团队的成员来自企业的各个不同部门。团队充分利用每个成员的知识和技能，开发新产品的制造工艺。尼克说："我的团队成员知识覆盖面很广，有的通晓产品开发，有的精通质量体系认证、微生物学、监管、营销和生产实践，等等。我们一起审查设计的可行性，然后，选择某种最优的制造工艺，并确定购买一些必要设备，以生产这种新的设计。"

尼克解释了他的小组是如何与设计工程师紧密协作，共同开发设计新产品的："我们公司的设计工程师使用专业设计软件来生成产品的模型，再由这些模型直接生成制造图纸。有了这些图纸后，医疗器械就可以交付工厂开始生产了。"

为了完成这些新的骨科医疗器械的开发和制造，尼克的团队开发一些特殊的工具和模具来生产新产品。以模型和图纸为基础，他们为加工零件开发优化计算机数控程序（CNC），并制订新产品检验技术标准。最后，他们将为整个生产原料和制造成本创建一份账单。从新产品最初的设计到最终的产品成型、包装并贴上标签，尼克领导的跨职能团队协同工作，以解决开发过程的各种问题。

"因为我们的产品被设计出来并销往全世界，"尼克说，"所以非常重要的一点是，团队成员之间的沟通必须是高效而明确的。沟通对我们产品和工艺开发的成功至关重要。我们会使用各种方式，如电子邮件、视频会议、网络会议和在线聊天室，等等，以确保沟通的有效性。"

职业启蒙

尼克总是被他自己的工作所鼓舞。起初，他遵循父亲的职业道路，在汽车行业担任汽车工程师。随着时间的推移，尼克从提高他残疾弟弟的生活质量的医疗设备中受到了启发。"经过考虑后，"尼克说，"我确信我想在工程领域工作，这可以提高人们的生活质量。"如今，尼克的工作动力来源于强生公司的新产品开发，他能亲眼看到 DePuy 骨科股份有限公司的产品从概念变为真正的产品，并被人们所使用，这使他感到自豪。

教育经历

尼克从纽约特洛伊·哈德逊谷社区学院获得工程学副学士学位，在雪城大学完成了机械工程专业的理学学士学位。读大学的暑假期间，尼克在成型车间生产户外动力设备，积累了一些实践操作经验。他在伦斯勒理工学院获得了机械工程硕士学位。

给学生的建议

"我给年轻人的建议是，随时虚心向周围的其他人学习，善于聆听不同的意见和建议。大部分工程领域的解决方案都不是闭门造车独自产生的，往往是一个团队通力协作想出来的。"

总　结

机构和机械系统应用于各种产品和设备中，如汽车、飞机、农业机械化设备、空调和冰箱、航天器、家用电器，以及医疗器械。人类历史上有大量关于机械设计的故事。达·芬奇设计了许多机构，包括飞行器，但经过了400多年的技术发展、工艺革新、材料进步，飞机才被成功地制造出来。1940年，西科斯基成功建造并驾驶了首架VS-300直升机。

机器和机构的运动都遵循牛顿三大运动定律。机构通过一系列预设的运动来传递力，从而做出动作或响应外界的作用，这些机械部件与动力相关。力使物体（机构）产生加速度（移动），力具有矢量特征，可以使一个物体以一定的强度向着预定的方向升高或降低，受推或受拉。力的单位是牛顿（国际制单位）或磅力（英制单位）。扭矩也被称为力矩，可以被认为是导致旋转运动发生变化的"旋转力"。运动描述的是物体位置的变化，可以是直线运动，也可以是其他任意形状运动。动量是与物体的质量和速度相关的物理量，它使物体在平面或空间内移动，动量是矢量，既有大小也有方向。根据牛顿定律，如果一个物体受到力的作用，并在力的方向上产生了位移，我们就说这个力对物体做了功。单位时间内所做的功称为功率，在国际单位制中，功率的单位是瓦特（W），1瓦特=1焦耳/秒。能量用来表征物体做功的能力，单位是焦耳，所有的物体都有能量，能量的存在形式包括热能、化学能、电能、辐射能或核能等。机械系统具有势能和动能。

机构和机器很相似，它们都是运动部件的集合，能够完成指定的运动。机器与机构的不同点在于，机器能够转化能量，并利用转化的能量做功。19世纪后期，一位名叫勒洛的德国机械工程师发展了现代机构的基本概念，这个概念被称为运动学。运动学是力学的一个分支，它主要处理机器和机械系统中零件和运动副的相对运动。运动学和动力学（研究作用于物体的力与物体运动的关系）一起构成了工程力学和机械设计理论的基本要素。勒洛定义了六类机械零件，用于机械设计：

- 杠杆和曲柄
- 摩擦轮和齿轮
- 凸轮机构
- 蜗杆
- 传递拉力或者压力的零件或材料，如传动带、链条和液压油液
- 传递间歇性运动的零件，如棘轮

因为机械装置往往与运动相关，所以了解常见机械有哪些运动很重要。机械装置被定义为一种能够将输入的运动或者力，转化为预期的输出运动和力的设施。常见的四种机械运动模式为：线性运动、往复运动、旋转运动和摆动运动。机械效益的大小（MA）是阻力与动力之比。机械效益大于1（MA>1），意味着实现了省力的目的，即通过增加输入运动的幅度，实现了增大输出力

总 结

的效果；机械效益小于 1（$MA < 1$），意味着实现了省距离的目的，即输出运动幅度的增益，是由增加输入力来实现的。因为第三类杠杆的机械效益总是小于 1 的，所以第三类杠杆不会被用在省力装置中，事实上，第三类杠杆通常被用于增加输出运动的幅度，或节省运动空间。对于每一个机械效益大于 1（$MA>1$）的杠杆而言，其运动的效率都会降低。科学和技术一样，无法两全，我们不可能制造出一种既省力、又省距离的机构。

传动比（VR）是动力移动的距离和阻力移动的距离之比。为了增加机械效益，动力必须移动更多距离，例如，用起重机提升重物时，可以使用多个滑轮，得到很高的机械效益，然而，根据平衡方程，起重链条拉了 25 英尺的距离时，重物可能才提升 1 英尺。传动比大于 1（$VR>1$）意味着，动力比阻力移动了更多距离。图 12-47 为我们展示了各式各样的机械装置。

课后作业

观察 / 分析 / 综合

1. 在互联网上搜索"莱昂纳多·达·芬奇的发明"。达·芬奇一生发明无数，许多发明至今仍保存着详细的图纸，从中选择 3 个你认为最接近现代设备的发明。

2. 在互联网上搜索"伊戈尔·西科斯基的简介"。设计大师西科斯基年轻的时候主要研究什么？西科斯基的创业成功吗？你知道哪位著名音乐家率先投资西科斯基飞行器公司？现在，谁拥有西科斯基公司的直升机业务？

3. 为机构中的高副和低副画位移图。你可以选择一些现有设备，如家用电器、家用工具，或机器模型。确定输入的运动和力，以及输出的运动和力。

4. 一辆现代自行车，前轮（驱动齿轮）有 2 个齿轮，后轮有 9 个齿轮。2 个前驱动齿轮的齿数是 50 和 34，后齿轮最大和最小的齿轮的齿数分别是 27 和 11。分别计算踩踏板"最易"（用于上山）和"最难"（用于下山或平坦的道路）时，踏板的机械效益和传动比。

5. 在维基百科中搜索"escapement"，或"escapement clock"。这个设计的目的是什么？维基百科展示了多少种设计？你认为哪种"escapement"设计制造成本最低，为什么？数字钟没有齿轮，它们如何提取时间？

课后作业

6. 使用一种模型套装，如乐高、慧鱼，或组合玩具等，完成机械系统的设计、构建和测试。一些建议为：在筒管上绕线，模拟缝纫机针的运动，模拟蒸汽机的运动。

7. 设计一个凸轮，使阀门关闭时间是打开时间的两倍，阀门的直线运动为1厘米。

补充作业

工程设计分析挑战

问题简介： 美国人每年累积的固体垃圾超过2.4亿吨。垃圾会污染环境，许多美国社区会回收各类垃圾，包括铝罐。当喝完苏打水时，人们可以选择把铝罐放在厨房柜台上，或是扔到外面的垃圾箱中。开门会让外面大量的冷空气进入房子，造成能源浪费，在厨房柜台上摆满空罐看起来会很凌乱。

设计简介： 设计并制作一种手动装置，通过这个装置可以将铝罐的体积至少减少75%。装置必须足够吸引人（畅销），可以放在柜台上方或挂在柜门后，必须是12岁以上才可使用。该装置的手动操作必须是安全的（不需要佩戴安全眼镜、手套等），产品本身必须是安全的（没有非常尖锐或锯齿状的边缘）。试着设计一种高效、合理使用材料的生产方式。

第13章
电气电子系统设计

Menu

 **头脑准备**
在学习本章的概念时，请思考下面的问题：

1. 电气电子科学与技术的六次革命性事件是什么？

2. 电气电子科学与技术发展的时间范围是什么？这个时间范围与三种重要的冶金技术（铜、青铜、铁）发展的时间范围有什么异同？

3. 引力和电场力都遵循的数学方程是什么？

4. 电是什么？

5. 常见的导体或绝缘体材料有哪些，它们成为导体或绝缘体的基本原理是什么？

6. 组成电路的三种基本元件是什么？它们各有什么作用？

7. 请分别列举几种电路元件，这几种元件可以用于以下部分的电气电子系统设计：（a）输入，（b）处理和（c）输出。

8. 哪一种电子设备革命性地改变了现代人类社会？

> 引 语

在人类发展至今的所有技术中，我们很难找到一个比电气电子科学与技术对现代人类的生活方式产生影响更大的技术。构建电气电子科学与技术发展的主要事件的时间线，有助于我们总结电气电子科学与技术对人类的重大影响。图 13-1 向我们展示了电气电子科学与技术发展的重大事件的时间线。这些事件的跨度只有短短的两个世纪，从 18 世纪中期开始到 2000 年左右。

然而，电气电子科学与技术发展的源头却要继续向前追溯到这个时间线上未显示的古希腊到 18 世纪中期的这段时间。在这段时间里，电学的示范表演成了一种娱乐形式，例如，在 18 世纪中期诺莱（Abbe Nollet）邀请路易十五的皇室成员观看莱顿瓶的表演，人们无不目瞪口呆。今天，仅仅 200 多年后，我们处处可以看到使用互联网连接的个人电脑、智能手机，以及人类社会所依靠的大量电气电子设备。

18 世纪后期，社会主要靠机械和冶金技术推动和发展，例如，耕地用的犁就是使用木头和金属制作的。然而，到 19 世纪后期，交通、住房、粮食种植和收割、医疗卫生，以及通信都因为电气电子设备的应用而彻底改变了。电气电子科学与技术的发展，使得一些我们现在常见的技术变为了可能，这包括机动车（内燃机）、电力和照明设备、电报、无线电设备和电话等。

这次变革的时间跨度非常短，从 18 世纪

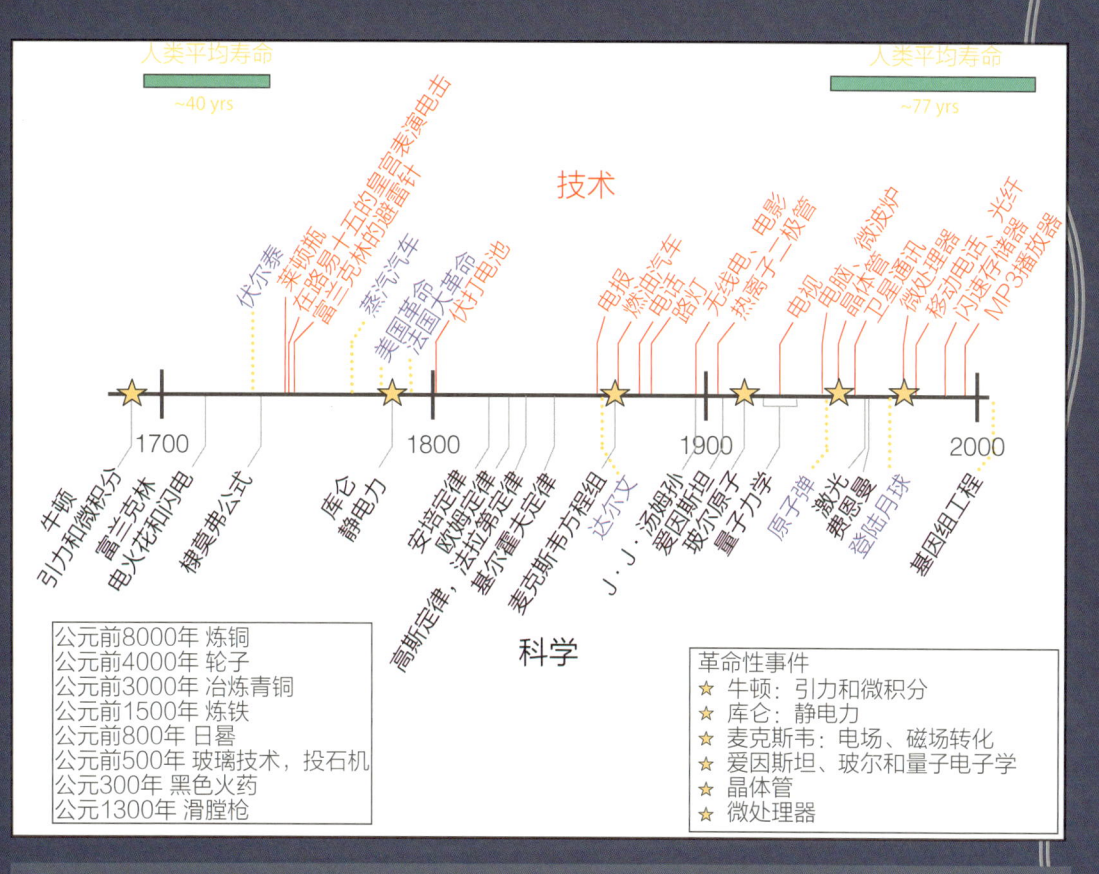

图13-1　电子科学与技术的重大事件时间线，同时也包含了少量政治界、科学界都影响较大的事件。

》 引 语

后期到 19 世纪后期，也就一个世纪左右，在这 100 年里，电力技术的发展的确非常迅速。然而，在接下来的 100 年里，也就是 19 世纪后期到 2000 年左右，电气电子技术的发展更加迅猛。如今，电气电子技术已经成为整个社会的主导性技术。时至今日，我们一直享受着电气电子技术在全球范围内广泛传播所带来的便利，享受着它为我们的生活品质和工业生产效率所带来的巨大提升。汽车行业中运用了大量高精尖的电气电子技术，例如新近开发的油电混合动力汽车，不仅更加环保（每加仑汽油可以行驶 60 多英里），同时也在商业上取得了巨大的成功。特别地，人们将 20 世纪后期称为"**微处理器**"时代，高效、快捷、物美价廉的各式各样的基于半导体材料的微处理器极大地丰富了人类的工具，电脑、个人存储设备、手机、汽车、通信系统、加热和冷却系统、机器人制造系统，甚至是电动牙刷等等，都离不开微处理器的控制。许多设备甚至集成了大量的微处理器。以汽车为例，一辆汽车囊括了超过 50 个微处理器为基础的子系统，包括刹车系统、燃油注入系统、安全气囊释放控制系统等，这些汽车甚至可以通过车载无线电通讯设备，直接向厂商报告汽车的健康状况。

有人提出，在 17 世纪，科学技术革命的起点始于艾萨克·牛顿爵士的微积分和万有引力定律，这些被统称为"牛顿力学"。牛顿力学精确地描述了日常宏观物体的运动（包括位移、速度、加速度等）。这些物体能够很轻易地被看到、观察到、触摸到。例如，牛顿力学精确计算出第谷·布拉赫（Tycho Brahe）在 16 世纪后期观测到的行星运动轨迹，又精确验证了哥白尼（Nicolous Copernicus）提出的革命性的、为当时宗教所不容的"日心说"。同样，牛顿力学可以精确计算出炮弹飞行的轨迹，这对过去和现在的军事理论都有着重要意义。

在物理学的分支电磁学中，描述电磁力和电磁作用是非常困难的，它们看不见也摸不着，甚至很难被安全地观察到，这给电学的发展带来了很大的困难。早期很多电力工人经常会被电击，他们当中甚至一些人还因此丧命。电学的探索之路相当困难，例如，人们耗费了 50 到 100 年的时间才证明了电子的存在（1897 年，J. J. 汤姆孙（J. J. Thomson）；如图 13-1）。

设计世界里的职业

克里斯汀·韦莉：电气工程师，洛克希德·马丁公司

记录文件：将过去与未来连在一起

克里斯汀·韦莉（Kristin Weary）将自己目前在电气工程中的工作岗位视作连接未来的一个重要环节。作为洛克希德·马丁公司的系统工程师，在克里斯汀·韦莉绝大多数的工作时间里，她的工作对象是多年前设计的设备和系统。良好的文件记录系统使得技术升级更容易实现。克里斯汀说："你的工作记录文件是至关重要的，因为20年后，你将无法向周围的人解释你做了什么，但有人会想知道当时你为什么这样设计（因此需要完整地用工作文件和图纸记录下来）。"

工作内容

克里斯汀主要为偏远地区的复杂电气系统的设计、文档和故障排除提供技术支持。"我写的是非常成熟先进的电气系统文档，"克里斯汀解释说。她用简单通俗的语言描述复杂的技术，这样，即使是没有工程类学位的人也可以理解并且安全地操作电气系统。

"大多数时候，当问题出现时，我是无法亲眼看到设备的，并且详细的信息也很少。"克里斯汀说，"当系统出现问题时，我与我的团队一起合作，制定解决问题的策略。"

现代工程师使用计算机建模来模拟工作中实际的复杂系统。在实验室工作时，克里斯汀设计了一个计算机仿真模拟系统，这个系统整合了计算机模型。以下是克里斯汀建立和使用这些计算机模拟系统的步骤：

- ▶ 理解问题
- ▶ 熟悉整个工作流程
- ▶ 设计解决方案的思路及框架
- ▶ 使用软件设计解决方案
- ▶ 在仿真模拟系统或者测试盒中测试和调试该软件
- ▶ 把新的设计和现有的其他设备和计算机模型结合起来

克里斯汀借助电子邮件等通信手段，与场外团队成员和客户及时沟通。

职业启蒙

克里斯汀喜欢解决逻辑问题，提出创造性的解决方案。她很早就意识到，工程师的职业会让她在现实生活中运用这种技能。

对克里斯汀而言，最有趣的事情是在调试复杂系统时，能把一个大的问题分割成几个小的问题。有效识别和解决问题给克里斯汀带来极大的满足感和成就感。

教育经历

克里斯汀在弗吉尼亚理工大学获得了电子电气工程学士学位。此外，她在通用电气公司实习了两个暑期，实习期间，她勇敢地迎接挑战，解决了一个别人设计的复杂的数据库问题。这份实习经历为克里斯汀后来在洛克希德·马丁公司获得系统工程师的职位打下了坚实的基础。

给学生的建议

克里斯汀觉得，对于那些以后立志成为工程师的人而言，数学和科学是其职业生涯的重要基础和组成部分。她同时建议学生提升他们的写作技能，她说："工程设计中很多工作就是编写设计文档，并通过设计文档与他人交流。"

"不要害怕寻求帮助，"克里斯汀补充道，"如果你不能解决问题或者找到答案，则需要向其他人寻求帮助，因为很可能有人知道答案，并且愿意为你提供指导。"

电学

自然界的物质是由周期表中的100多种元素组成的。元素的原子由中子、质子和电子组成。不同数量的质子和中子组成原子核（位于原子中心），而电子则是始终像行星围绕恒星那样绕着原子核运动。铜，一种在工业和电子产品中广泛使用的金属，是一种原子数为29的元素，这意味着，铜原子有29个质子在原子核中，同时，正好有29个电子围绕原子核运动。质子带一个单位的正电荷，中子是中性的，不带电荷。

与质子带有正电荷完全相反的是，在原子中电子带有负电荷。此外，电子的负电荷的数量，与质子的正电荷的数量是完全相同的。例如，如果我们从外部观察一个铜原子，那么由于带正电荷的质子和带负电荷的电子两者的电荷量相等，电性相反，我们观察到的会是一个完全中性的铜原子。一般情况下，原子的净电荷是中性的，这是一个非常重要的属性，我们在下一部分讨论静电力大小时还会提到这个问题。

公式13.1和13.2是表示两个物体之间的万有引力（F_g）和电荷间的作用力（F_e）的方程，下标"g"和"e"告诉我们正在讨论的是万有引力还是电荷间的作用力。力的公制单位是N（牛顿），以纪念艾萨克·牛顿。根据万有引力方程可求解任何两个物体之间的引力的大小，而静电力方程可用于求解两个电荷之间作用力的大小。在万有引力方程中，M_1和M_2是两个物体的质量，r是两物体之间的距离，G是一个常数（"万有引力常数"）。在国际单位制中，质量的单位是千克（公斤），r的单位是米（m），G的值为$6.67 \times 10^{-11} \text{N} \cdot \text{m}^2 \cdot \text{kg}^{-2}$。在静电力方程中，$Q_1$和$Q_2$是两电荷的电荷量，$r$是电荷之间的距离，$k_0$是一个常数（"电力常数"）。在国际单位制中，电荷的单位通常是库仑（C），r的单位是米（m），k_0值是$9 \times 10^9 \text{N} \cdot \text{m}^2 \cdot \text{C}^{-2}$。电子和质子都带有电荷，电子携带一个单位负电荷，电荷量为-1.6×10^{-19}C，质子携带一个单位正电荷，电荷量为$+1.6 \times 10^{-19}$C。

$$F_g = G \frac{M_1 M_2}{r^2} \qquad (公式13.1)$$

$$F_e = k_0 \frac{Q_1 Q_2}{r^2} \qquad (公式13.2)$$

牛顿在17世纪末提出了万有引力定律，而库仑在18世纪后期才提出库仑定律（如图13-1）。万有引力定律与库仑定律表达式在形式上有惊人的相似。你能想象，如果牛顿在1690年就使用与万有引力方程相同的形式，发现并准确求解了库仑力，而不是在1784年由库仑（Charles Coulomb）提出来，历史会发生多么巨大的改变？我们可能在100年前就拥有MP3播放器,使用福特T型汽车了,第一次世界大战的时间可能也会提前100多年!

> 如果两个电荷之间的距离增加一倍,那么它们之间的相互作用力会减少为原来的多少倍?

万有引力和静电力之间一个非常重要的相似之处是,它们都遵循**反平方定律**(r^2出现在分母上)。万有引力和静电力之间的另一个相似之处在于,力的方向是沿着两个物体之间的连线。然而,它们之间也存在着巨大的差异。第一个最大的区别是万有引力总是吸引力,即物体总是吸引其他物体;而静电却不是这样的,因为有两种类型的电荷——正电荷、负电荷,所以静电力有吸引力和排斥力,同性电荷互相排斥,异性电荷互相吸引。

静电力和万有引力之间的另一个实质性区别是力的大小,这两种力的大小有着天壤之别。而事实上,这样的比较是比较粗略的,因为引力的大小与两个物体的质量相关,而静电力与两个带电体的电荷量密切相关。例如,让我们看看地球–月球轨道系统,地球和月球之间的距离大约是400 000千米,地球的质量是6×10^{24} kg,月球的质量为7×10^{22} kg,根据牛顿万有引力定律,月球和地球之间将产生一个引力,这个引力的大小约为10^{20}牛顿,毫无疑问,这是一个非常大的数字,因为地球和月球的质量相当大。然而,如果地球和月球换成等质量的电子,那么它们之间的力(它现在是排斥力)为10^{63}牛顿,整整比万有引力要大10^{43}倍!事实上,电场力可以非常的大。所幸的是,地球是电中性的,地球具有等量的正电荷和负电荷,否则,整个地球就会被巨大的电场力撕裂。

> **反平方定律(inverse square law):**
> 任何表明某些物理量与独立变量(通常是距离)的平方成反比的物理定律。

静电力和万有引力之间的第三个实质性差异是,电荷可以移动,这与电场力很大但电荷的质量却很小有关(电子约重10^{-30} kg)。我们能够觉察到电荷的移动,例如当我们碰到门把手时,能看到(感觉到)产生的静电火花。电荷的流动性不仅可以让我们感觉到疼痛,也使电荷系统的分析变得很困难。

表13-1简单总结了万有引力和静电力的异同点。

表13-1 万有引力和静电力的相同点和不同点。

相同点	不同点
遵循反平方定律	电场力有吸引力和排斥力,万有引力只能是引力
都是两个物体之间的力	电场力可以非常大
力的方向都沿两个物体的连线	电荷可以移动

趣味阅读

科学计数法

大部分工程学科中,用科学计数法表示数字是一种惯例。科学计数法是指将一个数表示成 a 乘 10 的 n 次幂的形式。科学计数法基于十进制计数。(有 0~9 十个数字,逢十进一。)在处理特别大和特别小的数字时,科学记数法非常有用、并且非常高效。举个例子,2007 年度美国政府的财政赤字约为 8 900 000 000 000 美元,可写为 8.9×10^{12}。毫无疑问,用科学计数法表示的数字书写和计算更方便。这同样适用于特别小的数字。你能想象在计算中使用电子的质量的一般形式进行计算是多么麻烦吗?如果不使用科学计数法,电子质量 9.1×10^{-31} kg 的一般写法中要写出 30 个零。

尽管科学计数法非常实用,但是 10 的次方也是很有欺骗性的。例如,对人类而言,我们很容易理解任何数量之间的差值,如 -35 和 +26。我们每天都会遇到很多的数,可能会获得 8 美元每小时的工作报酬,或者可能会买一件价格为 22 美元的新 T 恤,或者行走 13 英里的路程。然而,如果我们把这些数字用科学计数法表示,却会得到让人难以理解的数值。以长度为例,长度的单位是米,首先我们来讨论两个长度,10^{-35} 米和 10^{+26} 米。前一个数 10^{-35} 米,约与"普朗克常量"相当,这个数是现代物理学中最小的距离。当一个长度小于普朗克长度时,可以说它是没有物理意义的。对比普朗克常量,电子是一个很小的粒子,直径只有约 10^{-15} 米,但比电子直径的长度仍然比普朗克常量(~10^{-35} 米)大得多。以我们的第二个数字 10^{+26} 米为例,其长度为整个可见宇宙的大小!如表 13-2 所示,10^{-35} 米和 10^{+26} 米之间的长度跨越了人类目前已知的所有尺寸。所以,当你使用科学计数法时,你的计算会变得很容易,对于特别大的数,或者特别小的数值,给我们的印象就不再那么深刻,不再那么易于理解,我们无法迅速反应这是大数还是小数。

表 13-2 按照科学计数法表示的重要长度量级,范围在 10^{-35} 米和 10^{+26} 米之间,跨越了人类目前已知物体的所有尺寸。

长度(m)	物理量
10^{-35}	普朗克常量
10^{-15}	电子的直径
10^{-9}	DNA 螺旋线的直径
10^{-7}	晶体管可见光的波长和栅极宽度(2007 年)
10^{-4}	人类头发直径
10^{-2}	一英寸
10^{2}	世界上最高的树
10^{5}	地球纬度 1 度对应的地表长度
10^{7}	地球直径
10^{10}	一光分(光一分钟跨越的距离)
10^{15}	一光年(光一年跨越的距离)
10^{21}	银河系直径
10^{26}	目前可见的宇宙直径

导体和绝缘体

静电力可以非常大,有时候电荷的快速移动会给我们带来巨大的灾难,但是正确使用 **导体** 和 **绝缘体**,可以很容易地控制大多数静电力以及导体内部流动的电荷。大多数人都知道,电气设备用电线来输电,电线通常由金属导体作为主体材料,其外层由塑料一类的绝缘体包裹(或绝缘涂料涂覆)。

导体(conductor): 允许电荷(通常是,但不总是电子)移动的材料。

绝缘体(insulator): 不允许电荷(通常是,但不总是电子)移动的材料。

导体的物理原理比较简单。日常生活中常用的导体材料是铜。如前所述,一个独立的铜原子周围有 29 个电子围绕原子核运动。当大量的铜原子紧密结合在一起,就形成金属铜,每个铜原子的周围都有 5 到 10 个铜原子。每个原子的最外层有且只有一个可自由移动的电子。正离子与周围自由电子间存在吸引力。对于铜和其他大部分金属而言,每个原子都有一个自由电子,这些自由电子形成电子云,在金属中杂乱地向各方向运动。想象一下,金属中是否有很多自由电子?在一根 6 英尺长的电源线中,约有 10^{24} 个铜原子,因为每个铜原子都有一个自由电子,所以在该铜金属导体中存在 10^{24} 个可以完全自由移动的电子。这个数值大约是 1 立方英尺的空气中氧气分子的数量,这个体积比 6 英尺长的电源线中铜的体积还要大。因此,把导电金属中的自由电子比作气体是非常合适的,而且是一种相对致密的气体。正是由于自由电荷的流动,电子才形成了"电"。电子设备的定义是用电来实现功能的设备。(铜金属绝对是中性的,铜原子中的电子,一些是可以自由移动的,另一些则是束缚在原子核附近,电子的总数和质子的总数相等。所以,我们不必担心强大的电场力会把铜电线扯坏!)

某种材料具有大量的自由电子,能很好地导电,被称为良导体。表 13-3 列举了各种良导体材料。银是最好的导体,但是它比较稀有且昂贵,所以不能当做常用导体;铜也是一种很好的导体,而且相对丰富且价格低廉,所以是最常用的导体。你家房屋内墙壁里的电线就是用铜做的,铜的导热性也很好,所以不容易发热,这是金属铜作为导体的一个非常突出的附加优势。

20 世纪中期,住房的电线都是铝制的,铝非常便宜,也是一种良导体,但容易氧化(生锈),造成局部的电绝缘,且热量容易积聚,形成火灾。这一故障的多次发生,使国家的建筑规范进行了更新,即,不宜用铝作导线。目前,铝仍然被大量运用于微电子产品,但铝的氧化过程得到了更好的控制。常用导体的 **电导率** 请见表 13-3。导体导电的能力越高,导体的电导率越高。电阻率的数值也在表 13-3 中给出, **电阻率** 是电导率的倒数,电阻率越高,材料的电阻越大,电荷(电子)的流动越

表 13-3　常见导体材料的电导率和电阻率。

材料	电导率（$\Omega^{-1} \cdot m^{-1}$）	电阻率（$\Omega \cdot m$）
银	63×10^6	16×10^{-9}
铜	60×10^6	17×10^{-9}
金	45×10^6	22×10^{-9}
铝	38×10^6	26×10^{-9}
镍	15×10^6	69×10^{-9}
铁	10×10^6	96×10^{-9}
海水	5	0.2
去离子水	5.5×10^{-6}	2×10^5

表 13-4　常见绝缘体材料的电阻率。

材料	电阻率（$\Omega \cdot m$）
玻璃（二氧化硅）	$10^{10} \sim 10^{14}$
聚氯乙烯（PVC）	10^{13}
硫	10^{15}
聚四氟乙烯	$10^{22} \sim 10^{24}$

困难。电导率和电阻率对电子材料来说，是很重要的两个参数。

我们发现，一些其他类型的材料是电荷的不良导体，或者说，它们隔绝、阻断电流，因此被称为**绝缘体**。绝缘体中没有自由电子，所有的电子都被牢牢束缚在原子核附近。因为绝缘体是电的不良导体，所以用电阻率来描述它们更好。表 13-4 列举了常见绝缘体材料的电阻率。一般来说电阻率越大，绝缘体的绝缘性越好。当绝缘体的电阻率与电导率的比值超过 20 个数量级（10^{20}）时，我们就说这些材料是不良导体，也称为良好的绝缘体。纸这种材料没有在表 13-4 中被列出来，但也是一种良好的绝缘体。此外，除了导体和绝缘体之外，还有一类非常重要的材料，被称为半导体材料，半导体的性能介于导体和绝缘体之间。半导体，如硅，在现代微电子工业中起着至关重要的作用，将在本章稍后作讨论。

为什么用前缀"半"来描述半导体？

大多数电线外表都包裹塑料材料——PVC（聚氯乙烯），这是一种非常柔软的绝缘材料。此外，玻璃及各种陶瓷材料也常被用作高压电线的绝缘体材料，因为它们能够有效抵御室外的温度、热量和湿度的极端波动。氧化物（二氧化硅和氧化铝）通常用作微电子和微光芯片中的绝缘体。图 13-2 显示了典型的绝缘导线的几何形状的示意图，从图中可以看到，电子在导线表层，在导线外表包裹着一层聚氯乙烯，以避免导线直接接触其他导体，保障了电子移动的安全性。虽然对于生活在 21 世纪的我们而言，这种电线设计显得很简单，但事实上，富兰克林（Ben Franklin）和电力传输的其他早期实验者在众多电学实验中，为绝缘导线的发明，付出了昂贵的代价。

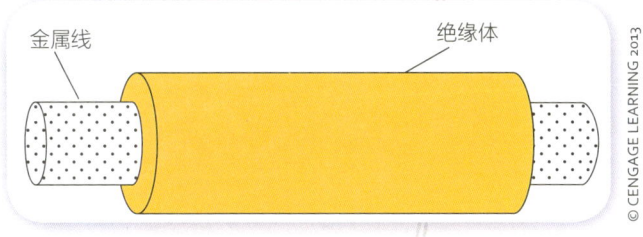

图 13-2　典型的电线：用绝缘的聚氯乙烯固体包裹住金属电线（有大量自由电子的金属线）。

电阻

没有一种材料是完全导电的，就算是良导体也有一定的电阻。一块材料的总**电阻**可以用公式 13.3 计算。在公式 13.3 中，R 是电阻，ρ 是电阻率，L 是材料的长度，A 是材料的截面积。公式 13.3 中，系数 ρ 与材料物理性质有关，而分数（L/A）由材料的几何尺寸决定。图 13-3 显示的是微芯片上金导线电阻的计算示例。长方形的金线长 0.5 厘米，高 2 微米，宽 10 微米。在微电子电路中，这是一个典型的导线尺寸。[1μm=1 微米（μ 代表的是微的意思），1 μm=1×10⁻⁶ m。人类头发直径约 80μm。] 计算结果显示，该导体的电阻约为 5 欧姆，这是一个很大的数值。相比之下，一根标准的 6 英尺长的电源线的电阻约为 0.1 欧姆。

$$R=(\rho)\left(\frac{L}{A}\right) \quad （公式 13.3）$$

电阻（resistance）： 电阻用来衡量电流（电荷）在材料或部件内流动时受到的阻碍程度。电阻越高，材料或元件对电流的阻力越大。电阻的单位是伏特·秒/库仑，这个电阻单位有点复杂，所以我们通常用欧姆。1 欧姆即为 1 伏特·秒/库仑。欧姆常用符号 Ω 表示。例如，一个 12 欧姆的电阻写成 12Ω。

如图 13-3 中还显示了电阻器的符号：波折线。电阻器是迄今为止最简单和使用最广泛的电子元件。

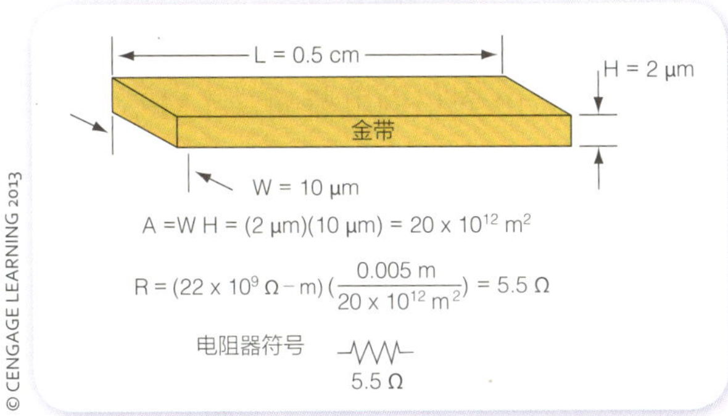

图 13-3　以具有矩形截面的金线（带状线）作为电阻计算的例子。金线的这种形状在集成电路中经常使用。虽然金是电的良导体，但是计算结果表明，如果截面积很小，那么即使是良导体，其电阻也可能很大（5.5Ω）。本图同时也给出了电阻在电路中的表示符号。

如果一个元件的长度增加一倍,电阻会增加还是减少?电阻增加或减少的原因是什么?如果一个元件的横截面积增加一倍,电阻会增加还是减少?

欧姆定律

欧姆定律是电学中最常见和最重要的定律之一。该定律是由欧姆(Georg Ohm)在1827年左右首次提出并证明的。欧姆定律指出,任何两点之间,通过导体的电流等于导体两端的**电压**差除以总电阻。这里最重要的词是"任何两点之间"。也就是说两点可以在任何地方:例如在闭合电路的两端空间上的两个点,大气中的两点,在你家院子里的某两个点。欧姆定律的数学形式为:

$$I = \frac{U}{R} \qquad (公式 13.4)$$

或者,我们把欧姆定律变形(交叉相乘),可以得到更为广泛应用的形式:

$$U = IR \qquad (公式 13.5)$$

电流 欧姆定律中,变量"I"表示单位时间里通过导体任一截面的电量,就是所谓的"**电流**"。它之所以会叫做"电流",是因为基于电荷的流动,就像河流中的水流或管道内的气流一样,这个术语是非常形象和恰当的。记住,将导体中自由电子的流动想象成流动的气体,这是很形象并且很有用的。电流是一种流速,所以它的单位是库仑每秒,即(C/s),库仑是电荷量的单位。库仑每秒即(C/s)通常写成我们常用的"安培",这是为了纪念著名科学家安培(André-Marie Ampère)。安培简称安,或A。总之,电流是电荷的流动,如果流量是每秒1库仑,就等于1安培或1 A。

以上电流的例子可能对理解问题更有帮助。假设计算机的电流是1安培,这就意味着通过计算机电源线的电荷量为每秒钟1库仑。1安培的电流对应于大量的电子,每秒约有10^{19}个电子流过电源线。家中常见的家用电器在使用时都可能有1到10安培的电流通过。MP3播放器或计算机微处理器在工作时产生的电流较小,约为0.02安培,也可记作0.02 A或20毫安(或mA,毫指10^{-3}),或每秒20毫库仑(mC)。

常见的电流有两种形式,直流电(DC)和交流电(AC)。**直流电(DC)** 中电流的流动方向只有一个或者流动方向随时间的变化很缓慢。干电池、光伏电池(太阳能电池),以及一些特殊类型的发电

电压(voltage):
衡量单位电荷在静电场中由于电势不同所产生的能量差的物理量。电压越高,电荷的能量越大。电压在国际单位制中的单位是伏特(V),简称伏。例如,12伏特电池也称为12V电池。

电流(current):
单位时间里通过导体任一横截面的电荷量。电荷量的单位是库仑,然后再除以相应的时间,就得到"库仑每秒",或简称"C/s",它的另外一个名字就是"安培",简称"安"或"A"。

趣味阅读

因为我们看不到电路中究竟发生了什么，所以将电场力与重力相类比，可以帮助我们更好地理解一些重要的原理。例如，为了更好地理解电阻，想象有三个高1000米的圆柱体，每个圆柱体的顶部放置一个大钢球，钢球的横截面积大小和人的大小差不多（如图13-4）。为什么圆柱体横截面的大小要这么规定？这在后面的论述中大家就会知道答案。第一个圆柱体里面是真空，也就是说，所有的空气被抽出来，在钢球下落的时候什么都不会碰到。第二个、第三个圆柱体分别用空气和水填充。现在让我们来看看当相同的钢球从圆柱体顶部下落时会发生什么。

第一个圆柱体（真空）中，球会以一个不断增加的速度下降。更具体地说，真空中钢球在下落的过程中，速度将随着时间的推移呈线性增加，最后以140米每秒（m/s），即313英里每小时（mph）的速度落地。

任何一位跳伞运动员都会告诉你，如果钢球在充满空气的圆柱体中下落，我们会看到一个非常不同的结果。由于空气的摩擦作用（空气阻力），下降约15秒后，钢球的速度停止增加，这个加速过程会"终止"在约53.6米/秒（120英里每小时）。这个速度被称为物体的终端速度。下落对象的终端速度取决于物体的横截面积和介质的密度（我们选择与人类横截面积相同的钢球作为实验对象，因此钢球的终端速度与人类跳伞的终端速度相同）。跳伞过程中的终端速度可以达到每小时120英里，虽然这个速度比真空中的速度慢（真空中是每小时313英里），但它同样也已经非常快了，而且跳伞运动员在落地之前，还需要另一种方式进行减速。降落伞能够很好地完成这一任务，它有一个更大的横截面积，使物体在下落时受到更大的阻力，从而减缓下落速度。一把普通的降落伞可以把终端速度降低到5英里每小时，而5英里每小时是人类相对安全的着陆速度。

在第三个圆柱体中，水的密度比空气更大，水能够提供比空气更大的摩擦力（"水的阻力"），从而使钢球终端速度更小。在没有使用降落伞的情况下只有每小时4英里左右。

导体材料的电阻会对电流产生阻碍，这与以空气或水为介质的重力系统中的摩擦非常类似。总阻力取决于介质特性（空气或水的密度）和下落物的几何要素，如横截面积。

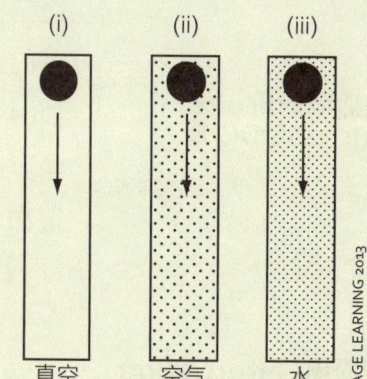

图13-4 用三个圆柱体类比电阻的实验，其中钢球在空气和水的作用下所受到的阻力类似于电流受到的电阻。图中显示的是三个圆柱体，每个圆柱体都填充了不同的材料：（一）什么都没有（真空），（二）空气和（三）水。钢球在圆柱体内的下落速度明显与圆柱体中的介质相关，真空中下落得最快，空气中下落速度居中，水中下落最慢。这种情况和电流类似，电流的大小取决于该材料的电导率和导体的几何形状。

参照上述"趣味阅读"中的信息，使用计算器，将每小时60英里的速度换算成单位为米/秒的速度。

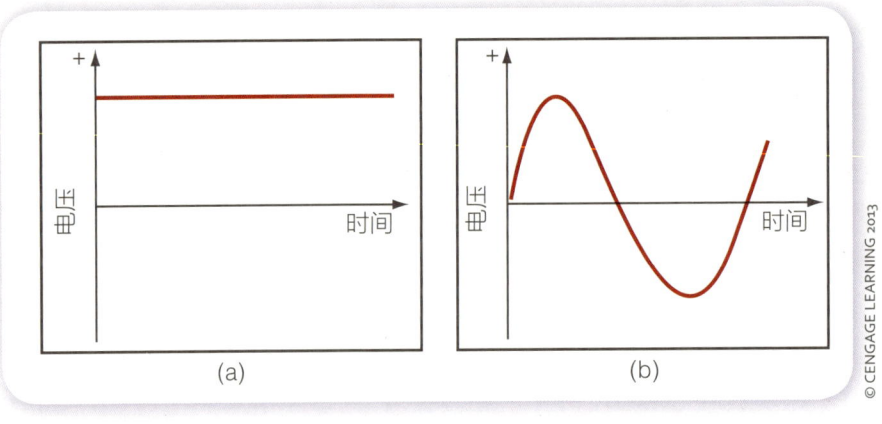

图 13-5 典型的(a)直流电(DC)(b)交流电(AC)的电压随时间变化的曲线图。

机产生直流电流。图 13-5a 显示，直流电电压的极性不随时间的变化而变化。**交流电（AC）** 的电流方向随时间作周期性变化。交流电最常见的波形是正弦波，也就是说，交流电随时间按照正弦函数规律变化，如图 13-5b 所示，电压的方向随着时间不断反转。由欧姆定律可得，当电压的方向反转，电流的方向也会反转。日常生活中我们可以发现建筑物墙上的插座，输出的往往是正弦波形的交流电，大多数电器、照明灯，以及电动工具都使用交流电源。虽然电流的基本原理对直流电和交流电流都适用，但本章只涉及直流电流。

电阻 欧姆定律中，符号 R 表示电阻，单位是欧姆，符号 Ω。注意，在欧姆定律（公式 13.4）中我们可以发现，电流与电阻成反比，当电阻增大时，电流下降，这和之前我们所做的重力实验相似（见"趣味阅读"）。当一个物体受到重力而下落时，所受到的阻力越大（在"趣味阅读"中，重物下落时受到水的阻力与空气的阻力），它的终端速度就越小。同样地，线路中的电阻越大，其中的电流（流速）就越小。

电压 欧姆定律中的第三个物理量 U 就是电压。电压的国际单位为伏特，简称伏，符号 V，是为了纪念意大利科学家伏打（Alessandro Volta），他发明了电池，为人类发展做出了重大贡献。电压是各类电池的重要参数，在日常生活中，电压这个词相当常见。通常，我们需要多少伏特的电压，就购买相应的电池。使用 MP3 播放器或笔记本电脑时，我们需要借助能够输出特定电压的电源转换器（约 20V）。

如果要借助数学工具对电压进行详细地描述，就要用到牛顿微积分的知识，本书不再进行赘述。但是，我们可以很好地用重力场帮助我们形象地理解电压。电压在电学中的地位就像是高度在重力场中的地位一样，高度越高，代表物体潜在的重力势能就越大；同样，电压越大，代表电荷潜在的电势能越大，电势能可以转换为电荷的其他能量形式。

直流电（direct current, DC）：

只向一个方向流动或者流动方向随时间变化很缓慢的电流。

交流电（alternating current, AC）：

电流方向随时间作周期性变化，最常见的波形是正弦波。也就是说，交流电在时间轴上的变化像正弦曲线。

在重力场中，以一个钢球为例，处于1000米高度时的重力势能是处于500米高度时的重力势能的2倍。由于1000米高度处的钢球拥有更多的势能，如果往下掉，它就会获得更快的速度（在真空中）。用引力来类比电场力是非常合适的，物理学家和电子工程师也同样把两点间的"电位差"叫做"潜在电位差"，"潜在"指的是潜在的能量。在电学中，电压越大，电荷的能量越高。例如，在欧姆定律（公式13.4）中，我们可以看到，随着电压的升高，闭合电路中的电流就会增大。同时，值得注意的是，就像万有引力系统内的重力势一样，电压也是一个相对值，是两点之间电势差。

总之，由欧姆定律可知，如果通过一个1欧姆的电阻的电流是1安培，那么这个电阻两端的电势差为1伏特（也就是说电阻一端的电势比另一端高1 V）。列举一些用欧姆定律计算的例子可以帮助我们更好地理解这个概念。

以图13-6为例，这是一个简单的电路图，整个闭合电路为一块干电池连接一个电阻和一个灯泡组成。电池和灯泡在电子产品中经常被使用，我们按照标准符号画出电路图并标记出它们的数值。假设电池的电压为9伏（V），电阻为7欧姆（Ω），灯泡的电阻忽略不计。欧姆定律告诉我们，通过电路的电流等于电压除以电阻，如公式13.6所示，计算得到电流大小为1.29安培（A），或1290毫安（mA），在这里毫指的是1/1000或10^{-3}。

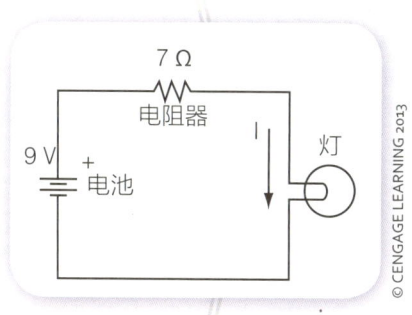

图13-6 白炽灯泡的简单电路图，电阻用来限制电流大小。

$$I = \frac{U}{R} = \frac{9\,\text{V}}{7\,\Omega} = 1.29\,\text{A} \qquad \text{（公式 13.6）}$$

限流电阻在电路中非常有用。例如，在前面的例子中，如果7欧姆的电阻被错误地替换为3欧姆的电阻，那么电流就会大幅增加到3安，如公式13.7所示。

$$I = \frac{U}{R} = \frac{9\,\text{V}}{3\,\Omega} = 3\,\text{A} \qquad \text{（公式 13.7）}$$

这个值可能高于灯泡能承受的最高电流值，从而烧坏灯泡。同样，如果7欧姆的电阻被错误地替换为100欧姆的电阻，那么电流就只有0.09安，或90毫安，灯泡就会很暗。总之，已知电阻和电压可用欧姆定律求解任意两点之间的电流，请注意"任何两点之间"这一关键字。电阻是最常见的电子元件，它可以帮助我们将电流调节到合适的大小。

趣味阅读

18世纪中期，富兰克林写道："我们说B（或者其他特定情况下的主体）是正的，A是负的，或者说，B用正号表示，A用负号表示。"因为这句话，他成了第一个提出正负电概念的人。当时，富兰克林被世界公认为研究电学的先驱（如图13-7）。

电荷的正负这一与生俱来的属性很重要。电荷的正负不仅有助于我们更好地理解电场力，而且还为后来极性的概念的提出打下了基础。在电场作用下，所有的电场力都有一个确定的方向，因此电流就被赋予了一个明确的方向，称为 **极性**。例如，电路中的某一元件，如电阻，它的一端通常比另一端具有更高的电位（电压），有时用＋（正）和－（负）标注在元件两端。电阻正号一端的电压比负号一端更高。这时，我们可以说该元件具有一定的极性。电路元件的极性很重要，因为它决定了当前电流的方向；正电荷将从正极（高电位）流向负极（低电位）。极性也和重力一样，重力总是竖直向下指向地心，电场力总是从正极指向负极，与重力不同，电场力可以是任意方向，不仅仅是向下。

电阻是无极性的，它在使用时不用考虑方向。也就是说，电荷可以在电阻内的任何方向随意流动。然而，这并不适用于所有电子元件，大部分元件都必须以正确的方向或极性，采取合适的方式连接起来。很多元件在使用时，都需要特定的极性，如二极管、发光二极管（LED）、电解电容器、晶体管和直流电机（极性决定旋转方向）。

(a)

(b)

图13-7 富兰克林对电学的科学研究和应用（技术）非常感兴趣。照片(a)展示的是他的发明——避雷针，它位于佛罗里达州肯尼迪航天中心亚特兰大号航天飞船橙色外挂燃料箱的上方。在18世纪，尤其在欧洲，人们对避雷针都持怀疑态度，他们认为避雷针扰乱了自然，是反常的、危险的。

基尔霍夫定律

几乎所有电路设计和分析都会用到两个非常强大的定律，我们统称为基尔霍夫电路定律（基尔霍夫第一定律和基尔霍夫第二定律）。与牛顿力学中的很多守恒定律一样，基尔霍夫定律是电学中的守恒定律。例如，在牛顿定律中，质量是恒定的：物质不能被创造或消灭，因此质量是一个"恒定"的量。基尔霍夫第一定律又称基尔霍夫电流定律，它指出，所有进入某个节点的电流的总和等于所有离开这个节点的电流的总和。节点是电路中两条以上支路的连接点。如图13-8所示，N1和N2就是节点。

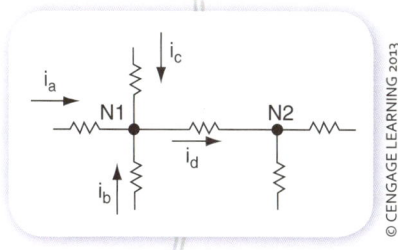

图 13-8 这是电路一部分的示意图，包含很多电阻，以及两个节点N1和N2。

基尔霍夫电流定律的基础是电荷守恒定律。电荷不能被创造，也不能被消灭，所以流入的电流最终必须流出去。这与管道内的水或气体的流动是一样的，流入管道的水必须流出去（假设管道内没有漏洞，通常这是一种理想的假设）。假设进入某节点的电流为正值，离开该节点的电流为负值，则所有通过该节点的电流的代数和等于零。这是基尔霍夫电流定律常见的表达形式。例如，图13-8中，节点N1处有四条支路汇合在一起。因此，由基尔霍夫电流定律可得，电流在节点的总和为零，即 $I_a+I_b+I_c-I_d=0$。在这种情况下，电流 I_d 前面的符号是负号，因为电流 I_d 离开该节点，所有其他的电流是正的，因为它们进入该节点。

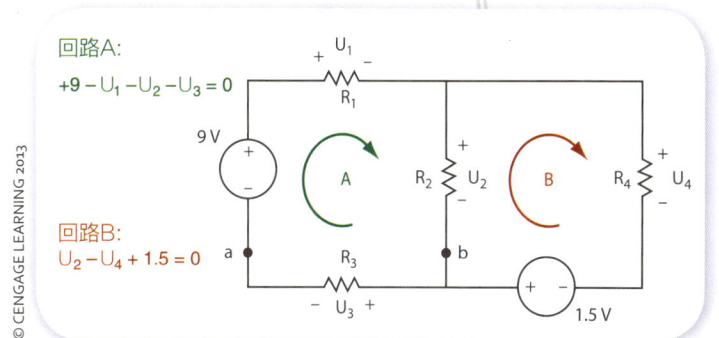

图 13-9 图中有两个回路，一个是绿色的（A），一个是红色的（B）。这两个回路用于证明基尔霍夫电压定律：任何闭合回路的电压之和为零。

基尔霍夫第二定律又称基尔霍夫电压定律，它指出，任何闭合回路中，电压之和必须等于零。这与重力系统中功的守恒是一样的。比如说，你住在一座大山旁，你出去散步爬山，虽然道路蜿蜒曲折，但你一直走到山顶，然后返回家里，从物理学的角度来看，当你往山上走的时候做正功，如果山很高，你也许要做很多正功。然而，当你从山顶走下来的时候，你就完成了等量的负功。爬上山很吃力，因为你必须抵抗重力来做功。然而，下山很轻松，因为重力会对你做功！我们把整个过程作为一个整体来看，你步行上山，再回到同一个地方，在这种情况下，你做的功的总和是0。基尔霍夫电压定律的例子如图13-9所示，电路中有两个回路A和B，A和B各为一个循环，每个循环都是顺时针的，虽然循环的方向并不重要。图13-9左侧的方程表明，回路的电压的总和必须为零。为了便于理解，每个电压的下标和相应的电阻的下标一样。同时，需要提醒的是，使用欧姆定律，可以计算出电压。例如，由欧姆定律给出的方程 $U_1=I_1 \cdot R_1$ 可以得出，U_1 是电阻 R_1 两端的电压，I_1 是通过电阻 R_1 的电流。

磁性

在电子设备和系统中经常会使用磁铁和磁性。磁性是一种常见的物质属性，实际上磁性是电荷运动产生的。一般来说，有两种类型的磁

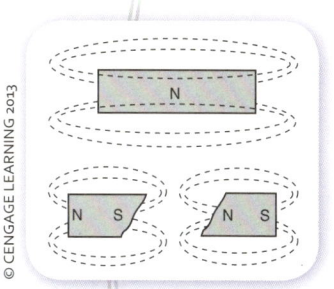

图 13-10 永磁体周围的磁感线是类椭圆形的，并且磁铁外部的磁感线从磁体N极出发，回到S极。当一个永久磁铁被分裂成两个时，单独的一块仍然是完整的磁铁，每一块都有南北磁极，只是磁性相对较小。

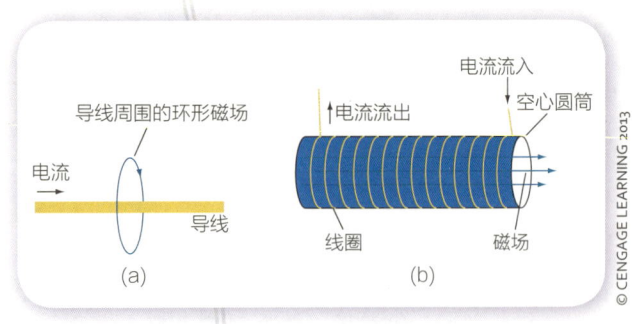

图 13-11 磁场是由电荷的运动产生的。图（a）显示了（圆形）磁场如何由带有恒定电流的直导线形成。图（a）所示的原理可用于形成一个磁感线为直线的磁场，只要将导线沿空心圆筒绕成螺旋状，如图（b）所示，那么此时圆筒中磁场的磁感线就是直线，而且平行于圆筒的中心轴。

铁：（1）所谓的"永久或半永久性磁铁"；（2）电磁铁。对永久磁铁而言，材料本身是有磁性的。铁在古代称为磁石，它可以制成永久磁铁，除此之外，镍和钴也可以制成永久磁铁。永久磁铁的磁性是由于非自由电子绕其自身轴线（很像地球绕其自身轴线自转），沿着一定的轨道不断旋转产生的。磁性材料往往由数十亿计的原子组成，当这些微小的磁场（"旋转"电子）按照一定顺序排列时，就会产生强大的磁力，形成一个所谓的永久性或半永久性磁铁。图 13-10 显示了磁场线在磁体外从北（N）极出发指向南（S）极。又显示，即使一块永磁铁被截成两段，这两段仍有磁性。

第二类磁铁叫电磁铁，它最简单的结构是，将电线以环型方式缠绕，形成一个圆柱形。想象一下，在一个空心圆筒上缠绕导线，从圆筒的一端开始，到另一端结束。这种简单类型的磁铁如图 13-11 所示。当电流通过环形导线时，平行于圆柱轴线的方向分布有匀强磁场。若将某种磁性材料，如铁，放置在空心圆柱的中心，那么磁场会增强。

主要电路元件

电阻器、电容器和电感器是三种基本的电路元件。几乎每个电路都需要至少用到其中一种元件，在许多电路中，所有三种类型的元件都可能被用到。简单地说，电阻消耗能量，在分压和限流方面是非常有用的，因此，迄今为止，电阻是使用最为广泛的元件。电容器和电感器在储存能量方面具有独特的作用。拥有存储能量能力的电路元件会给电路带来一个重要的特征，就是随着时间的推移，能量会被慢慢释放。

常用电气和电子元件的符号见本章末表 13-7，供参考。

电阻器

电阻器是迄今为止使用最广泛的电路元件，日常生活中一般直接称为电阻。电阻一般指在陶瓷棒上沉积碳膜或绕一段高电阻的金属线制成。碳膜电阻最常用，且成本最低；绕线电阻一般用在电流较大的情况下，这时，绕阻线圈不会对电路造成不利影响（见本章的电感部分）。电阻的制造往往遵照额定的公差。你可以购买精度为 ±20%，±10%，±5% 的电阻，甚至可以选择精度高达 ±1% 的电阻。电阻值越精确的电阻器，价格越昂贵。电阻也是在一定的功率以下才能安全运行。虽然

趣味阅读

用电阻分压和限流

电阻是分压和限流的关键元件。例如，有时候电源提供的电压很大，但设备只需要很小的电压，此时，我们就可以使用电阻，它可以分配电路中的电压和限制电流。

例如，假设你有一个 10V 的电源，想要它输出 6V 的电压，可用如图 13-12a 所示的"分压器"。想要整个电路的输出电压为 6V，通过计算我们可以发现，采用 $R_1=6\Omega$ 和 $R_2=4\Omega$ 的电阻即可，如公式 13-8 所示。

$$U_{out} = 10V \times \frac{6\Omega}{6\Omega + 4\Omega}$$
$$= 10V \times 0.6 = 6V$$
（公式 13.8）

分压器电路是**串联电路**的一个例子，因为此时，电流的通路只有一条。如图 13-12a 所示的串联电路中，所有的电流必须通过 R_1 和 R_2 后返回到电源（V_{in}）。

某些设备需要一定强度的电流来正常运行。幸运的是，电阻器也可以起到限流的作用。例如，假设电路中的电源电流为 2 A，但设备能承受的最大电流为 0.5 A，我们可以通过使用一个大电阻（串联）来限制电流，如图 13-6 所示。然而，这也限制了当前（串联）电路中其他组件的电流。同样，另外一种方法也是可行的，使用如图 13-12b 所示的电流"分流器"。通过构造一个并联电路，可以实现 0.5 A 的电流通过设备 R_D 的目的。

并联电路可将电流分成多条支路。一个并联电路就像家里的水管一样，外界的主水管（"主管道"）进入房子，水管在家里可以分成多根支线，水可以流到浴室、厨房，或洗衣机中。水可以同时向几个方向流动，所以家中的许多水管是并联的。如图 13-12b 所示的电路的总电流，它向两条路径分流：一条流经电阻 R，第二条流经电阻 R_D，通过这些相应路径的电流我们分别把它们标记为 I_R 和 I_D。假设设备的电阻为 30 Ω，那么，选择阻值为 10 Ω 的 R，就可以实现通过设备的电流为 0.5 A 的目标：

$$I_4 = 2A \times \frac{10\Omega}{10\Omega + 30\Omega}$$
$$= 2A \times 0.25$$
$$= 0.5 A \text{（公式 13.9）}$$

由以上的两个例子我们可以看到，分压器和分流器均可用于设计电路。

> **串联电路（series circuit）：**
> 电流只有一条通路的电路。元件按照这种方式连接的，通常称为"串联"。

> **并联电路（parallel circuit）：**
> 电流有多条通路的电路。元件按照这种方式连接的，通常称为"并联"。

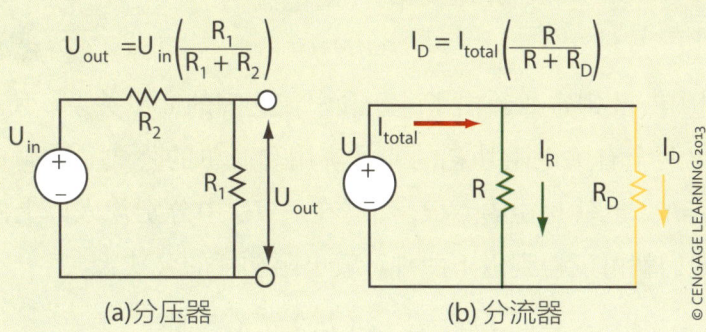

图 13-12 电阻可以用来构造串联电路和并联电路，从而达到控制电压和电流的目的，分压器和分流器均可用来设计电路。

存在额定功率很高的电阻，但是在小型消费类电子产品中，使用的额定功率通常为 $\frac{1}{8}$ 或 $\frac{1}{4}$ 瓦。

当所有的电压和电流都已知时，整个电路就一清二楚。因此，电压 U 和电流 I 的关系非常重要。电阻是最简单的元件，因为电阻两端的电压与通过它的电流呈线性关系。也就是，$U=IR$（欧姆定律的变形），其中的比例常数是电阻 R。由于这种简单的线性关系，电阻可以被称为线性元件。电阻无法储存能量，只能消耗能量或使用能量。

电阻器的功耗

电子设备的使用者通常会考虑三个非常重要的方面：（1）成本低，（2）体积小和（3）功耗低。没有成本、尺寸和功耗方面的实质性的进展，消费类电子产品——像 MP3 播放器、笔记本电脑、手机等不可能被如此广泛地使用。例如，如果你的手机或 MP3 播放器，每次充满电只能使用 1 小时，那它使用方便吗？为了让更多的消费者接受该产品，电子设备的功耗、成本和尺寸都必须要减少。电子元件的功耗或其产生的电能确实是一个非常关键的考虑因素。绝大多数由电路或元件消耗或产生的功率都可以由一个非常简单的公式计算（见公式 13.10）。一般来讲电子元件消耗或产生的功率 P，等于通过该电子元件的电流大小乘以该电子元件两端的电压，电流和电压的方向决定了功率的特征（电子元件是消耗还是产生功率），单位是瓦特。在功率的计算公式（公式 13.10）中，如果电流的单位是安培，电压的单位是伏特，那么计算出的功率单位将是瓦特。例如，如果通过一个电子设备的电流是 2 安培，而操作和使用该设备的电压是 12 伏，那么该设备的功率就是 2 A × 12 V=24 瓦特（W）。

$$功率 = 电压 \times 电流$$

或 $$P=IU \qquad (公式\ 13.10)$$

对于电阻，欧姆定律给出了电压和电流之间的简单关系。所以，我们可以写出两个有关电阻功耗的非常实用和简单的公式。欧姆定律告诉我们，$U=IR$，也就是说 $I=U/R$，然后在 $P=IU$ 中分别代入以上两个公式。这样我们就可以得到以下两种计算电阻功耗的公式：

（i）$P_r=IU=I(IR)=I^2R$ 或

（ii）$P_r=IU=\left(\dfrac{U}{R}\right)U=\dfrac{U^2}{R}$ （公式 13.11 和 13.12）

举例来说，对于一个已知的电阻，只需要知道通过电阻器的电压大小或者电流大小，就可以计算电阻的功耗。例如，如果通过 1000 Ω 的电阻的电流是 20 mA，由电阻功耗公式可得：$(20\ \text{mA})^2 \times (1000\ \Omega) = (0.020\ \text{mA})^2 \times (1000\ \Omega) = 0.4\ \text{W}$。

同理，如果只知道电阻两端的电压，你仍然可以计算出电阻的功耗。例如，如果 1000 Ω 的电阻两端的电压是 1 V，那么电阻消耗的功率是 $(1\ \text{V})^2 / (1000\ \Omega) = 1\ \text{mW}$。

电容器

电容器是非线性元件，电容器两端的电压和通过电容器的电流之间不是一个简单的线性关系，而是非线性的，需要用微积分的知识才能准确地描述这种关系。电容器的一个重要作用是储存能量，这是一种非常实用的功能。虽然电容器的数学计算比较复杂，但是电容器本身很简单。电容器是由两块导体（金属）之间夹一层绝缘电介质构成的。世界上第一个电容器叫莱顿瓶，由于它是在荷兰莱顿大学发明的，所以以此命名。早期电容器的瓶里瓶外分别贴有锡箔（如图 13-13），瓶子的玻璃壁就是绝缘体，瓶子里的锡箔通过底部的柔性导线与金属杆连接，金属杆穿过瓶口的橡胶塞，与外界保持连通，玻璃瓶内外的金属箔不直接接触对方。

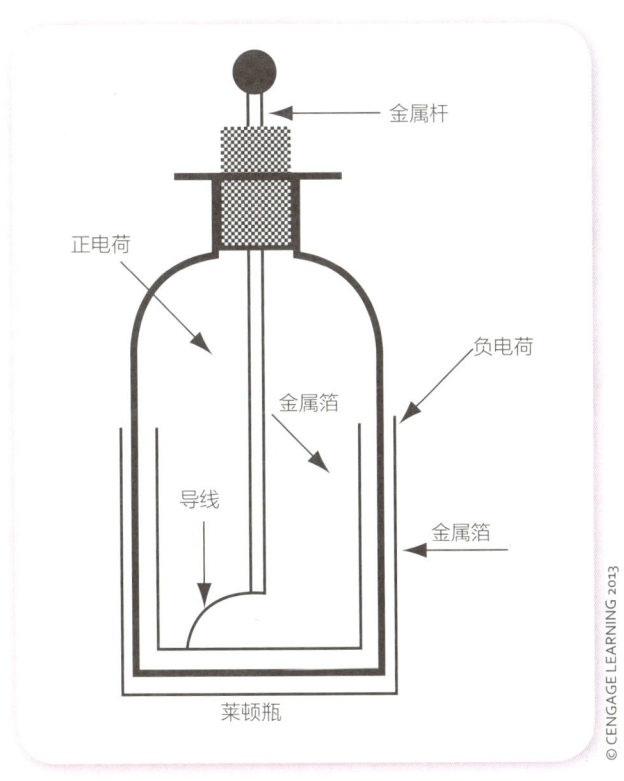

图 13-13 典型的莱顿瓶设计；绝缘体（在本例中指的就是玻璃瓶）内外包围着两片导体（金属）。

图 13-14　莱顿瓶阵列或电池组，可以用来增强电压（或电流）。

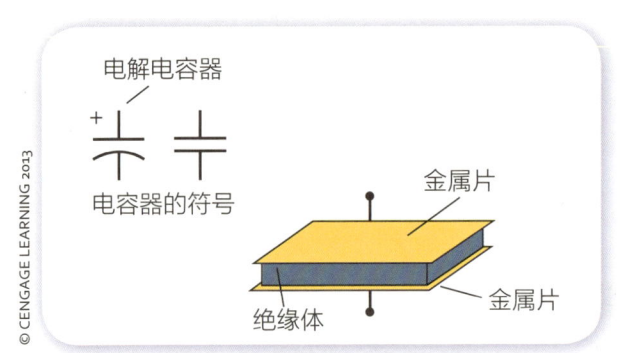

图 13-15　电容器一般是由两块平行的导体材料之间夹一层绝缘电介质构成。电容器的工作依赖于时变电场。电容器通常用于储存能量。电容器的符号如图所示。

富兰克林将多个莱顿瓶连接在一起，形成了一个新的电池。图 13-14 显示了四个莱顿瓶连接起来的电池，可以存储大量的电荷。几个莱顿瓶连接在一起（串联）能够获得更高的电压，这在电学实验中是一种很实用的方法。电容器的重要参量是电容量 C，C 值越高，电容越大，可以存储的能量越多。电容的单位是法拉［为了纪念法拉第（Michael Faraday）而命名］，用字母 F 表示。大部分电容的数值都非常小，通常以微法为单位（1 微法 $=1\mu F=1\times 10^{-6}F$）。

电容器的运行依赖于随时间变化的电流或电压。考虑到电容器的物理设计原理，这种变化可能是非常明显的。电容器的构造基本上是两块金属板（如玻璃瓶周围的箔），由薄的绝缘层（玻璃瓶）隔开。图 13-15 给出了电容器的一般形式。当电容器两极加上直流电压时，它相当于一个无限大的电阻，因为没有电流可以流过绝缘体。由欧姆定律 $I=U/R$ 可得，当绝缘体有一个巨大的（无限大的）电阻时，电流始终为零。电容器的特殊之处在于当电压变化时，绝缘体的有效电阻大幅减小，进而允许随时间变化的电流"流过"电容器。更具体地说，随时间变化的交流电压的频率增加，有效电阻明显降低，从而导致更多的电流流过，频率越高，通过的电流越多。

电感器

电感器也是非线性元件，通过电感器的电压和电流之间的关系同样不是线性关系。与电容器一样，我们需要使用微积分才能准确地描述这种关系。电感器的重要作用也是储存能量。电感器由导线以环型方式盘绕在圆柱骨架上制成（如图 13-16）。导线外面通常包裹着一层薄的塑料

图 13-16 电感器通常是一个线圈,这个线圈往往材质各异,有着不同的尺寸和形状。为了避免金属线圈彼此接触,绕制线圈的导线通常涂上一层很薄的绝缘材料(塑料)。在线圈内可能充满空气或其他材料,如铁,这将影响电感的大小。电感器的运行取决于自感应作用。电感器可以储存能量。电感器的符号如图所示。

薄膜,所以线圈中的金属不会彼此接触。与前面描述的电磁铁很相似,当电流流过导线时,圆柱的中心就产生了磁场。电感器运行原理的核心是,感应磁场总是力图阻止原来磁场的变化,从而对原电流有减弱作用。电感元件在大多数电路中都有应用。电感器的一种常见的应用是汽车点火系统。电感器的主要性能指标是它的电感量的大小,用符号 L 表示,L 值越大,电感强度越高。电感的单位是亨利[为了纪念亨利(Joseph Henry)],英文缩写字母是 H。和电容的单位一样,典型电感器 L 值通常很小,所以我们常用单位微亨(10^{-6} 亨利)。

电子系统设计

电子系统由一系列电子元件组成,它们一起工作,共同实现控制、监控或测量的目的。正如在第 1 章学到的那样,一个系统由输入、处理和输出三部分组成(如图 13-17)。由于电子系统通常有许多子系统,输入、处理、输出这三个部分的区分就显得十分重要。设计任何电子设备前,最关键的任务就是完成所有关于输入、处理和输出的详细定义。

输入 电子系统的输入部分通常由一个或多个传感器组成。这些传感器将一些物理现象,如热、光、湿度、辐射或磁,转换为电信号,信号中包含了许多信息,可以被电路中的其他部分理解或处理。该信号可

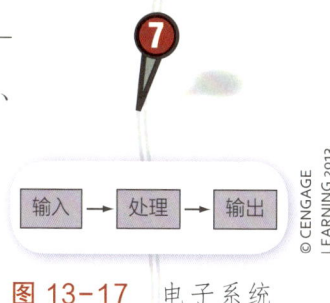

图 13-17 电子系统包括输入、处理和输出三部分。

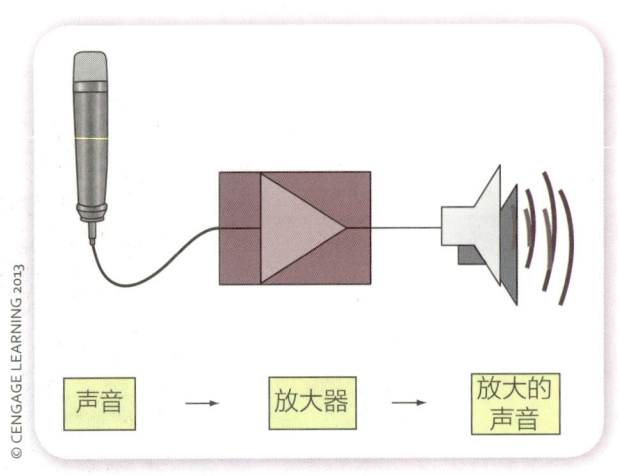

图 13-18 音乐厅或学校礼堂使用的电子音响系统,是电子系统的一个典型例子。电子音响系统由输入装置(声音被麦克风传感器接收)、处理装置(音频放大系统)、输出装置(声音通过扬声器播放)组成。

能是电压随时间变化的信息,或是更复杂的信息,例如发送至银行计算机的验证码信息。对某个系统而言,输入信息往往是其他电子系统的输出信息。在电子设计中,将多个子系统连接起来很常见,所以设计人员已经养成了这样一种好习惯,保存和记录所有系统的设计,因为现在的设计很有可能在将来成为其他系统的子系统。使用明确定义的子系统是一种良好的制造策略,它可以降低成本,因为通常制造许多某一相同的项目比制造许多不同的项目要简单得多。

处理 输出前,我们通常需要对输入的信号进行调整或调节("处理")。开关电路装置、定时器、比较器、放大器,或它们之间的任意组合,都能够提供输入和输出之间的控制。半导体微处理器因其应用极为灵活,且成本低廉,所以在电子系统中是一种有效的处理器。本章的后面,我们将更详细地讨论微处理器。

输出 输出设备接受处理后的电子信号,并将它转换为可用的形式。输出设备可以是传感器,也可以是将电信号转换成物理现象的执行器,如转换为声音(喇叭、蜂鸣器)、光(灯、显示器),或运动。执行器是一种产生运动的装置。电机和电磁铁就是典型的输出装置。输出装置可以为个人用户提供信息,或者为其他设备装置提供一些简单的电信号,这些信号可以被输入到其他的电子系统或设备中。例如,在计算机浏览器中键入一个网址,并按<回车>,就得到一个输出信号,这个信号被编码,并发送出去,最终被服务器接收,服务器将此信号当做一个输入信号,处理该信号(解码),并发送更新的反馈信息(新网页)到计算机,从而在显示屏上看到更新后的网页。

电子系统的一个典型例子是学校礼堂或音乐厅的音响系统,它有明确的输入装置、处理器和输出装置(如图 13-18)。麦克风为输入装置,因为麦克风是一种传感器,能够将声音能量(空气压力变化)转换为一个小的、随时间变化的电信号。麦克风产生的电压信号非常小,必须使用放大器来增加信号强度。电子放大器在这个过程中扮演重要角色，良好的放大器在增强信号的同时不会引入太多噪音（讨厌的"嗡嗡"声）。最后，信号被分配到一系列的扬声器中，输出到人的耳朵。扬声器是另一种传感器，能够将电信号转换为压力振动（声音）。

系统输入

电子系统通常需要从真实世界、物理世界收集信息，而不是从另一个电子系统中得到输入信号。传感器将接收到的物理信号（如重量、声音、温度、光照等等）转换成电信号，为我们打开了物理世界和电子世界之间的大门。电子传感器能够定性或定量地检测某一物理属性。例如，一种简单的传感器可以检测所在环境是冷还是热；而功能更强大的探测器则可以进一步测量实际温度，得出实际温度是多少摄氏度。一些常见的输入传感器包括开关传感器、变阻式传感器，或专门用于测量某一独特环境因素的传感器。传感器常用来探测光、热、磁、湿度、运动、应变、加速度、位置、放射性、视觉清晰度等物理量。

现代微电子技术已经彻底改变了输入传感器的灵敏度和尺寸。如今，在一台设备上集成多种"微传感器"是很常见的。例如，自行车上小而轻便的计算机可以测量和显示温度、平均速度和最大速度、脚踏的节奏、时间、日期、运行时间、输出功率以及海拔高度等信息（如图 13-19）。全球定位系统（GPS）的功能现在也常用在便携式自行车计算机中。

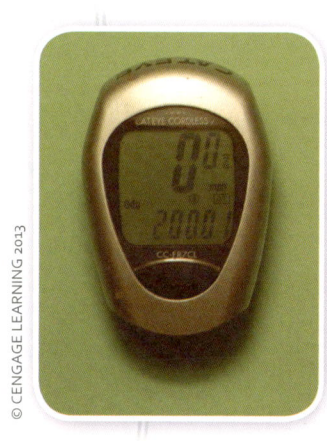

图 13-19　自行车车载微型计算机是一个具有多个集成传感器装置的范例。目前较为常见的自行车车载计算机包含测量海拔、温度、能耗以及位置、速度和时间等功能的许多传感器。

光　光是电磁辐射的一种形式，它通过光子这种微小粒子来传播。光子只存在于理论中，因为它的静止质量为 0。为了检测光子，可以用光伏电池作为传感器（如图 13-20）。光伏（"太阳能"）电池由硅制成，光照时，会产生少量的电压和电流。太阳能电池的形状、尺寸和输出量的变化范围很广。研究人员最近开发出利用特殊聚合物（塑料）制造太阳能电池的方法，它使太阳能电池板更灵活，并有可能提供一种低成本的光电转换方法。

另一种对光很敏感的装置是光敏电阻，英文缩写是 LDR。如图 13-21 所示是一种典型的光敏电阻，在黑暗的环境中，阻值为 150 兆欧姆（1 兆欧 = 1×10^6 欧姆），当周围环境变亮时，它的阻值会大幅下降到 2000 欧姆。光敏电阻价格低，应用范围广泛，而且对光的灵敏度高，反应快。如图 13-21a 所示，将一个 LDR 与电源和灯泡串联起来，输出电流的变化与光敏传感器接收的光相关。在这个串联电路中，当光照射到光敏电阻 LDR 上时，LDR 的电阻减小，导致更多的电流通过（通过欧姆定律可以得到），进而使灯泡就更亮。我们可以通过合理的设计，来实现夜间自动开灯的功能。也就是说，灯在黑暗的时候自动打开，否

图 13-20　光伏电池一般由硅制成，能够将光能转换为电能。

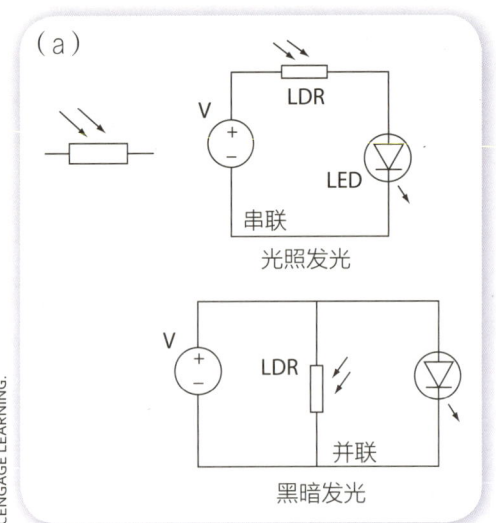
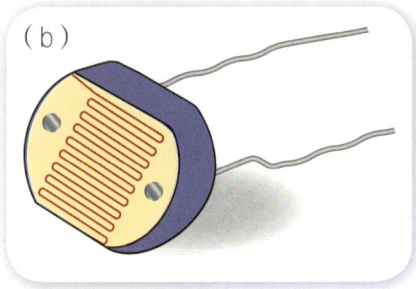

图 13-21 光敏电阻（LDR），其阻值随光的强度变化而变化。通过光敏电阻上的光的强度可以控制电路中电流的大小。图（b）展示的是光敏电阻 LDR 的实物图，图（a）为标有 LDR 符号的两个电路图，图中发光二极管都可以发光，前者是白天发光，后者是夜晚发光。

则，灯就熄灭。为了实现这一功能，我们将 LDR 与输出光源并联，如图 13-21b 所示。发光二极管（LED）在此类电路中不仅简单易用，且非常有效。当光照射到光敏电阻 LDR 上时，光敏电阻 LDR 的阻值大幅降低，使大部分的电流流过 LDR，只有很小的电流通过并联电路的第二条路径（LED 所在的路径），使得灯熄灭。相反，当周围环境很黑暗时，LDR 的电阻很高，导致大部分的电流通过 LED，LED 点亮。为了帮助大家理解该并联电路的工作原理，可以通过将这组电路视为自来水管道来考虑。记住，电子就像气体，或是液体。水从自来水主管道中，分成两条支流管道（"平行"的路径），哪一条支流的水受到的阻力越小，哪一条管道中就有更多的水流过。例如，也许某条支流被杂物堵塞（更多的阻力），那么大部分的水就会流向通畅的管道，只留下很少的水流向堵塞的管道。电子系统中也同理：支路的电阻越小，流经的电流就越大。

热 热是电磁辐射的另一种形式。热电偶是将两种不同的金属"耦合"（也就是说，这两种金属有物理接触）在一起制成的，如将镍铬合金和镍铝合金接触在一起。当两个连结点的温度不同时，就会产生一个小的电压，电压的大小与两个连接点的温度差有关。

热敏电阻是另一种检测温度变化的元件（如图 13-22）。热敏电阻的工作原理与光敏电阻 LDR 类似，阻值随着温度变热或变冷而改变。热敏电阻是检测温度变化最常用的传感器元件，因为价格便宜，因此被广泛使用在许多热敏相关的领域。

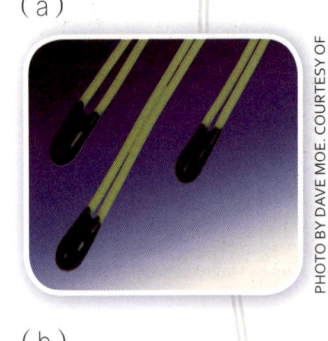

图 13-22 （a）显示的是热敏电阻的实物，它的阻值随温度变化；（b）图是热敏电阻的符号。

温度传感器也可以直接由半导体材料制成，优点是成本低廉。因为成本低、适用范围广、测量结果准确，这种基于半导体材料的固态温度计被广泛使用。

声音　声音是一种压力波，通过空气传播。如图 13-23 所示，当压力波变化时，引起隔膜移动，石英晶体扭曲，晶体扬声器会产生一个很小的时变电压，石英晶体的这种效应称为"压电效应"，"压电效应"产生了电压。即使是强度低的声音也能使石英晶体输出相对较高的电压，因此，可以说，石英晶体对声音很敏感。

动圈话筒是麦克风的一种，声波使金属膜片振动，连接在膜片上的线圈随着一起振动，线圈在磁场里振动，将声音信号转化为电信号。动圈话筒就像一个普通锥体扬声器，但原理却恰恰相反。

图 13-24 所示是手机常用的无线（蓝牙）麦克风。与其他的传感器一样，半导体技术的最新进展已经彻底改变了麦克风。图 13-25 所示是硅基微机电系统（MEMS）技术制成的微型麦克风。这种微型麦克风尺寸仅为几百微米（1 微米 =0.0001 厘米），作为对比，人的头发直径约为 80 微米。

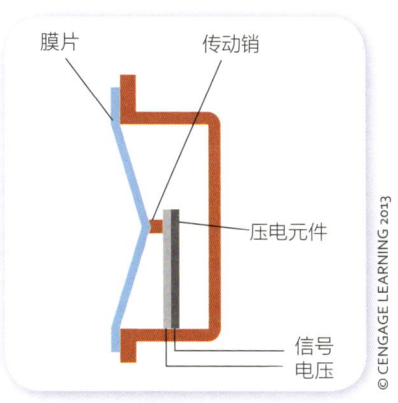

图 13-23　各种压电扬声器以及压电扬声器的设计示意图。

图 13-24　无线（蓝牙）麦克风通常与手机同时使用，这些小耳机同时包含微型扬声器和麦克风。

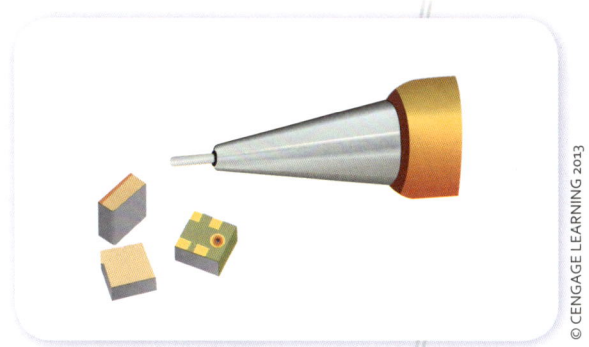

图 13-25　一个非常微小的麦克风，尺寸仅为几百微米，采用了基于半导体的制造流程［微机电系统（MEMS）的范例］。为方便参照，这些 MEMS 麦克风旁放置了一支自动铅笔头。

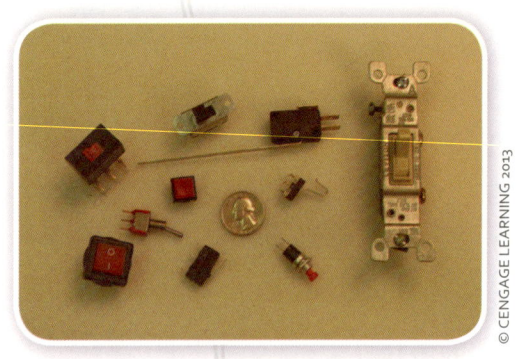

图 13-26　多种类型的开关在各个领域广泛使用。

图 13-27　电位器是一种可变电阻器，通过旋转或侧向滑动（如图所示）改变电阻。

位置　位置的改变可以通过位移传感器来检测。一个简单的二进制位移检测开关就可以实现这一功能，开关共有两种可能的状态：开和关。各种不同类型的开关在电子工业中发挥着不同的作用，包括按钮（常被打开或关闭）、单刀单掷开关、单刀双掷开关、双刀双掷开关，或多个位置开关等等（如图 13-26）。

虽然开关已经非常有用，但有一些应用要求能够对位置进行连续的检测。例如，收音机的音量控制器需要检测各种可能的位置，可以是滑动调节的直线式位置，也可以是旋钮的旋转位置。可变电阻器，也称电位器，可以将物理位置的变化转换成电阻的变化（如图 13-27）。电位器的电阻是合成碳膜或其他电阻材料，有三个引脚，其中两个固定引脚接在电阻上，另一个引脚与可移动的电刷连接，电刷可沿电阻体移动。通过手动调节转轴或滑柄，改变动触点在电阻上的位置，进而改变动触点与任一固定端之间的电阻值。电位器的变化有线性和对数两种类型。对于线性电位器，电阻的阻值与位移量呈线性关系；而对数电位器的阻值与位移量呈对数关系。对数电位器通常用于音频系统，因为人耳本身就是一个对数的传感器，所以，对于以对数形式变化的电阻来说，音量旋钮设置为5分贝时人耳听到的声音是设置为10分贝时的一半。

系统输出

输出设备分为三类：（1）显示器，（2）执行器，（3）转换器。

显示器提供视觉信息，执行器产生运动，转换器将电信号转换成物理信号。

灯泡是一种简单的显示器，当灯点亮时，表明设备正在使用中，如电脑的开关显示灯；电动机是一种执行器，当两端通电时，它能提供旋转运动；扬声器是一种转换器，它将电压信号转换为声音，而声音是一种物理信号。输出设备的例子有电子秤、灯、LED、七段 LED 显示器、平板液晶（液晶显示器）、阴极射线管（"电视机"）、电磁阀、电动机（交流、直流或步进电动机）、电磁铁、继电器、扬声器、耳机、喇叭、蜂鸣器和加热器。

发光二极管　发光二极管（LED）是一种非常有效的发光设备，它只需要很小的电流就能工作，功率很小，因此大多数交通信号灯和汽车车灯都使用 LED，而不使用能耗更高、灯丝结构的白炽灯泡。另外，LED 的寿命长，这可以大幅减少维护成本。LED 有多种颜色：红色、绿色、蓝色、琥珀色、红外（肉眼看不见），甚至有白色（多色混合的）。LED 形状各异，大小不同，工作功率也不一样（如图 13-28）。LED 通常连接在直流（DC）电源上，负极连接电池或电流源的负极，电源的负极也称为阴极，LED 阴极旁有一个小平面（如图 13-29），我们注意这个小"平面"就像一个减号，这是确定 LED 极性的一种简单方法。LED 另一端连接正极导线，也称为阳极，它与电流源的正极连接。LED 电路中通常串联一个电阻，目的是限制电流大小（如图 13-29）。

7 个 LED 可以排列形成"8"字点阵，形成七段"数字 LED 显示器"，如图 13-30 所示。"数字 LED 显示器"通过控制 7 个 LED，可以显示 0 到 9 之间的任何数字，它还可以显示好几个字母。"数字 LED 显示器"有两种不同类型：共阴极和共阳极。正如其名称所暗示的那样，共阳极显示器的 7 个阳极（+）连接在一起，而共阴极显示器的 7 个阴极（-）连接在一起。

执行器　输出运动的设备称为执行器。很多设备都可归属于这一类，这里，我们选择常见的几种进行介绍。

直流电动机可产生旋转运动（如图 13-31）。直流电动机有各种尺寸和形状，并且价格低廉。大多数小型直流电动机包含永磁铁和电磁铁两种部件（如图 13-32）。施加到电动机上的直流电压使得转子上的线圈产生电磁场，产生的磁场与电机内部固定的永磁铁的磁场相互排斥，使主轴转动，当直流电动机的主轴转动时，换向器将直流电压切换到另一线圈，这将导致电磁场的位置发生略微偏移。但是，由于主轴的位置也已稍微变化，电磁场的位置又会恢复到电动机首次连接电压时的位置。电磁体的磁场和固定的永磁铁的磁场再次相互排斥，转子和轴就继续旋转。这个过程不断重复，就使得直流电动机连续旋转。直流电动机最大的缺点是，它们只能处在开或者关状态。因此，电动机要么每分钟旋转数十、数百或数千转，要么完全不旋转。当旋转时，作用在马达轴的机械载荷通常会限制直流电动机的转速。

在某些要求更高的应用中，直流电动机无法提供足够的精度，而步进电机可以更好地控制精度。步进电机也是在直流电压下运行，但需

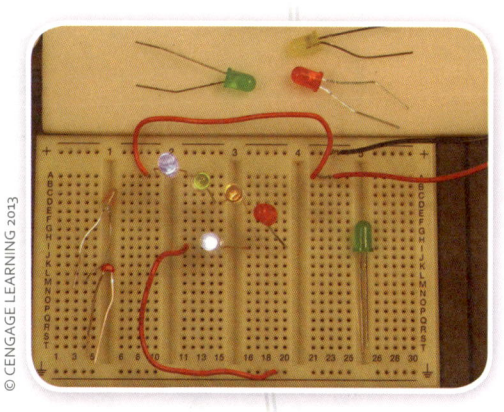

图 13-28　各种形状、大小、颜色和功率的发光二极管。

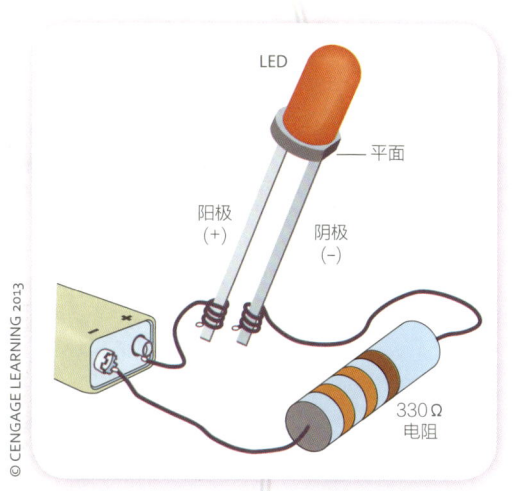

图 13-29　电阻在 LED 电路中用来限制电流。LED 有固定的极性，如图是 LED 的平面图，阴极侧用（-）表示。

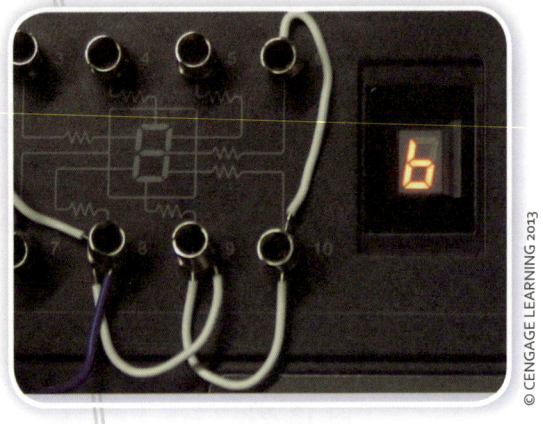
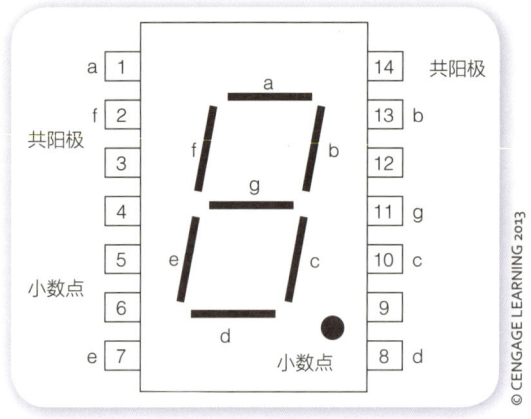

图 13-30　7 段 LED 显示器通常用于显示数字和某些特定字母，它的显示原理是，部分显示预先排列为"8"字的 7 个 LED。如图所示是 7 段 LED 显示器的示意图和实物图。

图 13-31　直流电机有各种尺寸、形状和功率。

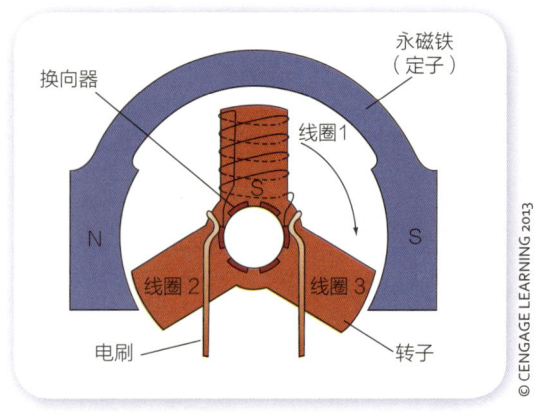

图 13-32　直流电动机利用永磁铁和电磁铁两种磁场，使电机的轴旋转。

要使用特殊的控制电路给 6～8 个线圈供电，来控制电机（如图 13-33）。当步进电机接收到一个脉冲电流后，就会旋转很小的角度，有时一个步进旋转的角度不到 1°，如果要电机再次旋转，则需要输入脉冲电流。对步进电机而言，控制电路很有必要，它可以协调脉冲电流进入正确的导线。步进电机与直流电机不同的是，它可以实现连续旋转，或转到一个特定的位置、然后停止，再旋转到另一个位置。计算机界面常用来控制步进电机，尽管也有专门设计的集成电路芯片用来控制步进电机。

步进电机在一些应用中能够完美地发挥自己的作用，如打印机打印针头的移动，电脑数控（CNC）机器工作台的定位，或精确控制机器人的运动。虽然精度很高，但步进电机也有致命的弱点，即不能承受高扭矩，并且价格比标准的直流电动机更昂贵。

螺线管是一种能在一定距离范围内（1/8 英寸到几英寸）迅速产生直线运动的设备（如图 13-34）。螺线管用来接合机械设备或齿轮，或控制操作阀。螺线管是多重卷绕的导线，卷绕内部是空心，有一个可滑动

图 13-33 步进电机较难控制,但能精确控制旋转的速度,有些步进电机的步进度数小于1°。

(a)

(b)

图 13-34 电磁阀通常用来控制气动缸的进气口。

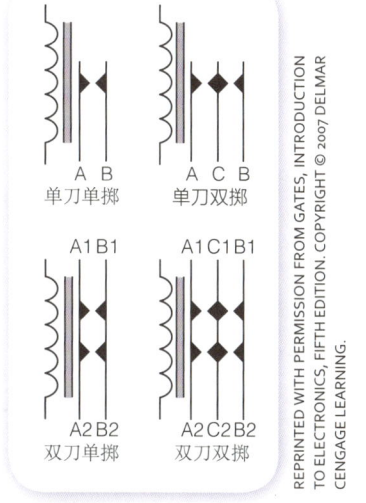

图 13-35 (a)各种电子继电器,(b)各种类型的继电器的电路图。继电器是一种由电磁铁控制的简单的开关,同时连接几个电触点。

的衔铁。当有电流通过导线时,螺线管内部会产生磁场,使衔铁发生位移。一些螺线管能产生强大的力。螺线管功能强大的例子是,它可以控制起动机齿轮与飞轮齿轮的接合和分离。另一类螺线管可用于控制如录像机和CD播放机上的更加精确的运动。

继电器与螺线管很类似(如图 13-35)。继电器通常作为开关使用电触点与衔铁相连,电流流过线圈产生的磁场控制衔铁的位置。继电器常用于远程开关中,用一个电路来控制另一个电路。例如,用小电流的开关控制大电流的设备,如重型电机。汽车点火电路使用的是继电器,因为大部分汽车的点火电流需要 300 安培以上,如果这个电流流经位于方向盘(乘客)附近的主电路,则非常危险。

电磁铁也是执行器。流过线圈的电流在线圈的中心形成一个磁场,磁场的强度主要取决于三个因素:(1)磁芯材料;(2)线圈匝数;(3)通过导线的电流强度。电磁铁可用于各种有趣的输出设备。它们可以用在机械臂上,来收集和释放磁性物体,将磁性物体与非磁性物体区分出来,或通过吸住磁性物体,使设备运动(如继电器)。

系统处理器

这里所说的处理,是指输入的信号通过智能化的处理,得到特定的和预期的输出信号的过程。处理器一般分为两类:(1)模拟处理器和(2)数字处理器。

模拟处理器是处理分析模拟信号的处理器。模拟信号是随时间连续变化的电信号,在一小段时间内会发生微小变化。模拟信号的一个例子就是室外的温度随时间的变化,早上的温度可能是 60 华氏度,温度慢慢上升,到中午时为 86 华氏度,然后夜晚来临时再次下降(如图 13-36)。

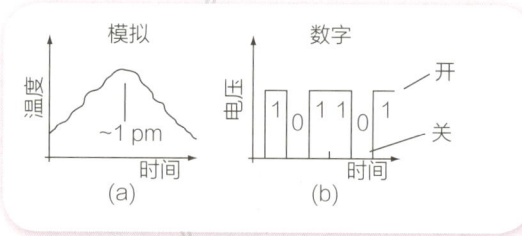

图 13-36 模拟信号和数字信号的对比,模拟信号是连续变化的,而数字信号只有 0 和 1 两种状态。

数字处理器只能处理数字信号。数字信号只有两种状态:1 或 0。因此,数字处理器内的电压信号只有开(1)和关(0)两种。图 13-36 是模拟信号和数字信号的对比。

模拟处理器

晶体管 控制电路开和关的能力是电子学的基本能力。<mark>晶体管</mark>是一种半导体器件,可以通过使用小电流控制大电流开关,这个功能类似于继电器。晶体管的诞生与发展,给整个电子系统和人类社会带来了革新。晶体管被广泛应用于模拟信号和数字信号。常见的数字计算机处理器的一个芯片上就集成了上亿个晶体管。计算机中的许多晶体管都被用作开关,这些开关要么开,要么关(二进制),但有些晶体管可作为放大器使用。本章将主要讲述晶体管作为开关的作用。

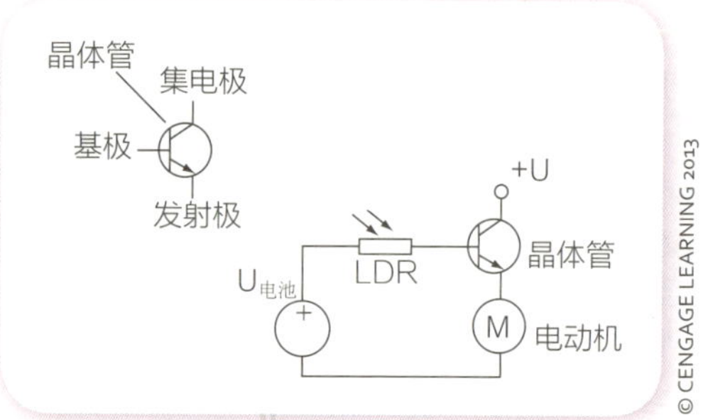

图 13-37 利用光敏电阻 LDR 开启晶体管,进而激活直流电动机的控制电路。晶体管通常当做开关使用,当注入到基极的电流足够大时,发射极和集电极之间的电阻就会迅速下降,使电流流过(图中箭头所示方向是电流的流向),发射极和集电极之间就处于连接状态。

图 13-37 展示的是晶体管在电路中作为开关的使用方法。控制的电流可能来自于一个传感器,如太阳能热水系统中的光传感器(光敏电阻)。光敏电阻接收一定强度的光线,阻值发生变化,这可用于检测光的存在。至于光变化量的大小,可通过流入晶体管基极电流的变化来检测,这种变化会打开或关闭晶体管。如此一来,晶体管就控制了通过太阳能热水系统的直流水泵电机的电流。图 13-37 显示了一个简单的控制系统,其中包括 LDR、晶体管和直流电

机。如果使用的是交流电机，就需要在电路中添加继电器，因为晶体管不能作为交流电的开关。

双极型晶体管有三个极：发射极（E），基极（B）和集电极（C）（如图 13-37）。流经基极的控制电流越小，则进入发射极 / 集电极的电流就越大。双极型晶体管有两种基本结构：PNP 型和 NPN 型，分别指明了这两种晶体管的构造和使用方法。

555 定时芯片　电子学的另一种控制需求是控制某一事件发生的具体"时间"（也就是说，提供定时或计时的功能）。555 集成电路（IC）或芯片，是目前最流行的集成电路芯片之一。它可以产生一个一定时长的脉冲，这就意味着它可以在一个特定的时间段内触发某个器件，在这种情况下使用 555 芯片，叫做单稳态操作。该芯片还可用于提供连续的定时脉冲，类似于定时功能，这个定时功能称为非稳态多谐振荡操作。555 定时芯片通常有八个引脚，采用双列直插封装（DIP）。

单稳态电路是一种计时器，它在某一段指定时间内将电路打开，然后关闭。电熨斗使用了单稳态电路，无人操作超过 10 分钟就会自动关闭。每次熨斗移动，传感器就会将计时器重置为零，开始计时。只要在 10 分钟内有移动，熨斗就会保持打开状态；如果没有移动，电路将返回到稳定状态，关闭熨斗。图 13-38 是单稳态定时器用于开关 LED 的电路原理图。LED 作为临时的输出设备，用来确认电路是否正常工作，当检测的结果是电路运行正常时，其他输出设备将取代电路中的 LED。

如图 13-38 所示，555 定时芯片有两个外部元件——电阻（R1）和电容（C1），这两个元件用于控制单稳态脉冲。改变两个元件的数值，可以改变输出脉冲的宽度。通过改变电容器充电的时间，可以改变 555 定时芯片输出信号的定时持续时间。电阻的阻值 R1（单位为欧姆）乘以电容器的电容 C1（单位为法拉），得到了时间的单位（秒）。因此，如果想要增加脉冲的时间宽度，可以通过增加电阻的阻值（R1）或电容器的电容（C1），或者两个同时增加来实现。同理，为了减少脉冲长度，可以降低这两个数值。

555 定时芯片还可用于实现连续脉冲序列的稳定运行。脉冲产生的快慢称为频率，单位为赫兹。1 赫兹就是每秒产生 1 个脉冲，1000 赫兹（1 KHz）就是每秒产生 1000 个脉冲。555 定时芯片能提供的最大频率为一百万赫兹，但具体的数值取决于控制元件的特性（电阻和电容）。为使发光二极管达到闪烁的效果，需要较慢的脉冲（几赫兹到几十赫兹）。

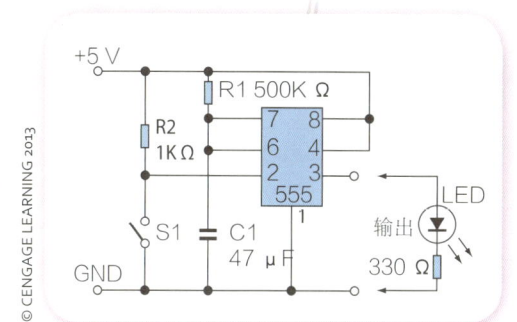

图 13-38　单稳态电路计时器的示意图，这种计时器可以使 LED 在指定时间段内处于打开状态。

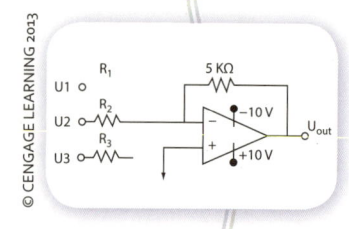

图 13-39 运算放大器（运放）将三个电压 U_1、U_2 和 U_3 相加。此电路中，只要 $R_1=R_2=R_3$，输出电压 U_{out} 就与 $U_1+U_2+U_3$ 成比例，一般来说，$U_{out}=(R_1)\times(U_1)+(R_2)\times(U_2)+(R_3)\times(U_3)$。

许多电路需要使用两个555定时芯片来实现所需的效果。例如，你可能希望 LED 灯在一定的周期（如 15 秒）内，慢速闪烁，每次闪烁时电路接通。这类似于汽车安全带报警系统，LED 和警灯闪烁持续约 15 秒，然后关闭。要实现这个目的，你需要在单稳态电路中设计一个 15 秒的脉冲。此外，你还需要一个稳态电路，来实现 LED 的闪烁和报警声。这种情况下使用两个 555 定时芯片封装在一起组成的 556 芯片就显得很方便。

运算放大器 实际电路中经常需要进行数学运算，如加法和乘法，运算放大器（简称运放）就是可以实现这一功能的装置。运算放大器的内部运作规律相当复杂，幸运的是，它的操作方法很简单。如图 13-39 所示是运算放大器的符号，它是一个在电路上的三角形，之所以称之为运算放大器，是因为它就是用来执行算术运算的，如加减乘除，当然，它也能实现微分和积分运算。图 13-39 显示的是"加法"运算放大器电路的一个例子，它将电压 U_1、U_2 和 U_3 相加。类似的电路可用来计算减法、加法、乘法和除法。

数字处理器

数字处理器或微处理器，已彻底改变了现代社会。人类用智慧在微处理器上集成了数千亿的器件。台式机和笔记本电脑、智能手机、便携式平板电脑、汽车、飞机、洗碗机、冰箱，以及制冷和取暖系统，都有微处理器控制系统。微处理器广泛应用的一个实例就是现代汽车，一辆汽车通常包含 50 个以上微处理器！燃油喷射系统、安全气囊控制系统、防抱死刹车系统和牵引力控制系统等都由微处理器控制。微处理器甚至被应用于牙刷中。每年，微处理器的销售额可达数十亿，低端微处理器的成本低于 10 美分，这使微处理器成为了"一次性"商品。计算机中使用的是更昂贵的（30 美元到 100 美元）微处理器，但它也需要在 2～5 年内更换。这一现象背后的驱动力是研究微处理器的科学家、数学家、工程师和各种先进技术。他们在世界各地研发功率更小、速度更快、基于半导体材料的晶体管。令人吃惊的是，此驱动一直遵循一个可重复的数学规则——摩尔定律。摩尔定律的内容为：当价格不变时，集成电路上可容纳的元器件的数目，约每隔两年便会增加一倍，性能也将提升一倍。数学上，这种关系是一种强大的函数关系（$y=2^x$），其增长速率极快。在过去的 10 到 30 年里，人类已经得益于这个天文数字般的增长速度。

微处理器只能处理数字信号，因为它们只能处理数字或离散的信息，即严格用 1 和 0 表示的信息。这种编号的数字系统被称为二进制数字系统。如果微处理器内部的电压状态是高电压，它代表"状态 1"，而

趣味阅读

正如下面将要叙述的寓言一样，二倍的增长速度非常快。寓言是这样的，有一天，两个国王在下棋，他们决定打个赌。他们一致同意，输家向赢家支付谷物，粮食的数量由棋盘本身决定，棋盘（8×8矩阵）共有64个方格。谷物的数量通过以下这种简单的方式决定，第1个格子放1颗谷物，第2个格子放2颗谷物，第3个格子放4颗谷物，第4个格子放8颗谷物，第5个格子放16颗谷物……也就是说，谷物的数量由函数 $y=2^x$ 决定。谷物的总数是所有棋盘里谷物数量的总和（$2^{64}-1$），可用 2^{64} 估算，因为1与 2^{64} 相比可忽略不计。这个数字到底有多大？大家可以去计算下粮食的重量或体积，这对读者而言是一项有趣的练习。作者估计，这是个巨大的数量，甚至超过了人类生产的粮食的总和！摩尔定律指出，"当价格不变时，集成电路上可容纳的元器件的数目，约每隔两年便会增加一倍，性能也将提升一倍。"这个速度简直可以说是难以置信（如图13-40）。

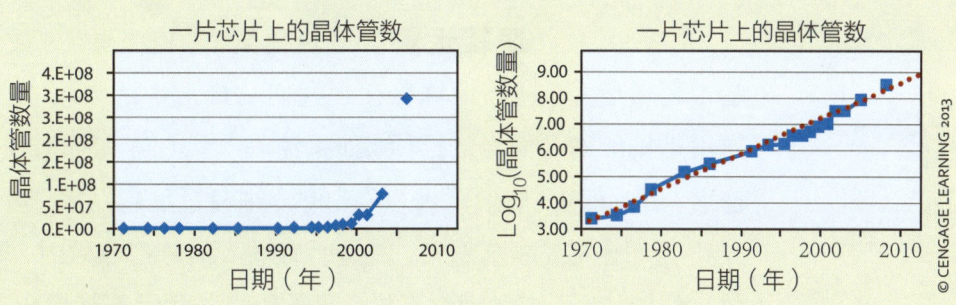

图 13-40 微处理器芯片上晶体管数量随时间的变化图。集成在某一芯片上的晶体管数量随着时间会大幅度增长，并遵从幂函数（近似 2^x）规律（摩尔定律）。图（a）是线性图，而图（B）是半对数图（y轴表示的是y值的对数）。半对数图中，幂函数应该是一条直线，而事实也确实如此，这就表明摩尔定律准确地描述了半导体技术的发展。

如果电压状态为低电压（接近于零），它代表"状态0"。微处理器内部电压只有两种状态的知识非常有用，因为两种截然相反的状态是完成许多重要功能必需的条件，包括：（1）传送（代码）信息，（2）完成逻辑操作，和（3）进行数学运算，所有这些，在我们的日常生活中都很普遍，在微处理器内部也普遍存在。

编码 一系列1和0可组成一组编码，表示一组唯一的数据。如图13-41所示，如果我们知道某物品的数字代码，那么即使是美味甜点，也能够用编码构造出来。如果有人想要奶油巧克力味的冰淇淋，你会点一份"0"，一份"100"和一份"000"，将1和0简单地组合在编码信息中非常有用。数字代码被广泛应用于各个领域，例如，在一台计算

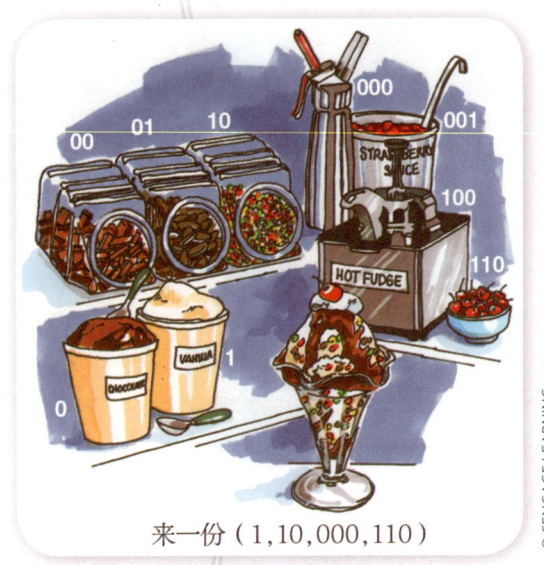

图 13-41 二进制编码用于表示信息很方便。在图中所示的例子中，不同的二进制码表示不同类型的冰淇淋、配料或调味品。

机上，当输入一个小写的"a"时，代码"01100001"就被发送到微处理器上。但是，如果输错了，他真正想输入的是大写字母"A"，那么发送的代码就应该是"01000001"。现在，计算机硬件和软件都很发达，句首的字母默认为大写，如果句首输入了小写字母"a"，那么电脑会自动识别这是错误语法，并自动将小写字母"a"改成大写字母"A"。

代表字母和数字的数字码称为 ASCII 码（美国信息交换标准代码）。代码也是一种主要的书写语言，它使信息以数字形式在数以百计的文化形式间进行有效地共享。同时，也有无数其他的二进制码出于各种目的而被开发，这些目的由设计者为各自微处理器控制的设备而设定。

逻辑运算 逻辑代数中，有"与"、"或"、"非"三种基本逻辑运算，这些运算存在于我们的日常生活中。"非"逻辑函数的作用是输出输入信号的反值，如果输入"1"（高），那么经过反相器后，输出"0"（低）；如果输入"0"（低），则经过反相器后，输出"1"（高）。"与"逻辑函数，顾名思义，就是所有输入信号都有效时，输出信号才有效。例如，对于哺乳动物来说，精子和卵子两者都是形成新生命的必要条件，精子和卵子结合是形成哺乳动物的充分必要条件。再举一个例子，历史老师给班级学生布置了两项作业，只有两项作业都得到 A，最后的总评才会是等级 A，因此，学生为了最终得到等级 A，就必须第一项作业和第二项作业都获得 A。"与"逻辑函数近似于乘法。

"或"逻辑函数有很大的不同。例如，在同样的历史课上，老师可能要求写一份报告，内容可以是 1940 年后美国参与的任何一场战争，因此，无论是报告二战还是越战，都满足老师的条件。因此，"或"逻辑函数中，只要输入的信号中有一个是有效的，输出信号就有效。"或"逻辑函数近似于加法。

图 13-42 所示是"非""与""或"逻辑函数符号和真值表。真值表中简单地定义了每个逻辑函数的运算方式。例如，为了输出有效（"1"），对于"与"逻辑函数来说，两个输入必须同时为真。同样，对于"或"逻辑函数来说，如果其中一个输入是有效的（"1"），则输出就有效（"1"）。

二进制数和算术 所有数字电子系统都基于二进制数系统。原因很简单：在电路中，用

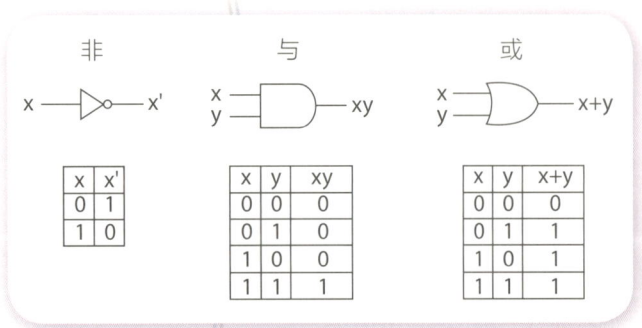

图 13-42 "非""与""或"逻辑函数符号和真值表。

趣味阅读

如图 13-43 所示是 Acme 医院的手术室。手术室门厅由两间中间室组成，配有三扇门。这两间中间室可以阻止污染物和病菌进入手术室，因为手术室对环境清洁度的要求极高。入口的控制系统按照如下规则操作：只有当门 A 和门 B 同时充分关闭时（即，没有新的细菌、污染物可以进来），内门 C 才会打开（自动打开，不需要人触摸）。此外，如果中间门（B）是打开状态，则高速生物风扇（风扇加上生物过滤器）必须打开，确保第二个中间室内的所有残留物都被吸出来。这种操作方式对保证手术室高度清洁至关重要。

此手术室"操作方法"可以用逻辑门正确地表示出来。操作这间手术室的逻辑图解决方案如图 13-44 所示。一旦解决方案的逻辑图确定，设计控制手术室的电路就是一个相对快速的过程了。

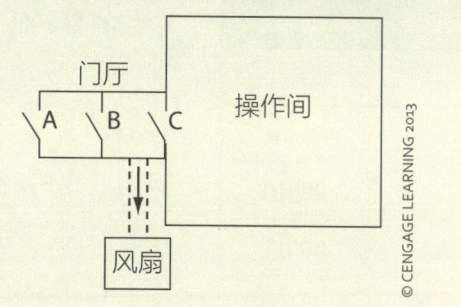

图 13-43 医院手术室的蓝图，入口的三道门需要一系列的控制，用来保证绝对的清洁度。

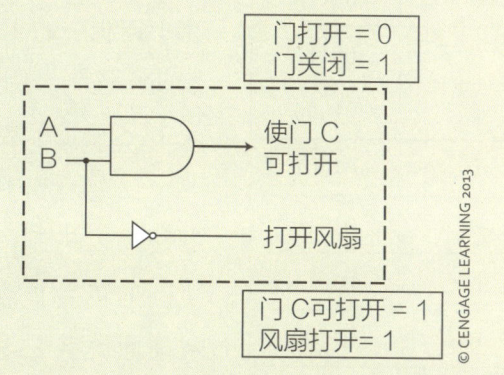

图 13-44 控制超净手术室的逻辑图解决方案。

二进制数 1 和 0 来表示很容易。如果一条线路具有高电压，用 "1" 表示；如果一条线路的电压接近于零，则用 "0" 表示。二进制系统被称为"以 2 为基数的"系统，因为总系统中只有两个数字：1 和 0。我们每天都在使用的是十进制编号系统，十进制系统被称为"以 10 为基数"的系统，它共有 10 个数字：0 到 9。为了更好地理解二进制系统，我们先回顾下十进制系统的计数方式。对于个位数，我们从 0 到 9 依次计数，到了 9 以后，我们需要增加一位数，十位。我们将十位的数字增加到 1（在这之前它其实是 0），然后重新开始，将个位上的数字再次从 0 到 9 依次计数，列举的数字从 10 增到 19。此时，十位的数字从 1 增加为 2，然后再次从 0 到 9 递增个位数字，列举的数字从 20 到 29。这一过程可不断持续，需要的位数也是根据我们的需要而定。让我们来看一个特定的**十进制数**，如 234。我们按权展开紧凑的数字，即 $234 = 4(10^0) + 3(10^1) + 2(10^2)$，该数的数值等于每位的数值乘以该位对应的权值之和。我们每天都在用这些数，但从来都没有思考过这些数是如何得到的。每个权值都是 10 为底数的幂，右上角的指数表示所处的位，个位用 0 表示幂，$10^0 = 1$。

表 13-5　0 到 17 的二进制和十进制表示方法。

十进制	二进制
0	00000
1	00001
2	00010
3	00011
4	00100
5	00101
6	00110
7	00111
8	01000
9	01001
10	01010
11	01011
12	01100
13	01101
14	01110
15	01111
16	10000
17	10001

二进制数和十进制数类似，但有两个重要的变化：(1) 十进制数由 10 个数字组成，而二进制数只有两个数字 (0 和 1)；(2) 位权是以 2 为底数的幂，而不是 10 为底数的幂。因为二进制系统可以由以 2 为底数的幂表示，所以数字可以这样表示：1 数位 (2^0), 2 数位 (2^1), 4 数位 (2^2), 8 数位 (2^3), 等等。与十进制一样，二进制计数也是从 0 开始，接着是 1，但随后我们就没有可用的数字了。此处，我们使用十进制计数系统中一样的原理，添加一个位，产生下一个较大的数字，二进制系统只能通过使用 1 和 0，因此，序列中的下一个数字是 1 和 0 的组合 "10"。然而，二进制中的 "10" 在十进制中表示 2，因为它是 1 后面的数字。正如十进制中的数字一样，每个二进制数根据其所在的位置，都有自己的值。为了防止十进制中的 10（10）和二进制中的 10（2）混淆，我们用下标表示二进制或十进制。例如，11 在十进制中是 $(11)_{10}$，而 2 在二进制中是 $(10)_2$。表 13-5 显示了数字 0 到 17 的二进制和十进制表示方法。

二进制和十进制数之间的转换非常重要。毕竟，计算机或微处理器使用二进制，而人类习惯用十进制。幸运的是，二进制和十进制数之间的转换非常简单。例如，二进制数 101，或 $(101)_2$，可按位读取，和前面数字 234 一样（234：4 在个位，3 在十位，2 在百位）。二进制数 $(101)_2$ 有 1 个 1 在 1 数位的位置 (2^0)，1 个 0 在 2 数位的位置 (2^1)，1 个 1 在 4 数位的位置 (2^2)。与十进制一样，使用权数表示的方法将其相加：$(101)_2=1\times(2)^0+0\times(2)^1+1\times(2)^2=1+0+4=5$，或者 $(5)_{10}$，也就是十进制中的第 6 个数字。另外一个例子如下：$(101110)_2=0\times(2)^0+1\times(2)^1+1\times(2)^2+1\times(2)^3+0\times(2)^4+1\times(2)^5=0+2+4+8+0+32=(46)_{10}$，或十进制中的 46。

二进制数也可以相加，这在计算机或微处理器中极其重要。二进制数的相加也很简单，表 13-6 是一个例子。在这个例子中，二进制数 011（十进制中的 3）和二进制数 100（十进制中的 4）相加，得到二进制数 111（十进制中的 7），这是很有意义的，因为，3 加 4 确实等于 7！

表 13-6　二进制加法的两个例子。在二进制加法中，0+0=0，0+1=1，1+0=1，和 1+1=0（但会在更高的占位上进 1）。一些特殊编码的软件程序能够计算各种二进制加法。

二进制加法的例子									
0	1	1	(3)						
1	0	0	(4)		0	1	0	0	(4)
1	1	1	(7)		0	1	0	1	(5)
					1	0	0	1	(9)

用二进制数算加法，和十进制数算加法是一样的。例如，在二进制中，0+0=0,0+1=1,1+0=1，1+1=0（但会在更高的位上进1）。

微处理器　由于晶体管设计技术发展非常迅速，微处理器在过去的10到30年发生了翻天覆地的变化。尽管如此，微处理器的许多操作没有变化。一个微处理器的典型功能结构如图13-45所示，该结构包括四个主要方面：(1)中央处理器,(2)算术逻辑单元,(3)存储器和(4)输入/输出。

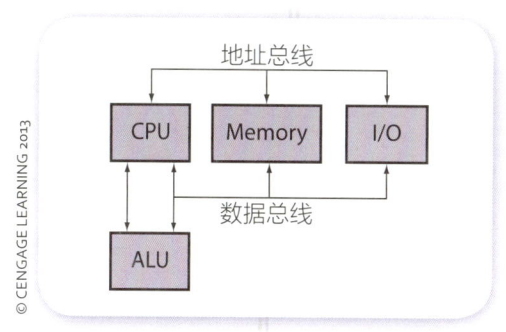

图13-45　微处理器的典型结构。该结构包括四个主要方面：(1)中央处理器(CPU),(2)算术逻辑单元(ALU),(3)存储器和(4)输入/输出(I/O)。

中央处理器(CPU)：微处理器的大脑。CPU中保存了所有微处理器工作时所需的基本逻辑指令。

算术逻辑单元(ALU)：算术逻辑单元和名字一样，专门用于执行运算，运算效率比CPU更高，因为CPU还要执行其他任务，而ALU单纯用于计算。

存储器(Memory)：现代信息技术中用于保存信息的记忆设备。存储器需要存储微处理器接收到的来自外部世界的信息，存储计算产生的结果，即使这些计算结果只是暂时的。微处理器的内存越大，它可以完成的任务就越多。

输入/输出(I/O)：微处理器需要和外界沟通，所以需要能够接受输入并提供输出的设备。一般来说，微处理器需要同时包含数字信号的输入和输出，以及模拟信号的输入和输出。数字输入和输出端口显然只传送数字信号(1和0)，而模拟输入和输出端口发送和接收模拟(连续变化)信号。例如，很多应用程序使用输入端口得到温度信号(华氏度或摄氏度)，然后使用此信息来控制某个过程。

为了使微处理器不同模块之间的通信更加流畅，在微处理器中为数据和地址设置了单独的通信线路。这与邮政系统很类似，邮递员需要首先知道你的地址，然后进行信件投递，递送对你有用的数据(信件和包裹)。

不同微处理器的处理能力、物理尺寸和成本有很大差距。例如，相对简单的微处理器用于管理相对简单的过程，这些简单的微处理器体积较小(只有几毫米宽)，较便宜(低于10美分)，牙刷内部的微处理器并不复杂，所以使用简单的微处理器就够了。某些应用可能需要具备更多的处理能力，尤其对速度的要求很高，例如用来管理MP3播放器中歌曲的微处理器。大多数MP3播放器的内存都很大，大于几个GB，同时，我们的耳朵需要非常快速地听到这些信息(音乐)。微处理器更有挑战性的任务是与用户交互！使用者不断按按钮：想要玩游戏、构建一个新的播放列表、调高音量，或任何其他几百种任务。电脑中的微处理器被人类用来快速处理大量数据，甚至是数百 GB 的数据。这对于计算机而言并不困难，更难的是一台计算机需要同时快速处理多个程序的大量数据，而不只是单单一个应用程序，许多不同类型的应用往往会在同一时间运行（PowerPoint、Excel、Word、iTunes、资源管理器等等）。图 13-46 所示是各种微处理器常用的关键属性。

100 千兆字节（GB）中含有多少**字节**？100 千兆字节中含有多少**位**？

（提示：这是一个易混淆的问题，可以在维基百科中搜索"gigabyte"和"gibibyte"。）

字节（byte）：
计算机信息技术中用于计量存储容量的一种计量单位，1 字节中包含 8 比特。

位（bit）：
也称为比特，是由英文 BIT 音译而来，同时也是二进制数字中的位，信息量的度量单位，为信息量的最小单位。每个二进制数字 0 或 1 就是 1 个位（bit）。二进制数字 11011 有 5 位，而 101 有 3 位。

处理能力	低级	中级	高级
应用范围	应用广泛（包括汽车控制系统、马达、加热冷却系统、照明系统、远程控制、人机管理等）	特殊应用（图像、电视、高清电视、投影仪、MP3 播放器、音响设备、导航等）	应用广泛，各类电脑软件（台式机、笔记本、服务器、图像处理软件、科学计算等）
尺寸	约 1～4 平方毫米	约 10～25 平方毫米	约 100～400 平方毫米
速度	1～40MHz	50～500MHz	0.4～3⁺GHz
公司	Zilog, microchip	AMD, intel	Intel, Motorola, IBM

图 13-46a 不同价位的微处理器的对比。

图 13-46b 应用于计算机的高性能微处理器[事实上使用了两个处理器（"Duo"）同时工作]。

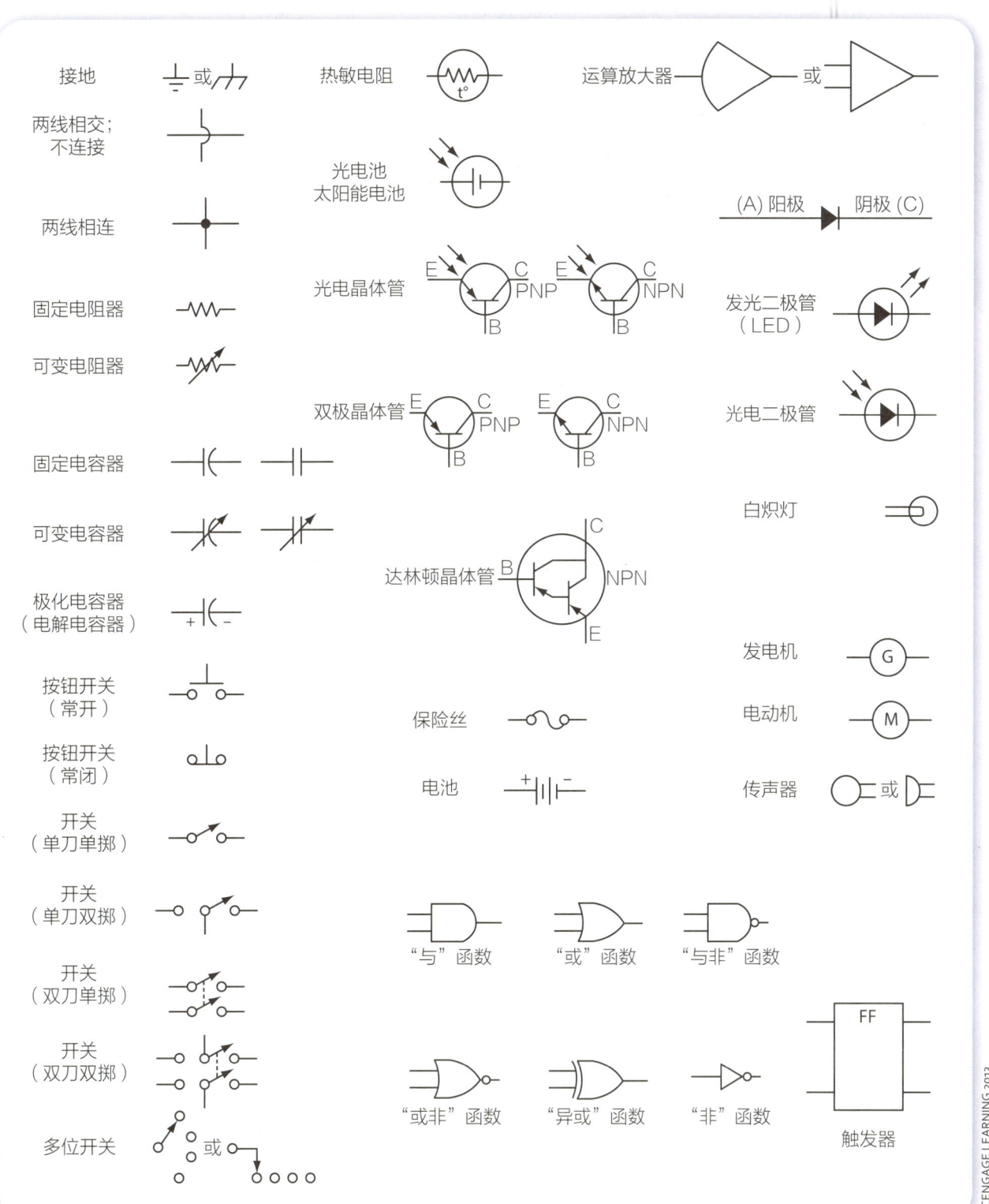

表 13-7　典型的电器元件的示意图。

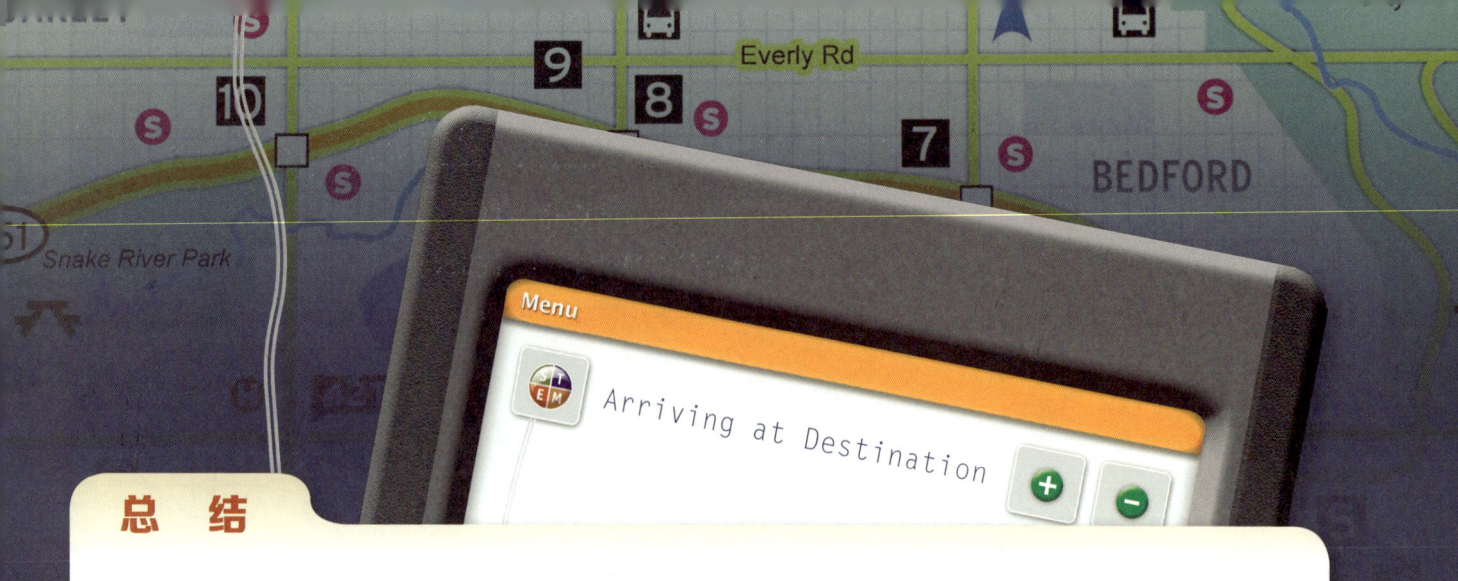

总　结

当前，电气电子科学和技术的发展日新月异。然而，许多电学的基本原理仅发展了数百年，也就几代人的寿命那么长。半导体技术紧跟这一趋势，并且发展速度更快（幂函数的速度）。在 50 年的时间，这一比人类寿命更短的时间跨度内，半导体技术彻底改变了人类的生活方式，以及使用和影响其他地球资源的方式。从来没有一门技术的发展速度如此之快，也没有一门技术对人类社会或者是整个地球的影响如此之大。电气电子技术涉及我们生活的方方面面。

通过本章的学习，我们知道了电荷有正负的属性，既可以带正电，也可以带负电。我们以数学形式表示库仑力的基本方程，并与牛顿的万有引力方程进行类比。具有两种极性不同的电荷、电荷的高流动性，以及极大的电场力，形成了电荷独特的行为。电学中最实用的定律是欧姆定律，欧姆定律指出 $U=IR$，它将电场力复杂的性质用简单的线性关系就表达出来了（R 是比例常数）。我们还讨论了磁场的由来，磁场是由于电荷移动产生的，因此，磁场与所有电场力相关的方程都有关系。

电阻器、电容器和电感器是三种基本的电路元件，它们广泛应用于各个领域。电阻器是应用最广泛的电路元件，用于控制电路中的电压和电流。我们还介绍了电路中的分压器和分流器，它们用来控制电压和电流。电容器和电感器之所以独特，是因为它们能存储电能，这使得它们在时变电路中被广泛应用。电容器好比是电池，它可以直接储存电荷；电感器利用自感磁场控制时变电路的电流。

本章的后半部分，我们回顾了很多具体的电路元件及设备。主要围绕 I—P—O（输入—处理—输出）概念，I—P—O 的详细概念应该在开始设计之前就进行明确界定。这种方式适用于许多类型的设计工作，对于电子设计行业尤其如此，主要是电子设计很复杂，另外，许多电子元件本身只适用于三类中的某一类。我们介绍了许多输入和输出设备，其中包括各种类型的传感器和转换器。需要处理的信号有两大类：模拟信号和数字信号。电子设计师通常设计模拟信号和部分数字信号，并且可以在一个电路内同时处理模拟信号和数字信号。微处理器也许是最终的处理器，它廉价且应用范围非常广泛。许多微处理器功能都很强大，它们既拥有数字电路的功能，又有模拟电路的功能，且有效地将计算机的数字信号世界和人类的模拟信号世界搭建在同一芯片上。

课后作业

观察 / 分析 / 综合

1. 单个电子带多少电荷？单个质子带多少电荷？中子带多少电荷？
2. 相互独立的两个物体漂浮在空中，它们都是带正电，那么它们是互相排斥还是互相吸引？
3. 说出一些电的良导体的材料，说出一些电的良好绝缘体的材料，这些材料中，哪些是家庭中常见的？
4. 说出家庭中使用磁场力来完成工作的设备。
5. 分别说出以下列出的设备是属于输入、处理，还是输出设备。

   a. 家庭供热系统　　b. 笔记本电脑
   c. 手机　　　　　　d. MP3 播放器
   e. 微波炉　　　　　f. 车库门开启系统

6. 下列哪些可能是二进制数？

   a. 1011　　　　b. 1111
   c. 1234　　　　d. 10112
   e. 00000　　　f. 12345

7. 将二进制数（10011）转换为十进制数。
8. 将二进制数（101）和（011）做加法。
9. 按照下面的要求设计夜间灯的电路：当白天光照充足时 LED 灯熄灭，当夜晚变暗时，LED 灯点亮。在电路中串联一个电阻器，使流过 LED 灯的电流为其额定电流的一半。
10. 与上一练习一样，设计夜间灯的电路，串联一个电阻器，使通过 LED 灯的电流为其额定电流。以上两种夜间灯的电路（额定电流的一半和额定电流）是否都遵循欧姆定律？［提示：LED 灯（一般是二极管）在低电压下是否会通电？］

补充作业

工程设计分析挑战

1. 设计制作（从乐高或慧鱼中拿模块）一辆由小型直流电动机驱动的玩具车，当开关打开时，车子向前移动约 2 秒钟，然后停止约 2 秒钟，再向前移动约 2 秒钟，关闭开关前，车子会反复做这个动作。用晶体管和/或继电器来控制马达的开关。
2. 设计并制作一款会闪烁的玩具灯，当球抛起击中该玩具灯时会闪烁。
3. 用泡沫板材料设计制作一座吊桥。使用继电器设计电路，当按下一个按钮时，桥梁自动打开，当桥梁完全打开时自动停止。当按下另一个按钮时，桥梁自动关闭，当桥梁完全关闭时自动停止。
4. 当飞机的燃油快用完时，用闪烁的警示灯吸引飞行员的注意很有必要。设计并制作一个简单的非稳态电路，当开关闭合时 LED 灯闪烁。使用 555 定时器芯片或者 556 芯片，重新设计电路，使其产生一个脉冲闪烁（亮 1 秒灭 1 秒），共持续一分钟。思考采用什么样的方法可以在流体罐内安装一个开关，来指示内部液体已经处于低位（描述事情发生的顺序）？

第 14 章
气动和液压系统设计

Menu

头脑准备

在学习本章的概念时，请思考下面的问题：

1. 在压力作用下，液体和气体有何不同？我们在工作中该如何利用这些特性？
2. 液压系统与气动系统有何区别？
3. 气动系统如何增大机械效益并产生巨大的力？
4. 气动系统由哪些元件组成？
5. 液压系统是如何设计的？力、面积、体积及行程是如何计算的？

>> 引 语

机械及电气系统在许多熟悉的用品中都很常见，而气动及液压系统则相对不为人们所了解。气动系统利用高于正常大气压的压缩空气作为工作介质；液压系统则是用液体替代气体作为工作介质。

从科学的观点出发，气体和液体都是流体。因此，"应用流体学"及"流体动力"这些术语都能用于气动及液压系统。在线性、往复或旋转运动的应用中，气动和液压系统发挥了强大的作用。电气或机械装置虽然也能产生这些运动，但成本很高。个别电气元件也能进行线性运动，但要满足几英尺以上的行程是不切实际或者需要高昂代价的。对于气动和液压缸，达到10英尺的线性运动却是轻而易举，通过这些系统还很容易获得较大的力。

对于旋转运动，气动和液压马达比电动机结构更紧凑，并且产生的转速更高。在高热、易燃烟气、多尘、沙砾等环境下，气动系统比电动机也更安全。如，气动工具在汽车车身维修中十分常见，灰尘和沙砾电动机会导致磨损。图14-1展示了部分气动工具。

图14-1 用于汽车车身制造业及修理业的各种气动工具。

第14章 气动和液压系统设计

❶ 流体特性

在日常用途中，无论压力及温度如何变化，体积都固定不变的流体称为**液体**。换言之，不论你采用多大的力去压缩还是扩张它，液体的体积都不会改变。**流体**的基本特征是具有流动性，形状随容器而变。气体也是一种流体，但和液体有很大的不同：气体的体积往往取决于压缩或者扩张的程度。气体没有固定的体积，其体积取决于环境压力和温度。

根据**帕斯卡定律**，对封闭液体施加**压力**时，外力会向各个方向传递，进而传递到容器的内壁，这就是所谓的液压系统。试想一下，你拿着一个充满水的气球（如图 14-2），当用手指捏气球的其中一部分时，你施加的力传递给了气球中的水，气球的形状就会发生改变，如果你能够将充满水的气球紧握在手中，会发现你其实无法改变气球的体积。

除了不可压缩这一重要性能，液体还能用来提升机械效益，也就是说，能够增强外力。如图 14-3 所示是一个简单的千斤顶（没有画出安全装置以及其他装置）。当左侧的活塞施加 25 磅的力时，右侧能提升起 250 磅的重物。此时你并没有借助额外的工具，那么是什么因素在该系统中发挥作用呢？你可能会说是做功的距离，差不多正确。如果你在左侧将活塞下压 1 英寸，右侧的重物便会抬高 1/10 英寸。你能解释原因吗？

正如前文所述，气体不同于液体。当外力施加于容器中的气体时，外力的效果更倾向于减少气体分子间的距离，将气体体积压缩至更小（但内力变大）。根据**牛顿第三定律**，物体间的作用力和反作用力总是大小相等，方向相反。这告诉我们：与此同时，一定存在使分子相互远离的力。因此，当外力施加于气体时，气体本身的内力作用会凸显。

> **帕斯卡定律**
> （Pascal's law）：
> 对封闭容器中的液体施加压力时，压力会大小不变地向液体的各个方向传递。

图 14-2　挤压充满水的气球并不能减小它的体积，液体很难被压缩。

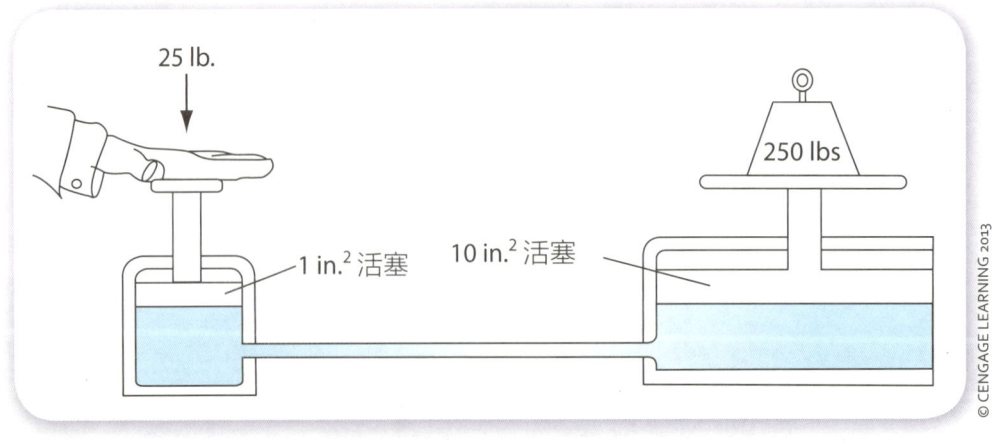

图 14-3　流体可以传递和放大外力。

与充满水的气球不同，如果你完全紧握一个充满气体的气球并施加压力，气球的体积会减小。而且，气球的体积越小，维持该状态需要的力就越大。

液压系统（hydraulic system）：
利用液体将力从一个点传递到另一个点。

气动 VS. 液压

对于某些特殊的设备，只有特定的系统才能与之很好地匹配。**液压系统**能够获得精确的线性运动，而且运动可控。以反铲挖土机为例，挖土机需要控制各个铲刀轴线的运动轨迹，铲刀必须能随时就位、停止和启动，因此需要通过将一定体积的液体压入油缸，以便精确地控制活塞的运动。

在一个简单的液压系统中，例如千斤顶，操作者移动泵体上的把手，迫使液态汽油进入油缸（如图14-4）。此时泵体产生高压，但是抽起的液体体积十分有限，因此需要多次操作将更多液体压入油缸来使千斤顶升起几英寸的距离。大多数液压系统采用电动机或发动机来驱动液压泵将液体压入缸，进而驱动活塞。当活塞冲程完成时，需要将液体排出，通过管道排入储液器中，储液器是液压系统的回收装置。

液压系统中液体的种类很多。有的是从石油中提炼出来的，有的则不是。新发明的液体也有的来自于植物，具有生物可降解性。对于这些液体都有一定的要求，包括在系统运行的过程中，液体的**黏度**较低且在较大的环境温度范围内不变。当液压系统在较低的温度中工作时，由于液体的流动性降低，将影响系统的正常运转；另一个问题是，在过高的温度中运行时，液体可能会变得稀薄，从而无法起到应有的效果。

气动系统通常采用气体阀门，允许空气进入气缸，通过气体压力驱动活塞，气体压力的上升速度很快，活塞瞬间就能从起始位置到达最终位置。气动系统与液压系统不同，液压系统通过控制液体体积来控制活塞的位置，而气体则不具备这样的优势。

尽管液压系统在传递力的过程中比气动系统更加高效，但在很多装置中，气动系统仍然有着很大的优势。由于不需要额外的回收装置，气动系统较为清洁，且不需要考虑液体泄漏问题。因此，气动系统常常在工厂自动化设备、大型卡车的刹车系统、小型磨砂机、扳手等工具和装置中使用。基于此，本文将首先讨论气动系统，其很多原理和应用对于液压系统也是适用的（如图14-5）。

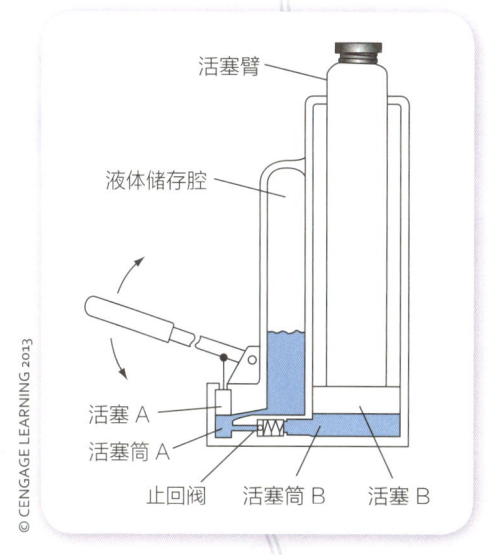

图 14-4 液压千斤顶的工作示意图。

黏度（viscosity）：
液体流动的阻力。由于种种因素的存在，温度可以改变液体的黏度。

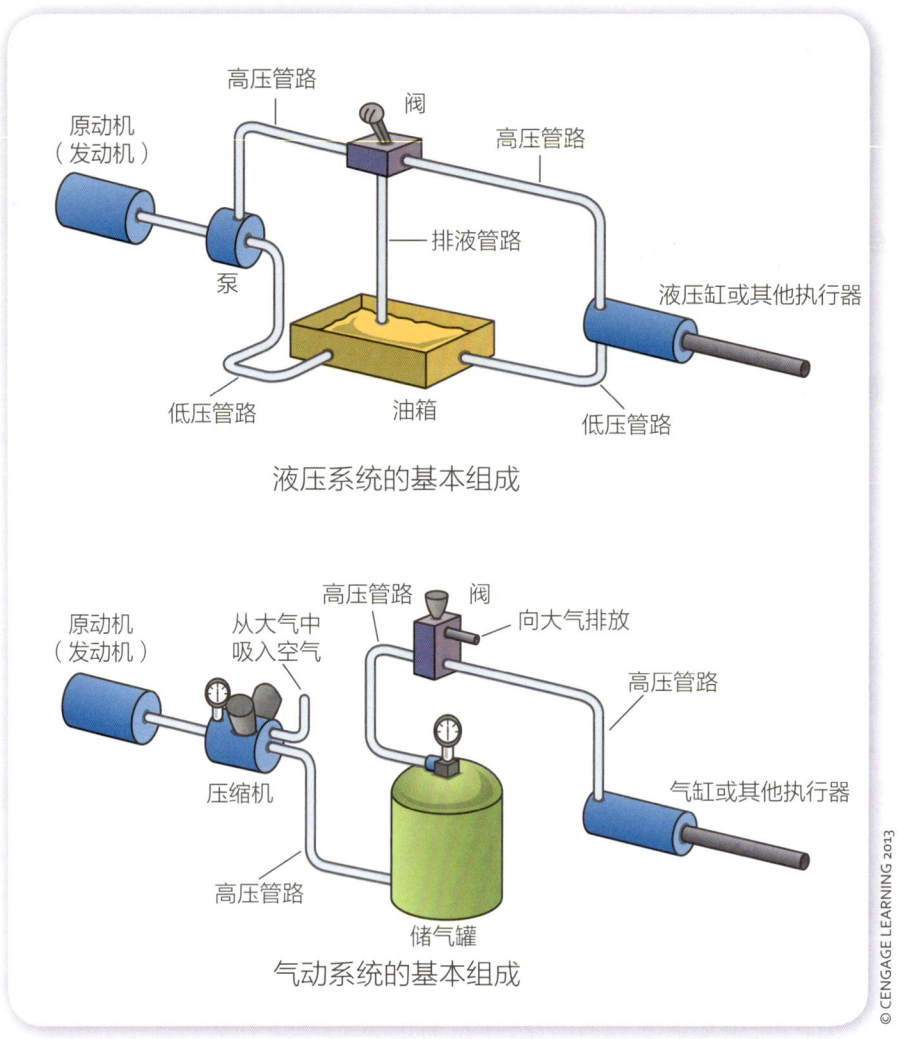

图 14-5 液压和气动系统的比较。

气动系统的原理

标准的海平面气压是 14.7 磅每平方英寸（psi），采用单位 psi 是描述大气压强的一种方法。其他一些应用更广泛的海平面气压表示是 29.92 英寸汞柱、101.3 千帕、1.013 巴、1013 毫巴。海平面上的大气压是因海平面以上大量空气分子的重量而产生。大气可以延伸至地球表面上方 62 英里（100 公里）。

大气中的压力差也可提供动力。地球的不均匀受热导致了这些压力差，我们把它看作是气压变化。空气的分子会以风的形式移动，从高气压区域流向低气压区域。人类利用气压差为帆船和风车提供动力的历史已经有几千年了（如图 14-6）。

当你给自行车轮胎、篮球或者气球打气时，你就是在压缩空气。在正常大气压下，空气中的分子间有着固定且相同的距离。当你迫使更多的空气进入容器时，比如篮球，就把更多的气体分子压入了那个空间，这些分子间的距离就会减小。压缩使空气中的分子给容器的内壁

图 14-6 人类利用气体动力的历史已有几千年。

施加了一个更大的力,这个力会做功(从数学的观点来说,压力就是单位面积所受的力,所以随着空气的增加,内部的力越来越大,气压和力都会增加)。

纽约的气动地铁

1870 年,纽约市第一条地铁开通。这条示范线仅长 312 英尺,直径 8 英尺,通过一个巨大风机产生的气体压力来驱动。比奇(Alfred Ely Beach)是该地铁的设计师,地铁对公众开放前是在街道下秘密修建的。这条地铁只运营了 3 年。它的风机位于隧道的一端,并且能够产生足够的推力将载人车送到隧道的另一端。随后风机逆转,在隧道中创造一段局部真空,使车辆回到它的始发站。1912 年,纽约城市地铁系统的建设拆除了以前留下的气动地铁。

在气动系统中,压力通过压缩的方法产生。压缩机需要通过一个马达或者发动机来运转。两种常见的压缩机类型是**往复式活塞压缩机**和**滑片式压缩机**,当然还有其他类型的压缩机。往复式活塞压缩机从大气中吸收空气到气缸中,气缸里的空气在活塞的作用下被压缩到一个很小的空间内(如图 14-7)。滑片式压缩机的偏心转子上配有活动的封闭片或者叶片(如图 14-8),这种类型的压缩机操作起来通常比往复式

第14章 气动和液压系统设计

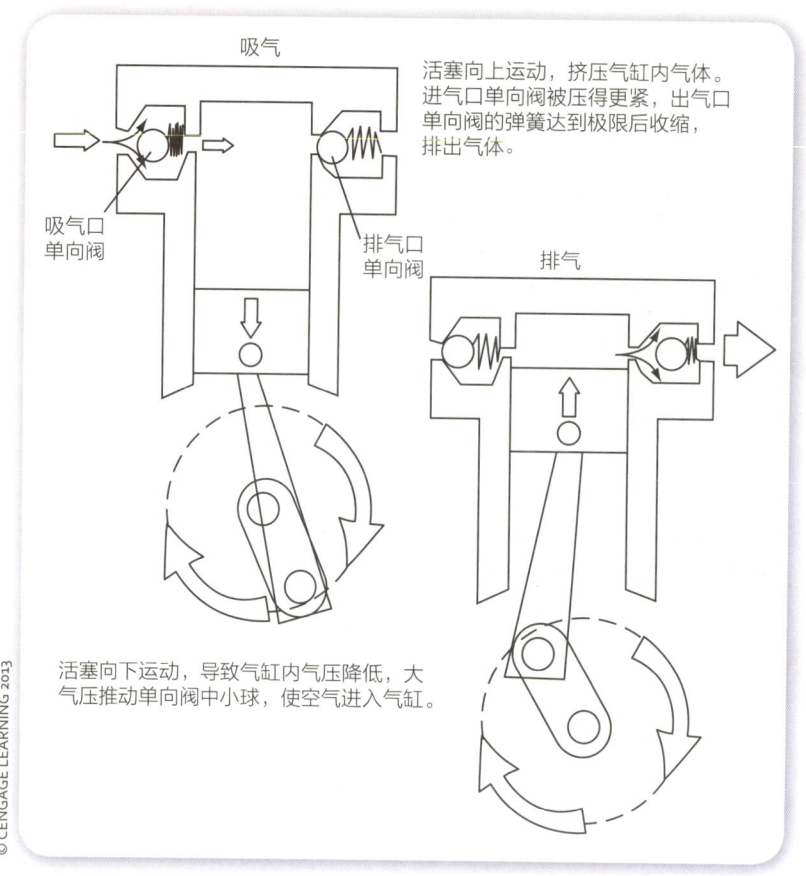

图 14-7 往复式活塞压缩机。

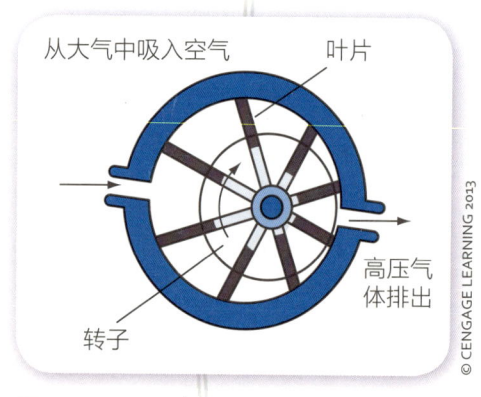

图 14-8 滑片式压缩机凭借叶片泵将空气压缩。

活塞压缩机更安静，压缩的空气从压缩机的出口出来，送入一个储气罐，储气罐的作用是确保压缩空气能够得到充足的供应。

气动系统需要一个 压力调节器 将气压限制和维持在一个稳定的水平。空气中的水分会随着空气进入到气动系统中，因而一个叫做 空气干燥器 的设备常被用来去除气压管路中的水分。此外，气动系统有时会配有 润滑剂 ，能在管道中提供良好的油雾来润滑气压元件中的移动部分。气动扳手和汽车修理厂的气动工具中的电机都需要润滑剂。然而，润滑剂在管道中会损坏气动系统的其他器件，比如喷漆或喷砂设备。

❹ 气动系统部件

气缸 由缸筒、活塞、活塞杆、密封件和配件组成，其内部结构如图 14-9 所示。随着空气被送入缸筒，气体分子相互挤压的力均匀地朝各个方向向外推。由于缸筒本身是不可移动的，产生的力会迫使活塞滑出缸筒（如图 14-10 所示）。密封件用于防止活塞和气缸壁之间的气体往外漏，同时用于避免活塞杆上的灰尘混入缸筒内。辅件是指压缩空

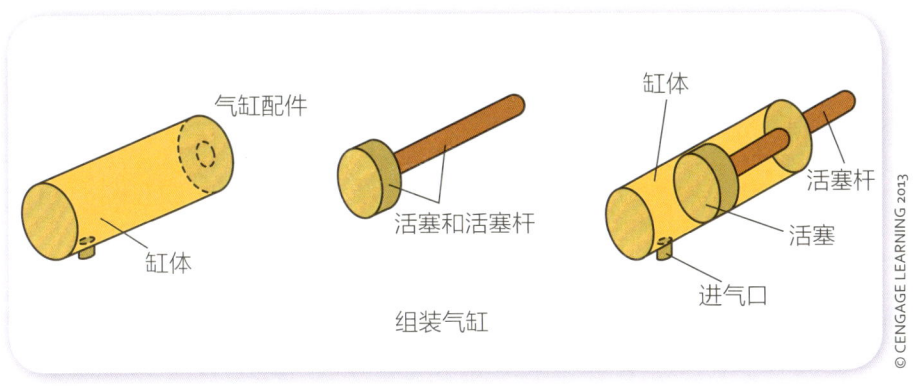

图 14-9 气缸。

气软线或管的连接器。

气缸和控制阀

单作用气缸 单作用气缸中,仅一端有活塞杆,从活塞一侧提供气体进而产生气压。单作用气缸只有一个出口,用于吸气或排气。图 14-11 所示的注射器就是单作用气缸。

图 14-12 所示是一个单作用气缸的 CAD 图。图的视角是透明的,有助于看清内部的活塞。从气缸左端进入的空气推动活塞前进。有时活塞的

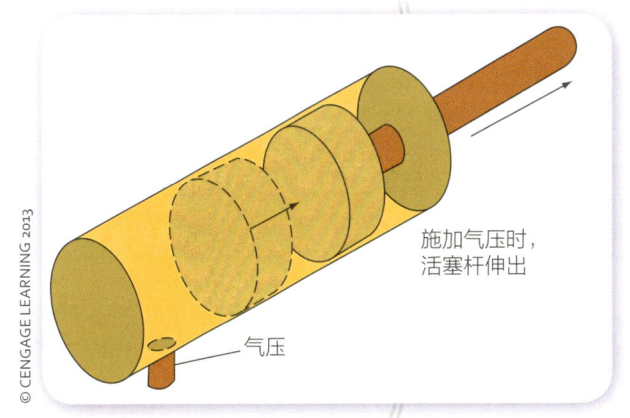

图 14-10 当力作用于缸筒时,会迫使活塞滑出缸筒。

另一端会安装一个复位弹簧,以便气压消失后将活塞推回原位。弹簧一般藏在气缸内部看不见的地方。

商用气缸通常由黄铜、钢、铝或其他耐腐蚀材料制成,使得光滑的内部或气缸不会被腐蚀或生锈。塑料或橡胶密封件将形成一个紧密的屏障,以防止流体从活塞周围逸出。如果密封件不合格,将会造成施加在活塞上的压力不够大。

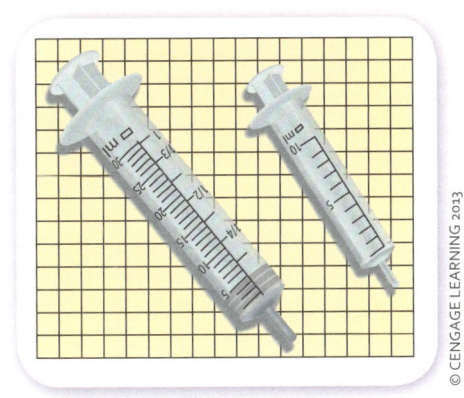

图 14-11 注射器是一种简单的气缸或液缸。

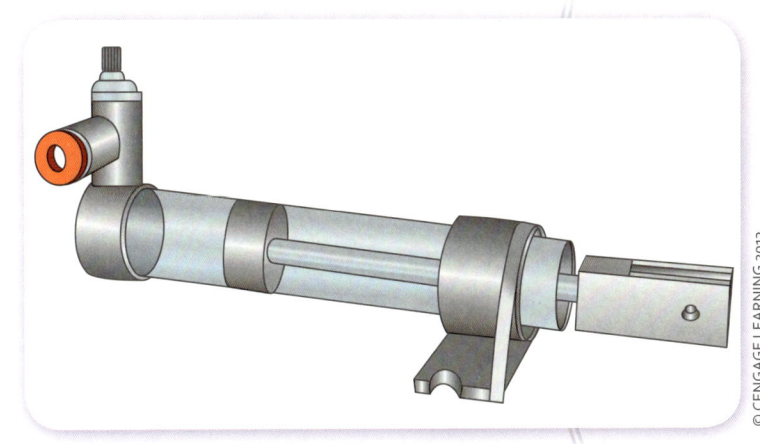

图 14-12 单作用气缸内部活塞的 CAD 图。

第14章 气动和液压系统设计 **403**

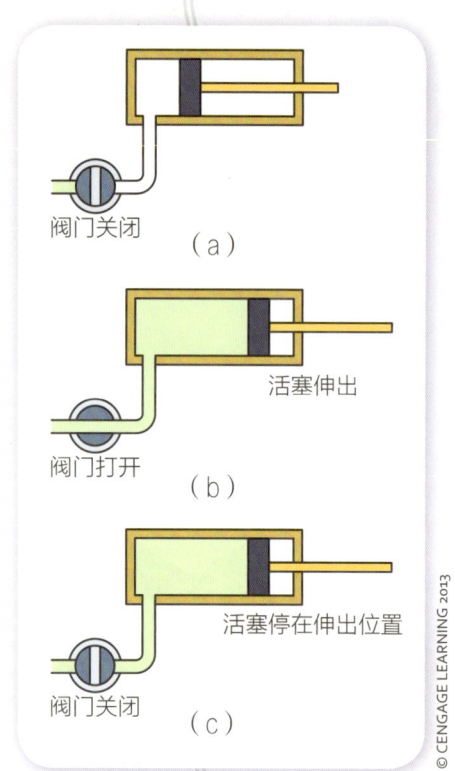

图 14-13 简单的开/关阀无法满足气缸的操作。

三通阀（二位三通换向阀） 为了便于控制单作用气缸的动作，需要一个特殊的阀门。如果使用一个简单的流量阀，不论阀门处于打开还是关闭状态，施加在活塞上的压力一直会留在气缸内，如图 14-13 所示。三通阀是为解决这个问题而设计的，它能够在阀门关闭的情况下为气缸内的压缩空气提供一条排气线路。三通阀阀体有三个口，一个进气口，一个气缸口和一个排气口。

三通阀的阀芯有两种位置。阀芯在上部时，进气口与气缸口相通，压缩空气通过阀门进入气缸；阀芯在下部时，气缸口与排气口相通，气缸内的空气通过阀门排到大气中（如图 14-14）。阀门有各种不同的类型，如按钮式、拨动式、柱塞式、离合杆式（见图 14-15）。

双作用气缸 空气能够从活塞任意一端进入的气缸叫双作用气缸。图 14-16 中，你可以看到有两个口，一个在气缸前端，一个在气缸尾端。用这种方式，气压既可以使活塞前进，又能使活塞后退，而且不需要复位弹簧。用两个三通阀控制一个双作用气缸可以实现一个控制活塞前进，一个控制活塞后退的效果。

记住：当气缸内气压将活塞往前推动时，必须保证空气能从另一端排出。

五通阀（二位五通换向阀） 许多应用中都要求双作用气缸通过一个阀操作。五通阀是将两个三通阀组合而成的（如图 14-17），包含两个气缸口、两个排气口和一个进气口（所以我们不叫它六通阀）。和三通阀一样，五通阀的阀芯也有两种位置。阀芯在上部时，进气口与一个气缸口连通，与此同时，另一个气缸口与一个排气口连通；阀芯在下部

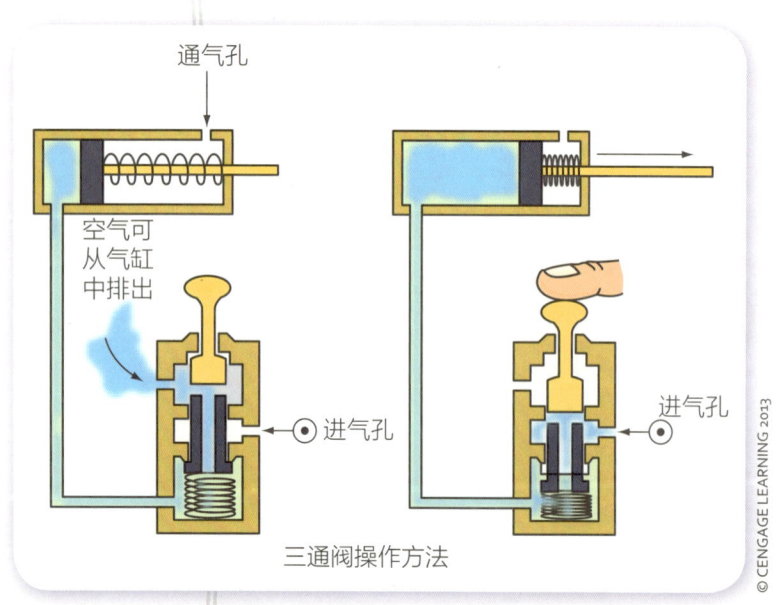

图 14-14 三通阀用来控制单作用气缸。

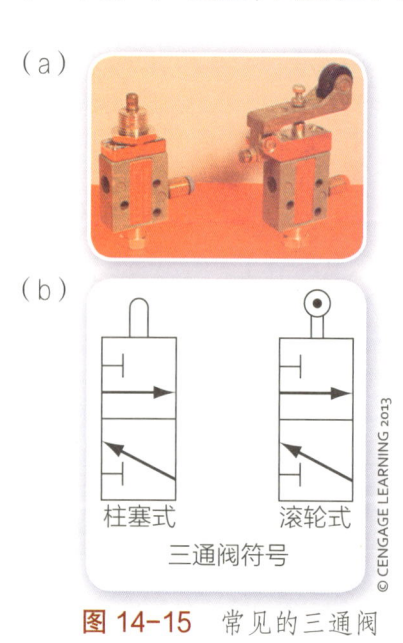

图 14-15 常见的三通阀实物图（a）和符号（b）。

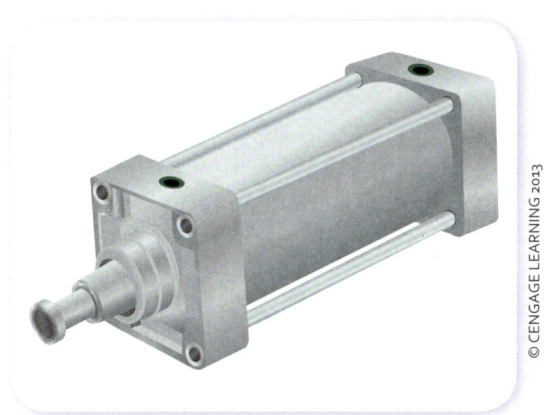

图 14-16 商用系统中的双作用气缸，注意：两个气口位于气缸两端的顶部。

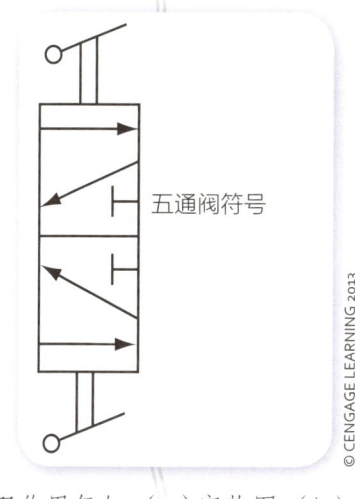

图 14-17 五通阀用于控制双作用气缸，(a)实物图，(b)符号。

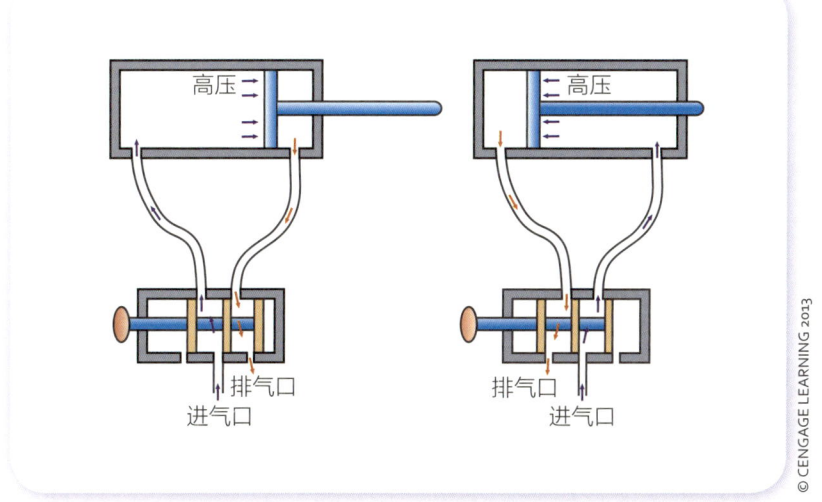

图 14-18 气流通过五通阀进入双作用气缸。

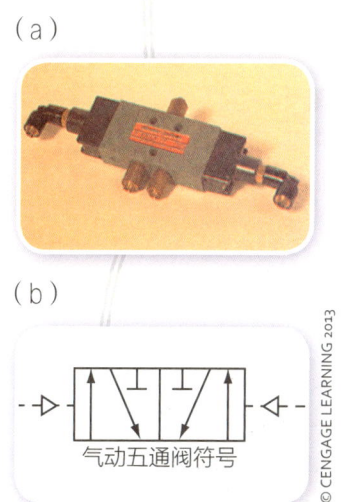

图 14-19 五通换向阀用于远程控制双作用气缸，(a)实物图，(b)符号。

时，进气口与第二个气缸口连通，第一个气缸口与一个排气口连通（见图 14-18）。通过这种构造，五通阀使活塞不受压的一边出气。五通阀也有多种类型，包括按钮式、拨钮式、推拉式、离合杆式。

五通换向阀 除了以上提到的几种阀，还有一种十分重要的气动阀——五通换向阀。这种阀跟上文描述的五通阀相似，但它不是手动或者机动控制，而是气动控制。一般来说，由两个三通阀或者一个五通阀来控制施加在五通换向阀上的气压。

其他部件

前面讨论的部件促成了气动系统的理论发展。然而，要让这些系统变得实际可行，还需要更多的组件。

节流阀 节流阀通过限制空气只朝一个方向流动，来控制活塞在气缸中的运行速度（如图 14-20）。从相反方向进入的空气推动阀内的球或

(a)

图 14-20　可调单向节流阀。

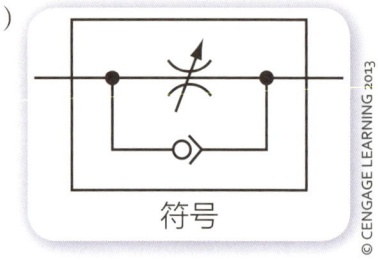

(b) 符号

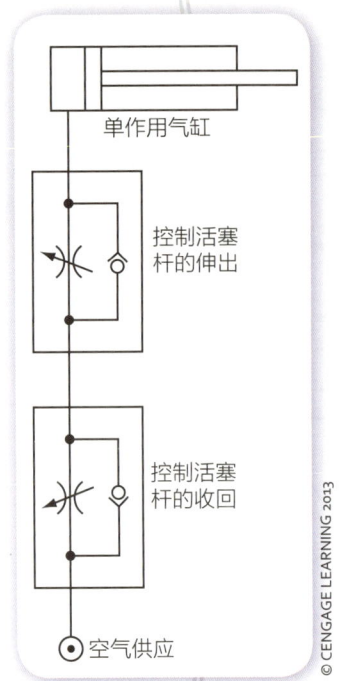

图 14-21　使用两个背对背安装的节流阀来控制单作用气缸的活塞杆前进和后退的速率。

(a)

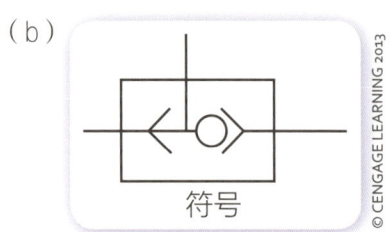

(b) 符号

图 14-22　或门型梭阀（梭阀允许两个阀门控制一条气路），(a)实物图，(b)符号。

者圆盘，允许空气在有限空间里自由流动。可以将节流阀安装在回路中，用来调节压缩空气进气口和排气口的流量。为了控制双作用气缸的运动，必须使用两个节流阀。调节两个节流阀，可以控制活塞前进和后退的速率。

由于节流阀只能控制一个方向，所以一个节流阀只能控制单作用气缸活塞的一个方向的运动速度。如果将两个流量调节器背对背安装在一起，就可以控制单作用气缸活塞前进和后退两个方向的速度（如图 14-21）。

梭阀　梭阀能在两个地点控制一个单作用气缸。它是一个三口（两个进气口，一个排气口）"T"型连接器，内部有一小阀门，当其中一个进气口被施加压力而打开时，小阀门就会移动，将另一个进气口关闭（如图 14-22）。

图 14-23　螺线管控制的气压阀通过电子信号控制气压回路。

螺线管阀　螺线管阀通过电路来控制气动系统（如图 14-23）。螺线管在第 13 章中被归为执行装置。当电流连接螺线管的线圈时，柱塞就会移动并打开一个阀门。目前市面上有三通和五通的螺线管阀。

5 计算流体系统的受力情况

气动系统和液压系统的受力通常都很大。例如，汽车液压制动系统中的力接近 1000 磅/平方英寸。一般而言，之所以使用气动或液压系统，正是因为这些系统需要很大的压力。

很多情况下，设计系统前，你需要了解活塞受力或移动的距离，下面我们举例来进行说明。设计模型机器人手臂的旋转系统需要如下计算。

例题：计算液压系统中的力

背景： 你正在设计一个简单的液压系统来使机器人手臂做旋转运动。当你推动气缸 A 上的活塞时，活塞 B 前进，从而使圆形基座旋转，如图 14-25 所示。(图 14-24 为一些常见的气动部件的符号图。)

问题： 计算活塞 B 移动的距离。

你需要知道当活塞 A 移动 1.125 英寸时活塞 B 移动的距离。同时，你需要计算当活塞 A 受力为 3 磅时，活塞 B 受到的力的大小。

已知： 活塞 A 的直径 =1.25 英寸

活塞 A 移动的距离 =1.125 英寸

活塞 B 的直径 =0.75 英寸

求： 活塞 A 移动时被排出的液体体积的大小。如果这些液体进入气缸 B，活塞 B 能移动多少距离（如图 10-25）。

计算过程： 计算由于活塞 A 移动而被排出的液体的体积：

直径 $D=1.25$ in

所以半径 $R=0.625$ in

活塞 A 的底面积 $=\pi R^2 = 3.14 \times (0.625\text{in})^2$

$\qquad\qquad\qquad = 1.23 \text{ in}^2$

体积 $V=$ 底面积 × 移动距离

$\qquad = (1.23 \text{ in}^2) \times (1.125 \text{ in})$

被排出的液体的体积 $=1.38 \text{ in}^3$

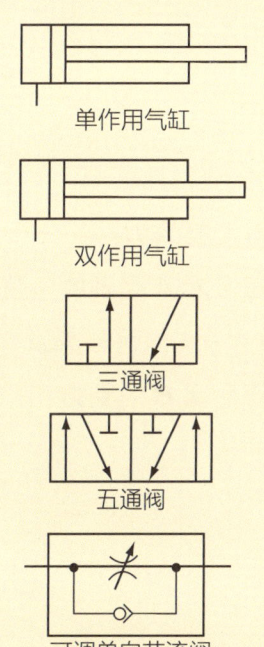

图 14-24 基本气动部件的符号图。

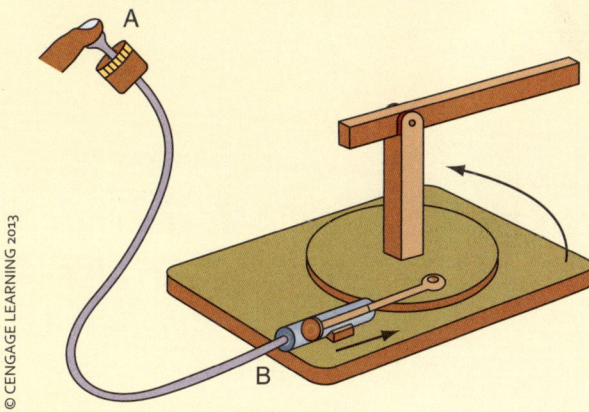

图 14-25 旋转臂外形设计。

第 14 章 气动和液压系统设计

> **例题：计算液压系统的受力**
>
> **计算所受的力：**
>
> 计算活塞 B 的面积：
>
> 活塞 B 的直径 D=0.75 in，所以半径 R=0.375 in
>
> 活塞 B 的面积 $=\pi R^2 = 3.14 \times (0.375\ \text{in})^2 = 0.44\ \text{in}^2$
>
> 计算活塞 B 移动的距离：
>
> L= 液体的体积 / 活塞 B 的面积 =1.38 in³/0.44 in²=3.14 in
>
> 当活塞 A 受力为 3 磅时，活塞 B 受力多少？
>
> **计算活塞 A 受到的压强：** P= 受力 / 活塞 A 底面积 =3 lb/1.23 in²=2.44 psi
>
> （注意：流体内部压强处处相等，所以活塞 B 的压强等于活塞 A 的压强。）
>
> **计算活塞 B 的受力：** F= 压强 × 活塞 B 的底面积 =2.44 psi × 0.44 in²=1.087 lb

图 14-26　带有水平液压气缸的锯木机。这个气缸的活塞能够前进 24 英寸，承受 34 吨的压力。

在液压系统中，液体取代气缸中的空气，驱动活塞移动。因此，为了计算活塞移动的距离，液体的体积必须已知。例如，如图 14-26 所示的锯木机的活塞底面直径为 5 英寸，运动距离为 24 英寸，推动活塞移动这段距离所需液体的体积为 471.24 立方英寸，或 2 加仑以上。这还不包括用来填充管道、阀门和泵的液体。

为了计算气缸承受的力，必须知道进入气缸的液体的压强和活塞的底面积。例如，如果压强为 10 牛每平方米，活塞的面积为 5 平方厘米，则活塞承受的压力为 50 牛。为了给前面提到的锯木机提供 34 吨的力，则需要的液体压强大概是 3500 磅每平方英寸。

双作用气缸一侧的活塞面积比另一侧更小，因此活塞两头承受的力不相等。这是因为活塞的一侧连接了活塞杆，活塞杆占据了活塞该侧的部分面积。当计算活塞返回气缸（即反方向运动）的受力时，由于活塞的面积相对另一侧较小，因而受力也更小。

> **例题：计算活塞的面积**
>
> 活塞面积的计算需要用到公式 $S=\pi R^2$。例如，一个直径为 6 厘米的活塞，其半径为 3 厘米。圆的面积：
> $S=\pi R^2=3.1416\times(3\text{ cm})^2=3.1416\times(9\text{ cm}^2)=28.31\text{ cm}^2$。
> 因此活塞的面积为 28.31 cm²。

轮到你了

1. 一个气缸的活塞直径为 0.45 英寸，连接的空气管路气压为 44 磅。活塞承受的压力为多少？

2. 如果上题中提到的气动系统中的气体压强增加到 95 磅每平方英寸，活塞承受的压力为多少？

3. 一个简单的液压制动系统有两个气缸，输入气缸的活塞直径为 0.4 英寸，输出气缸的活塞直径为 1.25 英寸。如果输入气缸的活塞向前移动 1 英寸，输出气缸的活塞将移动多少距离？

基本的液压回路

本章前面使用了一些 **示意图** 的符号进行介绍，下面是一些基本的液压回路的示意图。回路 1（如图 14-27）是带有三个阀门的单作用气缸。左图是系统处于关闭状态的情况，排气口通过三通阀门与气缸口连接。右图是系统处于打开状态的情况，这时供气装置通过三通阀与气缸连接，活塞往外推。

> **示意图（schematic）：**
> 用图形符号来表示气动、液压或电控组件系统的简图。

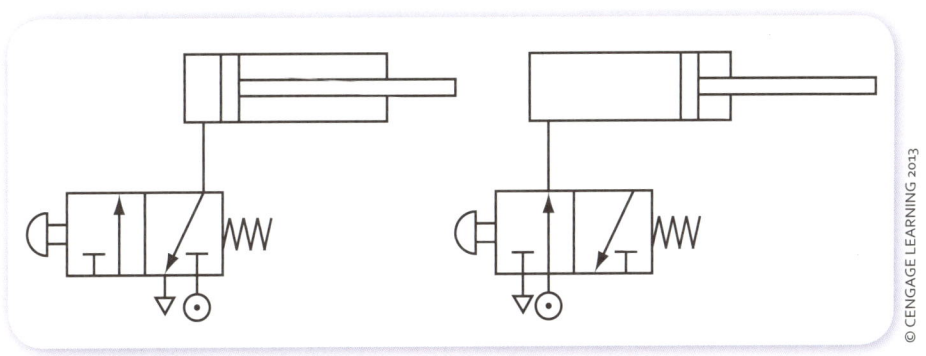

图 14-27 通过三通阀控制的单作用气缸，左图为断开状态，右图为启动状态。

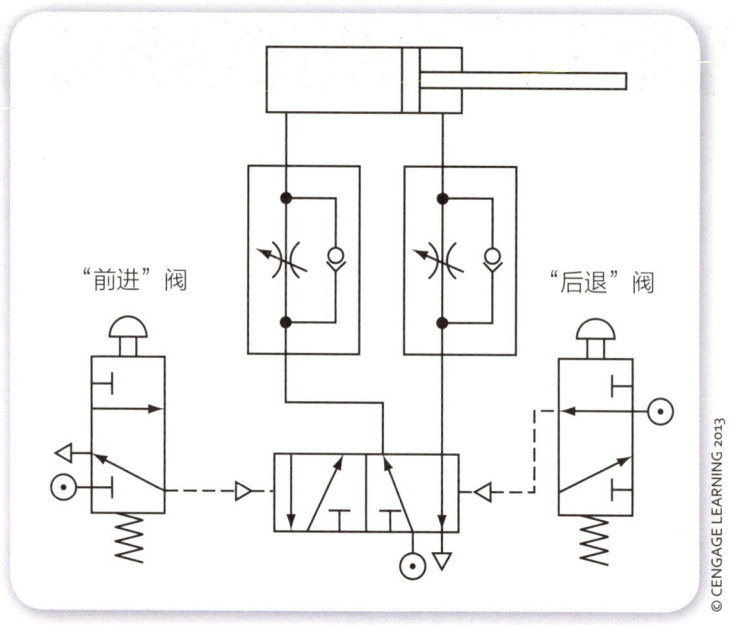

图 14-28　通过五通阀控制的双作用气缸。两个三通阀控制五通阀，节流阀控制活塞前进和后退的速度。

图 14-28 描绘的是一个更加复杂的系统。双作用气缸通过两个可调单向节流阀与一个五通换向阀相连接，两个三通阀控制五通阀，一个控制五通阀的前进（向外），另一个控制五通阀的后退（向内）。注意：施加在气缸上的气压只经过五通阀，两个三通阀的空气连接仅仅用于控制五通阀。

前面提到的系统中的一个更有趣的变化如图 14-29 所示。该图中，双作用气缸被按钮式三通阀驱动。当活塞前进时，它与另一个三通阀

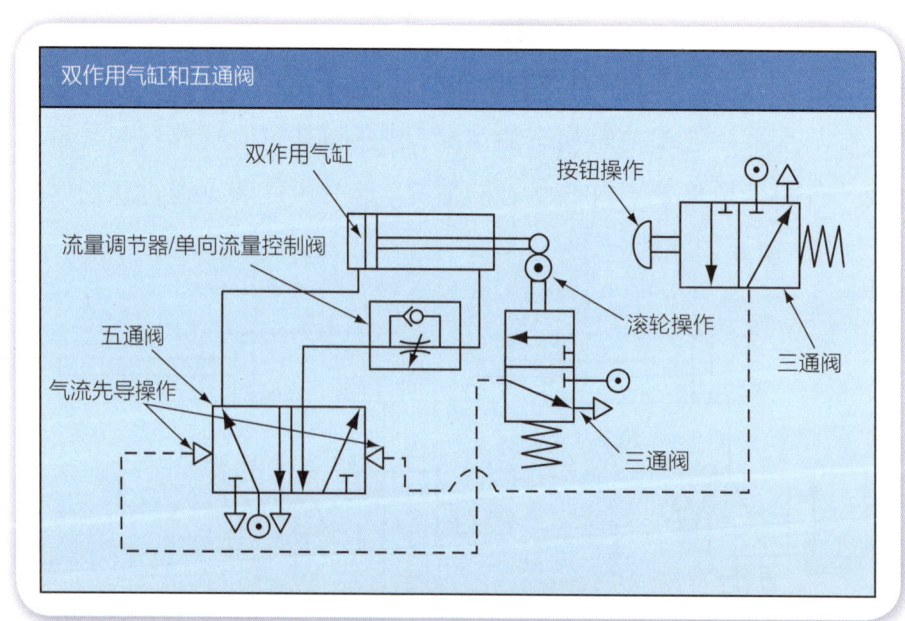

图 14-29　简易自动化气动系统。

相接触并产生挤压，从而使活塞被推回去。这两个三通阀用来操控压控五通阀。在操作过程中，当按下按钮时，活塞前进并自动收回。当活塞收回时，使活塞前进的三通阀门会受到挤压，一种全自动化的系统就被制造出来了。在这样的系统中，活塞会不断地前进和后退，直到气压消失。节流阀能够控制伸缩的速度。

流体系统中的安全性问题

气动和液压系统能够产生极大的作用力，压缩气体本身也非常危险。下面是一些简单的规则，这些规则将帮助我们更安全地操作气动和液压系统。

安全提醒
操控气动和液压系统会产生很多危险因素。请在操控系统部件前详细浏览列表中的安全提示。

- 永远不要把压缩气体对着自己或他人。在高压下，空气会透过皮肤进入血管，造成严重的损伤，甚至死亡。高压气体吹在脸上很容易造成眼睛受伤。
- 操控压缩空气或液体的部件也可能很危险。当你的手指或手在活塞杆的行进路径上时，移动的活塞杆并不会停止运动。在这些移动的组件中，强压力是很常见的，即使是很低的气流压强也能传递很大的力。想一下锯木机，你就会对这些系统产生的力有更深层次的认识。
- 当气压线路断开时，对气动元件进行连接和解除连接的操作。除了压强的危害，操纵液压系统的步骤还可能会非常凌乱。当压力施加时，一定要确保回路是完整的，且所有的管道都已连接。
- 桌子和地面之间的管道可能会招致绊倒或摔倒事故。确保所有的气路都不在行走的路线上。

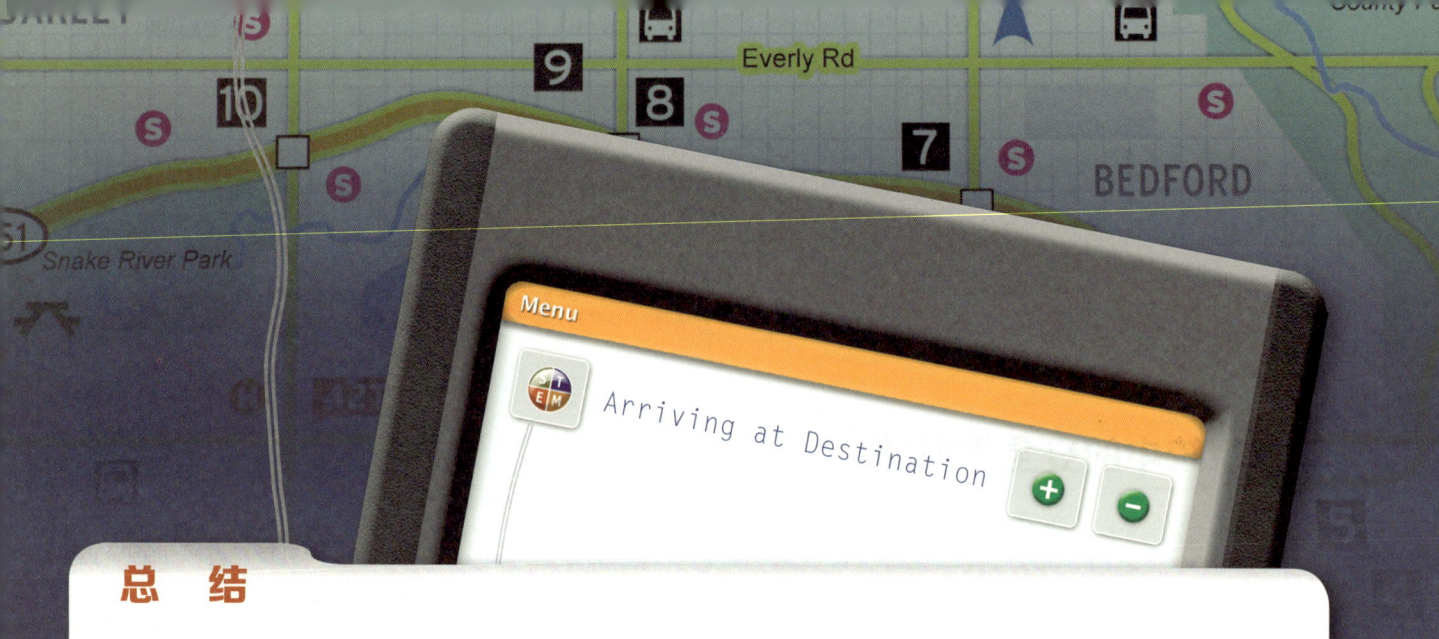

总 结

气动和液压系统都被归为流体动力系统。为了使之工作，气动系统使用气体驱动，而液压系统使用液体驱动。每种系统都有其各自的优点和缺点。

气动系统需要压缩空气源。通过特殊的阀门，压缩的空气被导入气动系统，驱动系统元件，如气缸，使它产生直线运动，并对外输出较大的力。其他一些应用会使用气动马达，例如气体扳手、空气磨砂机和许多工业设备。其他的气动元件，如控制阀和节流阀，能够控制进入气动系统和某些特定元件的气流压力和流量。

同样地，液压系统也利用气缸来产生直线运动，利用液压马达来产生旋转运动。因为液压系统更加复杂和杂乱，它们被广泛地运用在工业设备和某些气动系统达不到要求的设备中。

课后作业

观察 / 分析 / 综合

1. 说出气动系统和液压系统的区别，并举例说明气动系统和液压系统的应用。
2. 液压系统相比于气动系统的优点是什么？气动系统相比于液压系统的优点是什么？
3. 使用丙烯酸、木块或其他材料和两支装满水的注射器，设计和制造一台机器人臂液控旋转爪。要求当这个旋转爪被接上4英尺长的电极时，能够抓起一个"D"尺寸的电池。
4. 在一个液压系统中，当60磅的力作用在直径为2英寸的活塞上，输出活塞直径为4.25英寸时，系统压强是多少？同时，输出活塞输出的力为多少？
5. 设计一个简单的带有两气缸的液压系统，要求：其中一个气缸直径为0.625英寸，当该气缸中的活塞被推动1.5英寸时，另一个气缸的活塞会被推动4英寸，计算第

课后作业

二个气缸的尺寸。

6. 使用标准的气动元件符号完成下面习题：

   a）设计并画出一个简单的气动夹紧系统，要求系统有一个双作用气缸，一个压控五通阀和适量的阀门来控制夹爪夹紧和张开的压力。

   b）设计和画出一个简单的锁门气动系统，使金属螺栓能够伸进和退出门边缘的孔洞，要求在门的两侧都能够方便地操控系统。

7. 用数学的方法描述当活塞直径为5英寸时，图14-26中的锯木机如何承受34吨的压强。

补充作业

工程设计分析挑战

使用一套工具或商用气动元件来模拟下列系统：

- 设计和制造一个能夹紧工作和钻孔的装置。该装置使用一个单作用气缸来夹紧，使用一个双作用气缸来升降（主轴）。记住在钻头钻孔和退出时调整钻头速度。你能否重新设计一个系统，使其在一次操作中自动地完成夹紧和钻孔两个动作？

第 15 章
设计和工程中的人体工程学

Menu

 **头脑准备**
在学习本章的概念时，请思考下面的问题：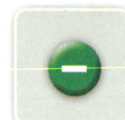

1. 什么是人体工程学（工效学）？
2. 为什么了解人体工程学对于一个优秀的设计或者工程来说至关重要？
3. 设计过程中如何使用人体工程学测量数据？
4. 人体的特征、行为和能力是如何被运用在设计过程中的？
5. 通用设计原理是如何帮助每个人的？
6. 人体工程设计的基本步骤是什么？
7. 如何从安全、舒适和便捷有效的人工使用角度评价一项设计？

>> 引 语

优秀的设计会考虑用户的使用舒适度。如果你尝试过骑一辆儿童车（图15-1），或者使用一个不是很大就是很小且用户体验极差的产品，就会有体会。衡量一个设计是好是坏，往往需要从安全和舒适以及人体工程学的角度去考虑。

我们都期望工作和生活在产品用户体验都非常好的环境中，但事实往往并非如此。在早期的工业革命中，人需要努力去适应工作的环境。20世纪早期，工程师和设计师开始着力于如何使设计服务于用户。其中一位重要的先驱是德赖弗斯（Henry Dreyfuss）。他在这个领域的杰出贡献让他在美国赢得了"**人体工程学**之父"的称号。德赖弗斯的工作生涯始于舞台设计，后来师从盖迪斯（Norman Bel Geddes），学习工业设计。他为贝尔实验室设计的电话作品在1937年到1950年投入使用。他为通用电气设计了首台现代冰箱，该冰箱的发动机和压缩机被隐蔽了起来。他还设计了胡佛真空吸尘器，为纽约中央铁路设计了水星柴油机车。他在工业设计领域杰出的影响力促成了1944年工业设计者协会（Society of Industrial Designers）的成立，后更名为美国工业设计协会（Industrial Designer Society of America, IDSA）。他还促成了图书《为人设计》（Designing for People）的出版，书中以乔（Joe）和约瑟芬（Josephine）为虚拟主人公，包含了人体工程学的相关图表，同时，他还创立了业内标杆式的图书《人体度量》（Measure of Man, 1960）。

图15-1 产品必须是为特定的用户设计。

人体工程学也称为**工效学**，工效学一词ergonomics源自于希腊语，ergo意为"工作"，nomics意为"自然法则"。用通俗的方式表达就是，人体工程学是基于人类特征、行为和能力，兼顾安全和高效的原则，对产品、系统、环境进行设计和研究的一门应用科学。事实上，人体工程学涉及心理学、人类学、生理学、生物学以及工程学等。工程师和工业设计师遵循人体工程学的准则来创造更好的工具和产品，建筑师和工程师由此来创造更好的居住和工作环境，社会团体和政府部门由此来推动和确立安全准则。

正如图15-1所表达的，儿童脚踏车太小而成人难以驾驭，可见产品的尺寸很重要。大多数人都明白产品尺寸的重要性，他们会挑选宣传自己是"人体工程学"设计的产品，但是人体工程学的设计究竟意味着什么，除了尺寸还有别的什么人体要素吗？本章中，在认识尺寸和重

人体工程学（human factors）：
基于人类特征、行为和能力，兼顾安全和高效的原则，对产品、系统、环境进行设计和研究的一门应用科学。

第15章 设计和工程中的人体工程学

量等产品物理特性的基础上,你会了解在兼顾安全高效的工具、系统或者环境设计中,该如何考虑人体的特征和行为。

每个人在人生的每个阶段都和技术息息相关。技术能使你变得更加健康,帮助你学习和娱乐,让你的生活变得更加简单和快乐。与此同时,潜在的危险与技术也相伴相生。比如,在美国,每年都有将近3000名儿童死于坠落或者溺水,而其中一半不幸就发生在离家不远处。儿童也常常因为玩具或者其他产品而受伤,比如碰到滚烫的火炉。有超过25万的14岁及以下儿童在独自骑车时受伤。在工作场所,每年有超过500万例的伤害事故和6000例的死亡事故。通常所说的工作场所伤害包括重复性劳损(RSIs)和**累积损伤病患(CTDs)**,如**腕管综合症**和肌腱炎(网球肘)。**美国职业安全与健康管理局(OSHA)** 致力于保障工作场所中受雇人员的安全与健康。为了改善工作环境,OSHA设立了一系列标准,要求做培训,并监督工作场所的贯彻落实情况。

人体尺寸

几乎所有技术和工程方面的挑战和机遇都或多或少涉及人类用户,因此,设计者需要了解人类身体特征方面的详细信息。**人体测量学**是涉及测量人类外形、尺寸等身体特征的科学分支。人体测量学的数据以统计形式为设计者提供参考。这些数据给出了某项人体特征出现的可能性或概率。假如你观察你们学校的所有学生,你会发现平均身高的学生出现的概率要大于特别高或者特别矮的学生。若将观察的学生身高数据做成曲线,则该曲线分布符合**高斯分布**,也就是正态分布(如图15-2)。这是因为你们学校的学生身高分布大致反映了一般高中学生身体参数的正态分布。当然,也不一定总是如此,例如考察高中男子篮球队队员的身高时,虽然仍然呈现钟形曲线,但是却有更高的平均值。工程师、工业设计师和建筑师参考这些人体测量学数据资料,来使设计的产品和环境对所有人都安全和实用。

考虑非普通人

大多数人认为物品是为普通人设计,但事实并非一直如此,有的产品是专为成年女性或男性设计的,而有的则专为儿童设计(如图15-3)。此外,有的设计仅仅是为某个人或者某个非常小

> **人体测量学(anthropometry):**
> 涉及测量人类外形、尺寸等身体特征的科学分支。人体测量学的资料以统计形式为设计者提供参考。

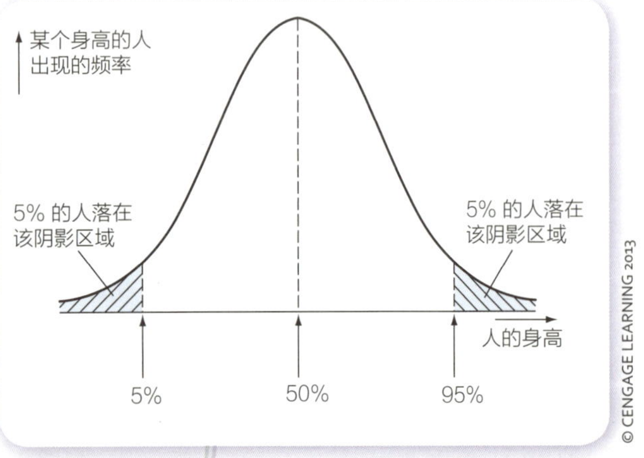

图15-2 所有学生的身高数据呈现"钟形"分布,也称高斯分布。

图 15-3 为成人和小孩设计的高尔夫球杆。

图 15-4 为杰米森博士定制的太空服。

依年龄、性别、百分比+划分的男女体重*（单位是磅和千克）																
		18到79（总）		18到24（岁）		25到34（岁）		35到44（岁）		45到54（岁）		55到64（岁）		65到74（岁）		75到79（岁）
		lb	kg	lb	kg	lb	kg	lb	kg	lb	kg	lb	kg	lb	kg	lb	kg
99	男	241	109.3	231	104.8	248	112.5	244	110.7	241	109.3	230	104.3	225	102.0	212	96.2
	女	236	107.0	218	98.9	239	108.4	238	108.0	240	108.9	244	110.7	214	97.1	205	93.0
95	男	212	96.2	214	97.1	223	101.2	219	99.3	219	99.3	213	96.6	207	93.9	198	89.8
	女	199	90.3	170	77.1	191	86.6	204	92.5	205	93.0	211	95.7	196	88.9	193	87.5
90	男	205	93.0	193	87.5	208	94.3	207	93.9	209	94.8	203	92.1	198	89.8	191	86.6
	女	182	82.6	157	71.2	173	78.5	184	83.5	190	86.2	195	88.5	183	83.0	178	80.7
80	男	190	86.2	180	81.6	195	88.5	193	87.5	194	88.0	190	86.2	183	83.0	170	77.1
	女	164	74.4	145	65.8	152	68.9	165	74.8	171	77.6	176	79.8	169	76.7	162	73.5
70	男	181	82.1	171	77.6	185	83.9	184	83.5	185	83.9	180	81.6	172	78.0	161	73.0
	女	152	68.9	137	62.1	143	64.9	153	69.4	158	71.7	165	74.8	160	72.6	155	70.3
60	男	173	78.5	164	74.4	177	80.3	177	80.3	178	80.7	172	78.0	166	75.3	150	68.0
	女	144	65.3	131	59.4	136	61.7	144	65.3	149	67.6	154	69.9	151	68.5	147	66.7
50	男	166	75.3	157	71.2	169	76.7	171	77.6	171	77.6	165	74.8	161	73.0	146	66.2
	女	137	62.1	126	57.2	130	59.0	137	62.1	143	64.9	146	66.2	145	65.8	137	62.1
40	男	159	72.1	151	68.5	162	73.5	164	74.4	163	73.9	158	71.7	153	69.4	141	64.0
	女	131	59.4	122	55.3	125	56.7	131	59.4	137	62.1	140	63.5	138	62.6	127	57.6
30	男	152	68.9	145	65.8	154	69.9	158	71.7	156	70.8	151	68.5	146	66.2	137	62.1
	女	125	56.7	117	53.1	120	54.4	125	56.7	130	59.0	134	60.8	132	59.9	119	54.0
20	男	144	65.3	140	63.5	146	66.2	151	68.5	149	67.6	143	64.9	138	62.6	132	59.9
	女	118	53.5	111	50.3	114	51.7	119	54.0	122	55.3	129	58.5	125	56.7	113	51.3
10	男	134	60.8	131	59.4	136	61.7	141	64.0	139	63.0	131	59.4	126	57.2	120	54.4
	女	111	50.3	104	47.2	107	48.5	113	51.3	113	51.3	120	54.4	114	51.7	105	47.6
5	男	126	57.2	124	56.2	129	58.5	134	60.8	131	59.4	123	55.8	117	53.1	107	48.5
	女	104	47.2	99	44.9	102	46.3	109	49.4	106	48.1	112	50.8	106	48.1	95	43.1
1	男	112	50.8	115	52.2	114	51.7	121	54.9	116	52.6	112	50.8	99	44.9	99	44.9
	女	93	42.2	91	41.3	92	41.7	100	45.4	95	43.1	95	43.1	92	41.7	74	33.6

*测量时，受检查者均赤膊、光脚，然后穿上纸拖鞋和轻质、及膝的检查服，男性裤子口袋掏空。
+百分比的数字代表有相应百分比的人体重位于该栏体重值以下。

表 15-1 各年龄段男女体重对照表。

众的群体而设计。比如，杰米森（Mae Jemison）博士有一件私人定制的太空服（如图 15-4）。如果某个产品是专为某人设计的，我们称其为定制产品。

定制产品可以是非常专业的骑行服或太空服，也可以是常见的衬衫或裙子，以及定制家具。所有定制产品都比批量生产的产品昂贵。**批量产品**是为满足大部分消费者的需求而设计的，其生产和销售的价格相对便宜。为篮球运动员设计的房屋门框往往需要超过 7 英尺高，而为坐轮椅的人设计的工作台往往不能超过 36 英寸的高度，而且还需要保证工作台下面的空隙。

门框高度通常是 6 英尺 8 英寸，是否需要按照成年男女的平均高度 5 英尺 5 英寸来设计呢？当然不需要，因为标准门框的设计要保证绝大部分成年人不弯腰就能通过。如果你去非常老的房子或者国外的乡村，会发现门框高度常常矮于 6 英尺 8 英寸。你知道为什么这些门设计得比现在的标准要矮吗？

❸ 选择合适的数字

大多数学生能够理解最基本的数据分析。首先的数据是平均值，当拿到考试结果时，你往往会希望自己高于平均值。其次的数据是**百分比**（如表15-1），表15-1提供的数据展示了美国成人（18岁到79岁）的体重比例分布。由表可见，男性的平均体重为75.3 kg（166 lbs），女性的平均体重为62.1 kg（137 lbs）。每一个百分点代表了频率分布的值。例如，第5个百分点意味着有5%的人数在该点位之下，95%的人数在该点位之上。第5个百分点对应的体重，男性为57.2 kg（126 lbs），女性为47.2 kg（104 lbs）。

反之，第95个百分点意味着有5%的人数在该百分点以上，有95%的人数在该百分点以下。第95个百分点对应的男性体重为96.2 kg（212 lbs），女性体重为90.3 kg（199 lbs）。观察高斯曲线，你会发现最高的频率是在第50个百分点附近。值得注意的是，极少数的人分布在曲线的最两端。

表15-2反映了18岁到79岁的男性和女性身高随年龄的分布规律。如表所示，平均身高，或是第50个百分点对应的身高，男性是

依年龄、性别、百分比+划分的男女身高*（单位是英寸和厘米）		18到79（总）		18到24（岁）		25到34（岁）		35到44（岁）		45到54（岁）		55到64（岁）		65到74（岁）		75到79（岁）	
		in	cm	in	cm	in	cm	in	cm	in	cm	in	cm	in	cm	in	cm
99	男	74.6	189.5	74.8	190.0	76.0	193.0	74.1	188.2	74.0	188.0	73.5	186.7	72.0	182.9	72.6	184.4
	女	68.8	174.8	69.3	176.0	69.0	175.3	69.0	175.3	68.7	174.5	68.7	174.5	67.0	170.2	68.2	173.2
95	男	72.8	184.9	73.1	185.7	73.8	187.5	72.5	184.2	72.7	184.7	72.2	183.4	70.9	180.1	70.5	179.1
	女	67.1	170.4	67.9	172.5	67.3	170.9	67.2	170.7	67.2	170.7	66.6	169.2	65.5	166.4	64.9	164.8
90	男	71.8	182.4	72.4	183.9	72.7	184.7	71.7	182.1	71.7	182.1	71.0	180.3	70.2	178.3	69.5	176.5
	女	66.4	168.7	66.8	169.7	66.6	169.2	66.6	169.2	66.1	167.9	65.6	166.6	64.7	164.3	64.5	163.8
80	男	70.6	179.3	70.9	180.1	71.4	181.4	70.7	179.6	70.5	179.1	69.8	177.3	68.9	175.0	68.1	173.0
	女	65.1	165.4	65.9	167.4	65.7	166.9	65.5	166.4	64.8	164.6	64.3	163.3	63.7	161.8	63.6	161.5
70	男	69.7	177.0	70.1	178.1	70.5	179.1	70.0	177.8	69.5	176.5	68.8	174.8	68.3	173.5	67.0	170.2
	女	64.4	163.6	65.0	165.1	64.9	164.8	64.7	164.3	64.1	162.8	63.6	161.5	63.1	160.3	62.8	159.5
60	男	68.8	174.8	69.3	176.0	69.8	177.3	69.2	175.8	68.8	174.8	68.3	173.5	67.5	171.5	66.6	169.2
	女	63.7	161.8	64.5	163.8	64.4	163.6	64.1	162.8	63.4	161.0	62.9	159.8	62.1	157.7	62.3	158.2
50	男	68.3	173.5	68.6	174.2	69.0	175.3	68.6	174.2	68.3	173.5	67.6	171.7	66.8	169.7	66.2	168.1
	女	62.9	159.8	63.9	162.3	63.7	161.8	63.4	161.0	62.8	159.5	62.3	158.2	61.6	156.5	61.8	157.0
40	男	67.6	171.7	67.9	172.5	68.4	173.7	68.1	173.0	67.7	172.0	66.8	169.7	66.2	168.1	65.0	165.1
	女	62.4	158.5	63.0	160.0	62.9	159.8	62.8	159.5	62.3	158.2	61.8	157.0	61.1	155.2	61.3	155.7
30	男	66.8	169.7	67.1	170.4	67.7	172.0	67.3	170.9	66.9	169.9	66.0	167.6	65.5	166.4	64.2	163.1
	女	61.8	157.0	62.3	158.2	62.4	158.5	62.2	158.0	61.7	156.7	61.3	155.7	60.2	152.9	60.1	152.7
20	男	66.0	167.6	66.5	168.9	66.8	169.7	66.4	168.7	66.1	167.9	64.7	164.3	64.8	164.6	63.3	160.8
	女	61.1	155.2	61.6	156.5	61.8	157.0	61.4	156.0	60.9	154.7	60.6	153.9	59.5	151.1	59.0	149.9
10	男	64.5	163.8	65.4	166.1	65.5	166.4	65.2	165.6	64.8	164.6	63.7	161.8	64.1	162.8	62.0	157.5
	女	59.8	151.9	60.7	154.2	60.6	153.9	60.4	153.4	59.8	151.9	59.4	150.9	58.3	148.1	57.3	145.5
5	男	63.6	161.5	64.3	163.3	64.4	163.6	64.2	163.1	64.0	162.6	62.9	159.8	62.7	159.3	61.3	155.7
	女	59.0	149.9	60.0	152.4	59.7	151.6	59.6	151.4	59.1	150.1	58.4	148.3	57.5	146.1	55.3	140.5
1	男	61.7	156.7	62.6	159.0	62.6	159.0	62.3	158.2	62.3	158.2	61.2	155.4	60.8	154.4	57.7	146.6
	女	57.1	145.0	58.4	148.3	58.1	147.6	57.6	146.3	57.3	145.5	56.0	142.2	55.8	141.7	46.8	118.9

*不带鞋的身高。
+百分比的数字代表有相应百分比的人身高位于该栏身高值以下。

表 15-2　各年龄段男女身高对照表。

图 15-5　可调节座椅的解决方案可以满足大部分人群的需求。

173.5 cm（68.3 in），女性是 159.8 cm（62.9 in）。每个百分点同样都反映了比例分布的值。例如，第 5 个百分点对应的女性身高为 149.9 cm（59 in），第 95 个百分点对应的男性身高为 184.9 cm（72.8 in）。注意：前文提到的 6 英尺 8 英寸高的门框，可以让 99% 的人通过。

选择合适的数据对于制订合理的设计方案至关重要。如果产品只适用于少数人群，那该产品较容易设计，因为限制因素更加清晰，但是潜在的市场会很小。面向大多数人群的产品设计和制作起来更难，但是有着更加广阔的潜在市场。可调节座椅就是一个例子，它告诉我们，一个好的产品设计可以服务更多的人（如图 15-5）。面向更多数人群设计的产品，其利润会在曲线的最两端减少。因此，大部分设计者和工程师会主要考虑中间 90% 人群的需求（即 5% 到 95%）。

并不是所有的测量都相等

我们已经知道很多关于人体的测量都十分重要。在产品定制案例中，例如骑行者或宇航员，人体测量学的测量指标需要独立制订。因为大多数产品和环境都是为批量生产而设计的，因此需要制订一个**最佳方案**。设计者需要首先确定设计所面向的人群，即我们通常所说的**目标群体**。这项设计是用于成人还是儿童？如果是面向儿童，是什么年龄段的（儿童的身高随年龄的增长变化很大）？产品是否可调节？这项设计是面向男性还是女性，还是均包含？老年人或者残疾人是否也可以使用？我们通常采用 5% 到 95% 之间的测量数据，但并不常常如此。

群体中的差异量也是需要知道的。**标准差（SD）**是衡量钟形曲线

> **目标群体（target population）**：
> 设计面向的人群，目标群体一般针对年龄和性别，当然也需要包含其他特征，如收入、左撇子或身体残疾。

图 15-6 工作范围和活动空间的图解，每一个案例中，较小的图表示基于第 5 个百分点的人体尺寸数据，较大的图表示基于第 95 个百分点的人体尺寸数据。

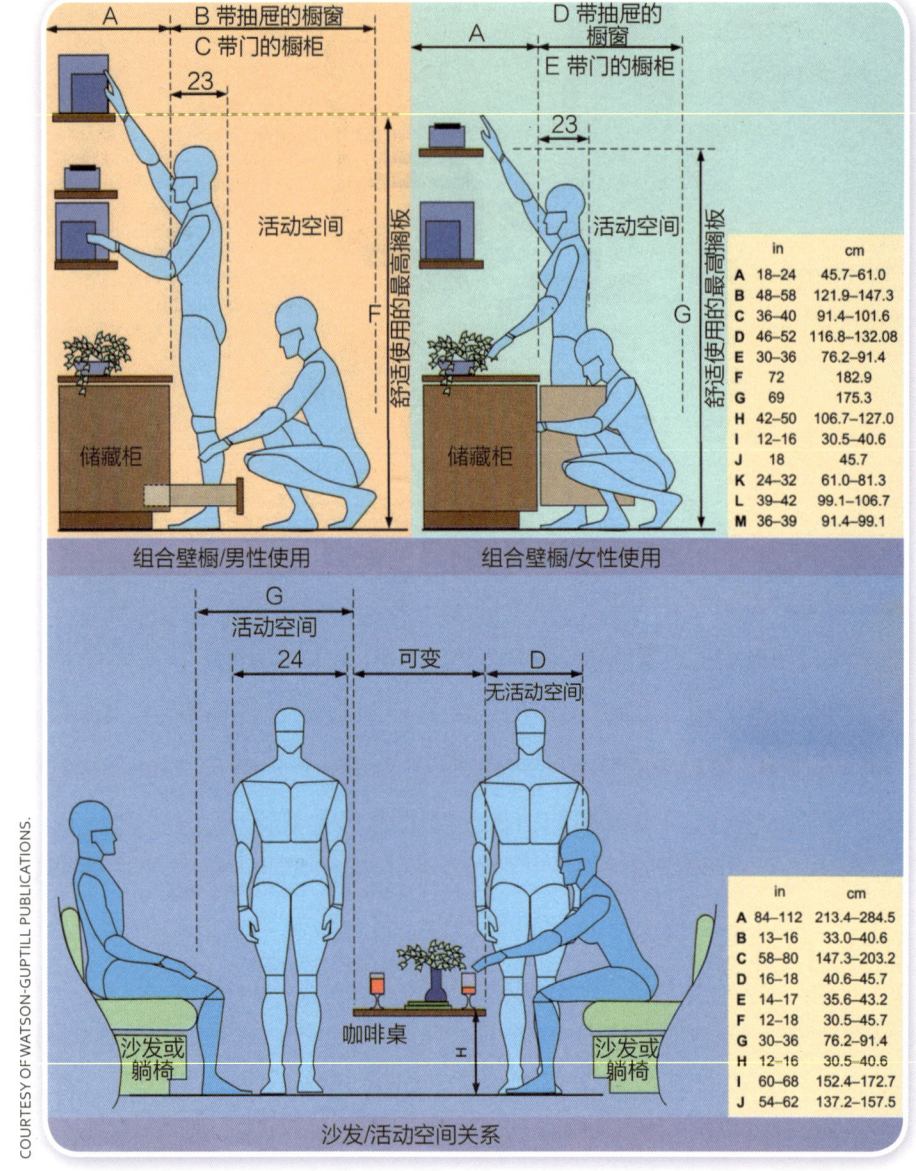

在平均值附近变化程度的参数。换句话说，标准差描述了高斯曲线上的人群分布偏离平均值的程度。±1 的标准差包含了 68% 的人群，±2 的标准差包含了 95% 的人群。第 5% 到第 95% 约是平均值两侧的两个标准差。造成偏差的原因很多，最大的影响因素是年龄和性别。

工作范围和活动空间

工作范围 是一种度量，反映最小部分目标群体的数值（如图 15-6）。工作范围，正如其名，是一种人们能够达到的范围的度量，如汽车油门的距离或者房屋内灯的开关的高度。如果你是儿童，当你进入房间时，你无法够到头顶上的灯开关。工作范围的设计应基于极端情况，即，要考虑最小部分的人和最大的维度。如果最小部分的人都可以够到问题中所说的物体，如开关或者器具，那么其他人也能够够到相同的物体。

活动空间也是一种度量，反映最大部分目标群体的数值。活动空间，正如其名，这个参数决定着产品是否留有使用者感到舒适的空间，例如门或者桌子。篮球运动员奥尼尔（Shaquille O'Neal）是否需要弯腰进入你家的家门？活动空间的维度基于绝大多数的人群，用于在具体的情境下细化头部空间、臀部空间和肩部空间，例如椅子的座位。活动空间和工作范围不同，工作范围要考虑最少数人的需求，而活动空间需要满足绝大多数人的要求。因此，活动空间有最小的尺寸要求，保证绝大多数人使用桌子时的膝部空间十分重要。如果活动空间能够满足绝大多数人的需求，也就可以满足其余的小部分人的需求。

人类行为

人们总是乐于观察。你是否有过这样的经历，与家人驾车去参加重要活动，当抵达目的地时发现停车场出现了"车位已满"的标识？你的家人是否会说"我觉得里面还有车位"？你是否有过没有阅读产品使用指南和安全建议的情况下，就购买产品的经历？我们对于某一情景的反应方式体现了人体工程学原理中的人类行为。当我们与自己设计的世界互动时，了解我们环境的运行规律十分重要，这就是常说的**情景感知**。当你站在火炉旁或打开热水水龙头洗手时，当熨衣板的熨斗在工作时，你会不自觉地提高注意力。在工厂工作时，你知道要带好安全眼镜，并尽量避免触碰锐器。

你们可能已经会开车，或即将会开车。驾车需要高度的情景感知，因为当你在马路或者停车位倒车时，你需要时刻注意身后的情况，当你从停车点启动时，需要注意交叉口是否有人经过，但是如果这时候你在打电话或者正在调试车载广播，很可能会因此分心，从而酿成事故。我们对于技术情景的反应是人类行为的一种方式，这对于新产品的设计十分重要。

兼容性

每当我们使用工具或者在某种环境下工作时，我们都会对事物的运作方式进行预判。**兼容性**描述了产品预期功能和产品实际设计功能之间的关系。理想情况下，设计想达到的功能和使用者期望实现的功能应该是一致的。然而，事实却并非一直如此，人们的期许和实际之间的差距可能会造成严重的后果。在机器实验室，我们应该明确知道房间中有电锯（情景感知的又一个实例），当我们准备开动电锯时，我们需要知道刀片锯齿的方向，当锯入木料的方向错误时，会发生什么情况。

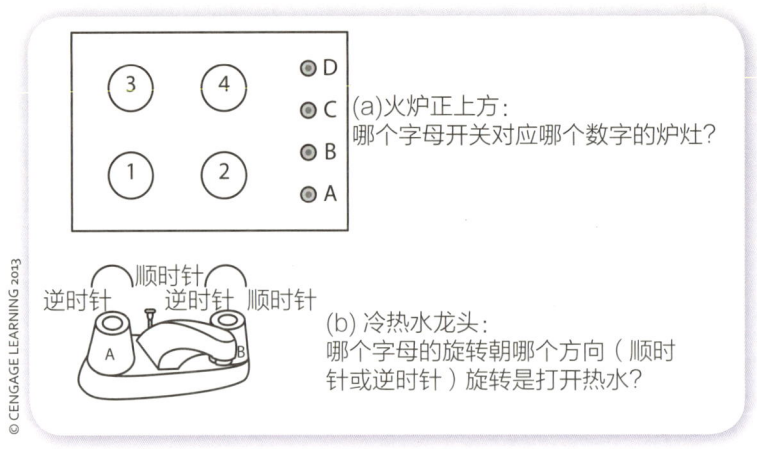

图 15-7 火炉和水龙头示意图。

在家中，我们需要明白如何控制火炉加热开关。兼容性决定了哪个开关控制哪种加热方式（如图 15-7）。因为会有多种可能性，大多数现代火炉会通过图案来提示哪种旋钮是哪种加热方式。如果没有图案提示，使用者很可能会因操作不当而导致灼伤。同样地，我们也需要知道哪个水龙头控制热水，哪个方向是打开或者关闭。与火炉控制相同，如果错误估计热水水龙头设计和安装的方式，可能会导致严重的后果。

我们每天都做着兼容性的决定。简单的情况包括错误判断方向而走到了隔壁教室，或者在楼里找不到电梯。其他决定，例如在车库或者泊车位倒车时转错方向，便会发生潜在的危险。如果你在核电站工作，要向反应堆加入冷却水，此时如果判断错误，后果又将如何。我们的条件反射或者对于事物的判断，与人体工程学的兼容性有关。好的设计能将产品设计者与使用者之间基于兼容性的误解降低到最小。

姿势和动作

人类的生物学能力是由人体的骨骼结构、肌肉和结缔组织，以及神经系统等决定的，它们共同赋予人类广泛的能力。考虑人体姿势时，我们需要知道当人处于站立、坐下、弯腰、伸展、抓取、屈膝等各种状态时的数据。坐姿状态时，身体被支撑，但只能产生较小的力。站立状态时，身体能够使出更大的力，但是却受到更大的压力，因此更容易疲惫。工作时，坐姿和站姿切换会比较好。如果没有条件，久坐或久站一段时间后，可以进行周期性的休息。了解姿势和动作在设计座椅、橱柜、厨具、工具，以及其他产品和设备时十分重要。

能力（潜能和极限）

产品和环境的设计需要不同的人体测量学数据。尽管我们需要考虑目标人群的身高以设计舒适的高度，但在设计手持式吹风机时，什么样的人体要素需要重点考虑呢？一系列的数据会和人的能力以及目标人群的潜能和极限有关。在设计吹风机时，需要考虑手掌尺寸、手臂活动范围、抓取能力以及开关和温控位置的合理性（如图 15-8）。

动作幅度

人体可以完成形态各异的动作。根据骨骼结构、肌肉强度，以及关节的灵活性，人们可以活动手臂、胳膊，或者其他身体部位（见图 15-9）。

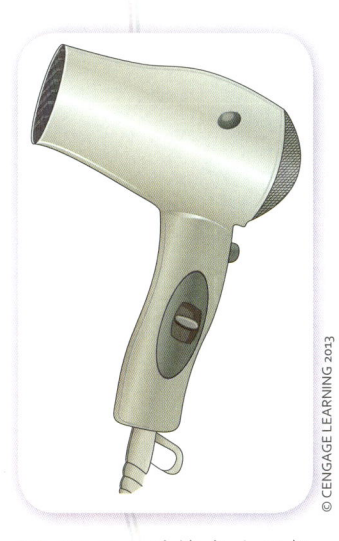

图 15-8　手持式吹风机的设计必须适应使用者。

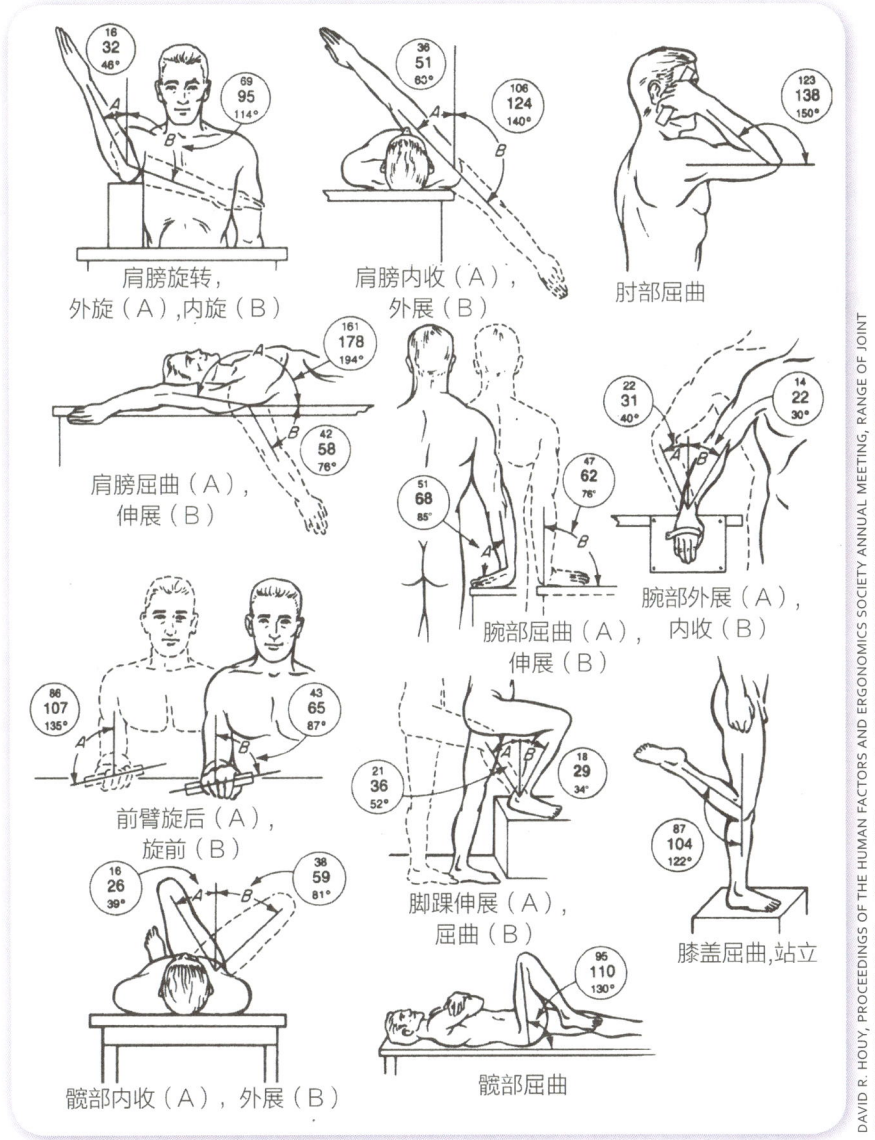

图 15-9　高校男生的动作幅度（第 5 个百分点，第 50 个百分点，第 95 个百分点）。

第 15 章　设计和工程中的人体工程学　　423

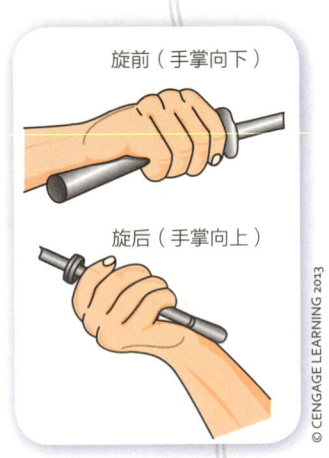

图 15-10 前臂旋转至旋前（上）和旋后（下）时的姿势。

身体可以以关节为轴转动，完成动作。对关节运动来说，由自然位置到最大的关闭点，称为 关节屈曲。关节也可以从自然位置到最大打开点，这称为 关节伸展。

身体也可以沿着纵向轴线旋转。例如，前臂置于身前旋转可以完成 旋后（手掌心向上的位置）和 旋前（手掌向下的位置）的姿势（如图 15-10）。

通常而言，身体在自然状态时，所受的压力和拉力最小，此时人体感觉最舒适。身体在自然状态时也能发挥最大的力。设计产品、系统和环境时，可以减小压力和拉力，从而使人更加专注于工作或者娱乐，同时也要保证舒适、安全和健康。

手

手是我们与自然世界和技术世界之间的桥梁。我们通过双手来穿衣、吃饭、开门、接电话、控制电视。我们用双手来书写、发信息或翻书。我们的双手是集合了骨头、神经、韧带和肌腱的一个复杂结构。我们的手受前臂的肌肉控制，肌肉通过肌腱贯穿手腕里的腕管连接手指。手掌可以在两个方向翻折 90 度。向掌心方向活动手掌叫 掌屈，反向叫 背屈。向着小指和尺骨方向活动叫 尺偏。向着大拇指和桡骨方向活动叫做 桡偏（见图 15-11）。

过度或不当使用身体可能会造成累积损伤。累积损伤往往发生在手掌、手腕、前臂和背部位置。当肌肉和关节过度受压、肌腱发炎、神经紧张、血流受阻时，就会造成累积损伤。常见的劳损包括撕裂和破裂（应力性骨折），或者发炎导致腕管综合症、肌腱炎，或者下腰痛。好的工具和设计，以及对使用工具和产品进行适当的培训可以降低劳损发生的可能性，特别是手部劳损。当设计与手相关的物品时，设计者需要考虑如下设计规则，需要考虑目标人群的能力：

1. 使用手臂的自然位置；
2. 避免受压；
3. 保护手掌；

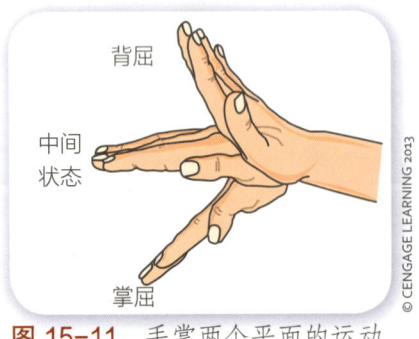
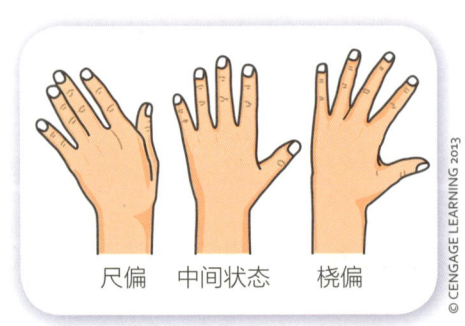

图 15-11 手掌两个平面的运动。

4. 避免手指重复动作；
5. 最大抓取力；
6. 安全使用。

轮到你了

乘客乘坐飞机时手提箱的限重是多少？这个重量对于帮助旅客拎箱子的空姐来说合理吗？

提举

提举这个动作和所有的肢体动作一样，受生物力学原理支配。很多人会因为提举过重的东西或者姿势不对而受伤。错误的提举方式或者提举过重的物品都是不科学的，而且可能会导致背部长时间的疼痛。国家职业安全与卫生研究院（NIOSH）建议成年男性不要提举超过 23 千克（50 磅）的重物，女性不要提举超过 17 千克（37 磅）的重物。

提举时，关节会承受力矩（力矩 = 力 × 距离）。是否能安全提举某物取决于身体的姿态和动作，例如，提举重物时运用大腿肌肉力量，并让重物尽量靠近身体，这个建议是合理的，且符合物理学规律。当提举重物时，最好是站立，且身体处于自然状态，因为向前弯曲的方式会使身体承受更大的压力。应尽量避免猛拉或重复做提举动作。增大水平方向和垂直方向提升的距离，以及提举的频率都会减小提举重物的最大安全限值。职业安全和健康管理局（Occupational Safety &Health Administration）为不同的提举方式设立了一个系数。系数为 1.0 时是最理想的提举状态，小于 1.0 时则不甚理想。比如，在 1 小时范围内，某重物每隔 30 秒提举一次，频率系数为 0.91，但是，如果重物每隔 30 秒提举一次，并持续 8 小时，那么系数变成了 0.65。

如果一名成年女性将重物往上提举 30 厘米，并在 1 小时内每分钟提举 3 次，那么她的安全提升重量是多少？

30 厘米的系数（VM）是 0.87，每分钟 3 次的系数（FM）是 0.88。

（成年女性的承重量）(VM)(FM)= 安全提升重量

17 kg × 0.87 × 0.88=13 kg

通用设计（universal design）：

某项产品、系统或环境的设计能够消除某种障碍，并能够满足所有人（包括特殊需要的人）。

重物的可抓取性有利于提升重物，比如使用把手或抓杆有助于抓取，防止扭转。如果你必须将重物放置在其他位置，最好保证重物在你的身体前方，转动整个身体将重物放置在目的地。

如果你想要推或者拉物体，NIOSH建议的最大安全承重量是20千克（44磅）。当你移动物体时，务必当心脚下，防止被绊到。当你推重物时，确保物体的前方视野开阔。

通用设计

政府和企业都在尝试通过设计来消除某些障碍，帮助残疾人。当某项设计能够消除某种障碍，并能服务于包括特殊群体的所有人，这种设计理念就叫做**通用设计**。坐轮椅的人穿越马路时，首先会被路边的台阶所阻挡。大多数社区都将拐角处的台阶设计成斜坡（如图15-12），因为这项设计不仅帮助了坐轮椅的人，还帮助了那些推婴儿车的人，以及骑车的未成年人，我们称这种设计为通用设计——这是一项使每个人都受益的设计。

今天，所有商业大楼的入口必须设有无障碍通道，不通过台阶就能进入，而且所有的高楼都必须安装电梯。盥洗室必须设有低位便池，入口和通道应方便坐轮椅的人进入。门把手和电梯按钮的高度必须能够让坐轮椅的人触摸到。这些设计不仅帮助了特殊的人群，而且或多或少地使所有年龄段的人受益，被证实是一项很好的商业实践。通用设计的产品有着很好的市场影响力。

图15-12　斜坡是通用设计的典型例子，因为它不仅方便了坐轮椅的人，同时还使所有人都更加方便。

以下这些通用设计的原则可被用于设计和评价有潜在商业价值的新产品：

1. 公平：对于具有不同能力的广泛人群都有用。
2. 灵活：具有不同能力的广泛人群可灵活使用。
3. 简洁直观：设计简单易用，不需要考虑人的经验、语言、知识或者能力。
4. 可感知：设计容易被理解，不需要太多的感觉认知能力。
5. 耐受性：设计能够降低意外或非正常使用带来的风险。
6. 省力：用最小的力就可以使用。
7. 尺寸和空间：设计容许不同的人够到、抓取和操作使用。

辅助技术

与通用设计最相关的设计准则是**辅助技术**。辅助技术是指那些可以辅助残疾人日常生活的技术。利用辅助技术的产品可以辅助听觉或视觉不健全的人进行阅读，或者辅助行动障碍的人正常起居和工作（如图 15-13）。辅助技术同时还包含了能够满足教育和娱乐相关需求的技术，比如帮助坐轮椅的人进行游泳的设备。

> **辅助技术（assistive or adaptive technology）：**
> 商业的、改良的或者定制的，用于维持、增强或者促进残疾人使用的产品、装置或者设备。

利用辅助技术的产品能够帮助人们提高生活自理能力，提升生活质量；辅助技术的装置可以促进使用者的身体和心理健康，也可以帮助使用者克服精神紊乱和身体损伤；有的装置可以预防犯错，或加强生理或心理上的薄弱环节；有的可以增强学习能力（如图 15-14）；有的设备可以替代失去的肢体，例如假肢。

辅助产品包含程序、显示器或者声控键盘。闭路电视系统可以用于为视力受损者放大图像，视觉特征认知系统可以将打印

图 15-13 三轮电动车可以帮助行动不便的人。

图 15-14 为视力障碍者设计的闭路电视。

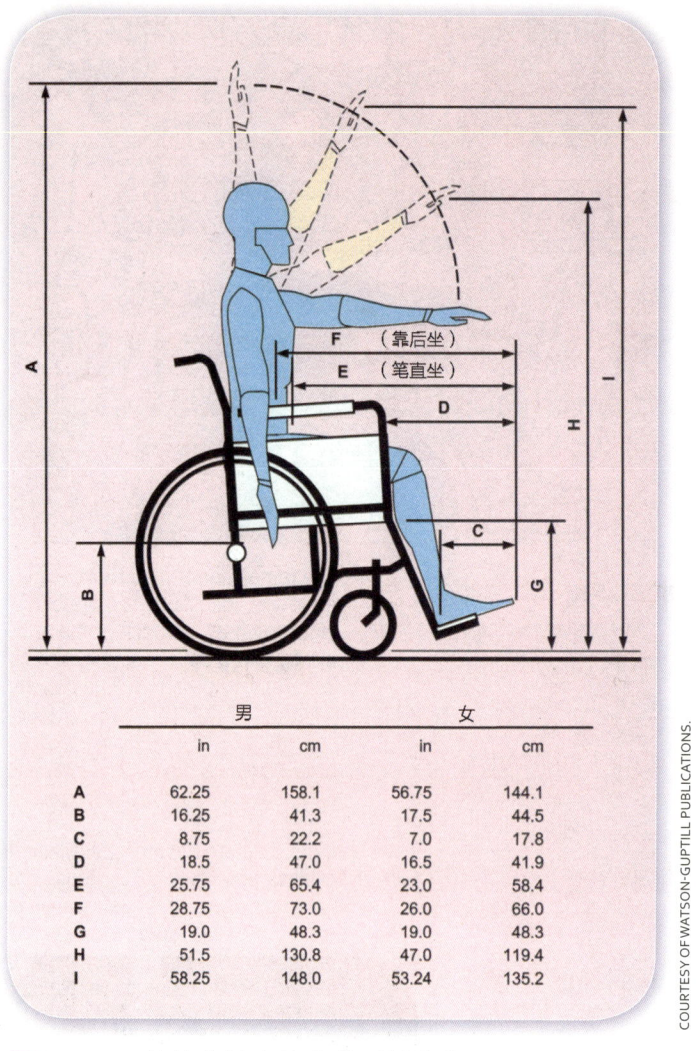

图 15-15　轮椅使用者的人体测量数据。

纸扫描到电脑上，电话可以扩大音量，闪光灯用于提醒大家前方有听觉障碍者或者有危险。

老年人和残疾人

用于设计老年人和残疾人产品的数据正变得越来越丰富（如图 15-15）。今天，美国的老龄人口超过了 3300 万，占总人口的八分之一以上，而且在接下来的 10 年到 20 年，这个数字将会持续增加。是什么导致了这种情况？除老龄群体外，还有大量的人群被划分到残疾人的行列。全世界范围内，这些数字更大。老龄群体和残疾人因为行动受限，在使用设备时存在困难。幸运的是，在美国以及其他很多国家，新建公共设施必须满足残疾人通道标准。此外，由于我们的社会已经达到了一定的富裕程度，很多产品都能帮助老年人和残疾人拓展他们的行动能力。这些产品包括改进的轮椅、盲文书籍、假肢和手动操作的车辆，等等。尽管如此，为解决有关老年人和残疾人的问题，仍然存在很多需求和机会。

案例研究

残疾儿童玩具指南

在20世纪90年代早期,玩具反斗城的总裁拉扎勒斯(Charles Lazarus)收到了许多残疾儿童父母的来信,他们抱怨适合他们孩子的玩具太少。

玩具反斗城是世界范围内儿童玩具和服装的主要零售商之一,在27个国家拥有1600家门店。1948年通过儿童家具生意在华盛顿起家后,拉扎勒斯先生将生产的玩具拓展到了所有年龄段的儿童。1957年,他的第一家玩具超市开张,这个成功的点子促使他在1978年成立了玩具反斗城。今天,这家公司的业务包括儿童反斗城和婴儿反斗城。

拉扎勒斯被这些家长的来信所感染,他要求汤姆·德卢卡(Tom DeLuca)调研这个难题。汤姆说:"我们发现,这是一个十分敏感的话题,而且公司内部没有该领域的专家。我们希望能以正确的方式作出回应,不让顾客失望。"德卢卡向各类组织寻求帮助,来自国家莱柯泰克中心(National Lekotek Center)的戴安娜(Diana Nielander)是第一批回应者中的一员,国家莱柯泰克中心是一家致力于帮助残疾儿童快乐成长的非盈利性组织。

对热销产品进行几个月的测试后,德卢卡发现公司的很多玩具都可以用于残疾儿童。掌握这个信息后,他向玩具反斗城管理层提议,向莱柯泰克中心请求支援,引导家长挑选适合自己孩子的玩具。德卢卡说:"我们最开始考虑的是在我们的商店中引入辅助技术,或者为残疾儿童设计专门的玩具,但后来我们意识到不能这么做,因为这些孩子的家长希望他们的孩子能得到与普通孩子同等的待遇。"

1993年,玩具反斗城首次发表了"残疾儿童玩具指南"(如图15-16)。根据有经验的专家的评估,指南描述了不同玩具的特征。专家们观察残疾儿童使用每种玩具的情况,对以下九种人体工程学领域做出了技能水平的评定:

1. 大肌肉群活动技能
2. 精细动作技能
3. 创造力
4. 听觉能力
5. 语言能力
6. 自尊心
7. 社交能力
8. 触觉
9. 思维能力

图15-16 玩具反斗城的"残疾儿童玩具指南"帮助父母为孩子挑选合适的玩具。

生产玩具指南的同时,德卢卡相信公司正在引导整个玩具市场作出改变。他指出,1999年,美泰公司为行动困难者发布了"椰菜娃娃"(Cabbage Patch Kids Playtime Friend);费雪玩具在2000年开发了"辅助救助"(Aiden Assist),这是一种轮椅辅助救助设施。适用于残疾儿童的玩具市场每年占20亿的市值,而且增长速度比常规的玩具市场更快。美国儿童科学研究中心提供的数据显示,在美国,有600万以上的儿童患有残疾。公司认为辅助救助是一个成功的项目,而且坚信这对残疾儿童和他们父母的生活产生了深远的影响。

轮到你了

你周围有残疾人吗？询问他们在生活中遇到过哪些困难，并试着做一项设计来帮助解决他们的困难，可以是很简单的事情，比如帮助他们开门或打开瓶盖。

 运用人体测量数据进行设计

当你在考虑人体特征进行设计时，以下步骤很有必要：

1. 明确目标群体；
2. 找到有关目标群体行为、特征和能力的适当的人体参数；
3. 将这些数据运用到所有可行的解决方案中；
4. 在目标群体中测试解决方案。

大多数设计需要运用图 15-17 中所示的基本参数。设计团队内的所有成员必须对选取的目标群体相关的一系列参数达成一致意见。例如，设计工作环境中头顶上方障碍物的净高时，需要考虑身高的因素。

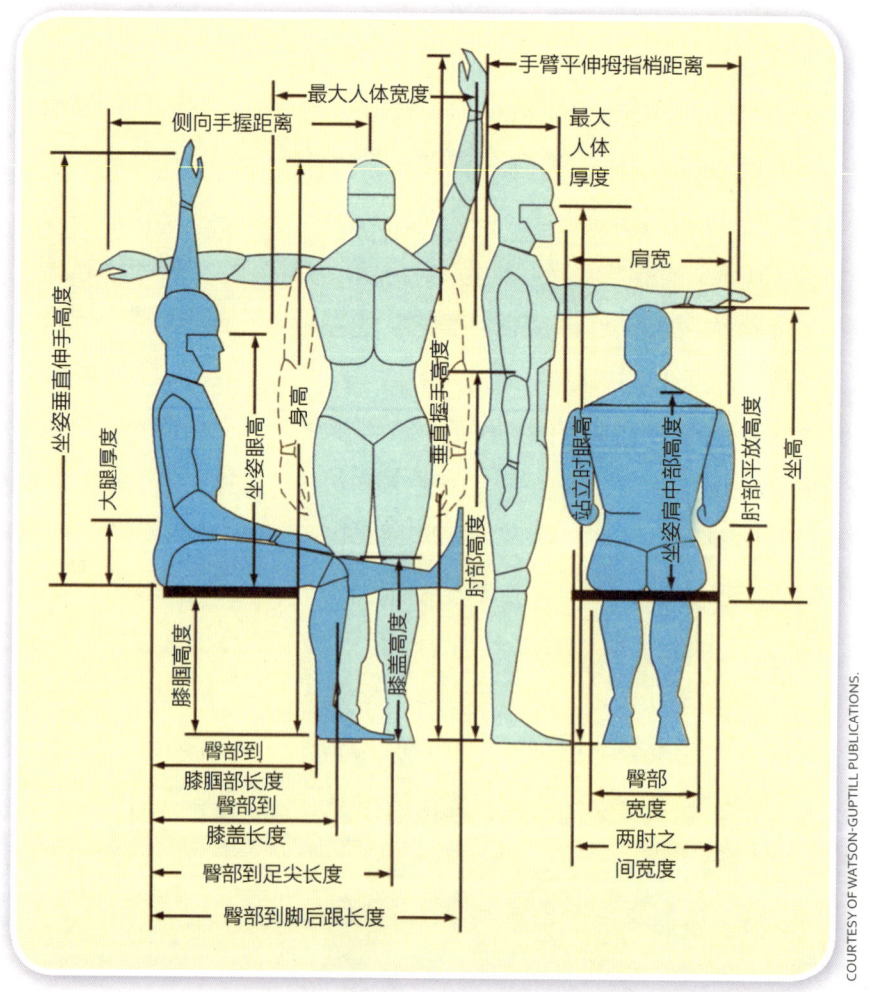

图 15-17 人体体型测量数据对室内设计人员有很大的参考价值。

而水平视线的高度则决定了设备操作面板的位置及办公室屏风隔断的高度。每一个产品或环境的设计都必须满足使用者的需求。

设计一把椅子

如何使用人体体型测量数据可以通过设计一把椅子为例进行说明。我们假定这把椅子是一把普通椅子,任何成年人都能使用,主要供货给北美市场。这些人群中,测量数据分布在第 5 个百分点到第 95 个百分点的人群是我们的目标人群,我们应该通过设计来满足这 90% 的人的需求。椅子的所有参数都必须被合理规划。座位高度由**膝腘高度**决定,即图 15-18 中的高度 A。膝腘高度是指人挺直身体坐着时,从地面到膝盖背后(腿弯)的垂直距离。从表中可以看到,目标人群的膝腘高度在 14 英寸(女性第 5 个百分点)到 19.3 英寸(男性第 95 个百分点)之间。大部分研究表明,人们坐得比正常膝腘高度高 1~2 英寸时最舒适。因此,大部分椅子的标准坐高在 17~18 英寸。然而,如果我们设计的椅子的座高固定到 18 英寸,那么并非所有的目标人群都会觉得舒

膝腘高度(popliteal height):

人挺直身体坐着时,从地面到膝盖背后(腿弯)的垂直距离。

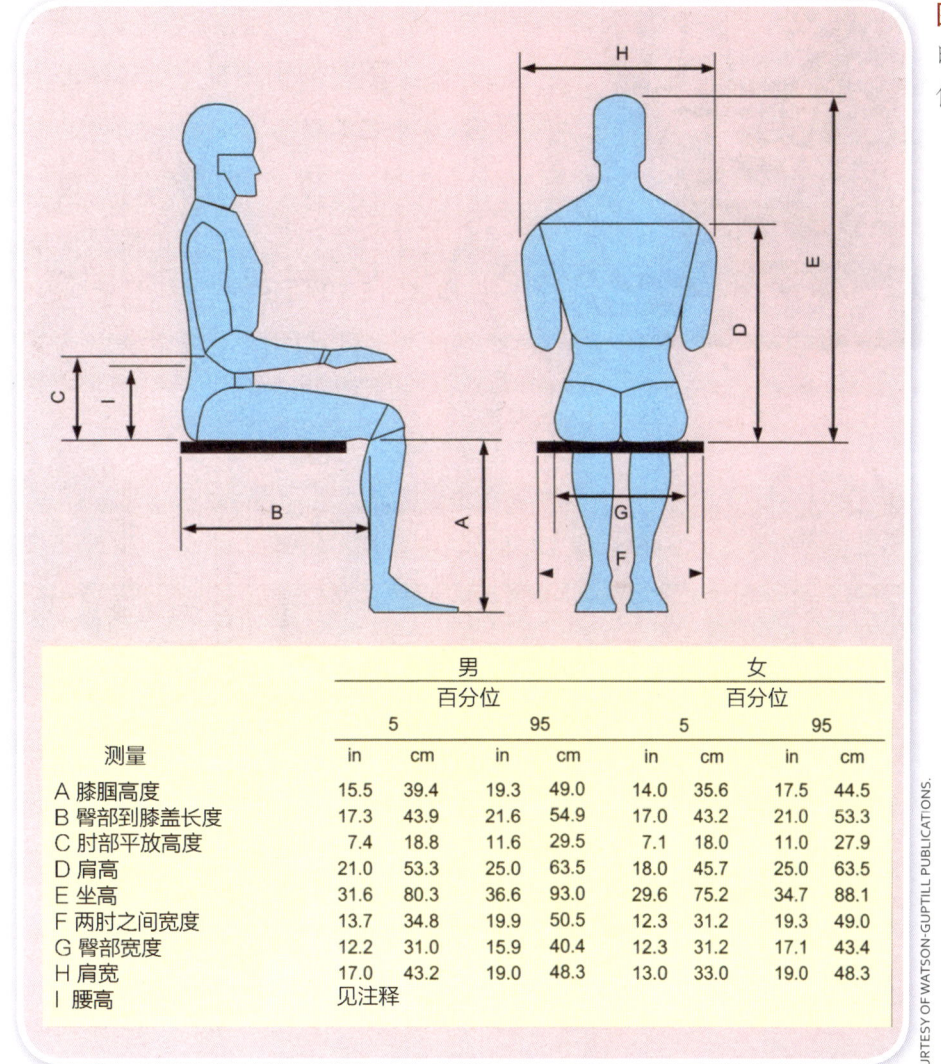

图 15-18 设计椅子时所需的关键的人体体型测量数据。

	男				女			
	百分位				百分位			
	5		95		5		95	
测量	in	cm	in	cm	in	cm	in	cm
A 膝腘高度	15.5	39.4	19.3	49.0	14.0	35.6	17.5	44.5
B 臀部到膝盖长度	17.3	43.9	21.6	54.9	17.0	43.2	21.0	53.3
C 肘部平放高度	7.4	18.8	11.6	29.5	7.1	18.0	11.0	27.9
D 肩高	21.0	53.3	25.0	63.5	18.0	45.7	25.0	63.5
E 坐高	31.6	80.3	36.6	93.0	29.6	75.2	34.7	88.1
F 两肘之间宽度	13.7	34.8	19.9	50.5	12.3	31.2	19.3	49.0
G 臀部宽度	12.2	31.0	15.9	40.4	12.3	31.2	17.1	43.4
H 肩宽	17.0	43.2	19.0	48.3	13.0	33.0	19.0	48.3
I 腰高	见注释							

适。座高太高，会使膝关节内侧承受额外的压力，阻碍小腿的血液循环。长时间处于这样的坐姿，会导致血液循环不足，从而引起腿部痉挛及脚部水肿。另一方面，如果座位设计得太低，使用者的腿必须向前伸展或向后缩回，难以形成良好的坐姿。除了膝腘高度的信息外，可调座位的4英寸范围内的调节技术现在已经相对成熟，且成本合理。基于此，设计座椅高度在14.5英寸到18.5英寸之间并且可调将是一种最佳的选择。

椅子其余部分的设计需要考虑图15-17中的其他测量参数。椅子的每一项设计要求，例如座宽、座深、座位倾角、靠背角度及尺寸、腰靠以及扶手的位置和大小等，都会额外增加设计的复杂程度及制造成本。

特别对于女性工作者来说，座位设计的一个问题是工作环境的桌面高度。设想这样的一种工作环境：里面除了椅子外，还有放置键盘等其他与工作相关物品的桌子。身材较小的女性只能将座位的高度抬升至高于膝腘高度时才能够到桌面顶部，或者将工作台设置为29英寸的高度。

除了椅子的物理尺寸外，设计团队必须考虑其他更多的元素与功能。例如在飞机上，座位之间的空隙相当重要。你是否注意过头等舱与经济舱座位的差别，如图15-19所示的情形？

此外，设计团队还必须考虑选择合适的材料、机械结构、美学样式以及加工工艺等（见表15-3）。

图 15-19 座椅设计对坐姿与舒适度的影响。

表 15-3 由美国办公家具制造商协会（BIFMA）工程委员会提出并送呈美国国家标准学会（ANSI）的标准，每五年修订一次。

美国国家标准学会（ANSI）/美国办公家具制造商协会（BIFMA）中商用座椅规范概要：
• 座椅靠背能承重113千克（250磅）。
• 当79千克（173磅）的成年人的重量在椅子的前腿或后腿之间时，椅子能保持稳定。
• 当52千克（115磅）的重量从侧向施加到椅腿时，椅腿能保持结构完整。
• 椅面能通过136千克（300磅）重量从152毫米（6英寸）的高度自由落体到椅子上的测试。
• 座椅能承受57千克（125磅）重量从51毫米（2英寸）的高度自由落体到椅子上1000次并保持结构完整。

设计世界里的职业

史蒂夫·施密特：工程经理、水资源管理顾问

开拓视野

史蒂夫·施密特（Steve Schmidt）年轻时总是不停地问一些问题："通过地图上道路的形状，我们可以知道地形及土地使用的哪些信息？我们的自来水从哪里来，并且是如何到达我们的水龙头的？为什么密苏里州是丘陵而伊利诺伊州南部是平原？"

对于史蒂夫来说，不断地提问可以帮助他理解事物是如何相互作用，概念是如何变成设计、并成为现实的。史蒂夫好问的天性使他在大学期间学习了工程学，并随后担任了一系列不同的工程职务。

工作内容

目前，史蒂夫是堪萨斯州麦克弗森一家价值5000万美元的工厂的工程项目经理。工厂非常大，占地10英亩。史蒂夫是工厂主、设计者和施工方三者之间的纽带，工厂主明白建造工厂的目的，设计者则据此设计方案，为建筑制订计划书，施工方负责实施建造。"我的目标就是让工厂主的钱花得合理，并使建筑最终符合设计要求，以及各种技术规范。"史蒂夫说。

史蒂夫的工作涉及各种工程项目。例如，他曾为引水渠设计应急通道，绕过科罗拉多西部的大水库，将来自洛基弗拉茨核武器工厂的水通过加州胡桃溪的径流引走。这条引水渠的设计与建造同时开始，包括引流装置、静水池、9100英尺长的土基水渠和1200英尺长的混凝土斜槽，且工程在2周后完成。这项工程得以实施，主要归因于联邦调查局对洛基弗拉茨核武器工厂的突袭，工程的完成还包含了很多州及联邦机构的合作参与。史蒂夫说："那是相当激动人心的一个项目，也非常有意义，因为这条引水渠保障了一整个社区团体的生活用水。"

职业启蒙

伟大的工程奇迹不断地激励史蒂夫，例如：布鲁克林大桥、金门大桥、胡佛水坝、巴拿马运河以及洲际大铁路等。他说，之所以被土木工程所吸引，是因为他特别热爱火车和桥梁。这些基础为他打开了工程的大门，使他接触了土壤力学、水利工程，以及现在所从事的工程管理工作。

教育经历

史蒂夫曾就读于俄克拉荷马州立大学，他在那获得了土木工程学学士学位及硕士学位，研究方向是土壤力学与地基工程。

给学生的建议

"首先，保持好奇心，"史蒂夫说。要一直探究事物是如何运作的，以及为什么这样运作。

"同样重要的是，注意大局的同时要关注细节。灾难通常是由于忽视细节造成的，例如航天飞船——挑战者号的失败，以及凯悦酒店走道坍塌事件。无论你要面对的是多小的任务，都要投入全部的精力与努力。如果你证明自己能应对小事，那你也就完成了大事中的一部分。"

最重要的，史蒂夫要求同学们尊重团队合作。"当你在一个设计团队中工作时，没有一个人是无用的，你可以在其他任何人身上学到重要的东西。"

7 以人体工程学评估设计

工程设计流程（见第 2 章）中的步骤 9 要求利用设计规范对草案进行测试与评价。设计规范通常只涉及机械、电子或其他的操作性能，大部分设计还必须通过人体工程学来验证。在上一部分，你已经学习了如何通过人体测量学数据进行设计。接下来将为你展示，对于特定的用户来说，该如何评估新产品或已有产品的安全性和功能性。

计算机工作台

计算机作为重要的工具，每天被数百万工作者使用。尽管大家都认为计算机是一种使用非常安全的设备，但一些企业以及美国劳工部职业安全与卫生管理局已经开始关注与计算机相关的健康问题。社会对青少年及幼儿受到的与计算机相关损伤的关注度也在逐渐增加，如视力疲劳、腕管综合症及颈强直等问题。

所有计算机用户都应考虑人体工程学准则，在设计家庭或工作中使用的计算机工作台时，应考虑姿势、部件的摆放位置以及环境相关的问题（如图 15-20）。

建立身体的自然姿态　你是否曾有过一只胳膊或腿麻木的情况？如果是的话，很可能是由某些不正确的姿势引起的供血不足造成的。人体是一个由肌肉骨骼组成的复杂结构体。如果那些肌肉、肌腱以及骨

图 15-20　安全的工作环境、通常的姿势及器件摆放的位置。

架没能正确地摆放，就会在局部产生压力或拉力。长期忍受极端的压力或拉力会造成肌肉骨骼疾病。通过保持身体的自然姿态可以避免这些与健康相关的问题。对于计算机工作台，自然姿态包括以下几个方面：

- 保持手、腕、小臂平直并与地面平行
- 保持头部水平或稍有前倾，且左右平衡
- 保持肩部放松，上臂自然下垂在身体两侧
- 保持肘部紧贴身体，且弯曲 90 到 120 度
- 保持双脚平放在地面（或脚凳）上
- 使用具有全支撑背的座椅，且可以调节垂直或稍稍后倾
- 保持大腿及臀部支撑稳定，且膝盖与臀部对齐

经过精心设计的座椅对保持身体的自然姿态至关重要。一把带滚轮的电脑椅应当具有贴合脊椎曲线的靠背形状，五条用以保持平衡的腿，对于不同体型的用户来说，座椅可调节。扶手是可选的，但如果提供的话，应该柔软且使手臂处于平衡姿势。对于那些座椅调到合适高度时，双脚不能碰地的使用者，应该提供脚凳供他们平放双脚。

从你的个人经验可以发现，长期面对电脑工作，就算保持正确的姿势也会带来拉力与压力。如果你长期在电脑前工作，要对姿势做一些小的调整，经常放松一下，并有规律地站起来走动一下，放松放松。

器件摆放在合理的位置　计算机器件通常由显示器、键盘、鼠标组成。合理摆放这些器件可以避免不正确的身体姿势及长期看屏幕造成的扭伤。

- 将键盘、鼠标摆放在使你的手臂、手腕及手指尽可能放松的地方
- 保持显示器在你的正前方 50 到 100 厘米（20 到 40 英寸）的距离
- 显示器的上沿与水平视线齐平或略低
- 显示器与窗户或其他强光源垂直放置
- 将键盘置于正前方
- 肘部应该靠近身体，小臂与地面水平
- 腕关节保持笔直（自然体位），可以使用腕托来帮助腕关节保持笔直
- 使用键盘快捷键，以减少手臂在鼠标与键盘间的来回移动
- 打字时用较轻的力，以减少手指张力

如果计算机工作台不能将显示器、键盘、鼠标摆放在合适的位置，应该改动工作台而不是用非常难受的姿势使用它。显示器和键盘的种类很多，如平板显示器占用更少的工作台空间。如果显示器放置在电

脑主机上会使其高于水平视线，那么就不要这样放置。合理布置工作台来避免从头顶、台灯及窗户发出的炫光，可以在显示器上加装防炫光屏来减少环境光造成的视觉疲劳。环境应当通风充足，但要避免直接坐在出风口处。

标准的水平键盘要求使用者的手腕稍向小指方向偏斜（尺偏）。应当避免使用键盘支角，因为这会导致手腕向上弯曲（背屈）。可以使用键盘腕托与鼠标腕托来减少尺偏与手腕背屈。有一种符合工效学设计的键盘可以使你的手腕在最放松的状态下工作（如图 15-21）。

图 15-21　符合工效学设计的键盘。

应当周期性地放松手臂，尤其是手腕。伸展手指，并活动腕关节放松肌肉。有规律地放松眼球，将目光移开屏幕，注视远方的物体。如果你佩戴眼镜，特别是双焦眼镜，一定不要把头后仰来看屏幕，如果需要的话，调整一下屏幕的高度。

随着越来越多的人使用笔记本电脑、掌上电脑及游戏机，一些额外的使用指导也应该被考虑。正如使用台式计算机一样，各个器件的摆放位置及使用方法都很重要。尽管笔记本电脑的可移动性和掌上电脑的小尺寸具有极大的优势，但这些便利可能会带来错误的使用方式，并损害身体。当你使用笔记本电脑时，请注意以下附加的使用指南：

1. 选择具有较大屏幕的笔记本电脑以获得更好的显示效果
2. 选择舒适的工作环境，并采用正确的姿势
3. 将笔计本电脑放在肘部的高度，避免使用时过度弯腰
4. 将笔计本电脑的屏幕放置在座位视线下方 2 到 3 英寸的位置，并使屏幕向上倾斜
5. 合理摆放屏幕，避免窗户或其他头顶的强光
6. 考虑使用无线键盘和鼠标，以更符合人体工程学

当你使用掌上电脑或游戏机时，请参照以下附加的使用指南：

1. 限制使用时间，每次为 10 到 15 分钟
2. 经常向上拉伸手臂（反掌姿势）并张开五指，轻轻按摩手掌
3. 如果可能的话，使用额外的键盘及触控笔
4. 支撑你的手臂
5. 如果你的手指感到疼痛，则停止使用电脑，并将手用冰冷敷，如果疼痛持续应向医生寻求帮助

总　结

人体工程学是一门基于人类特征、行为和能力，兼顾安全和高效的原则，对产品、系统、环境进行设计和研究的应用科学。人体工程学的鼻祖德赖弗斯，写过许多有关人体工程学的书籍，包括他的第一本书《为人设计》（1955 年）以及开创性的作品《人体度量》（1960 年）。他参与了美国工业设计师协会的创建工作，并担第一任主席。

几乎所有技术和工程方面的挑战和机遇都或多或少涉及人类用户，因此，设计者需要了解人体物理特性方面的详细信息。人体测量学是涉及人类外形、尺寸等物理特征的科学分支。人体测量学的数据以统计形式为设计者提供参考。

设计者可以为私人独家设计产品，也可以设计批量生产的大众产品。当设计者为广泛的目标人群设计产品时，要正确选取人体测量学的数据。通常，设计是基于第 5 个百分点至第 95 个百分点的人群。随着年龄和性别的变化，数据的变动会很显著。为了得到最优方案，必须考虑使用一些单向测量方法。工作范围是在考虑最小部分目标群体时得到的极大值。活动空间是在考虑最大部分目标群体时得到的极小值。

人类行为的许多方面在设计产品、系统和环境时都十分重要。兼容性描述了人们对产品预期功能和产品实际设计功能之间的关系。理想情况下，设计想达到的功能和使用者期望实现的功能应该是一致的。然而，事实却不是如此，人们的期许和实际之间的差距可能会造成严重的后果。

人类的生物学能力是由人体的骨骼结构、肌肉和结缔组织，以及神经系统决定的，它们共同赋予人类广泛的能力。考虑人体姿势时，我们需要知道当人处于坐立、弯腰、伸展、抓取、屈膝等各种状态时的参数。人体可以完成形态各异的动作，基于骨骼结构、肌肉特征，以及关节的灵活性，可以移动手臂、胳膊，或者其他身体部位。

手是我们与自然世界以及技术世界之间的桥梁。过度使用身体可能会造成累积损伤。累积损伤往往发生在手掌、手腕、前臂和背部。好的工具和设计，以及对使用工具和产品进行适当的培训可以降低劳损发生的可能性。提举或推拉重物时，应该特别小心，男性不要提举超过 23 千克（50 磅）的重物，

总　结

女性不要提举超过 17 千克（37 磅）的重物。

政府和企业正尝试通过设计通用产品来消除障碍，帮助残疾人和老年人，这同时也给普通人带来便利。辅助技术使残疾人可以自己完成简单的日常事务。

采用人体测量学数据进行设计，首先要确定目标人群，然后找到对应人群合适的人体工程学信息。这些数据将被用来指导设计流程，目标人群中的成员将参与设计方案是否符合他们需求的测试。设计一把椅子的过程展示了人体工程学的数据是如何被应用到实际的设计方案中。

计算机作为重要的工具，每天有亿万工作者使用。社会对青少年及幼儿受到的与计算机相关损伤的关注度也在逐渐增加，如视觉疲劳、腕管综合症及颈强直等问题。人体工程学的数据可以被用来评估如何正确设计和使用计算机工作台。

课后作业

观察 / 分析 / 综合

1. 列出你使用过的，对你的手来说太大或者太小的产品。
2. 询问老人或残疾人，他们在生活中有什么事情是自己难以完成的，为什么这些事情对他们来说很困难。
3. 如果可以找到的话，阅读德赖弗斯的《为人设计》一书（1955，1967 或 2003 年版）。查阅这本书，留意作者依据人体工程学做出的设计与草图。
4. 收集班级里所有人的身高、体重数据。并做成一张人体测量学数据表，计算平均值、第 5 个百分点和第 95 个百分点的数据（参见第 16 章）。
5. 采用本章中某一图表的数据，制作一个高中生的两维人体测量学数据模型，模型需用硬纸板或其他材料做成，关节处可移动。使用该模型可以检验某些产品或环境中的人体尺寸。
6. 计算班级所有同学人体测量学数据的偏差。你认为班级同学的数据与全校同学的数据相比，结果会有何不同？（参见第 16 章）

补充作业

工程设计分析挑战

使用本章中"设计椅子"部分的数据，评估一把学校或家里的椅子，将椅子的实际数据与书中的数据，以及你自身的测量数据进行对比，至少分析三项人体参数。

判断这把椅子是否符合你的舒适度要求，如果不能，需要如何改进？使用 PowerPoint 软件，在学校或社区向班级或小组成员做一次展示。

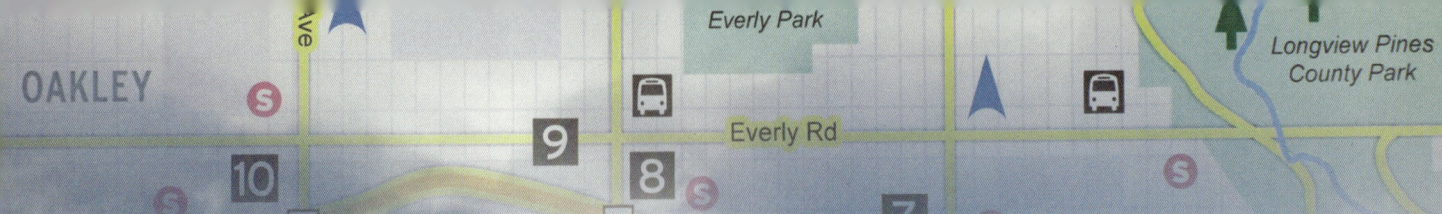

第 16 章
数学和科学的应用

Menu

 **头脑准备**
在学习本章的概念时，请思考下面的问题：

1. 为什么在设计中我们一定要考虑偏差？

2. 绝对与相对数据图是如何构建的？为什么它们那么重要？

3. 电子制表软件的四个主要用途是什么？

4. 17世纪的哪位科学家彻底改变了数学和科学？

5. 人类使用的重要的静态结构的例子有哪些？加在该结构上所有力的总和是多少？

6. 什么是变化率，它在动力学中如何应用？

7. 列举一些既是自然存在，又是人为的振动现象。

8. 在科学与工程中应用最广泛的数学方程是什么？

> 引 语

在第1章，我们讨论了与设计人员相关的体系，设计人员在体系中的位置取决于其使用数学和科学知识的水平。工程学学科通常需要设计人员具有优秀的数学与科学技能，事实上，数学与科学对所有设计类学科来说都很重要。

本章，我们将回顾高中工程教育以及工程学预备课程中最有价值的数学和科学技能，这并不能覆盖工程人员需要了解的所有数学和科学概念，因为相关的内容太多，你还可以参考有关数学、科学或工程标准的书籍来得到更加全面的资料，也可以通过一些专业的网站来研究这些课题，提高自己的能力。

测量：认识差异度

现实世界中的物品不可能以无限的精度测量或制造，因此设计中必须考虑差异度。**差异度**是尺寸和参数预期变化范围的衡量标准，是设计人员必须理解的一个重要概念，这个已经在第8章中与测量一起讨论过了。

为什么工程师与技术专家需要考虑差异度呢？接下来列举的事例表明，工程师需要通过考虑差异度来确保每一个部件能相互匹配并能正确地组合。正确使用差异度对确保设计的可靠性以及可制造性来说，至关重要。如图16-1所示，需要将一个简单的盒子（蓝色）通过一个孔，如果盒子和孔的尺寸一样（如图16-1a），我们是无法保证盒子总是可以通过孔的，例如，2.1米宽的盒子就无法通过1.9米宽的孔。正确的做法如图16-1b所示，将盒子的公差范围改为1.70米 ± 0.1米（一个1.8米宽的盒子一定可以通过1.9米宽的孔洞）。"盒子过孔"虽然只是一个简单的例子，但可以将其推广到电子设备的插头插座及现实世界中的其他复杂设备。

> **差异度（variation）：**
> 也称为变异度（数理统计概念）；是尺寸和参数预期的变化范围。

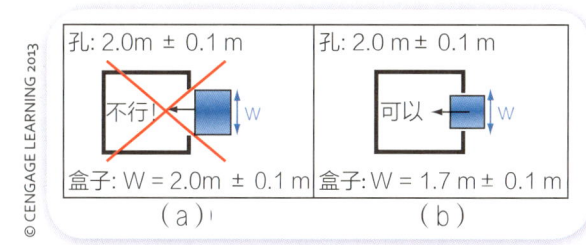

图16-1 "盒子过孔"的情景说明准确地量化差异度才能使设计得以成功。只有将盒子与孔的差异度都考虑在内，才能保证盒子一定穿过孔。图中(a)失败了，图(b)则说明如何通过设定差异度保证盒子一定可以通过孔。

轮到你了

列举满足如下情形的物体：（1）可接受的差异度很小；（2）可接受的差异度很大。将列举的物品与具有相近规格的其他物品比较。试着列举一些重要参数的差异度，不只是简单地列举长度单位。

第16章 数学和科学的应用 **441**

趣味阅读

数学与折纸艺术

设计体系的一端是没有太多数学与科学功底的艺术家，另一端是数学与科学功底夯实的工程师。工程师的职业生涯离不开数学与科学，艺术家则更多地运用美学、颜色、比例等艺术原则，当然，工程师也会考虑这些因素。一个有趣的问题出现了：能否列举某个艺术品，它是受数学和科学影响的？答案是肯定的。有时候艺术品也会影响数学、科学和工程。

罗伯特·朗（Robert Lang）是一位资深的激光领域的科学家，他同时还精通折纸。折纸是一种古老的日本艺术，术语"Origami"在日语中就是"折叠纸张"的意思。折纸艺术家把一张纸折叠成一件作品。这里最主要的约束是一纸成型，不剪不切——只能折叠。

历史上，用大量的折纸附件组合成一件逼真的物品是一个很大的挑战，更不用说让这些附件出现在正确的位置，且尺寸大小正好合适。罗伯特·朗和一些有数学思维的折纸艺术家共同发明了一些方法，用以描述复杂的折纸技术。除此之外，这些折纸技术能够帮助设计者使用更多的附件创造更加逼真的结构。最新的一种数学方法叫做"圆河填充"（circle-river packing）设计技术。图16-2的展开图是该技术的一个例子，该展开图折叠之后会形成一只蟹钳不对称的螃蟹。在电脑程序的帮助

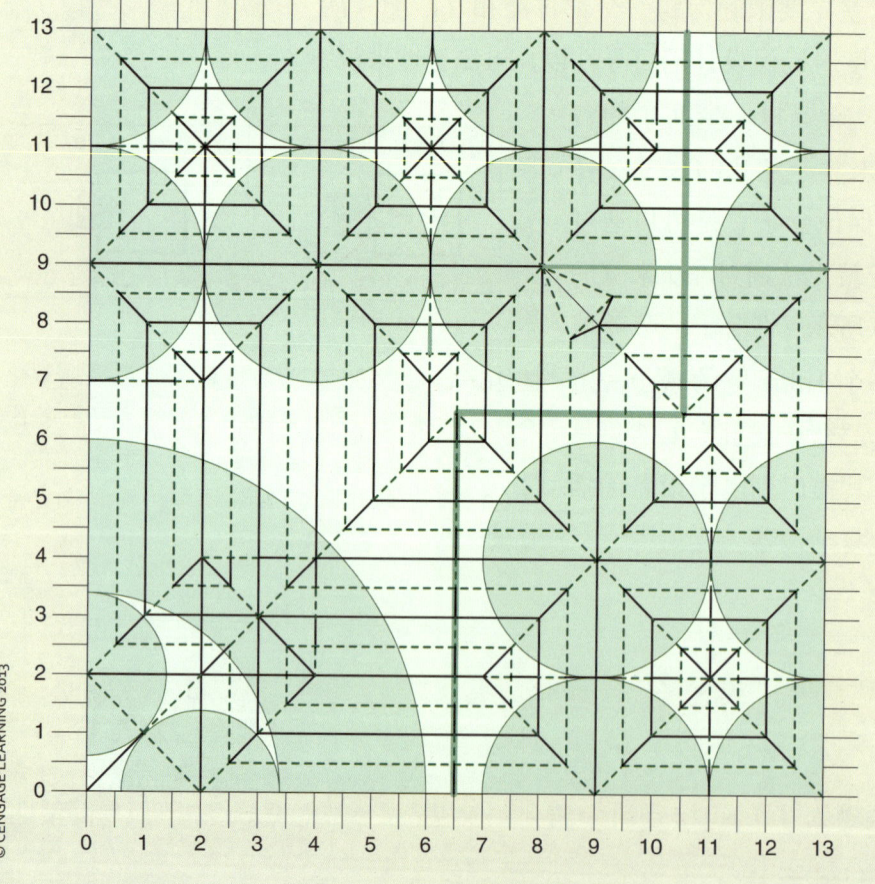

图16-2　最近，数学方法被应用到了折纸艺术中，使折叠能力和附件结构更加真实。新技术"圆河填充"可以产生展开图。你能猜出展开图代表什么动物么？

趣味阅读

下，折纸艺术家现在能够折叠更多复杂逼真的实物。

那些与折纸相关的艺术、数学的进步使工程得到了进一步提高。这种技术已经应用在太空产品（大型折叠望远镜）、汽车产业（优化的安全气囊）、机器人（操纵器）和医药行业（可展开的血管支架）中。

图 16-3　用折纸工艺折叠的动物。

木材的可变性

测量两次，截取一次

一些材料的尺寸会发生变化，例如木材这种常见的材料。我们一般从树干截取木材，木材由上百万纤维组成，这些纤维互相平行且与树干垂直（如图 16-4），就像是将一捆平行的稻草紧紧捆绑在一起。你可能已经料想到，木头纤维（"稻草"）的直径会随环境湿度的变化而变化，如果吸收了环境中的水分，木头纤维的直径就会变大，如果水分从木头纤维中流失，直径就会变小。

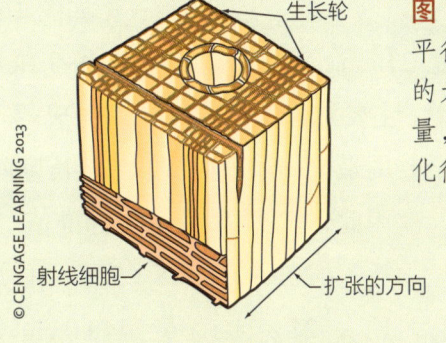

图 16-4　木材由稻草形纤维平行堆放在一起而组成。木材的大小取决于空气中水分的含量，木材的大小在一个方向变化很大，另一个方向变化很小。

因此，纤维的宽度会随着含水量的不同而发生变化。在横纹方向（垂直纤维或纹理的方向），木头能够收缩或者扩张 2%～10%。例如，一块 1 英尺宽的木板，它的宽度可以变大 0.02～0.1 英尺，变为 1.02～1.1 英尺。这是一个非常大的变化，在设计时需要考虑在内。但是，纤维的长度方向随着含水量的不同变化很小。在

第16章　数学和科学的应用

木材的可变性

长度方向（平行纤维），木材仅仅会收缩或者膨胀约 0.1%～0.3%，这个变化可以忽略不计。因此，木材大小随水分变化而发生的改变是一种不对称变化，垂直纹理方向的变化更大。

冬天，空气中含水量低，而夏天，空气中的湿度甚至会超过 80%。为了获得一种高质量的可用于设计的木材，必须考虑它的非对称膨胀或收缩的特殊性。樱桃木是相对稳定的木材，它的尺寸随含水量的不同变化很小，正因为如此，樱桃木常被用作印刷板。然而，即使是樱桃木制成的家具，在结构设计时也要考虑能否保证其在几个季节内不会因为收缩或膨胀而断裂。

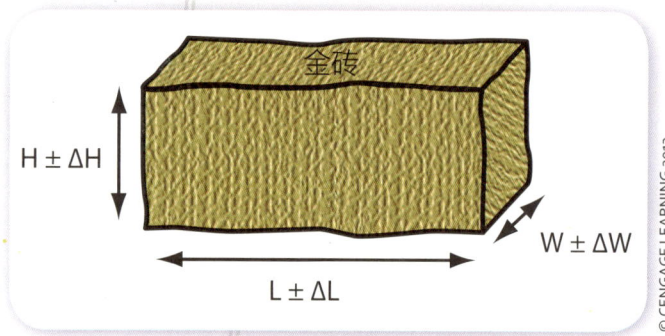

图 16-5　立方体的示例，金砖三个方向的长度和误差已知。

让我们将差异度或误差的概念付诸实践。假设 2006 年，某海洋考古博物馆在一次考古挖掘中发现了几块大致相同的古代立方体金砖，馆长将其中的一块交给你。馆长希望卖掉一些金砖来资助科研。所以她想知道金砖的体积，以此来评估金砖的货币价值。矩形金砖的体积 V 由公式 $V=LWH$ 计算得到，其中 L 是长度，H 是高度，W 是宽度（如图 16-5 所示），金砖三个方向的长度分别是 21 cm、11.5 cm、6 cm，每个维度有 ±0.5 mm（0.05 cm）左右的误差，主要是由表面的粗糙度造成的。取三个方向长度的最大值，可得到金砖的最大体积；取三个方向长度的最小值，可得到金砖的最小体积。

因此，体积的最小值、标准值、最大值如下：

$V_{最小}=20.95 \times 11.45 \times 5.95=1427.3 \text{ cm}^3$ 　　　　　　　（公式 16-1a）

$V_{标准}=21 \times 11.5 \times 6=1449.0 \text{ cm}^3$ 　　　　　　　　　　　（公式 16-1b）

$V_{最大}=21.05 \times 11.55 \times 6.05=1470.9 \text{ cm}^3$ 　　　　　　　（公式 16-1c）

最大体积和标准体积之间的差异约为 20 cm³，标准体积与最小体积之间的差异也是 20 cm³ 左右。因此，金砖的体积如果精确到十位，可以概括为 $V_{金砖}=1450 \pm 20 \text{ cm}^3$ [注意：1. 公式中，标准值与公差都精确到十位；2. 体积 1450 ± 20 cm³ 中的两个 0 仅用于占位，也可以用科学计数法表示为 $(145 \pm 2) \times 10^1 \text{ cm}^3$，这样每个数字都表示到个位]。公式表明金砖的标准体积是 1450 cm³，浮动范围约为 40 cm³（±20 cm³），用更加精确的方式表示体积没有很大意义，因此，上面的结果回答了馆长的问题。

单位分析

接下来我们要计算货币价值，借此机会，我们先回顾下单位分析。单位分析需要考虑数字后面的单位（文字符号）。单位分析用于工程与设计的各个过程，在"日常生活"中也随处可见。计算时，为了确保计算结果的准确性，将数字进行带单位计算非常重要。

黄金的交易一般以重量为单位，计量单位为金衡盎司。2011年，黄金的价格约为 $1700/金衡盎司。前面我们已经知道金砖的体积，现在我们需要知道黄金的密度。材料的 **密度** 等于质量除以体积。公制单位里，密度单位可以表示为克每立方厘米（g/cm^3）或者千克每立方米（kg/m^3）。黄金的密度很大，为 19.3 g/cm^3。我们不知道如何将金衡盎司转换为克，通过查证多方资料，我们得知 1 金衡盎司等于 31.1 克。一块金砖的货币价值可通过公式 16-2 计算得到，该计算公式分为两步。16-2a 利用已知的常识"密度等于质量除以体积"，将其转换为质量等于体积乘以密度，即 $M=VD$，公式 16-2b 用来计算货币价值。

> **密度（density）：**
> 将材料的质量除以体积，得到的是密度。空气的密度为 1.2 kg/m^3，水的密度为 1000 kg/m^3，金的密度为 19.3 g/cm^3。

$$\text{质量} = (1450 \pm 20) \, cm^3 \times 19.3 \, g/cm^3 = (28000 \pm 400) \, g \quad (公式\ 16\text{-}2a)$$

$$\text{价值} = (28\,000 \pm 400) \, g \times \frac{1\,Toz}{31.1\,g} \times 1700\$ \, US/Toz \quad (公式\ 16\text{-}2b)$$
$$= (1\,530\,000 \pm 20\,000)\,\$US$$

公式 16-2a 中，分子和分母中都有立方厘米，可以互相抵消，最后就留下了单位克（g），也就是金砖的质量。第二个公式中，克（g）和金衡盎司（Toz）分别在分子和分母中都出现了，抵消后，仅留下单位 $US，这就是最后想要的结果。单位分析对于验证计算的正确性来说是一种既普遍又重要的手段。例如，如果求得的单位不是想要的单位，那么计算公式可能不正确，需要重新计算。

总之，如果将每一块金砖都看作是同样大小，它们最终的价格都会是 1 530 000 美金，上下浮动 20 000 美金。偏差的知识对馆长来说是非常有用的。例如，馆长可利用 20 000 美金供一批考古学生进行暑期实习，这也是完成考古研究必不可少的资金。

轮到你了

在家里或班级中寻找某物，此物带有很多个螺丝，甚至可以是很多种螺丝。估算螺丝孔的大小尺寸必须为多少？为什么？

第16章 数学和科学的应用

趣味阅读

汉穆拉比法典

汉穆拉比是古巴比伦的一位国王,他生活在公元前1700年左右,是第一部成文法律的制定者,我们称这些法律为汉穆拉比法典,它包括280条详细的法律条文,刻在12块石碑上。在汉穆拉比区域,工程师的设计必须是正确的,否则,他们将失去自由,甚至失去生命。以下列出了其中的一些法律条文:

1. 如果建造者建一座房子,并且建得很好,那么房主将按一间房屋2古希伯来钱币的报酬支付建造者。
2. 如果建造者没有建好房屋,并且造成房屋倒塌,压死了房主,那么建造者将被处死。
3. 如果压死房主的儿子,那么建造者的儿子将被处死。
4. 如果一个人没有管理好水坝,致使水坝坍塌,他将会被卖身为奴,得到的钱用于换取那些被洪水冲毁的谷物。

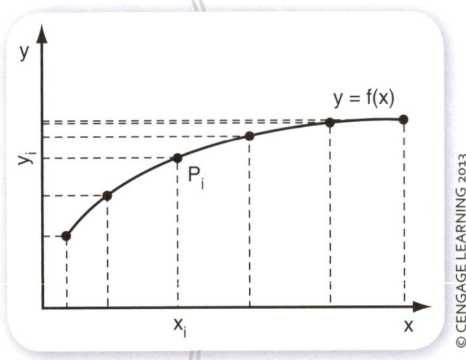

图 16-6 二维笛卡儿坐标系的例子,其中的点由矩形坐标定位,这种坐标系也称为直角坐标系。

绘图:绝对、相对、极坐标图 数字可以表示某一方向上的某一个点。例如,123.5 表示数字线上的唯一点,这个点在数字 123 与数字 124 中间。同样,在二维空间中的点需要 2 个数字来表示,这个二维空间叫做 x-y 平面。以此类推,三维空间需要 3 个数字确定某一点。

最常用的坐标系是笛卡儿坐标系,它以 17 世纪著名的数学家与哲学家笛卡儿(René Descartes)命名。笛卡儿坐标系使用矩形坐标定位数集。例如,(x, y) 表示二维空间的数,(x, y, z) 表示三维空间的数。图 16-6 是一个二维笛卡儿坐标系,图中的线表示函数 $y=f(x)$ 中的任意点。图中的每个点 P_i,都由一个矩形坐标定位,该矩形由 X 轴上的坐标 x_i 与 Y 轴上的坐标 y_i 组成。

笛卡儿坐标系对世界上很多重要的现象和呈现矩形的结构都非常有用。一些与矩形形状有关的事物包括:建筑物、桥梁、家具、重力(垂直落到地面的物体)、水坝、枪支以及各种工具和机器设备。

绝对图与相对图(用笛卡儿系绘制)

你可以将图形绘制成相对图,也可以绘制为绝对图。在绝对图中,真实的(绝对的)数值会在图中体现,而相对值只会在相对图中体现。例如,图 16-7a 所示是 2007 年前 8 个月 1 加仑汽油的价格曲线,价格从 2 月份开始疯狂增长,从每加仑 2.20 美元涨至 3.20 美元,这是绝对图的一个简单例子,因为图中的数字代表实际价格。

轮到你了

打开财经网站,建立一个你感兴趣的多种股票的绝对值图表。这些股票可以是你熟悉的公司,也可以是你父母工作的公司。接下来,找到同一领域内两家相似的公司,试着用相对图比较两家公司的股票。找到某一时间段内持续变化的股票,观察它的Y轴是否由一些长度不等的格子组成?这些可能是半对数曲线。什么是半对数曲线,为什么使用它?

图 16-7b 的相对曲线表达了同样的信息,y 轴在这一段呈现的相对最低点为 2 月份的值(2.2 美元每加仑)。在这幅图中,将每个月的价值绝对值除以 2.2 美元每加仑,就得到了图中的相对数据。相对图表中的值可以提供某些期望的结果。例如,从这个相对图表中,我们可以直观看到以百分比形式表现的相对变化,让读者能快速获取信息。在这个例子中,很显然,相对于 2 月份来说,6 月份每加仑汽油的价格上涨了 50%(1.0 到 1.5)。相对图表常常用于绘制投资曲线,例如,如果你在 2003 年分别购买福特汽车和本田汽车的 100 份股票,图 16-8 中,每股的净值是相对于 2003 年的价格。从图中可以清楚地看到,福特汽车的股票亏损 20% 时,本田汽车的价值是 2003 年的 2 倍。一些财经网,既支持绝对图表又支持相

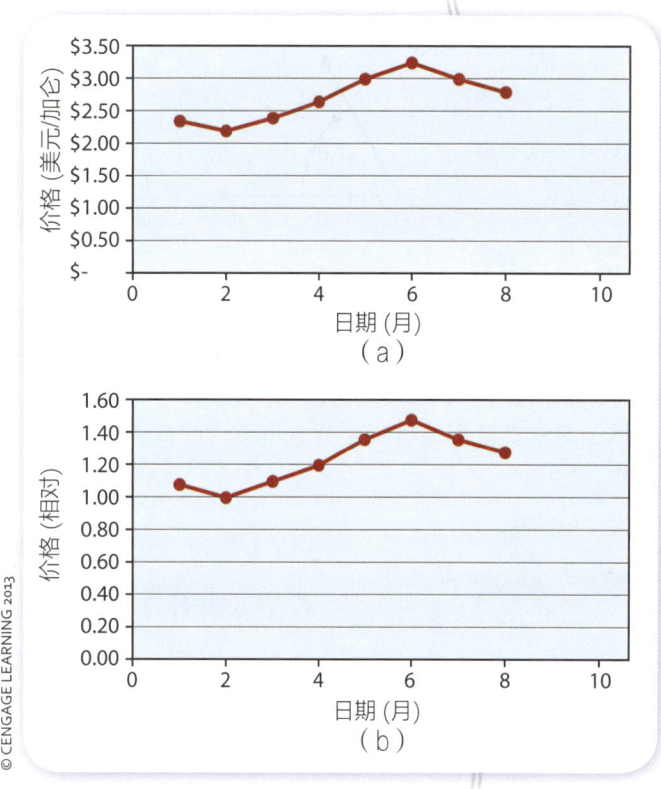

图 16-7 a 图表示汽油价格的绝对曲线图,b 图表示相对曲线图,b 图中对应的最低价格为 2.20 美元(2 月)。

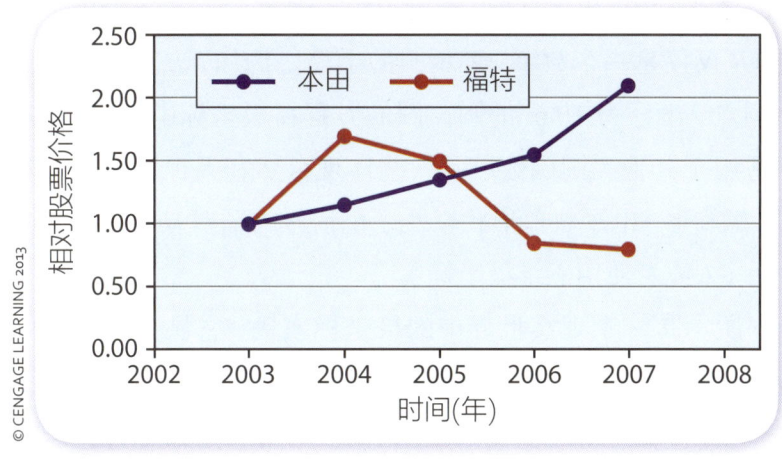

图 16-8 相对图表常被用于表示股票信息,图中所示是两家汽车公司(福特和本田)的相对股票价格。

对图表；当你需要该网站提供该公司的历史股价时，网站会计算和显示绝对图表；然而，当需要与别的股票对比时，网站会以相对图表的形式呈现。

极坐标系（非笛卡儿坐标系）

自然界中很多现象都是非矩形的，或者不能简单地用矩形来解释。例如圆形，它在自然界和人类设计中都十分重要，人类最重要的发明之一——轮胎就是圆形。极坐标系对于类圆图形来说很有用。与笛卡儿坐标系类似，二维极坐标图中的某一点由2个参量决定，r 和 θ（希腊字母 theta）。有序对 (r,θ) 中，r 代表半径（即坐标点和原点之间的距离），θ 代表角度，是指坐标点和原点连线与 x 轴正方向之间的夹角。图 16-9 中显示了用直角坐标和极坐标表示的点，图 16-9 中还描述了两种坐标系之间的转换方程。值得注意的是，熟练运用极坐标系只需具备勾股定理和三角几何相关的基础知识。

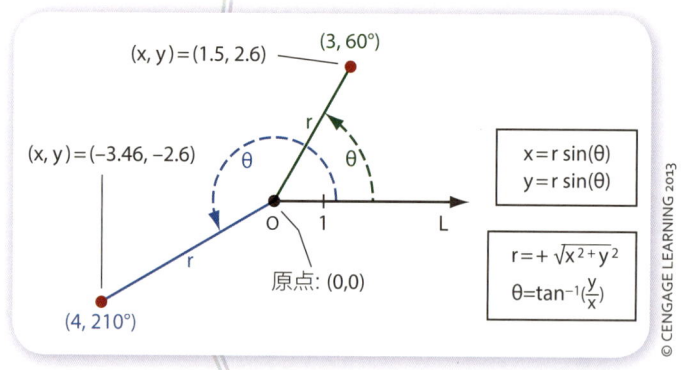

图 16-9 笛卡儿坐标系和极坐标系中的点。图中还显示了笛卡儿坐标系和极坐标系中的点的参量转换关系式。

对圆的研究充分体现了极坐标系的优势。圆心处于直角坐标原点时，圆的方程为 $x^2 + y^2 = R^2$，R 代表圆的半径，x 和 y 代表直角坐标。直角坐标形式的方程中并没有直接体现 y 是 x 的函数，但这反而使方程 $x^2 + y^2 = R^2$ 显得更简洁。例如，求解 y 得到以下两个方程。

$$y_1 = +\sqrt{R^2-x^2} \qquad \text{（公式 16-3a）}$$

$$y_2 = -\sqrt{R^2-x^2} \qquad \text{（公式 16-3b）}$$

由此可见，用 x 表示 y 的显函数有两个方程，实际上变得更加复杂了。而且，这两个方程都是必需的：第一个方程（正号）表示圆的上半部分，第二个方程（负号）表示圆的下半部分；另外，方程中还包含了平方根。相比之下，在极坐标系中，圆的方程很简单：$r = R$，r 是极坐标系中的变量，R 仅仅是一个数字，表示圆的半径。例如，方程 $r = 10\text{ m}$ 表示圆心在圆点，半径为 10 m 的圆。圆的方程在极坐标中非常简洁，极坐标系还适用于其他类圆函数以及一些体现自然和人工形状的重要函数。椭圆、螺旋形、电子轨道形状以及手机信号的辐射方向用极坐标表示更简单明了（或者使用三维极坐标）。

图 16-10 所示是一个现实世界中的极坐标案例，它显示了各种传声器的拾音模式。这些波形用极坐标的方式描述更容易。图中共有三种模式：1）全指向，2）双指向，3）枪型指向。每种传声器都为特殊的

轮到你了

假设你是某海军潜艇的船长,同行的某海军潜艇沉入了海底,但你不知道其确切位置,你只知道它位于一个 20×20 英里的区域内。作为一种营救手段,你希望从自己的潜艇发出声波,经海水将这一消息传送给其他潜艇。但是,你必须秘密地将信号传送出去,防止被敌方船舶检测到。你会选择图 16-10 中的哪种辐射模式图?为什么?你是否会选择使用不止一种辐射模式图发送信号?

用途而设计。为了理解这些形状,必须在极坐标,而不是在笛卡儿坐标里考虑问题。图 16-10 中每条曲线上的每一个点对应的半径(点到原点的距离)表示了在该特定角度(θ)拾取声音的难易程度:半径越大,从该特定角度传递过来的声音拾取得越好。对于全指向性传声器,辐射形状是圆形,拾取各个方向的声音效果都一样好。每个拾取角度的半径都是相同的:即 a 点和 b 点到圆心的距离

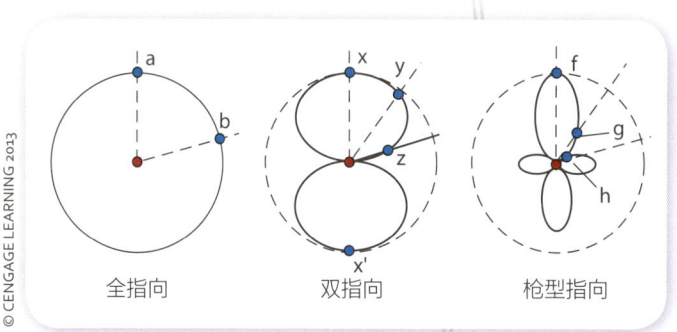

图 16-10 极坐标系有很多用途。图中所示的是三种常用扩音器在极坐标系中的拾音模式。

是相等的。商业中经常把这类传声器用在会议室,以便每个人发言时,声音都能被其他人听清。双指向性传声器有一对弧形的波形图案(x 和 x' 是相反方向上的两点),声音只有在这两个方向上才能被很好地拾取。双指向性传声器主要用在"双主持人"模式中,在双指向性传声器中,面对面的主持人和嘉宾的声音能被很好地拾取,而其他方向(如在 z 点)的声音则无法被很好地拾取,传递给听众的是最小化了的噪声,这使全体人员无拘束地去讨论重要事情,且不妨碍表演。另一种有趣的传声器是枪型指向传声器。枪型指向传声器只能在某一角度(点 f)拾取声音信号,这种模式在间谍活动、手机以及某些剧院的应用(如音乐剧中只希望听到某一歌手的独唱)中非常有效。

电子制表软件和结构化程序设计技术

电子表格是一种强大的工具,工程师必须熟练使用表格软件。微软的 Excel 已经成为了工程师和技术人员使用的标准软件。Excel 集成度高,用途广泛,且价格相对便宜。其他广泛运用的软件还有 MathCAD 和 Mathematica,有时你的计算器也能进行强力的运算。

本章，我们将以微软 Excel（2004 版本）为例进行介绍，但是本章所有的特点在更高版本中也都兼容。电子表格程序常见的用途有以下四种：

1. 组织数据/信息
2. 运算
3. 制图：
   a. 饼状图/条形图（一维）
   b. 二维绘图
   c. 曲线拟合
4. 统计

接下来，我们将用具体实例对这些用途进行更详细地讨论。

组织数据/信息　组织数据非常有用，主要是为了便于后期对信息进行追溯。表 16-1 展示的是家庭汽车维修情况的汇总。用这种方法组织起来的信息比放在储物柜后面的收据更加便于读取。科学相关的组织数据范例是，考古学家将挖掘现场发现的所有物件位置记录下来，电子表格很容易做到这一点。在数据组织的应用中，电子表格的主要作用是记录而不是计算。然而，由于信息在电子表格中，所以如果需要计算或者制图，也非常方便。

在工程学和管理学中，决策矩阵经常通过电子表格软件记录。表 16-2a 展示了一个决策矩阵的案例。这个矩阵可以帮助你选出最佳的供应商。对于工程师或者技术员来说，决定从哪家供应商购买材料、操作工序和零件是最重要的决策之一。表 16-2b 用数值评分展示了一种量化的决策矩阵。

卡车			油和	轮胎		
日期	英里	刹车	过滤器	换位	提示保养	备注
11-Jan-02	35,092	no	yes	no	no	STS: 4 Tires;P245/70R16;@$117
4-May-02	40,344	yes	yes	yes	no	STS: $87 Pads; $77 Lbr; Oil $34
14-Jul-02	43,276	no	yes	yes	yes	STS: ~$115; Oil $30; Insp $24
轿车						
12-Jan-02	95,806	no	no	yes	no	STS: note high spots on rotors
15-Jun-02	100,560	no	no	no	no	STS Auto: 2 new Front tires
14-Jul-02	104,200	yes	no	no	yes	STS Auto: ~$355;brakes&rotors
14-Aug-02	108,000	no	no	no	no	STS Auto: ~oil chng
22-Dec-02	116,741	no	yes	no	no	Trans. Flush,Valve cvr gaskets, air filter, pwr steer. Flush, New spark plugs, Minor tune-up inspect window [$878.57 !]

表 16-1　家庭汽车维修情况表，用这种方法组织起来的信息比放在储物柜后面的收据更加便于读取。

表 16-2　决策矩阵的案例，这个矩阵可以帮助你选出最佳的供应商。图中所示的决策矩阵包括（a）文本信息和（b）数字信息。

供应商	开发成本	市场成本	及时送货	客户支持	可靠性	文档	质量
XYZ	OK	G	B	OK	G	G	VG
TNET	O	VG	VG	VG	OK	OK	G
ABC	Bad	VG	VG	OK	OK	OK	G
OCS	OK	G	OK	OK	O	O	O

等级：不好（Bad）/尚可（OK）/好（G）/很好（VG）/非常好（O）

(a)

								平均值
XYZ	3	3	0	3	5	5	8	3.9
TNET	10	8	8	8	3	3	5	6.4
ABC	0	8	8	3	3	3	5	4.3
OCS	3	5	5	3	10	10	10	6.6
等级：	0	3	5	8	10			
	不好	尚可	好	很好	非常好			

(b)

轮到你了

在电子表格软件中用连续单元格完成如下任务：

（1）在一行和一列中分别录入 23~27 之间的奇数；

（2）在一列中录入一年的前 10 个月；

（3）在一列中录入一年的后 8 个月；

（4）在一列中录入相差 0.2 的，在 1~13.2 之间的所有数。

你认为该公司会选择表 16-2 列举的哪家供应商？

运算 一些电子表格软件程序（例如 Excel）的计算能力可以取代计算器，在一些情况下甚至可以取代其他更昂贵的软件包。电子表格有许多内置的功能，我们可以通过点击"帮助"按扭来获得这些功能的信息。

在进行实例演练前，让我们来浏览一下电子表格的一些基本功能：（1）自动填充单元格；（2）迭代计算和公式输入；（3）锁定单元格。

自动填充 在处理数字和文本时，电子表格使用者经常会遇到对单元格进行重复操作的问题。比如，绘制函数：$y=x$，$y=5x$，$y=x^2$ 和 $y=2^x$ 的图像。最先遇到的问题之一是如何有效地创建输入值 x。手动输入数字不仅不方便，而且浪费时间。幸运的是，通过"下拉"单元格可以实现数字或文本的序列填充，比如，几秒钟之内生成几百甚至几千个 x 值，你只需要在该列的连续两行中输入最初的两个 x 值，然后选中这两个单元格，将鼠标放到单元格的右下方，此时鼠标图标会变成一个实心的十字，按住左键下拉（或者上拉、左拉、右拉），Excel 会自动填充下拉时所覆盖的所有单元格，下拉的内容可以是数字形式，也可以是文本形式，下拉单元格中数字或文本的格式与最初两个单元格的格式一样。例如，如表 16-3 的 A 列所示，如果你设定最初两个单元格的数字之差是 1，那么接下来新的单元格将会以 1 为公差，进行等差数列填充，直到你停止下拉为止。你还可以以非统一的数值差异、日期甚至文本进行类似的自动填充。表 16-3 展示了几种自动填充的例子。同样的操作在行中也是适用的（"左"和"右"）。

迭代计算和公式输入 当在单元格内输入公式时，Excel 可以进行计算。所有公式都以等号（=）开头，Excel 只识别等号为等式的开始。表 16-4 中，A 列以自动填充的方法得到了 x 的值，为了能在 B 列中计算函

	A	B	C	D
1	差	差		
2	(整数)	(非整数)	日期	文本
3	−3	2.56	Jan	Year1
4	−2	2.68	Feb	Year2
5	−1	2.8	Mar	Year3
6	0	2.92	Apr	Year4
7	1	3.04	May	Year5
8	2	3.16	Jun	Year6
9	3	3.28	Jul	Year7

表 16-3 列的自动填充例子，A 列和 B 列显示的是数字的填充（公差分别为 1 和 0.12），C 列和 D 列分别表示数据和文本的填充。

	A	B	C	D
1	x	5x	x^2	2^x
		=5*A2	=A2*A2	=2^A2
2	0	0	0	1
3	1	5	1	2
4	2	10	4	4
5	3	15	9	8
6	4	20	16	16
7	5	25	25	32
8	6	30	36	64

表 16-4 以列为基础计算的例子。计算的函数分别是：$y=5x$、$y=x^2$ 和 $y=2^x$。

数 $y=5x$，选中 B2 单元格并输入"=5*A2"，然后按下回车键。Excel 就会理解这个操作意味着 B2 单元格的值为 A2 单元格的值乘以 5。在这种情况下，5*A2 等于 0。如果剩下的单元格需要按同样的函数 $y=5x$ 计算，则只需选中 B 列中第一个运算的单元格（此处为 B2），然后将鼠标放到单元格的右下方，此时鼠标图标会变成一个实心的十字，按住左键下拉并保证一直处于 B 列。这个方法会使 B 列中被选中的单元格中的值都等于 A 列中同一行单元格中的值乘以 5。可用同样的方法计算 C 和 D 列中的函数 $y=x^2$ 和 $y=2^x$。（表 16-4 中黄色和蓝色单元格在这里仅用于标注，实际的 Excel 中不会显示。但是，这个信息会出现在其他地方，你能找到它吗？）

锁定单元格 如前文所述，Excel 可以多次使用某一列单元格，对其任一相关的单元格进行反复地计算。例如，在表 16-4 中，B、C 和 D 列的运算都使用了 A 列（储存 x 值的地方）中的对应单元格，但我们需要的并不总是列到列的对应格式。例如，有时候你可能想要用一个常量计算，但不需要整列都是该单一数值。你也不想将这个常量隐藏在公式窗，只有在选中一个单元格时才能看见。Excel 提供了一个功能——锁

趣味阅读

成本计算器

有一户家庭准备购买一辆汽车，父母中有一人是教师，且每年有 40 个星期需要出远门工作，因此考虑耗油量非常必要。Excel 计算器能够帮助该家庭决定购买哪种车（如表 16-5）。安全性能更佳的大型车耗油量为 18 英里每加仑左右；而更高效（燃气、柴油或者混合型）的小型车耗油量能达到 45 英里每加仑。车辆的选择很大程度上受耗油量的影响。表 16-5 的工作表给出了节约量，采用了一种能够清晰地呈现出与问题相关的输入值和输出值的格式。表格的布局和单元格的颜色使得结果简单易懂。工作表的底部（绿色单元格和红色文字）总结了四种不同的情况。

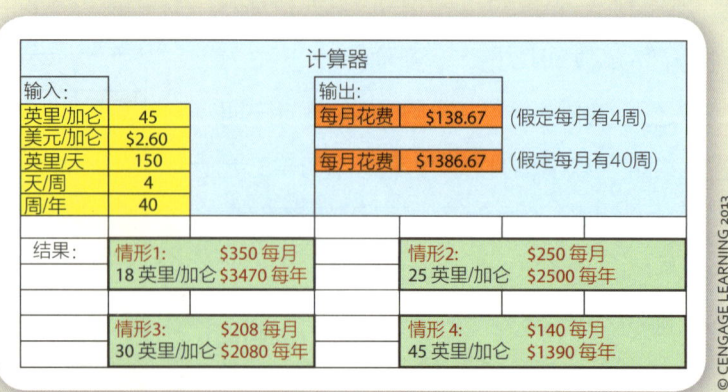

表 16-5 比较不同耗油量的汽车燃料消费的 Excel 计算器。该计算器使用的格式清楚地区分了输入和输出区域。

定单元格。表 16-4 的例子并没有使用锁定单元格的功能。下面我们将通过一个锁定单元格的例子进一步进行说明。

表 16-6 展示的 Excel 表格计算了一个物体在真空中在重力作用下产生的距离。物体被赋予了一个初始**速度**，$V_{初始}$。坠落距离满足公式 $D=0.5gt^2+(V_{初始})t$，这里 D 代表距离，g 是重力加速度（常量），t 为时间。对于此计算，g 和 $V_{初始}$ 为常量，修改这些常量可以清晰地观察到因修改而引发的变化。g 和 $V_{初始}$ 的值可以视为本研究的"输入信息"。例如，我们可以增加 $V_{初始}$ 来观察它对距离的影响，甚至可以改变 g，对比物体不是在地球，而在月球上坠落的距离变化（由于月球质量较小，月球上 g 值只有地球上的 0.0123 倍）。B4 单元格键入的公式为："=0.5 * \$D\$1 * A4 ^ 2+ \$D\$3* A4"。注意，在单元格 D1 和 D3 的行数数字和列数字母前都有一个美元（"\$"）符号，这两个单元格存储着 g 和 $V_{初始}$ 的值。在行数和列数前输入 \$ 符号就锁定了相应的行和列。在这个例子中，单元格 D1 和 D3 就被"锁定"了。在这种情况下，表示计算所得距离的 D 行可以通过拖曳得到，如同前面表 16-4 的例子一样，但是这种情况下，我们变化的是 A 列的时间（作为 x 变量）。然而，g 和 $V_{初始}$ 的值都是从单元格 D1 和 D3 获得，而不是如同表 16-4 的例子中通过对应变化的单元格获得。表 16-6 展示了两种情况：(a) 代表地球，重力加速度值为 9.8 米／平方秒，(b) 代表月球，重力加

> **速度（velocity）：**
> 位移随时间的变化率。速度的一些典型单位包括米／秒（m/s），厘米／秒（cm/s），英尺／秒（ft/s），和英里／时（mi/hr 或 mph）。

	A	B	C	D
1	重力	（地球）	g=	9.8
2				m/s²
3	时间(s)	距离(m)	$V_{initial}$=	3.0
4	0	0.0		m/s
5	1	7.9		
6	2	25.6		
7	3	53.1		
8	4	90.4		

(a)

	A	B	C	D
1	重力	（月球）	g=	0.121
2				m/s²
3	时间(s)	距离(m)	$V_{initial}$=	3.0
4	0	0.0		m/s
5	1	3.1		
6	2	6.2		
7	3	9.5		
8	4	13.0		

(b)

表 16-6 计算中锁定一个单元格的例子。本例中，单元格 C1 和 C3 在计算中被锁定，其他的单元格参与计算。在计算中锁定单个或多个单元格，可以获得十分理想的"输入／输出"格式。这些计算展示了当初始速度相同时（不考虑空气阻力），物体在地球(a)和月球(b)坠落的距离。

趣味阅读

收支平衡点

现如今,在美国,高效且低耗的风力发电机已经可供私人使用。可自给大部分电力——这一想法吸引了越来越多的房主,尤其是那些市场中的低耗发电机。但是,安装这样一台发电机是否划算?

表 16-7 展示了一些初步的计算结果。该表展示了平均风速下,在内陆安装风力发电机后每月、每年和多年累积的节省估算。B 列为输入数据,是 1 年即 12 个月里测量到的月平均风速。月份列通过自动填充完成。C 列代表产能,单位为千瓦时(kW·h),通过公式将平均风速转换为每月产能(该公式实际是从本章中的曲线拟合部分得出。从平均风速到产生能量的转换是一个二次函数)。D 列是初步输出——每个月的成本节省量。节省的费用通过参考每千瓦时的平均花费计算得出,该值为 0.08 美元(见图 16-13)。黄色的 F 和 H 列是最终输出,计算结果如下:第一年节省 371.8 美元,接下来每年节省的金额以每千瓦时花费 4% 的年增长速度估算得出。因此,F 列下一年产生的节约为当年节约的费用乘以 1.04。H 列是将前面每年的节约金额累加。例如,前 3 年的总节约为 371.80 美元 + 386.70 美元 + 402.20 美元 = 1160.70 美元(H 列是通过选取单元格 H5=H4+F5,将 H5 单元格往下拖曳得出)。已知最便宜的风力发电机安装费用约为 5500 美元,达到收支平衡需要 12 年的时间。这是一个非常漫长的时间,所以在中等风速(平均速度 =12.4 英里 / 时)区域安装风力发电机从经济上来看,并不划算。然而,将同样的计算方法用在平均风速更高的地区,如平均风速为 17.4 英里 / 时的沿海地区,收支平衡时间将降为 7.5 年,这是一个比较合理的投资回报期。抛开经济不讲,使用可再生能源肯定更环保。

	A	B	C	D	E	F	G	H
1	内陆:中大西洋							
2			产生的电力					
3	月份	平均时速	(千瓦时)	节省		每年节省	年	累计
4	Jan	10.5	295.8	$23.7		$371.8	Yr1	$371.8
5	Feb	12	375.9	$30.1		$386.7	Yr2	$758.6
6	Mar	10.5	295.8	$23.7		$402.2	Yr3	$1,160.7
7	Apr	12	375.9	$30.1		$418.3	Yr4	$1,579.0
8	May	14	474.7	$38.0		$435.0	Yr5	$2,014.0
9	Jun	16	564.5	$45.2		$452.4	Yr6	$2,466.4
10	Jul	15	520.8	$41.7		$470.5	Yr7	$2,936.9
11	Aug	7.5	120.4	$9.6		$489.3	Yr8	$3,426.3
12	Sep	14	474.7	$38.0		$508.9	Yr9	$3,935.1
13	Oct	11	323.1	$25.8		$529.2	Yr10	$4,464.4
14	Nov	18	645.3	$51.6		$550.4	Yr11	$5,014.8
15	Dec	8.5	181.2	$14.5		$572.4	Yr12	$5,587.3
16	平均:	12.4	4648	$371.8	总计			
17			15.0%	使用总电量的百分比				

表 16-7 一个更复杂的 Excel 计算事例,用来评估低耗风力发电机的经济可行性。通过月平均风速,以月费用节省值来估算每年节省的费用。高平均风速能创造高效率,减少从公共事业单位购买电能的费用,进而节约开支。

速度值为 0.121 米/平方秒。你可以发现一个球体在月球上的坠落速度比在地球上要慢得多——在月球上和在地球上物体 4 秒钟内下落距离分别为 13 米和 90.4 米。

绘制图形　信息以图形方式呈现非常重要。用图形呈现数据不仅对于技术人员来说非常重要，在我们日常生活中也有重要作用，我们很难找出不以图形呈现信息的日报。下面是图形信息的类型：

▶ 饼状图、条形图和柱状图：传媒中的信息通常用饼状图、条形图和柱状图来表示。这几种图表可以有效地表示一维信息，也能呈现二维和三维数据。图 16-11、16-12 和 16-13 分别为饼状图、条形图和柱状图的实例，概述了一个私人住宅的水、电、煤的费用支出。

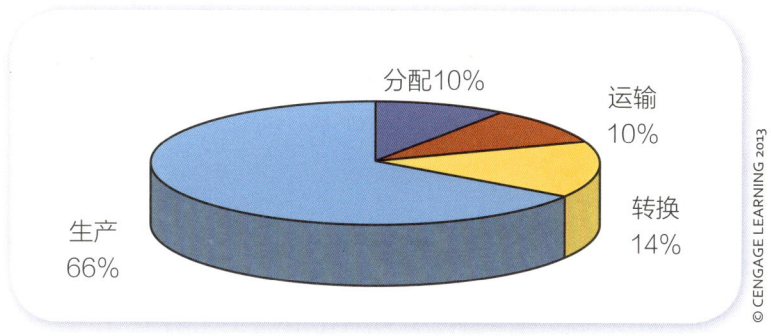

图 16-11　通过饼状图显示的账单。一张账单通常由多类费用组成：(a) 生产 (b) 转换 (c) 运输 (d) 分配。可见，生产费用是最重要的组成部分。

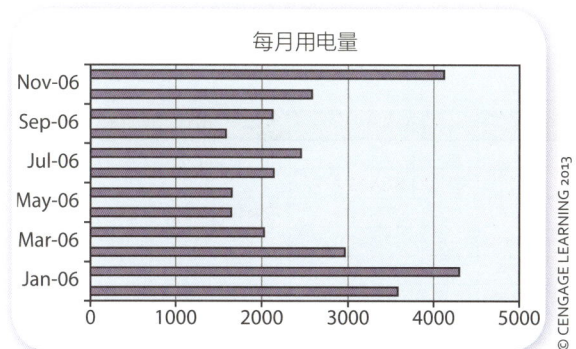

图 16-12　该条形图以千瓦时为单位，呈现了东海岸某地每月的用电情况。该住处 12、1、2 月的冬季时段用电量最大。电量的使用由很多因素决定，包括当地气候、建筑规模、制冷/制热技术、电价等。

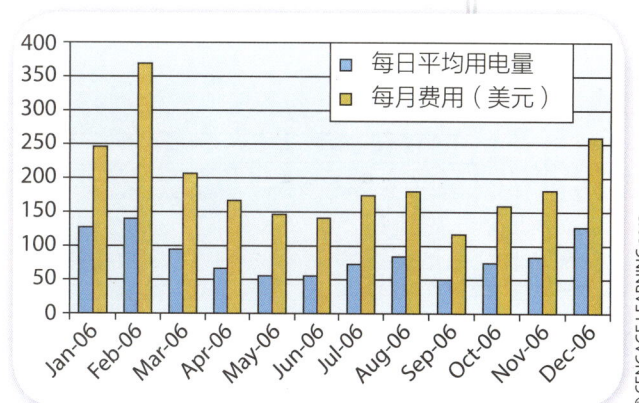

图 16-13　该柱状图以千瓦时为单位，按月份呈现出日平均和月平均用电量和开销。从图中我们能估算出每千瓦时的平均费用约为 0.08 美元。

轮到你了

用你家里的账单数据作出图 16-11、16-12 和 16-13 那样的饼状图、条形图和柱状图。费用的组成（生产、转换、运输、分配）是否和图 16-14 一样呢？你的花费（每千瓦时）与图 16-13 的结果相比，有何不同？对结果做出评价。

▶ 二维图形：快速有效地绘制数据的能力对很多职业都非常重要，工程师更是如此，这也是电子制表软件的核心能力。使用电子制表软件附带的程序可以有效地实现自动绘图。图 16-14（蓝色线）展示的是一个四次方多项式的曲线：$y=12x^4-950x^2-36x+12$（多项式的次数就是各项中最大的指数——这里就是 $12x^4$ 项的指数）。

▶ 在 Excel 中绘图很方便，这有助于展示数学中的一些基础概念。例如，Excel 可以在数秒内逐点计算出斜率。图 16-14 展示了这种计算方法。$P_1(x_1, y_1)$ 和 $P_2(x_2, y_2)$ 两点之间的斜率由 y 值的变量除以 x 值的变量得出。

$$\text{斜率} = \frac{(y_2-y_1)}{(x_2-x_1)} = \frac{\Delta y}{\Delta x} \qquad （公式 16\text{-}4）$$

▶ C 列中展示的斜率是通过输入公式 16-4（如图 16-14），然后往下拖曳得到。y' 表示 y 的斜率。D 列中再次使用了求斜率的方法，得到了 y 的斜率的斜率。y 的斜率的斜率用 y'' 表示。斜率命名的方式到现在已经显而易见了：每求一次斜率就标记一个上撇号。我们刚才展示的就是微积分！微积分和曲线与斜率有关。我们用 Excel 计算斜率的过程准确地模拟了微积分中的求导过程。求

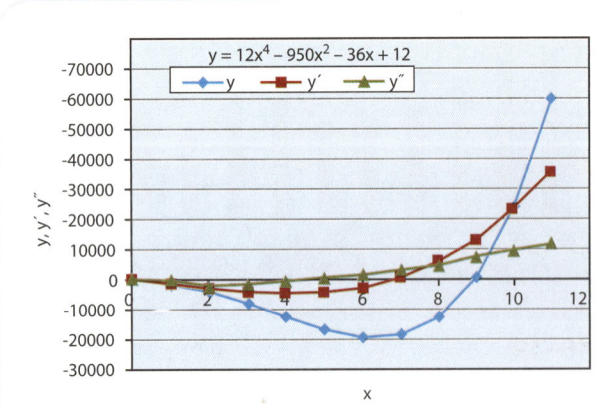

图 16-14 一个更加复杂的函数的示例：$y=12x^4-950x^2-36x+12$。在任何函数中逐点计算斜率都可以通过使用 Excel 快速估算出来。该函数的斜率为 y'，y' 本身也是一个函数。y 的斜率的斜率称为 y''，本身也是一个函数。

导过程简言之就是求斜率的过程。斜率在数学和科学中都非常重要。例如，假定函数 P 用来表示一个对象的位置，它是时间的函数。这个对象可能是绕原子运动的电子，也可能是在月球和地球之间运动的宇宙飞船。假设你可以准确测量该物体在某一时刻（单位为秒）的位置（单位为米）。再假设你使用 Excel，以图形记录了每个时刻测量到的位置，如图 16-14 中绘制的 y(x) 函数。函数 P 的斜率就是物体的速度关于时间的函数。该算法之所以合理是因为，斜率是 y 的变化量（米）除以时间的变化量（秒），所以斜率的单位是米/秒（m/s），也就是速度的单位。同样，在 Excel 中，如果你准备计算斜率的斜率，你的单位就会是米/秒除以秒，也就是米/平方秒（m/s^2），即加速度的单位。短短几秒钟，仅用位置和时间的信息，我们通过 Excel 使用微积分后，就计算出了速度和加速度这两个非常重要的运动参数。

▶ 曲线拟合：一般来说，我们会将实验中测得的数据绘制在图中，但是，我们更希望知道这些点之间的函数关系式是什么形式。Excel 中，一旦图像被绘制出来，就很容易进行曲线拟合，获得最贴合数据的函数。曲线拟合可以用来验证数据是否遵循预期的数学规律，或是直接给出数据对应的数学形式。

按照下列步骤，使用 Excel 完成一个曲线拟合：

1. 在图像中绘制的任一点处右键，弹出菜单。
2. 在弹出的菜单中选择"添加趋势线"。
3. 菜单中会弹出六种不同的曲线类型供数据拟合：（a）线性，（b）对数，（c）多项式，（d）幂，（e）指数，（f）移动平均数。选择一种函数形式以及额外的函数信息（如幂的指数）。
4. 在下面"显示公式""显示 R 平方"的复选框打√。

图 16-15 是曲线拟合的一个例子，图中使用了二次多项式来拟合风力发电机的效率。这里得到的数学函数用在表 16-7 中，可用来计算安装高能低耗风力发电机后的年节省金额。

统计 现代社会存在于大量的统计数据之中，数据有对的，也有错的。因此，理解统计学的基础知识非常有必要。Excel 能够快速提供一些有效的数据计算结果。这里，我们将展示两种运用

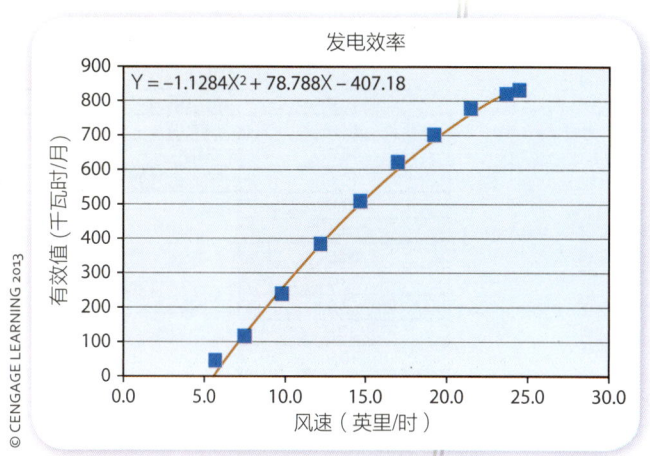

图 16-15 风力发电机在更高风速时可以产生更多电能，但这种关系是非线性的。Excel 能用来绘制原始的电能生产效率图（从供应商处获得），然后进行曲线拟合。这些数据采用二次函数拟合最合适。

统计概念的计算案例:(1)描述性统计和(2)直方图。

Excel 中的数据统计可以从工具菜单下的数据分析选项处理后获得。如果数据分析包不可见,就必须从工具菜单里的"添加程序"选项处进行安装。

描述性统计　描述性统计是数据分析中的一个选项。这个选项可以计算**平均值**、中位数、众数、标准偏差、最大值、最小值、值域、总和,以及输入的总数。表 16-8 展示了一个描述性统计包输入和输出的实例。要运行描述性统计选项时,可在数据分析菜单中找到该选项,并将所需的数据录入菜单。例如,要想输入数据(Excel 表格中已记录的数字),只需将光标放在弹出菜单的"输入"部分,然后拖曳光标,将输入数据拖到 Excel 单元格中(表 16-8 中的绿色单元格)。然后,以同样的方式,选择你想显示输出的单元格。在关于风速的例子中,6.4 英里/时单元格右侧的单元格被用来放置输出数据(表 16-8 中的黄色单元格)。输出数据包括两列:第一列是输出数据的项目名称,第二列是实际统计数据。在展示的实例中,3 月里 31 天的平均风速是 12.4 英里/时。

直方图　用 Excel 制作直方图也是一个非常实用的功能。例如,表 16-8 中风速的平均值为 12.4 英里/时,但是这 31 天每天的风速都是

> **平均值(mean):**
> 又称为平均数;所有数值的总和除以数值的个数。例如,前 4 个奇数的平均值为(1+3+5+7)/4=16/4=4。

风速(英里/小时)		
6.4	栏目1	
14.2		
13.6	平均值	12.39119804
11.2	标准误差	0.822303344
11.8	中位数	12.12713936
10.9	众数	10.91442543
9.4	标准偏差	4.578391256
10.0	样本方差	20.9616665
18.8	峰态	-0.082252525
12.7	偏度	0.338069707
22.7	值域	18.79706601
16.4	最小值	3.941320293
13.9	最大值	22.73838631
12.7	总和	384.1271394
10.6	输入的总数	31
12.4		
8.8		
20.6		
20.0		
3.9		
17.6		
10.9		
9.4		
16.7		
9.7		
5.2		
12.1		
12.1		
15.2		
5.2		
8.8		

表 16-8　这里展示的是 3 月的 31 天里测量的日平均风速。Excel 的描述性统计程序包可快速计算平均值、值域和标准偏差等。

轮到你了

使用电子制表软件计算家里去年每月账单的描述性统计数据。将得到的数据和只使用 6、7、8 月的账单得到的描述性统计进行对比。着重对比平均值和标准偏差。

12.4 英里 / 时吗？还是说这个平均值是因为有几天大风、其他几天微风的结果？这些问题的答案非常重要。首先，发电机肯定有一个应对风速的上限；其次，如果平均风速主要取决于每个季节中可能出现的几次暴风，安装风力发电机就太冒险了。

直方图是数据的一种"历史"。图 16-16 显示的是左侧表中风速的一个直方图。使用工具栏下面数据分析中的直方图选项，Excel 可以轻松生成直方图，并产生直方图的子菜单。将输入数据（已经输入 Excel 表格中的数据）——在本例中是图 16-16 中的绿色单元格——键入直方图菜单。如同前面的操作，这个操作也是通过将光标放在弹出菜单的"输入"部分，然后拖曳光标将输入数据放置在 Excel 单元格中。直方图还需要另一部分数据：组距。组距的定义决定了输入数据（风速）的间隔的大小。可以直接将组距理解为箱子或篮子。假设你将每一个记录下的风速写在纸片上，然后根据风速的大小，将每张纸片扔进一个箱子，每个箱子都装着记录一定范围风速的纸片。将所有纸片都放进对应的箱子后，统计每个箱子中有多少张纸片。直方图就是表达每个箱

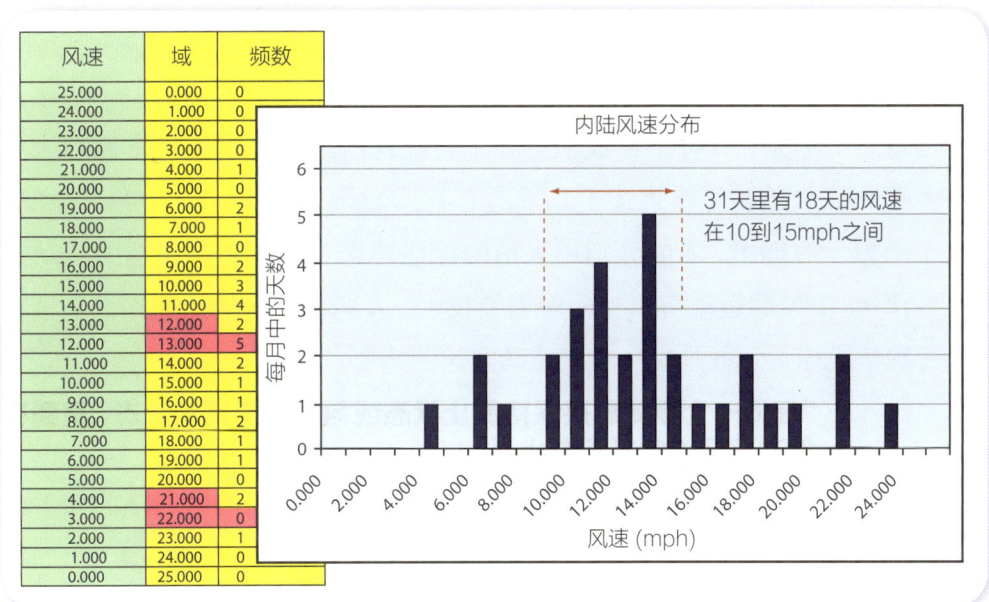

图 16-16 Excel 中的描述性统计程序包也可以用来快速绘制一系列数据的直方图。这个直方图形象地展示了风速在某段时间内的分布。例如，风速在 12 到 13 mph 之间的有 5 天，没有风速处于 21 到 22 mph 之间（见紫色单元格）。

第 16 章 数学和科学的应用

子里有多少张纸片，Excel 中称之为"频数（frequency）"。例如，表 16-9 中的直方图，纸片最多的箱子中有 5 张纸片。

Excel 中的组距确定了一共有多少桶，以及每个桶涵盖风速的范围。通常每个桶涵盖的宽度（涵盖数值的范围）相同。图 16-16 的绿色部分展示了键入的组距的定义，随后被用于风速直方图中；每个组距的宽度为 1（实际输入的风速见表 16-8，此处不再重复）。如前所述，输出数值同样也有显示，从用户自定义的单元格位置开始，输出包括两列（黄色部分）：组距的边界和每个组距中风速值的数量（"频数"）。一旦你将这个结果写进 Excel 单元格，就能获得一个用条状图显示的图形。

这个直方图明确表明没有大风，并且事实上，有 18 天的风速在 10 到 15 英里/时之间。另外，有 4 天为微风（风速小于等于 8 英里/时）。根据发电机的效能，在这样低风速的时间几乎不会有产能。同样地，大风天气（风速大于等于 20 英里/时）是 4 天。这些大风的日子将会产生大量的电能。

牛顿三大运动定律

前面章节提到，艾萨克·牛顿爵士是一位著名的物理学家。牛顿生于 1605 年，正好是伽利略逝世的那一年。牛顿成功建立了科学和数学上两项最为重要的工作：（1）牛顿运动定律和（2）微积分理论［波兰的莱布尼茨（Gottfried Wilhelm Leibnitz）大约在同一时期独立发表了微积分理论，我们现在使用的多是莱布尼茨定义的符号］。在数学和科学上，牛顿做出了非常重大的贡献，我们现代社会有如此发达的科技很大程度上依赖于他的成就。

牛顿和同时代的其他人记录了很多自然现象，特别是关于星球的运动。但是，只有牛顿成功解释了支配这些运动背后的科学原理。牛顿的三大运动定律描述了几乎所有物体的运动规律（直到相对论和量子力学的提出，才能分别用来精确地描述宏观和微观的物体的运动规律）。牛顿的运动定律支配着人类技术，人们将这些定律尊称为牛顿物理学定律。下面是牛顿三大运动定律的概要：

1. **"任何一个物体总是保持静止状态或匀速直线运动状态，直到有外力改变这个状态为止。"**

和那个时代的大多数科学家不同，牛顿真正相信伽利略的如下说法是正确的：匀速运动的物体没有受到外力作用。大多数人认为，如果物体在运动，肯定是某种外力作用的结果。但是牛顿和伽利略都不这么认为。伽利略认为，假如我们给粗糙平面上静止的一个方块施加一次推力使其运动，这个方块必将会停止（由于摩擦力）。但是，如果在一个非常光滑的平面上放置一个非常光滑的方块，然后也施加一次推力使其运动，只要没有其他外力作用在方块上，这个方块最终将在很长的一段时间内保持匀速前进。牛顿第一定律明确陈述了这一（正确的）观点，当且仅当有外力作用时，一个物体才会改变静止（零速度）或匀速运动的状态。

当你滚动（施加力）一个保龄球，球会以一个恒定的速度持续滚动，除非受到外力作用。当然，如果保龄球道足够长，保龄球最终肯定也会停下来，但这仅仅是因为地板与球之间的摩擦力持续作用在球上，让这个球慢下来。随着航天技术的发展，这个定律可能更容易理解，因为我们经常可以看到小物体从航天飞机或空间站里抛出去后，仿佛可以永远运动下去。这在太空里更加明显，因为那里的摩擦力极小。

2. "物体的加速度等于物体所受的外力除以它的质量。"

这就是著名的"$F=ma$"定律（也可以写为，$a=\dfrac{F}{m}$）。它以明确的数学方程说明，当外力作用于物体时，该物体会有一个非常明确的反应：物体会朝着外力作用的方向加速，**加速度**的大小由外力除以物体质量确定。

3. 每一个作用力都存在一个大小相等方向相反的作用力。或者如牛顿所述，"对于每个作用力，总是存在一个大小相等方向相反的作用力；或者说两个物体之间的相互作用力总是大小相等，方向相反。"

> **加速度（acceleration）**：速度随时间的变化率。典型的加速度单位包括：米每平方秒（m/s^2），英尺每平方秒（ft/s^2），英里每平方小时（mi/hr^2），和英尺每小时每秒（$mi/hr \cdot s$）。

这条定律是最难理解的。如果在物体上施加一个力，物体会用同样的力推回来，由于力相互抵消，物体应该不会移动。显然情况不是这样，因为物体的确会移动，所以第三定律到底在说什么呢？

当你在一个物体上施力时，会产生两个力。例如，我们假设将一个篮球直接扔向地面。篮球施加在地面（地球）上的力和地球施加给篮球的力一样大——它们都向对方施加了一个相等的力，但是按照牛顿第二定律，每个物体对力的反应是非常不同的。作用力或反作用力，会产生与物体质量成反比的加速度：$a=\dfrac{F}{m}$。篮球移动速度快，是因为它的质量非常小，因为力与质量的比相对更大（$\dfrac{F}{m_{篮球}}$）。作为碰撞的反作用，地球也有运动，但却是以相反方向小得多的加速度，因为地球的质量极大（$\dfrac{F}{m_{地球}}$是一个非常非常小的数），地球由于碰撞产生的加速度小到可以忽略不计。

前面讨论的篮球-地球系统是一个弹性系统的例子，因为两个物体都不存在永久变形。我们日常生活中也会遇到非弹性碰撞的情况，其结果是发生永久性变形。例如，将前例中的篮球替换成一团等质量的湿黏土。当一团黏土被扔向地球，地球对黏土的作用力将造成黏土的永久性变形——地球施加的力移动了黏土的分子，导致黏土的内部变形，黏土的变形会消耗能量。在黏土–地球系统中，黏土将自身附于地球上，两个物体结合成一体，随后作为一个结合体继续运动。这和篮球–地球系统非常不同，那个系统里两个物体不附着在一起，并且往相反的方向运动。也存在介于弹性和非弹性碰撞之间的情况。例如，一扇开着的门被踢了一脚，接着门狠狠地关上了。对这一踢，门迅速地反应为快速关门（绕摩擦很小的铰链旋转），砰的一声关上，但是人的脚也不好过，脚上的一些细胞经历了很大的形变，导致严重的伤害（和疼痛），这些细胞已经永久变形并且死亡，只能随着时间在身体痊愈时被代谢。然而，脚也会因为与门的碰撞（门的反推）有一些反弹，所以这个碰撞既不完全是弹性的，也不完全是非弹性的，而是介于两者之间。

加速度的单位是每单位时间内每单位时间移动的距离。因此，加速度的单位可以是英里每小时每秒（mi/h·s），对于我们来说，为什么这一度量方式可能比m/h²或m/s²更有用？

静力学和向量

静力学是一门研究静止结构的学科，例如，桥梁和房屋的结构是不移动的。因此，这些的物体结构是静止的，或者说是不动的。房屋、桥梁、家具、汽车和飞机的主要部件都不会大幅度移动，是很好的静态物理学示例。当结构中的各部分都静止时，它的受力总和一定为0。如果受力总和不为0，根据牛顿第二定律，就一定会移动（即产生加速度）。

静态结构，和物理学中其他课题一样，研究中需要用到向量。以简单的数学定理来说，向量是一条具有长度和方向的带箭头的线段。向量的这两个特征，长度和方向，也是力最重要的两个特征。力具有方向和大小（向量的长度），因此向量在描述力时非常有用。向量还可以描述很多物理量：速度、力、加速度、应力、应变，甚至是（光的）偏振。

图 16-17 展示了四个向量。每个向量都在笛卡儿坐标系表示为一个点。例如，向量 A 为点（3，4），向量 B 为点（-4，3）。向量 A 和向量 B 长度相等但方向不同。向量 C 为点（2，-2），向量 D 为点（4，-4）。向量 C 和向量 D 方向一致但长度不同。向量 D 的大小是向量 C 的两倍。对于一个向量，长度对应其大小，向量的角度对应的是所代表动作

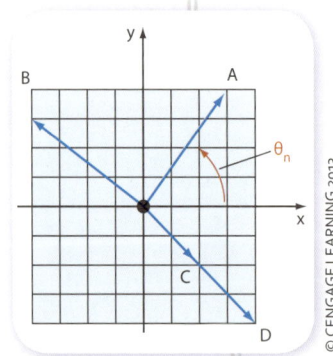

图 16-17　图中有四个不同的向量。每个向量都有一个起点，由一条具有特定方向（箭头）和长度的线组成。长度代表一个量，如力或速度的数值（大小）；方向（角度）代表这个量的方向。

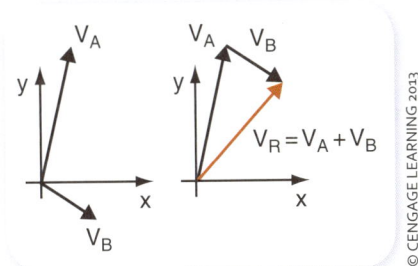

图 16-18 两个向量相加只需如示例所示,将一首一尾相连。相连所得向量 V_R 即是两个向量相加的结果。

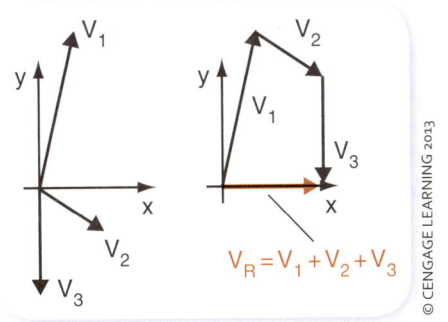

图 16-19 三个或更多向量相加也可通过首尾相接得到。本例中最终得到的向量和刚好是水平方向。最初的三个向量相加之后与向量 V_R 相等。

的角度。

和数字一样,向量可以作加减乘除运算。这里我们仅介绍向量的加减运算。如图 16-18 所示,两个向量的加法是将一个向量的末端与另一向量的开头相连,得出的结果向量(V_R)是在原点和后一个向量的末端之间的向量。同理也可进行多个向量的加法。图 16-19 呈现的是三个向量相加的结果。这里选择的三个向量是一种特殊的情况:向量最终的和方向就在 x 轴方向。这意味着,当三个力(V_1、V_2、V_3)作用于同一个物体时,等效于一个力 V_R 作用于该物体,其方向为 x 轴的正方向。

图 16-20 为一个静态系统的示例。该系统中有一个悬挂在支撑杆上的重物。支撑杆结构运用广泛,吊架和搁架都是撑杆结构。在系统中,质量为 M 的物体悬挂在支撑杆的右端 A,撑杆的两个构件呈 40 度角。系统中所有力均通过撑杆右端 A 点施力,并且由于系统是静止的,所有力的合力为 0。图 16-20 只显示了物体的受力情况,叫做受力图。图中所示的三个力 F_M、F_U 和 F_L 分别对应物体所受的重力、支撑杆的上撑杆和下撑杆受到的力。下标有助于清晰地定义和分辨变量与实际物体的对应情况。本例中,下标明确了问题的三个重要成分:物体、上支撑和下支撑。

假设物体的质量 M 为 1000 千克,我们想要解决的问题是物体所受重力在撑杆的两根支柱间如何分布。这一问题很重要,因为所有用于制作撑杆以及撑杆和墙壁间挂钩的材料必须能够承受这些力。解决静态系统问题的第一步通常是将各个力沿水平和竖直方向分解。接着,分别在水平和竖直方向计算受力情况,

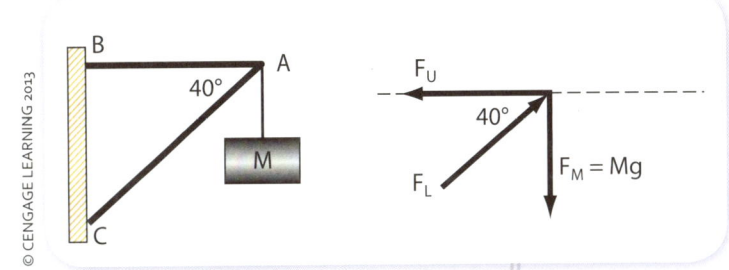

图 16-20 一个静态支撑杆设计及其自由体受力图。该支撑杆模型精确地代表了许多现实中的实物,如搁架和植物吊架。

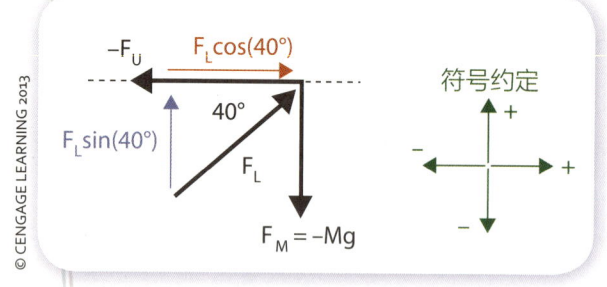

图 16-21 撑杆的受力分解（F_U 和 F_L），水平（红色）和垂直（蓝色）方向的合力分别相互平衡。

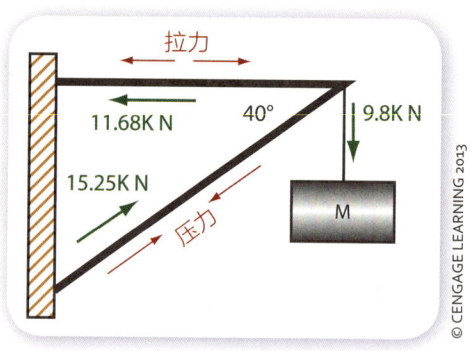

图 16-22 展示撑杆组件实际受力大小的简要图解。在该系统中，上撑杆受到拉力，下撑杆受到压力。

将合力视为 0。记住，x 和 y 方向没有位移，因此在这两个方向的合力都必须是 0。如图 16-20，力 F_L 指向右上方，因此同时含有水平和竖直部分。竖直部分标记为蓝色，大小为 $F_L\sin(40°)$，F_L 的水平部分标记为红色，大小为 $F_L\cos 40°$。注意，向量的竖直和水平部分相加即等于这个初始向量。因此，使用这两个分向量即可代表初始向量。力 F_M 仅仅指向下，因此只有一个竖直部分，没有水平部分。同样，力 F_U 只有水平部分而没有竖直部分。在计算时，你需要区分受力为拉力还是推力，需要规定一种符号惯例（哪一种为正？）如图 16-21 所示。水平和竖直方向的受力分析如下：

水平：$F_L\cos(40°) - F_U = 0$　　　　　　　　　　（公式 16-5a）

竖直：$F_L\sin(40°) - Mg = 0$　　　　　　　　　　（公式 16-5b）

当 M=1000 千克，重力由公式 $F_M = Ma = Mg$ 得到。根据牛顿第二定律，$F = Ma$，但地球上的重力加速度，即地球引力加速度 g 为一个等于 9.8 米/平方秒（或 32.2 ft/s^2）的常量，因此，F_M=（1000 千克）×（9.8 米/平方秒）。此外，由于三角函数已知，我们得到两个方程和两个未知数，这些未知数可以解出。在这种情况下，F_L 和 F_U 的方程式可以迅速求得解，鉴于 F_L 是方程式 16-5b 中唯一的未知数，由竖直方向的方程式 16-5b 可以直接得出 F_L 的值。在这一系统中，我们可以得出 F_L=15 246 牛，F_U=11 679 牛。图 16-22 展示了该系统的受力图。该图展示了所有力，并表明下撑杆受到的是压力（被压迫），而上撑杆受到了拉力（被拉伸）。

动力学

动力学这一词与运动有关，它研究的是随时间发生变化的事物。物理中的动力学指对运动物体的描述，这些物体可以是遵守牛顿定律的星球、汽车、航天飞机、子弹、箭、足球，甚至是以 2 马赫速度向 F-16"雄猫"战斗机飞来的导弹。能描述运动中的物体非常有用。

与静力学不同，动力学需要仔细讨论和理解速度的变化，这些内容通常属于微积分学。在这里，我们将不会就微积分进行过于深入的讨论，但是在接下来的几个部分，我们会简要介绍一下微积分。

加速度 牛顿第二定律明确提及了加速度，但加速度到底是什么？加速度是速度随时间的变化率。兰博基尼或法拉利跑车加速很快（仅 3.2 秒就可以从 0 加速至 60 英里/时），而普通汽车则需要 2 至 4 倍多的时间才能达到相同的速度。因此，跑车的加速度是（60 英里/时 −0 英里/时）/3.2 秒，等于 18.75 英里每小时每秒或 0.0052 英里每平方秒（0.0052 mi/s^2）。

事物随时间的变化快慢就是相对于时间的变化速率。因此，如果加速度是速度的变化率，那么速度又是什么？速度本身也是一种变化率。速度是位置相对于时间的变化率。常见的速度单位包括米每秒（m/s），英里每小时（英里/时）和英尺每秒（ft/s）。这些单位都很容易理解，因为速度是由所经过的距离除以经历的时间所决定。举一个常见的例子，如果你驾车 60 分钟（1 小时）共行驶 60 英里，那么你行驶的平均速度就是 60 英里/时（60 英里每小时）。假设在这趟旅行中你是在高速公路上，一直保持 60 英里/时的速度，如果绘制距离随着时间的关系图，你就得到一条斜率为 60 英里/时的直线。在这张图中，平均速度就是距离相对于时间的斜率（斜率单位为英里除以小时，或者说是英里/时）。类似的，当车辆的速度随时间变化，车辆就会有加速度。当加速度保持不变，就意味着速度在单位时间内增加相同的量，那么车辆就有恒定的加速度。

轮到你了

图 16-23 展示的是用 1000 磅的重量（力）压在一个三杆桁架上。这种三杆桁架是反复出现在桥梁上的一种元素。这个 1000 磅的力代表桥梁上的车辆。求解用以对抗这 1000 磅压力的力 F_{AB} 和 F_{AC}。

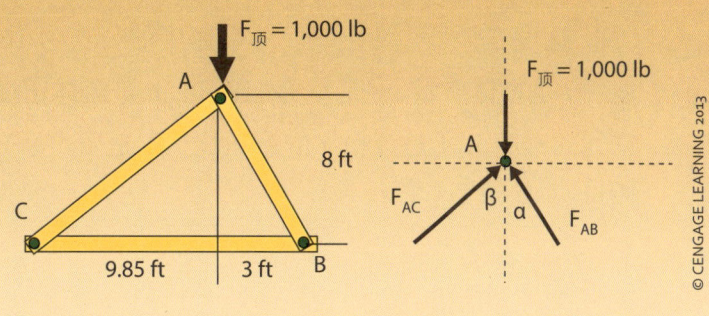

图 16-23 1000 磅的重量（力）压在一个三杆桁架上。

微积分是对这些斜率进行非常准确的求解，不是从平均来看，而是从瞬时来看——或者说，要计算的是物体在特定的某个时刻的速度，而非在相对较长时间内的平均速度。从根本上说，微积分主要涉及曲线和斜率。微积分利用曲线和曲线斜率的概念，并将这些概念普遍运用在研究实例中。因为微积分与处理变化的速率有关，可以看出，它是研究动力学的主要工具。

自由落体　自由落体运动就是物体自由掉落在地球上，这是一种常见的动力学情景。忽略空气阻力，自由落体运动由三个方程式决定。这三个方程式的出发点是 $F=ma=mg$：

$$a=g \quad \text{（公式 16-6a）}$$

$$V=gt+V_{初始} \quad \text{（公式 16-6b）}$$

$$S=\frac{1}{2}gt^2+V_{初始}t+S_{初始} \quad \text{（公式 16-6c）}$$

在这些方程式中，F 是力，m 是质量，a 是加速度，g 是地面上的重力加速度（$9.8\ m/s^2$），V 是速度，t 是时间，S 是位移，注意：公式 16-6 中没有出现质量。的确，物体掉落的速度和位移是由地球的重力加速度（没有空气阻力）决定，而与质量无关。一把沉甸甸的铁锤与一块大理石、一个人，甚至一根羽毛的掉落速度是一样的。不过在实际中，很显然，如果你同时从同一高度投下一根羽毛和一把铁锤，铁锤会先掉落到地面，这是因为羽毛受到相对更大的摩擦力（空气阻力）。如果你是在没有空气的月球上同时投下一把锤子和一根羽毛，这两个物体将会在同一时间掉落在月球表面（请在互联网上检索"阿波罗 15 号　视频　铁锤　羽毛"，观看月球上的真实实验）。公式 16-6b 表明，下落物体的速度以线性速率随时间不断增加。公式 16-6c 表明，物体的位置可以描述为一个时间的二次函数。

初次接触动力学时，空气阻力一般忽略不计。然而，正如前面所说的羽毛的情况，空气阻力实际上会对物体的运动产生巨大影响。当一个物体在空气中，或者在其他材料中下落时，如水或流沙，它的速度不会像在真空中那样持续增加，而是只会增加到"终端速度（terminal velocity）"（即，速度在该值"终止"）。终端速度的公式为 16-7，其中 V_T 是终端速度，m 是物体质量，g 是重力加速度，ρ 是流体密度（在这个案例中即是空气的密度），A 是该物体的截面积，C_d 是阻力系数。注意，这里出现了质量：

$$V_T=\sqrt{\frac{2mg}{\rho A C_d}} \quad \text{（公式 16-7）}$$

人的终端速度（例如不打开降落伞的跳伞者）接近 120 英里/时。

考虑到空气阻力,跳伞者的速度会迅速增加,但速度的增加最终将停止在约120英里/时,再也不会更快。雨滴和冰雹降落时也存在终端速度,因此我们作为它们的击打目标,若无空气阻力,后果不堪设想。

抛体运动 理解箭、子弹,或者投掷石头等抛掷物的运动非常重要。抛体运动激起了15到17世纪科学家们的研究热潮,同时也催生了1946年第一台计算机ENIAC的发明。投掷方向与水平线呈夹角θ的抛体,其x和y坐标为:

$$x = V_{初始} \cdot t \cdot \cos\theta \qquad (公式16\text{-}8a)$$

$$y = -\frac{1}{2}gt^2 + V_{初始} \cdot t \cdot \sin\theta + H_{初始} \qquad (公式16\text{-}8b)$$

公式16-8中,x是水平位移,y是竖直位移,$V_{初始}$是初始速度,g是重力加速度(9.8 m/s² 或 32.2 ft/s²),t是时间,$H_{初始}$是初始水平位置,θ是抛体在离开产生抛掷动作的物体那一瞬间与水平线的夹角。图16-24是一个抛体运动计算案例。这个Excel表采用了"输入/输出"形式,其中输入值为时间、重力加速度(g)、初始速度($V_{初始}$)和夹角,物体的位置(x和y值)是输出值。抛体运动的轨迹是抛物线。最大速度发生在抛体运动刚开始和着陆的时候;事实上,发射和着陆的速度是一样的。最小速度(竖直方向的速度为0)发生在抛物线的顶点。

旋转运动 除了平移运动(上下左右或前后的移动),轮子和球等物体的运动方式为旋转运动。旋转运动也遵从牛顿力学,但是其表达式需要稍作修改。平移运动中,我们解决的是位置随时间的变化的问题,因而有了速度和加速度的概念。旋转运动中角度随时间发生变化,而非位置发生变化,因此需要将位置更换为角度,得出旋转物体运动方程。

由于旋转运动的研究与角度有关,我们首先复习一些关于角度的知识。**角度**是将一条直线与另一条直线重合时所需旋转的量。角度的单位是度或者弧度,数学计算中更倾向于使用弧度为单位。一个圆有360度,等价于2π弧度。图16-25展示的就是这个情况:一个以原点为圆心的圆,只画出了x轴的正轴。如果围绕原点旋转x轴直至回到初

> **角度(angle):**
> 将一条直线与另一条直线重合时所需旋转的量。

轮到你了

为什么很多计算中用到60的倍数,例如360度是1圈,60弧分是1度,60弧秒是1弧分,60分钟是1小时,60秒是1分?(提示:网上搜索"六十进制"。)

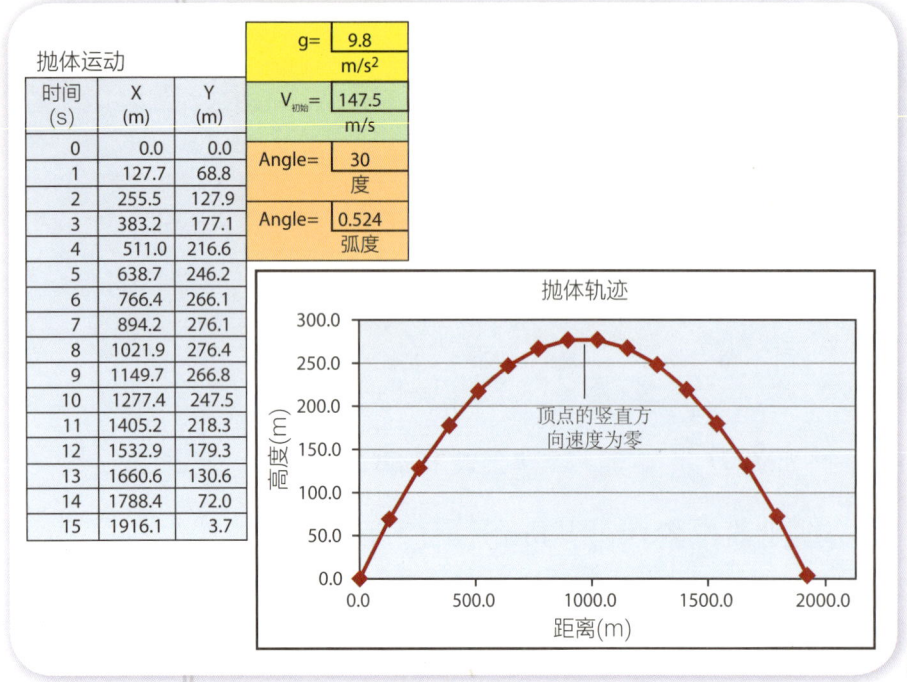
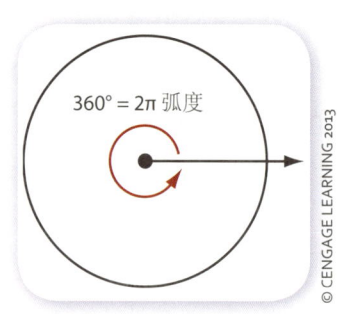

图 16-24　抛体运动的 Excel 计算表。抛体运动的轨迹总是抛物线。

图 16-25　一个圆有 360 度。也就是说，当一个轮子（圆）滚动一圈，相当于旋转了 360 度，即 2π 弧度。

始位置，x 轴就旋转了 360 度，或者 2π 弧度。举一个实例，当一个轮子旋转了 810 度，这轮子相当于旋转了 2.25 圈。

平移运动的研究围绕加速度、速度和位移等概念展开。旋转运动，亦即角向运动，研究的是角加速度、角速度和角度。这些旋转运动概念的典型单位有：

角度：弧度

角速度：弧度每秒（rad/s）

角加速度：弧度每平方秒（rad/s²）

旋转速度以转每分钟（rpm）为单位，所以需要将转速（rpm）转换为角速度（rad/s）。公式 16-9 将转速 $S_{转动}$ 转换为角速度 ω，单位由 rpm 变为 rad/min。

$$\omega = 2\pi S_{转动} \qquad (公式\ 16\text{-}9)$$

轮到你了

一个半径为 15 cm 的轮子，其转速为 33.3 rpm。它的角速度是多少弧度每分钟？如果这个轮子与地面接触（类似于车上的轮子），这个轮子一分钟能沿着地面行驶多远？（提示：你需要使用半径计算圆周的公式。）

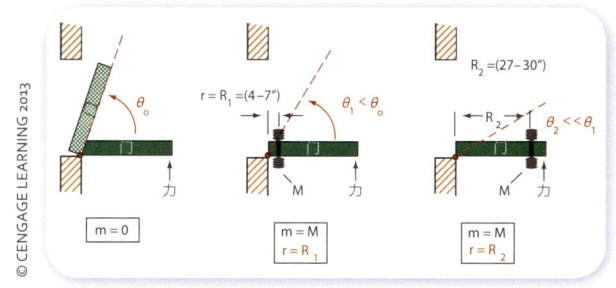

图 16-26 旋转门的俯视图。通过改变重物位置和施力点位置的试验,利用旋转门可以很好地帮助理解转动力、转矩。

举一个实例,一台电动机的转速为 1000 rpm,等同于 6283.2 rad/min 或者 104.7 rad/s。

转矩和转动惯量 理解了角度和角度随时间的变化,下面总结一下牛顿运动定律在旋转运动中的运用。实验是理解旋转运动的最好方法,如图 16-26,在家中或者学校找一扇标准的门。为得出最好的结果,选一扇铰链较好的门,以减小摩擦力的影响。如果需要,还可以为铰链润滑,进一步减小摩擦。接下来的部分概述了整个实验。

旋转门

1. 在家中或学校选一扇铰链较好的门,以减少摩擦力的影响。
2. 找两个重量在 2~10 磅的物体,把它们用线或绳连接,两者间留出约 1 尺的长度。
3. 将系好的重物放在一边,将门打开四分之三,在门的外沿施加一个力,门便会靠近关闭的位置,如图 16-26 所示。用一个封条在你施加力的位置做标记。用手施力,但是不要抓门,轻轻地推门即可。用足够的力使门接近关闭但不要关闭。用同样的力重复推门,使门达到同样"接近关闭"的位置。计算门旋转了多少(用角度表示)。当你可以重复相同大小的力时,进行下一步。
4. 找一位搭档将之前的重物挂在门的上面(使两边的重物平衡),距铰链轴大约 4 英寸的位置。
5. 用你之前练习的力重复推门,测量门运动了多少(用角度表示)。记得在同一位置(同一弧度)施力。进行多次实验并计算平均值,记录结果。
6. 将系好的重物尽可能地相对门轴向门外沿移动,只要不掉落即可。
7. 用你之前练习的力重复推门,测量门运动了多少(用角度表示)。记得在同一位置(同一弧度)施力。进行多次实验并计算平均值,记录结果。

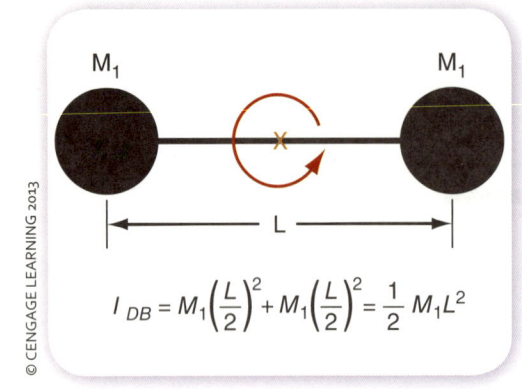

图 16-27 哑铃长度为 L，每一端物体的质量为 M_1。这个哑铃绕中心的转动惯量为 $0.5M_1L^2$。

这个实验可以研究旋转系统中物体的受力情况，实验结果可以帮助你更好地理解牛顿运动定律在旋转系统中的运用。在实验中可以发现，当重物越接近门轴，其旋转角度越大。当重物悬挂在门外侧时，门转动的幅度较小。实验过程中总质量（门的质量加上两个重物的质量）是一样的，唯一的区别在于重物放置的位置。乍看起来这是矛盾的，因为牛顿运动定律取决于物体的质量（$a=F/m$）。然而，在这个实验中，结果（门的旋转）取决于物体放置的位置，而不是实际的质量。这是平动和转动的第一个重要区别：必须用质量的分布来代替质量，更具体地来说，是物体位置距转轴的距离的平方起决定性作用。这个质量分布的影响叫做转动惯量。转动惯量用字母 I 表示，是质量与物体距转轴距离平方的乘积。物体的转动惯量是常量，就像质量一样。对于简单结构，例如哑铃，其转动惯量很容易计算，但总体来说，大多数物体的转动惯量计算时要采用微积分。让我们看一个哑铃的例子（如图 16-27），此时杆的质量忽略不计。假设哑铃两端各有一个质量为 M_1 的物体，和哑铃一起围绕其中心旋转。此时，哑铃的转动惯量 I_{DB} 可通过公式 16-10 求得。

$$I_{DB}=M_1\left(\frac{L}{2}\right)^2+M_1\left(\frac{L}{2}\right)^2=\frac{1}{2}M_1L^2 \qquad （公式 16-10）$$

如果质量 M_1 为 50 kg，哑铃的长度为 2 m，那么 $I_{DB}=100$ kg·m^2。简言之，对于转动，质量要替换成转动惯量。

下面介绍转动和平动的第二个不同点。在转动中，还要考虑施力点。例如，在旋转门实验中，如果按之前的力度重复实验，但是施力点不是放在门沿，而是距离门轴一半的位置，门的转动就会更小。另一个与施力的距离相关的实验是开启一扇非常重的门。在离门轴较远处推门会比离门轴较近处推门更容易将门打开。对于一扇很重的门，当你靠近铰链推门时甚至可能无法将门打开。因此，不光是物体的位置起决定作用，施力点的位置同样很重要。这就引出了 **转矩** τ（希腊字母"tau"）的概念。转矩是力乘以距离，这个距离是物体到转轴的直线距

转矩（torque）：这个量在转动中相当于平动中的力。转矩的定义是力乘以距离 [$\tau=(F)(d)$]，这个距离是力到旋转中心的距离。希腊字母 τ 用于表示转矩。转矩的常用单位是牛顿·米（N·m），英尺·磅（ft·lbs）或者英寸·磅（in·lbs）。

轮到你了

根据图 16-28 中杆的受力情况,判断这根杆是否会转动,如果转动,会朝哪个方向?

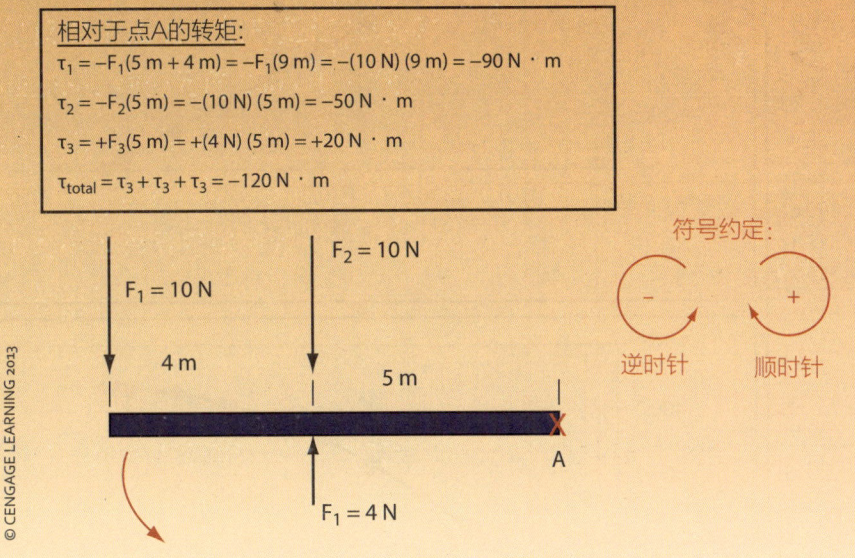

图 16-28 一端固定在铰链上的杆子的示意图。在距离转动点不同距离处施加不同的力,会产生不同的转矩。转矩是力乘以距离,同一个力作用于不同位置会产生不同的转矩。

离。图 16-28 展示了几个转矩的示例。将牛顿定律运用于转动问题时,力应被替换为转矩。

旋转运动的变量归纳见表 16-9,其对比对象是平移运动的变量。

与平移运动依赖于重力、有恒定的加速度一样,旋转运动遵循:(1)转动速度和时间线性相关,(2)位置(角度)与时间的平方相关。举一个旋转运动中加速度恒定(这里为减速度)的例子,图 16-29 是一个轮子转动的计算,开始的转速为 1000 rpm(104.7 rad/s),但是由于摩擦,转速减小的速率为 2 rad/s²。图 16-29a 所示,**转动速度**呈线性减小,角度("转动位置")随时间的平方变化,轮子在停止前共转动 2740.5 弧度或者 236.2 转。

> **转动速度(rotational velocity):**
>
> 角度随时间的变化率。转速的一般单位是弧度每秒(rad/s)和度每秒(deg/s)。[转速还可以用单位时间内转的圈数衡量,例如每分钟转动圈数(rpm)或每秒转动圈数(rot/s)。]

表 16-9 平移和旋转运动中的重要物理量。

	平移运动	旋转运动
变化量:	x,距离(m)	τ,角度(弧度)
速度:	v(m/s)	ω(rad/s)
加速度:	a(m/s²)	α(rad/s²)
描述物体惯性的参量:	m(kg)	I(kg·m²)
驱动因素:	F(N)	$\tau = F \cdot d$(N·m)
牛顿第二定律表达式:	$F = ma$	$\tau = I \cdot \alpha$(kg·m²/s²)
动能:	$\frac{1}{2}mv^2$	$\frac{1}{2}I\omega^2$

第16章 数学和科学的应用

转动 时间 (S)	ω (rad/s)	角度 (rad)	角度 (圈)
0.0	104.7	0.0	0.0
5.0	94.7	498.5	79.3
10.0	84.7	947.0	150.7
15.0	74.7	1345.5	214.1
20.0	64.7	1694.0	269.6
25.0	54.7	1992.5	317.1
30.0	44.7	2241.0	356.7
35.0	34.7	2439.5	388.3
40.0	24.7	2588.0	411.9
45.0	14.7	2686.5	427.6
50.0	4.7	2735.0	435.3
51.0	2.7	2738.7	435.9
52.0	0.7	2740.4	436.2
52.3	0.1	2740.5	436.2

$a_{减速}$ = −2.0 rad/s²

$ω_{初始}$ = 104.7 rad/s

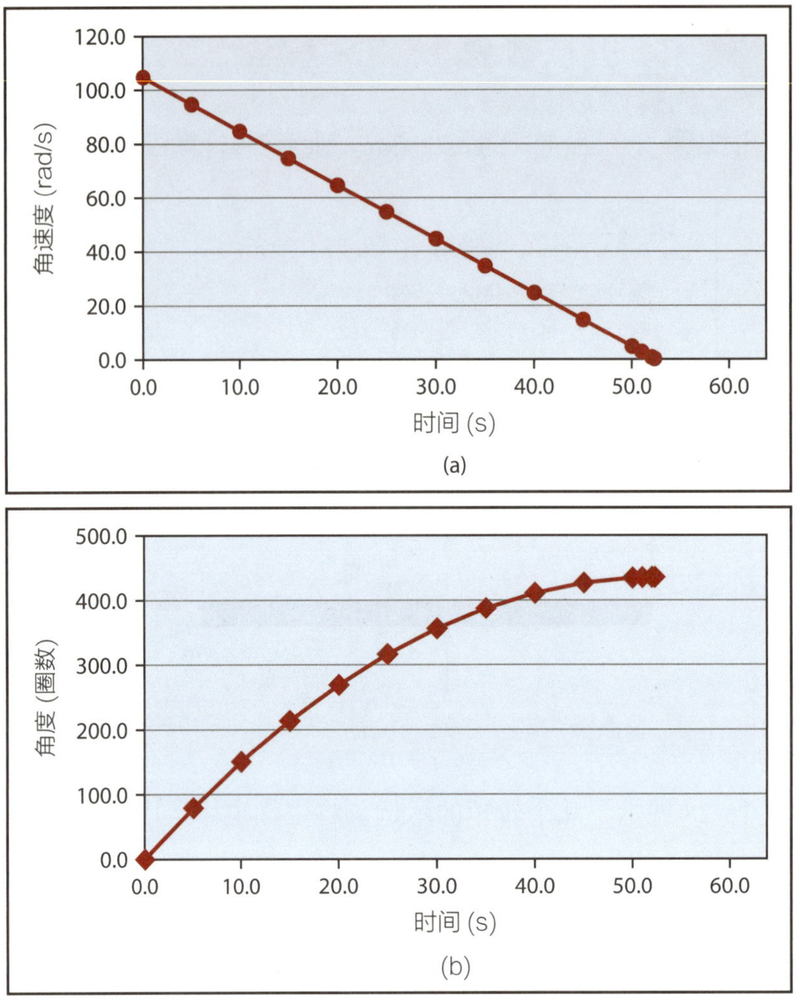

图 16-29 用 Excel 计算的例子，初始角速度为 104.7 rad/s（1000 rpm）的轮子，在摩擦力的作用下（加速度为 2 rad/s²）的角速度变化。轮子的转速呈线性减小，而角度的变化（多少圈）呈现为抛物线。

轮到你了

利用 Excel 创建数据点和图表，画一个半径为 1 的上半圆弧（参考式 16-3a）。用至少 16 个点。这个圆很特殊，叫做"单位圆"。在半圆的右象限找一个点，这一点的坐标与该点所确定的角度的正弦和余弦有何关联？（提示：第一次找例子时建议放在第一象限。）

弹簧：自然界的三角函数

工程师会广泛运用三角函数，三角函数可用于描述振动（如钟摆）。在这里，我们回顾一下三角函数的定义和一些应用。三角函数最容易通过一个直角三角形（即一个内角为90度的三角形）来定义。如图16-30，正弦、余弦和正切函数均可用相应边的长度之间的比值来表示：在邻边（A），对边（O），直角对应的斜边（H）之中，斜边总是直角三角形的最长边。图16-30也展示了正弦和余弦函数图。

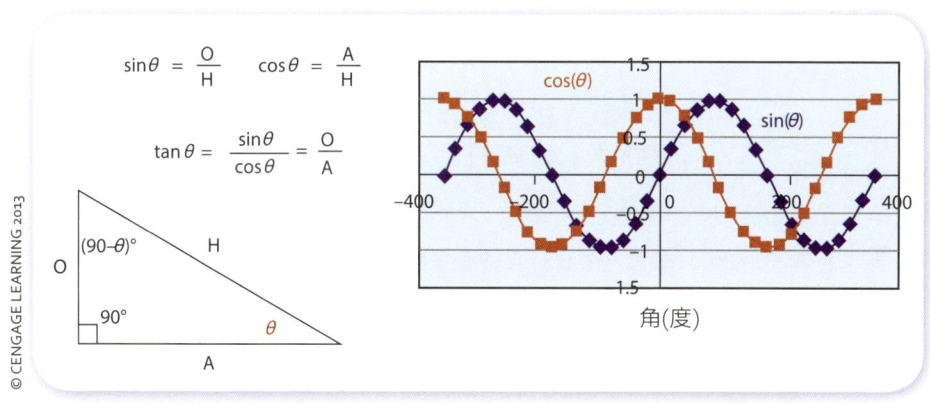

图 16-30 三角函数的定义以及显示出其振荡形状的正弦和余弦函数的曲线图。

生活中许多重要的现象都是振荡现象。常见的会振动的事物包括钟摆（1500年左右出现的时钟技术）、电子晶体振荡器（1900年左右出现）、光、声、水波和激光等。所有这些现象中，研究对象均以某种方式在振动，这种振动可以用正弦波来表示。由于物体振动很普遍，且很重要，本节我们会简要介绍振动的基本数学原理。最为普通和常见的是弹簧，这种人造装置可以帮助我们呈现自然界中的正弦波振荡现象。

图16-31展示了一个无摩擦的水平弹簧系统。选择水平系统，是为了忽略重力的影响（同时表面摩擦力也很小）。弹簧的平衡点是在没有外力作用情况下物体处于静止状态的那一点。通过实验很明显地发现，将弹簧拉开离平衡点越远，弹簧的拉力就越大。具体来讲，弹簧的回复力与弹簧离平衡点的距离线性相关。这可用一个简单的数学表达式 $F_S=-kx$ 表示，其中 F_S 是弹簧产生的力，k 为常数（弹性系数），x 是弹簧离平衡点的距离（将弹簧拉离平衡点的距离）。负号表示如果你将弹簧拉向一个方向，弹簧则会向相反的方向回复。此外，你将物体拉离平衡点越远（增加 x），弹簧回复的力就越大。这种回复力，也就是与运动方向相反的那个力，是产生振动的关键（方程 $F_S=-kx$ 中的这个简单的负号，意义重大）。该系统遵循牛顿定律，我们来看看牛顿定律

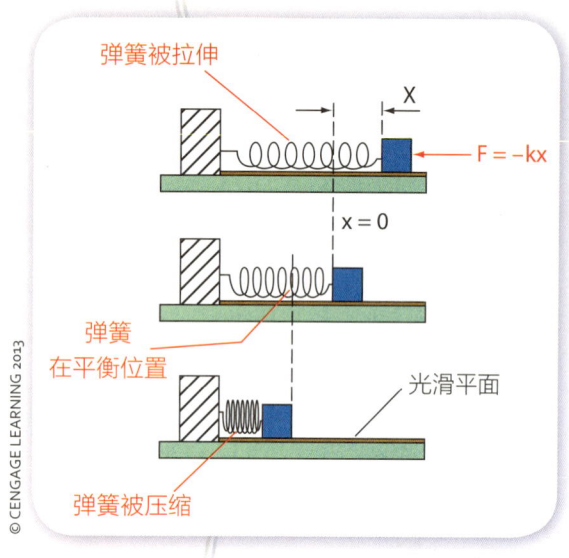

图 16-31 该图展示了弹簧上一个物体的运动。弹簧总是以线性形式与物体的运动作出相反反应。也就是说，通过弹簧作用于物体的力 F_S 可以由公式 $F_S=-kx$ 得出，其中 k 是一个常数（"弹簧"常数），x 是弹簧的位置。

中的相关内容。我们知道 $F=ma$，也知道 $F=-kx$，因此可以得出：

$$ma=-kx \quad \text{（公式 16-11）}$$

变换形式，我们可以得到如下方程：

$$a=-\left(\frac{k}{m}\right)x \quad \text{（公式 16-12）}$$

这个式子相对比较简单，我们能否从中推断出一些有用的内容呢？从公式 16-12 可以看出，加速度 a 是一个关于 x 的线性函数（k 和 m 都是常数）。请记住，我们需要找的是运动学公式，或许公式 16-12 还告诉了我们其他什么信息，因为如果加速度很大，物体的运动变化也会很快。但是，是否能再具体一些？我们能否得到实际位移与时间的函数关系 $x(t)$ 呢？这是可以做到的，但必须回到我们对于微积分的简要讨论中。加速度是速度相对于时间的变化率，速度是位移相对于时间的变化率。因此，加速度确实与位移相关。如果你还记得前面的内容（图 16-16 的讨论），要得到变化率只需计算斜率。斜率很容易计算，特别是在使用 Excel 时。因此，让我们重写公式 16-12 的形式，这样我们便知道，加速度是 x（位移）相对于时间的斜率的斜率。如图 16-14 的方法，我们每用到一次斜率就用一个撇号表示，将公式 16-12 中的加速度（a）替换为位移（x）随时间变化的斜率的斜率（x''）：

$$a=x''=-\left(\frac{k}{m}\right)x \quad \text{（公式 16-13）}$$

轮到你了

使用 Excel 可以得到，正弦波的斜率的斜率恒等于该正弦波的常数倍的相反数，将该常数用 K 表示。例如，给定一个正弦函数，$y=\sin(3t)$，其中参数（$3t$）假定是弧度，使用 Excel 来确定它的斜率和斜率的斜率（如图 16-16 中的做法）。然后绘制三个函数 [（1）$\sin(3t)$，（2）$\sin(3t)$ 的斜率，（3）$\sin(3t)$ 的斜率的斜率]。另外，常数 K 是多少？（注意，自变量为 t，即时间。）

在这种表示方法中，x''（x 双撇）意味着你必须取 x 的两次斜率。这个撇号正是数学家（在微积分中）所使用的。方程 16-13 是让我们找到 x 关于时间的函数 $x(t)$，所以当你取两次斜率时，所得到的是 $-x$ 再乘以一个常数（即 k/m），这样的函数刚好是一个正弦或余弦函数。这种解法可以理解为：当弹簧上的物体被拉离平衡点后释放时，由此产生的运动是一种振动，或者说是正弦波振动。

指数函数

指数函数是科学和工程上应用最广泛的函数之一。如电力、电子电路、光、放射性现象、技术发展速度、细胞数目增长速度、化学反应速率、振动、计息金融账户以及其他对象，均可用指数函数准确地描述。甚至是我们的听觉，也具有逆指数（对数）的响应。

指数函数的形式是 $y=B^x$，其中 B 被称为底数，可以是任意正实数（不等于 1），自变量 x 是指数。如 $y=(1.7)^x$、$y=(3.45)^x$、$y=10^x$ 等都是指数函数的实例。指数函数中的 y 值可以迅速地增大，或减小（当 x 为负值）。底数越大，函数增大或减小得越快。第 13 章对函数 $y=2^x$ 有详细讨论，它近似描述了半导体技术的发展速度（摩尔定律）。在过去的 30 至 40 年间，半导体微处理器的性能以令人难以置信的速度提高。图 16-32 列举了一些指数函数的例子（指数函数不应与幂函数相混淆，幂函数的形式是 x^B，与指数函数相反，即 B 是指数，x 是底数。幂函数本身非常有用，但不像指数函数那样增长迅速）。

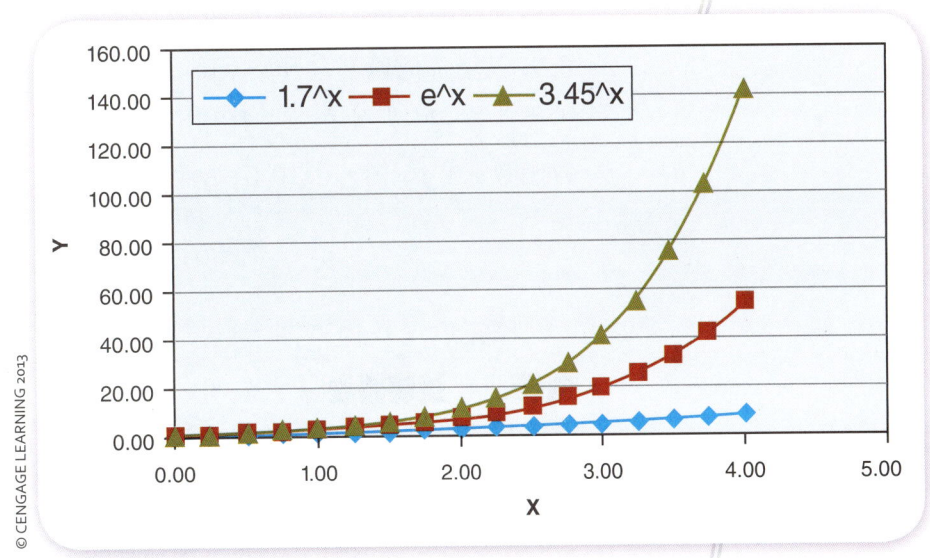

图 16-32　三个指数函数图：$y=(1.7)^x$、$y=(3.45)^x$ 和 $y=10^x$，指数函数增速非常快。

有一种形式比较特殊的指数方程 $y=e^x$，称作**自然指数方程**，其中底数为 e（欧拉数），约等于 2.7183。自然指数方程之所以特殊，是因为方程上任一点的斜率都等于方程本身。比如，在 $x=0$ 处，$y=e^0=1$（任何数的 0 次方都是 1），而点（0,1）的斜率也是 1。$y=e^x$ 曲线上另外一个简单点是（1, e），因为任何数的 1 次方都是它本身，曲线 $y=e^x$ 在点（1, e）

的斜率也恰好是 e（≈2.7183）。

种群增长 种群增长研究是一个非常重要的课题。动植物数量的增长或减少对于自然界而言非常重要。在微观层面，种群数量的增长也非常重要。细胞数目的增长速率，既包括良性细胞，比如红细胞和白细胞，也包括肿瘤细胞，都能用指数函数描述。种群数量增长之所以表现为指数函数，原因与前面讨论的弹簧振动类似。种群数量的增长速率是随时间变化的，取决于群体中一开始的个体数量：可以繁殖的个体越多，得到的后代数量也就越多。因此，描述种群数量增长的方程是一个变化速率（斜率）与自身成比例的函数，这也正是指数的定义。公式 16-14 和 16-15 给出了描述种群数量增长的常见公式，其中，自变量是时间 t，而不是 x。公式 16-15 描述的是随着物质衰变，N_0 个放射性原子数量的逐渐减少。每一种放射性物质都有它自身的平均寿命 τ（τ 与物质的半衰期成正比 [$t_{半}=0.69\tau$]）。

$$C = C_0 e^{kt} \qquad (公式 16\text{-}14)$$

$$N = N_0 e^{-\frac{t}{\tau}} \qquad (公式 16\text{-}15)$$

一个更好的种群增长数学模型，可以用来解释随着数量增长而在群体内加剧的竞争。比如，研究表明随着啮齿类动物数量的增加（指数增长），其增加的速率会开始下降，生存压力（生物数量密度过大）、疾病和种类斗争会引发死亡率上升和出生率下降。描述这种模型的公式也是指数函数（式 16-16），其中 C，D 和 α 是常数，t_0 是增长开始的时间：

$$P(t) = \frac{C}{1 + D e^{-\alpha(t-t_0)}} \qquad (公式 16\text{-}16)$$

修正后增长模型图参照图 16-33 中的曲线 I，这种曲线叫做 S 型**曲线**或者**逻辑曲线**。它表明，生物数量在最开始是指数型增长，但随后增长速率开始下降，使得生物数量在一个相对稳定的水平达到饱和。对于案例 I 来说，饱和值约为 400。

S 型曲线模型除了能够精确描述生物数量的变化外，还可以精确反映新技术的传播，即所谓的**技术曲线**。当一种新技术（一种产品或生产方式）出现时，比如一款新手机、电子游戏、药品或者高密度存储器，其普及率不仅取决于采用这种技术（"好事传千里"）的顾客数量，还取决于没有采用这种技术的顾客数量（采用新技术的顾客越多，没有采用的顾客就越少）。图 16-33 还展示了第二种技术曲线（曲线 II），反映了一种新的技术如何超越并最终取代旧技术。对于这家公司而言，非常幸运的是，第二种技术（红色曲线 II）开始进入市场的时候，旧技术正好停止了销售。在高技术产业中，这些遵循指数曲线的经济影响往往

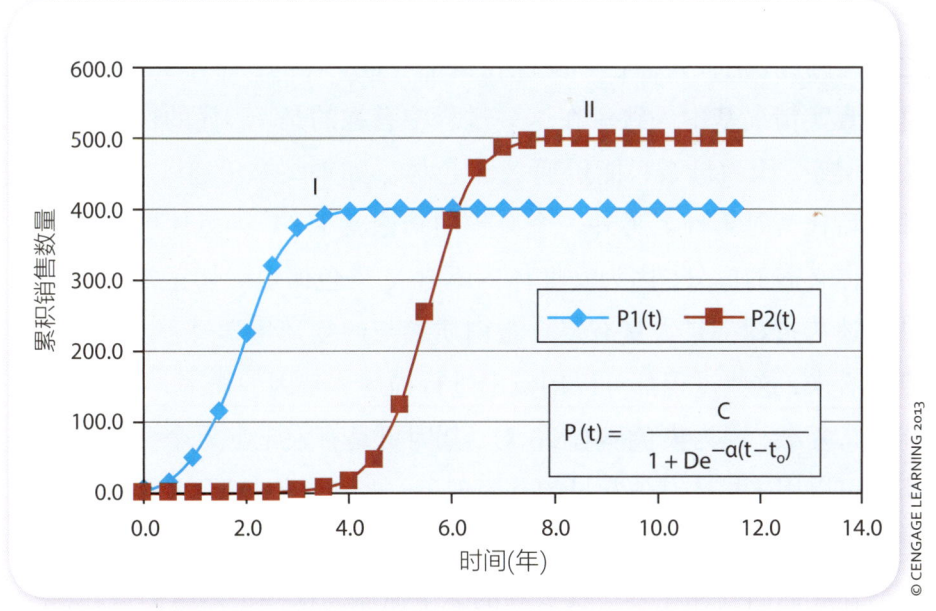

图 16-33 指数函数也可用来表示 S 型曲线,也称作逻辑或技术曲线。S 型曲线可以精确地模拟种群数量和技术发展的变化率。

非常重要。对于非常依赖新技术发展的公司,它们需要投放满足急剧增长曲线的技术,就像图 16-33 里所展示的那样。此外,还必须保证新技术投放时机合适,例如,旧技术停止销售的同时新技术已经整装待发。

概率/统计:应用

阅读这一段落时,抬头看看你的周围,注意观察附近的各种物体,或者任何正在发生的事情。比如椅子、灯泡、铅笔、桌子、衣服、塑料杯和书等物品;又如正在发生的事情:钟表在走、水族箱在冒泡、心脏在跳动,或者是你左手食指的一个氢原子里,一个电子正在沿着它自身的轨道绕转。提到概率时,人们通常只是想到抛硬币或是博弈游戏,比如扑克牌或者 21 点。然而,你周围的一切物体和发生的事情都有概率的身影。有时候,概率的存在显而易见,但有时候,概率的存在难以察觉。我们通过一些例子来理解为什么说概率在生活中处处存在。

你是男性还是女性?你的性别由父母传给你的染色体决定。所有令人称奇的关于孕育生命的生物过程,使用概率都能清晰地描述其结果。人类有两种性别,男性和女性。每个人的 DNA 里都有 23 对染色体,其中有 2 条是"性别"染色体。这 2 条可以是 X 或 Y 染色体的任一种。男性的两条性别染色体是 XY,女性的两条性别染色体是 XX。已知下一代从他们父母的两条染色体中各得到一条,当一个男性和一个女性结合时,他们后代的染色体一共有四种可能:XX、XY、XX 和 XY

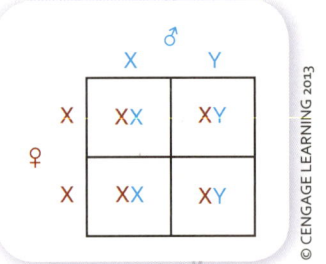

图 16-34 表格说明了概率如何决定性别。男性和女性分别提供一条性别染色体,这两条染色体决定下一代的性别。男性的性别染色体组成是 XY,女性的性别染色体组成是 XX。

(见图 16-34)。后代是男性的概率是四分之二,是女性的概率也是四分之二。因此,后代是男性和女性在概率上是一样的,各有 50% 的概率,这和真实情况基本一致。在这一过程中有趣的是,后代的性别完全取决于父亲,因为母亲只能传递 X 染色体。如果父亲传递了 Y 染色体,那么后代就是男性。另外一个有趣的结论就是,Y 染色体中没有什么生命体必需的成分,因为女性体内不含 Y 染色体也一切正常。性别和其他遗传过程都是大量有复合蛋白质参与的复杂化学过程。然而,从宏观看来,这些过程都可以用概率进行描述。基因的概率(数学)有可能非常复杂,因为染色体有 23 对,基因更是有成千上万个。相似的分析也可以用来描述其他常见的基因现象,比如血型、瞳孔颜色和一些基因遗传病,如囊性纤维病。

让我们回到你在身边察觉到的无生命体。这些物体由钢铁、塑料、木头或者纤维等材料组成。在制作这些物体时,制作过程的方方面面都充满了变数。正如本章开始所讨论的,没有什么物体可以被精确地制作完成,同样,很多相同的物品也不可能制造得完全一样。因此,在制作你所观察到的周围物品时,工程师和科研工作者花费了大量心思,确保这些物品的关键维度能被详细说明以实现足够量产,同时还能满足顾客需求。让我们更加具体一些,通常使用机器在一把椅子上打孔,以便可以拧螺丝或者塞木条。制造商可以精确地确定孔的位置和尺寸,使孔发生错位(出现错误)的概率最小。然而,这样的精度可能会增加成本。所以,在制作精准度或公差与制造成本之间永远都需要权衡。有了对概率的充分理解,制造商或设计机构才能做出决定并设定目标。要得到国际标准化组织认证,一个组织通常要实施几个步骤来监督生产过程中的统计数据(概率)。这就要使用复杂的统计学和概率软件包来完成。

制造过程与 15 章里讨论的人体工程学一样,都遵循名为正态、高斯或钟形分布的概率函数。15 章里曾经讲过,高斯分布可以精确地描述大量数据的变化。例如,我们曾使用 Excel 中的直方图(见图 16-16)分析了风速数据。图 16-16 的数据告诉我们,风速在每小时 10~15 英

轮到你了

列举一些涉及大量概率和统计数据的产业和产品,并说明原因。

里的概率是较大的(31天里有18天),每小时25~30英里的概率几乎为零(31天里有0天风速在这个范围)。公式16-17给出了高斯分布的数学形式,其中σ是标准偏差,μ是平均值。标准偏差与曲线的宽度直接相关,平均值是曲线的中心所对应的x轴坐标。图16-35a给出了某个城市成年男子身高分布的高斯分布曲线。我们假设这4套数据由4个不同的研究组织测得。

$$y=\frac{1}{\sigma\sqrt{2\pi}}e^{\frac{-(x-\mu)^2}{2\sigma^2}}$$ （公式16-17）

在图16-35a中,蓝色、绿色和红色三条曲线的中心轴都在x轴(6英尺)的同一位置,所以这些曲线都代表了平均值为6英尺的数据。然而,蓝色、绿色和红色曲线的宽度却截然不同,红色数据的分布非常窄,表明所有成年男子的身高都非常接近,变化幅度大概只有±0.1英尺,相反,蓝色曲线表明成年男子身高变化幅度非常大,在±0.4英尺。紫色曲线的平均值和其他的都不一样,在5.8英尺左右,比其他三种数据的平均值少0.2英尺。如果工程人员观察这些数据,他会对紫色曲线所代表的数据产生怀疑,因为其他三种曲线的平均值一样,为什么同一地区成年男子的平均身高会更低呢?

或许是那家公司在统计时出现了错误,又或者是他们只搜集了较为年长或年轻的男子的数据,这些男子的身高会较低。表16-35b呈现的是一些真实数据,是即将进入四年制大学的285名大学生入学考试(SAT)成绩的平均分。这些SAT数据具有一定的对称性,稍向高分倾斜,但也较符合高斯分布。

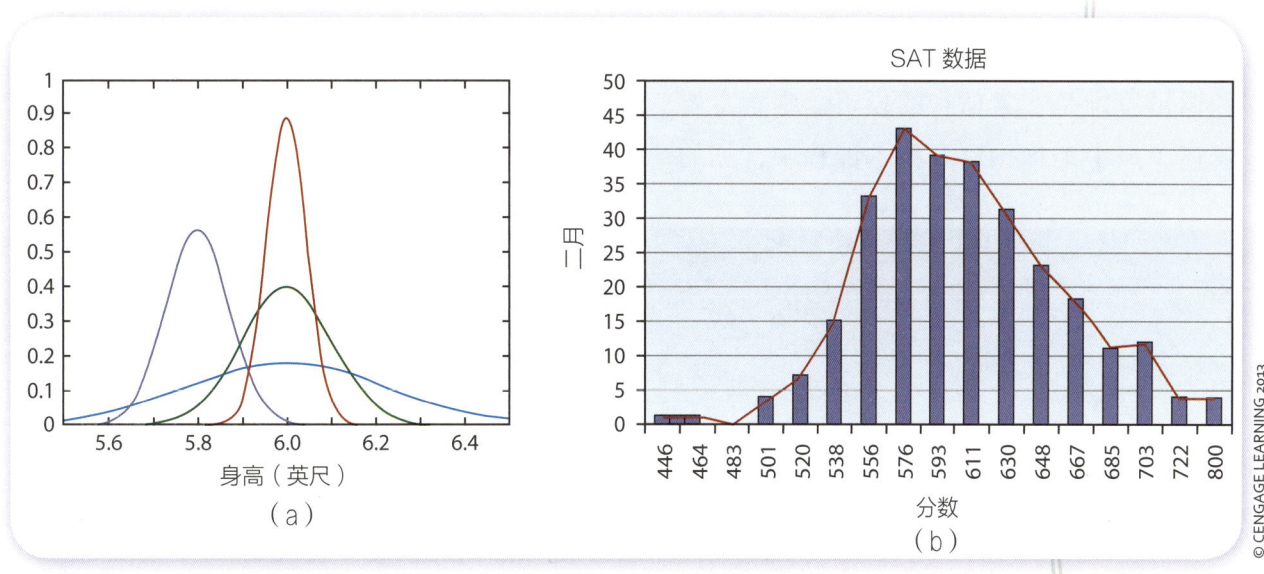

图16-35 图(a)是高斯曲线的例子,(b)是真实的SAT成绩数据,和高斯分布相近。高斯分布也叫正态分布。

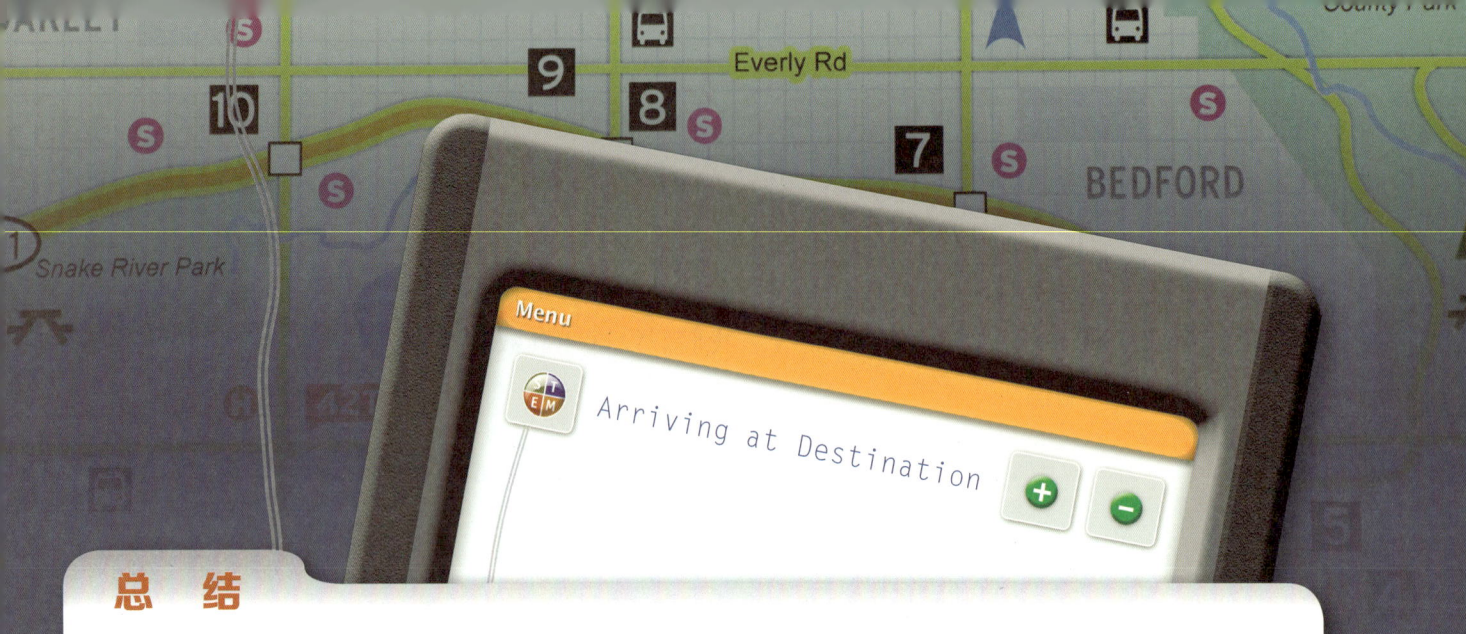

总　结

　　人类每天都要使用各种数学和科学原理。定量分析对我们来说非常有用。许多著名科学家和技术专家通过找到理解和观察世界的新方法来推动社会的进步。然而，在过去，高等教育只向少数人开放，比如，几百年前，只有很少的人可以理解牛顿定律和微积分。现如今，微积分和牛顿定律已经进入数百万高中生的公共课程。时至今日，几乎每一个人都有接受高等教育的机会。可是仍有很多人只有极其有限的数据分析技能（数学和科学），这在由高科技和统计数据统领世界的今天，可能会带来困难。研究表明，在数学课上通过代数 II 的考试与未来的成功有某种关联，所以注重数据分析和逻辑思维是非常值得的投资。本章主要概述了高中工程预科和技术课程中常见的数学和科学技能。

　　本章也强调了在特定情况下使用计算机进行数据分析的重要性。尤其是电子表格软件，它如今已经变得非常强大和实用，难以想象在数学、科学、技术和日常生活中缺少它会是什么样的情况。我们列举了现实生活中使用 Excel 软件的许多例子，比如记录汽车保养情况，通过计算汽车省油情况决定购买哪一款车，分析风力发电机的经济可行性，计算静态和动态系统以及其他一些科学性情形。在本章结尾，我们通过生物学例子讨论了概率和数据统计。在 20 世纪和 21 世纪，人们在生物科学领域取得了重大突破，而且至今这种进展没有丝毫减慢的迹象。不断改进的医疗诊断设备和药品，说明了人类是如何从生物科学领域中持续获益的。

课后作业

观察 / 分析 / 综合

1. 为什么设计师必须考虑设计中的可变性？
2. 你有两把测量卷尺，一把长 100 英尺，另一把长 15 英尺，它们在其他方面都一样。如果要测量一段约 65 英尺长的长度，哪一种卷尺会更精确一些？为什么？
3. 简要描述牛顿运动三大定律，分别给出现实生活中的例子。
4. 哪个术语可以用来表示一个合力为零的系统？
5. 一个自由下落的物体（在真空中）的速度随时间是如何变化的？它（在真空中）的位置随时间是如何变化的？它（在空气中）的速度是如何随时间变化的？
6. 一个轮子转速为 670 rpm，将该转速单位转换为弧度每秒。如果这个轮子安装在一个手推车上，轮子的半径是 2 分米，那么 12 秒之后这个轮子走了多远？
7. $y=x^4$ 和 $y=e^x$ 哪个方程增长得更快？
8. 在一家制造厂，对每一个部件都要测量其特征尺寸 M 和 N。如果 M 尺寸的标准差是 1.9 mm，N 尺寸的标准差是 2.4 mm，哪个尺寸更加精确？精确多少？

补充作业

工程设计分析挑战

1. 用橡皮筋制作一个简易弹弓，用厚纸板或者泡沫板固定橡皮筋。找到可以重复发射的方法（每次能够使橡皮筋的拉伸长度一样）。选择一个适用于该设计的抛射物，其质量变化不会对发射情况或抛射过程中的空气动力产生巨大改变。通过以下方式测试你的设计：完成多次"相同的"发射，测量弹丸的飞行距离。对数据进行统计分析（使用 Excel 软件）。换别人使用你的发射装置。他们的发射数据分布和你的一样吗？使用不同质量的弹丸时，质量会影响飞行距离吗？你能想办法绘制出弹丸飞行的抛物线轨迹吗？
2. 准备各种弹簧装置。选择 3 种完全不同的弹簧，让每一种弹簧的一端与固定面相连，使弹簧悬挂。给每一种弹簧挂上相同质量的物体，将物体稍稍向下拉，然后放手。测量每一种弹簧的振动周期（重物回到相同位置用了多长时间）。（为了获得足够精确的振动周期，你可以先测量振动 5 或 10 次的时间，然后求出它们的平均振动时间。）对于不同的弹簧，它们的振动周期是否一样？拉动弹簧的力和振动周期之间有什么关系？将重物取下，换成另一个重物，质量为原来的 2~4 倍，重复上述步骤，振动周期会随重物质量变化吗？
3. 切割材料可以使用带锯、台锯、铣床、电火花线切割或者激光线切割器。根据个人经验，加上在互联网上的搜索得到的经验，请估计一下这些切割方式的精度。

第17章
设计风格

Menu

 **头脑准备**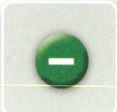

在学习本章的概念时，请思考下面的问题：

1. 为什么物体的视觉外观或者风格是设计过程中很重要的部分？
2. 不同的设计风格是根据什么命名的？
3. 谁赋予了结构和产品不同的风格？
4. 如何对不同的设计风格进行区别及分类？
5. 上两个世纪伟大的建筑设计师和工业设计师有哪些？

>> 引语

前文中我们曾提到，设计是一个反复做决策的过程，最终的目标是对新产品的生产制订计划。值得注意的是，该产品必须能够满足预期 **功能**，并且对购买它的 **消费者** 和制造它的 **生产者** 来说是有 **价值** 的。显然，设计方案应该将对用户和环境的负面影响和风险降到最低。设计师们意识到，要让消费者心甘情愿购买产品，产品外观还必须美观，具有视觉上的吸引力。

本章中，我们将介绍外观设计。外观带有主观性，对外观的研究是哲学的一个分支，称为美学。**美学** 是我们视觉上的一种反应，我们会对眼睛看到的事物进行评价，这些评价通常会产生喜欢或不喜欢的态度，这与文化、经济、政治和道德观念相关。所有的产品都有视觉外观。

外观包括 **形状** 或者 **外形**，受物体的尺寸、比例和对称性的影响；外观包括 **质地**，受表面光滑度、样式和材料的影响；外观的 **颜色** 则受到色度、色调和对比度的影响。

当物体的外观与某一特定时期或某个特定人物的作品相联系时，常常会使用术语"**风格**"来描述。例如，维多利亚风格与维多利亚女王时期（1837—1901）流行的设计元素有关。

风格也被用来形容结构和产品设计中的设计元素。建筑风格通常与 **建筑师** 的作品有关，用来展现民用或商用建筑物的形状或外形。产品风格通常与 **工业设计师** 的作品有关，工业设计师负责产品（如手机和汽车）的形状或外形设计。有些设计师兼顾建筑设计师和工业设计师的角色，如格雷夫斯（Michael Graves，见案例研究）。工程师在创造产品或结构的功能性部件时会使用设计流程，但是很少涉及美学。为了创造兼具功能性和美观性，对生产者和消费者（或者社会）都有价值的产品，必须综合考虑各专业领域专家的意见。

有时候，一种风格既和产品有关，也和建筑结构有关，例如图17-1所示的维多利亚风格。

(a)

(b)

图17-1　维多利亚风格在(a) 日常物品（电话和桌子）和 (b) 建筑结构（房屋）中的应用。

第17章　设计风格　483

引 语

>
> **轮到你了**
>
> 选择一件物品,使用与形状、质地以及颜色相关的术语描述其外观。

第 1 章中我们提到,工业革命使生产方式由手工劳动转向了机器生产。当产品由工厂生产后,设计产品风格或形式的人不再制造该产品。

19 世纪中期,将新工业产品市场进行大规模的推广变得越来越重要。为使消费者数量持续增长,新的印刷技术被应用于制作图文并茂的购物指南。快速发展的运输技术,特别是铁路运输,可以将商品运至美国各地。对于新出现的邮购业,如蒙哥马利·沃德(Montgomery Ward)和西尔斯·罗巴克(Sears Roebuck),它们相互竞争,使产品的外观或风格成为一个重要的市场营销因素(如图 17-2 所示)。

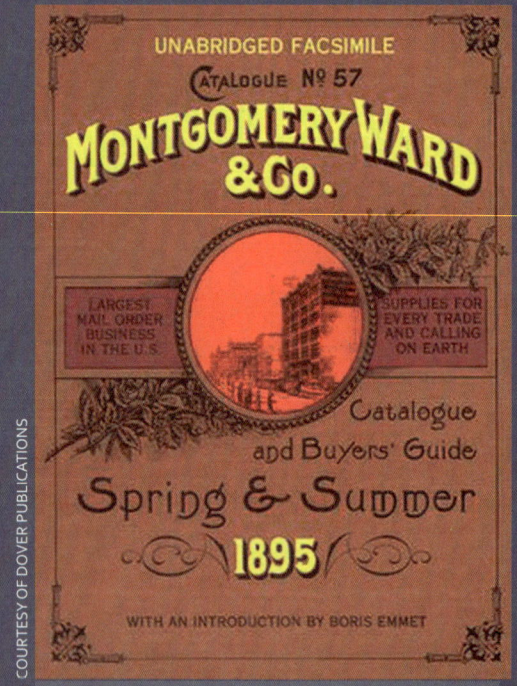

图 17-2　1895 年蒙哥马利·沃德购物指南为大量不同的商品做广告,包括工具、书籍、新升级的缝纫机、侧鞍座、直边剃刀、高跟鞋以及猎枪等共计约 25 000 条商品信息。这本购物指南很好地展现了 19 世纪末期的工业产品。

美学(aesthetics):
与外观有关;哲学的一个分支,是对所见事物做出的视觉反应,并以此评判所见事物,这些评价通常会产生喜欢或不喜欢的态度,与文化、经济、政治和道德观念有关系。

建筑设计

建筑师设计民用和商用结构，这些设计需要专业设计人员组成团队来进行。**建筑师**领导整个团队，并且负责与客户接洽，商讨项目范围；他们关心项目的用途，并且确保项目满足所有的规范要求。**规范**是一种标准形式，由当地市政部门制定并强制执行。建筑师在21世纪设计新的城市社区时所面临的一些问题是：

- 可持续发展，环境友好
- 随着女性在职场中数量的增加，需要对设计做出一些转变
- 满足多元文化人群的需求
- 安全性

大多数建筑师都加入了美国建筑师协会（American Institute of Architects），该协会创建于1857年，是美国建筑师的官方组织。该组织专门设计了程序向学生介绍其专业，以及建筑的丰富历史。你可以访问美国建筑师协会的网站，了解建筑师是如何改善人们生活的。

> **建筑师（architect）：** 设计民用和商用结构的专业人员，领导整个团队，并且负责与客户接洽，商讨项目范围。建筑师关心项目的用途，并且确保项目满足所有的规范要求。

弗兰克·劳埃德·赖特

弗兰克·劳埃德·赖特（Frank Lloyd Wright）是20世纪最杰出的建筑师之一（如图17-3），他的建筑作品非常多，以"草原式住宅"而闻名世界。他对建筑领域的兴趣起源于母亲对他的培养。孩童时期，他将玩乐时间用于搭积木、把玩福禄培尔幼儿园教育体系中的其他玩具。这些积木涵盖了各种各样的几何形状，他觉得这对他之后的建筑设计有很大影响。赖特的职业生涯始于1890年，师从著名的芝加哥设计师阿德勒（Adler）和沙利文（Sullivan），他们信奉"形式总是追随功能（form follows function）"的设计理念，而赖特在之后将其重新定义为"形式即功能（form and function are one）"。赖特在芝加哥创办了自己的公司，后来公司搬至了他自己设计的位于芝加哥郊区橡树公园的家中（如图17-4）。他的那种草原式住宅的设计最早出现于20世纪初，美国的很多城市都有这种建筑。

赖特创办了两所建筑学校，分别是位于威斯康星州的东塔里埃森和位于亚利桑那州斯科茨代尔市的西塔里埃森，在学校里，他将自己的理念教授给未来的建筑师。他在70余年的建筑生涯中，共设计了500余栋民用和商用建筑。他的设计天赋为他带来了荣誉和财富，成就了像纽约市古根海姆博物馆这样的作品。他在建筑设计史上的影响是无与伦比的，是名副其实的美国最著名的

图 17-3　弗兰克·劳埃德·赖特。

图 17-4　弗兰克·劳埃德·赖特位于伊利诺斯州橡树公园的家和工作室。

图 17-5 落水山庄是赖特最有名的作品之一，完工于 1936 年，为了保护这个伟大的建筑结构，近期对其进行了改造，尤其是改造了悬臂式门廊。

建筑师之一。

落水山庄是赖特 20 世纪最杰出的建筑作品之一。应匹兹堡一位成功的商人考夫曼（Edgar J. Kaufmann Sr.）的要求，赖特于 1935 年设计了落水山庄，该建筑呈现出一些独特的设计，并且工程挑战很大。最初，考夫曼希望赖特在宾夕法尼亚州的阿勒格尼山上设计一幢能俯瞰瀑布的住宅，而赖特则将住宅融合在了瀑布之中，使其成为了瀑布的一部分，这给了考夫曼一个惊喜（如图 17-5）。这个绝妙的设计造就了一些有趣的工程挑战，住宅有大量悬挑式阳台，为此，赖特使用了钢筋混凝土结构体系，该体系在当时的建筑中相对罕见，不幸的是，这些阳台最终还是下垂了。

在一次尝试拯救这个标志性建筑时，**悬挑式**阳台由立于水中的钢结构临时支承。对原始设计进行深入研究后发现，阳台不够坚固。2002 年，阳台上的地板被小心地移除，然后加入后张法的预应力支承（横梁两端之间增加了处于拉伸状态的钢索）。新增的支承使落水山庄既得到了修复又保持了最初的美感。

落水山庄悬挑式阳台的设计需要应用科学和数学原理。支承结构需要承受所有的恒载（结构的自重）和活载（家具的重量和阳台上人的重量）。由于考夫曼一家将落水山庄用于娱乐，所以计算一楼悬挑阳台（15 英尺 × 15 英尺）的活载时需要考虑该空间将容纳多少人？成人的平均体重是多少？如果考夫曼请乐队表演，人们随音乐舞动，就会产生动载荷，活载又会如何变化？

建筑史

埃及建筑师最先设计了世界上伟大的结构，其中包括金字塔（如图 17-6）。第一批最伟大的建筑师中有一位是埃及大臣，他的地位仅次于法老。他就是建筑师英霍蒂普（Imhotep，约公元前 2600 年），他负责建造了埃及的第一座金字塔，他同时还是医生、诗人和占卜家。即使在古代，建筑结构的尺寸大小也彰显着居住者地位的高低。因此，法老的墓穴比其他金字塔都大。大金字塔是世界七大奇迹中唯一尚存于世的。

图 17-6　以金字塔为背景的狮身人面像。

希腊建筑　希腊人认为建筑是最伟大的艺术形式。希腊建筑理念基于埃及人发展的建筑原理。希腊首都雅典的巴特农神庙被公认为希腊建筑发展的顶峰（如图 17-8）。这种高等级的建筑被称为**古典风格**，即拉丁文中的"elite"。术语古典风格在今天用来形容以古希腊建筑元素（如山形墙和精美的柱上楣构等）为基础的建筑设计。

> **古典风格（classical style）：**"elite"（拉丁文），代表罗马建筑师帕拉第奥建设的最高等级的建筑。这个术语今天用来形容基于古希腊、古罗马设计元素而设计的建筑。

图 17-7　早期埃及建筑中的柱子和张开的纸草花式柱帽。

图 17-8　位于希腊雅典的巴特农神庙，它是古典建筑的代表。巴特农神庙位于卫城，其视觉效果相当震撼，采用多立克柱式，柱头与屋顶间楣构装帧精美。值得注意的是，建筑接近希腊人喜爱的"黄金分割比"，这让人觉得优美无比。

图17-9 加德桥渡槽（约公元前19年）是法国最著名的旅游胜地之一，也是罗马工程的典范。

罗马建筑 罗马建筑师通过卓越的工程创新将希腊建筑风格改变成了罗马建筑风格，改变的内容包括新的建筑形式（如拱）和新的材料（如混凝土）（如图17-9）。罗马人建造了各种各样的公共设施，如广场、剧场、用于运动赛事的竞技场、道路、大型水渠、纪念军事成就的凯旋门以及纪念亡灵的陵墓。

帕拉第奥（Andrea Palladio，1508—1580）是著名的罗马建筑师，他曾对古典建筑进行测绘和研究，其设计作品中最著名的是邸宅和别墅。这些建筑布局采用集中式，正方形平面，中央是一个圆形大厅，四周空间完全对称，四面均用同样的大台阶通向户外，在门口做门廊，用6根爱奥尼柱托着上端的山花。帕拉第奥采用的是古典比例体系（如图17-10）。**比例**是指事物之间的尺寸关系，在设计中，比例非常重要。例如，如果别墅整体上太大或者太小，都会使里面的柱子看起来比例失调。

图17-10 位于意大利威尼托的一栋帕拉第奥式别墅。

图17-11 典型的帕拉第奥式窗户在建筑中的应用实例。

许多人研究过帕拉第奥的作品。他的古典设计元素对后世建筑风格的影响超过500年。今天，许多住宅依然使用帕拉第奥式窗户作为主要建筑元素（如图17-11）。

杰斐逊（Thomas Jefferson）在为弗吉尼亚大学和蒙蒂塞洛庄园设计的建筑中大量使用古典元素。霍本（James Hoban）设计的白宫也反映了杰斐逊对帕拉第奥式建筑的研究（如图17-12）。

图 17-12 位于华盛顿宾夕法尼亚大道 1700 号的白宫。

是什么赋予了建筑一种风格？

我们对建筑的印象一般是：四面环墙，里面包含房间，房间内外有门窗，还有屋顶。尽管这些是组成建筑的必要部分，但它们被建筑师赋予了不同的视觉外观，或者说风格。当我们评价建筑或结构的风格，或者对某一设计风格的新建筑感兴趣时，我们需要考虑建筑的形式、选材、颜色等。下面的这些元素能帮助你描述一所房屋的特征，这很大程度上受技术发展的影响（工程和工业产品）：

- 楼层平面图（房间和门厅的数量及布局）
- 立面图（楼层数、整体形状和比例）
- 屋顶形状（烟囱等的形状和布局）
- 屋檐形状（指屋顶和外墙间的构件）
- 门廊和入口的形式
- 门窗的布局和形式
- 外墙（材料、形式和涂料）

楼层平面图 大部分土著建筑的构成有：1 个房间，4 堵由天然材料砌成的墙，敞开着的门洞以及屋顶。后来随着工业技术的发展，增加了敞开的窗户。为了增强保护功能，门和窗户用兽皮覆盖。随着人类社会的繁荣发展，又增加了额外的房间和走廊，如果房间内需要壁炉取暖的话，还会设烟囱。新的建筑材料，如工业生产的 2×4，2×6 等规格材，被设计者和建造者广泛使用。规格材标称尺寸以英寸计量（2×4 的规格材实际上只有 1.625 英寸 ×3.5 英寸）。新的建筑技术，例如现在广泛使用的轻捷型构架使房屋的设计面积更大，层数更多。规格材的轻捷型构架替代了原始谷仓、殖民地房屋的梁柱式结构。今天，楼层平面图有可能很复杂，而且很多建筑都会包含车库，这在 20 世纪很常见

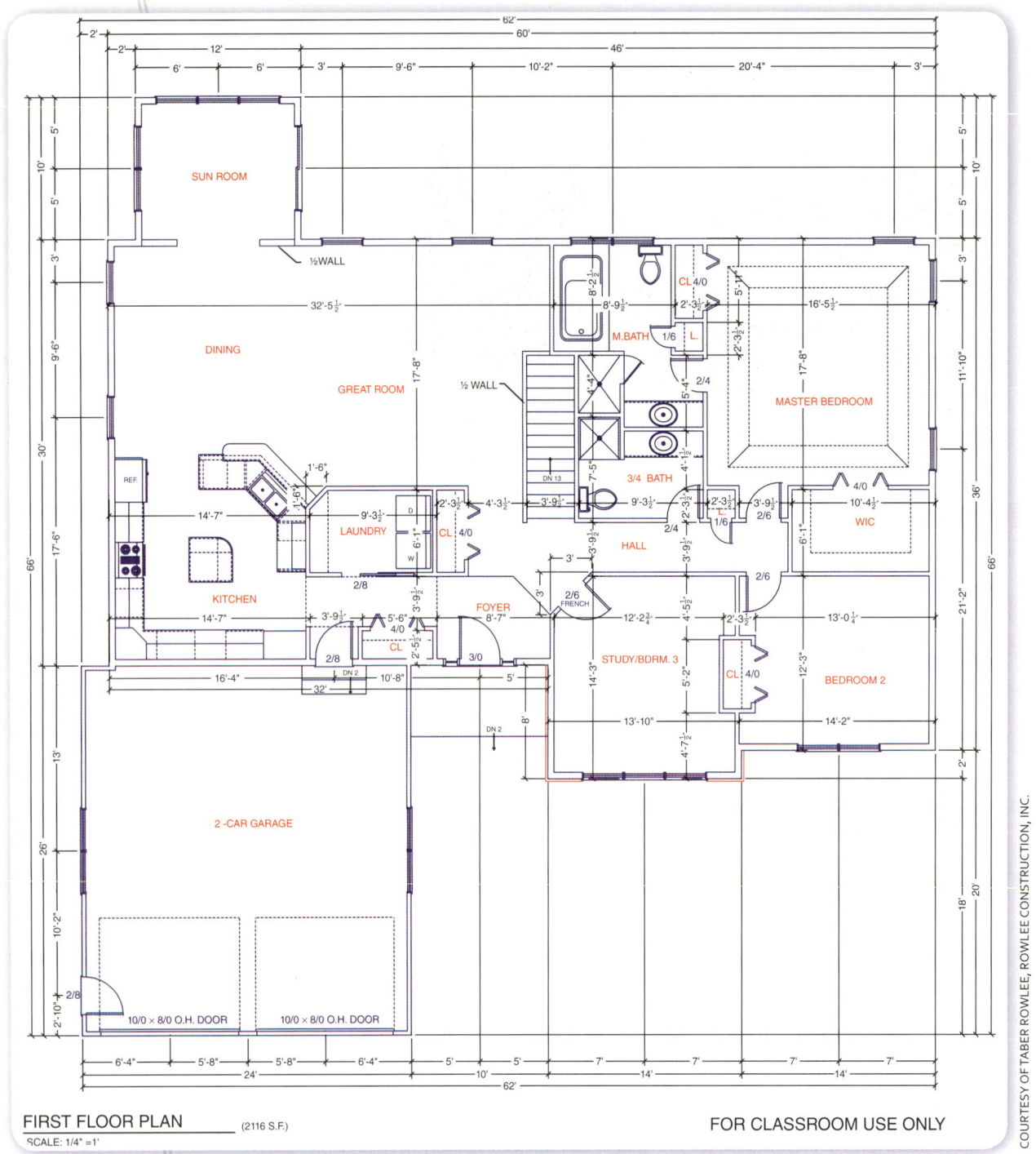

图 17-13 楼层平面图(仅供教学参考)。

(如图 17-13)。

立面图 立面图绘制的是房屋的每一面,需要显示尺寸、风格、所有门窗的布置、外墙材料、门窗和 **檐部**(墙面和屋顶之间的区域)的装饰,以及门廊、梁柱屋顶、烟囱等其他信息。

当中央门两侧的窗户和烟囱的数量相等时,我们认为这一设计是对称的。许多古典风格的建筑有很强的 **对称性**。除了窗户的位置,立面图中还会显示墙面涂料和装饰信息。入口可以是平板门,也可以是

精心装饰的 柱廊 或门廊。入口处或者窗户上方通常会增加装饰用的线脚。山墙 是指位于入门上方或者窗户装饰线上方微微倾斜的三角形的屋顶结构。立面图也会显示墙体表面的材料。在殖民时期的美洲，人们根据地理位置选择现成的材料来建造建筑结构，例如北方多用木头，而南方多用风干的 砖坯（如图 17-14）。

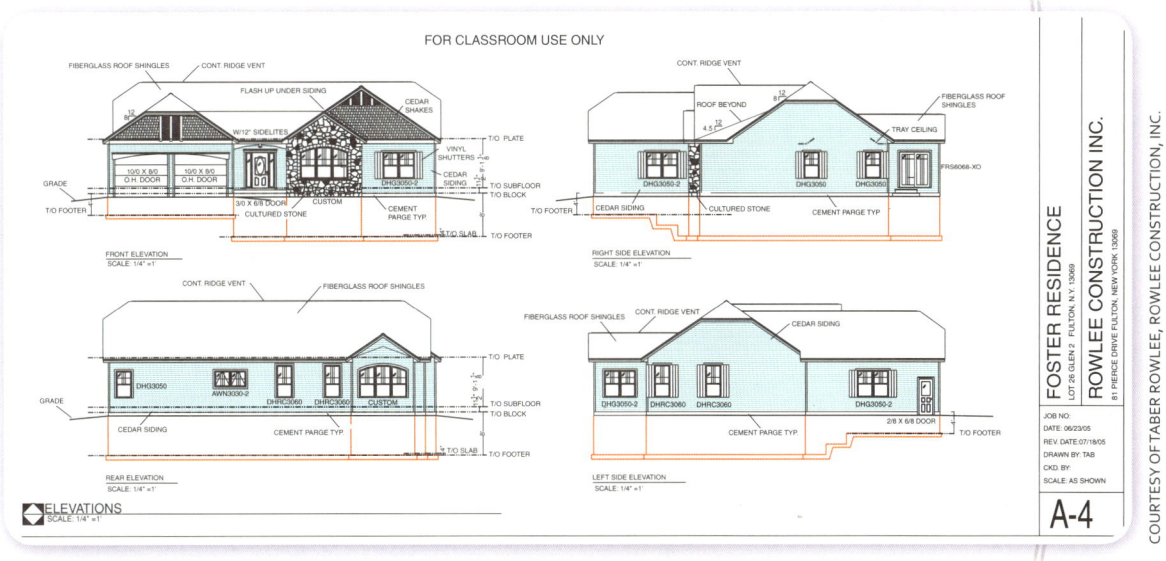

图 17-14　建筑物的立面图。

屋顶形状　屋顶的风格是建筑物最易识别的特征，也是最主要的建筑特征。屋顶有平面和坡面（倾斜）之分。最常见的屋顶风格是 山墙屋顶。设计和建造屋顶结构非常复杂，例如，相交的山墙屋顶在 屋脊 和 天沟 会有许多复杂的角度，而且屋顶必须能支撑起屋面材料的自重，在北方还要考虑积雪的载荷。屋顶的倾斜度用坡度表示，坡度 是指屋顶倾斜方向上相距 12 英寸的两点间的高度差。典型的屋顶是 12 英寸距离差产生的高度差为 4~6 英寸。陡坡屋顶在屋顶倾斜方向上相距 12 英寸的两点间的高度差达到 6 英寸，甚至更多（如图 17-15）。

屋檐形状　屋檐 是建筑物屋顶和墙体的连接部分。大多数建筑中，屋顶会超出外墙的范围。有些屋顶仅超出外墙几英寸，而有些会超出很多，并且装饰很精美。在古典风格建筑中，这个部分也称为 柱上楣构。柱上楣构由三个主要的水平元素组成，并由柱子支承。底部是柱顶过梁，它是柱子与柱子之间的梁。中间部分的横条是装帧精美的雕带。华盛顿的建筑博物馆的横条上就有美国南北战争的浮雕图像。最上面是檐口，通常由屋顶下边缘处的装饰线脚组成。在古典风格建筑中，柱上楣构由 多立克柱式、爱奥尼柱式 和 科林斯柱式 柱子支撑（如图 17-16）。

第 17 章　设计风格　491

图 17-15 常见的屋顶样式。

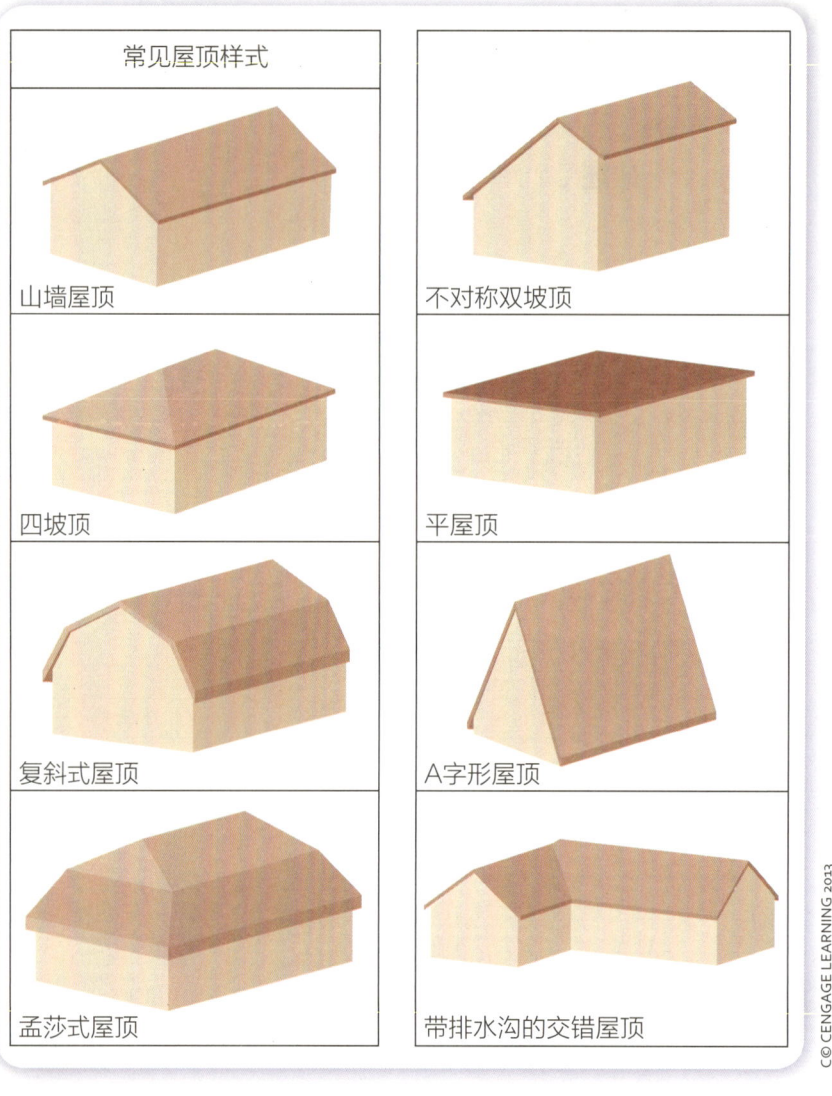

图 17-16 古典风格的柱上楣构：(a) 多立克柱式柱，(b) 爱奥尼柱式柱，(c) 科林斯柱式柱。

窗的形式 窗是建筑物外墙的一部分，也是建筑物必不可少的元素。窗的制作材料种类繁多。窗主要用于空气流通，可以打开或关闭（如图17-17）。

(a)

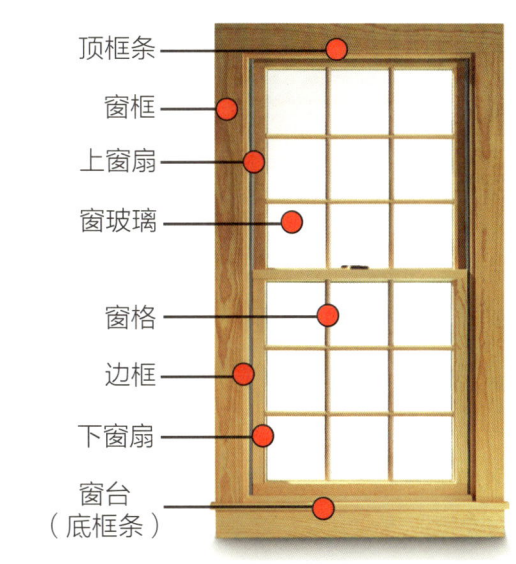

窗框——窗的外围部分，包围着窗扇。顶框条、边框条和底框条（窗台）组成整个框。
上窗扇、下窗扇——窗户中固定玻璃的框架结构。
窗玻璃——窗扇中的玻璃。
窗格——装饰性的格条，并不真的把玻璃分开。一般由塑料或木材制成，安装在窗扇内侧，且紧贴玻璃，易于移除。也可以安装在窗扇外侧，起加固作用。

(b)

中空玻璃——由两块或多块中间隔有空隙，边缘密封的玻璃组成。空隙中充入惰性气体或者不充入。有一种中空的低辐射玻璃，镀有特殊的低辐射膜，可以限制辐射热量的传递。
覆层——一种起到保护内外表面作用的涂层，以使材料更耐用，降低其维修几率。
扩展边框——固定于窗框内侧边缘的扁平木制构件，使窗框在宽度上与较厚的墙体匹配。扩展边框的内侧表面必须与完工的墙面平齐，便于内压条固定于其上。
防水条——位于窗户和窗框之间，金属、塑料或毛毡材质的密封条。能有效防止窗户漏风、渗水。

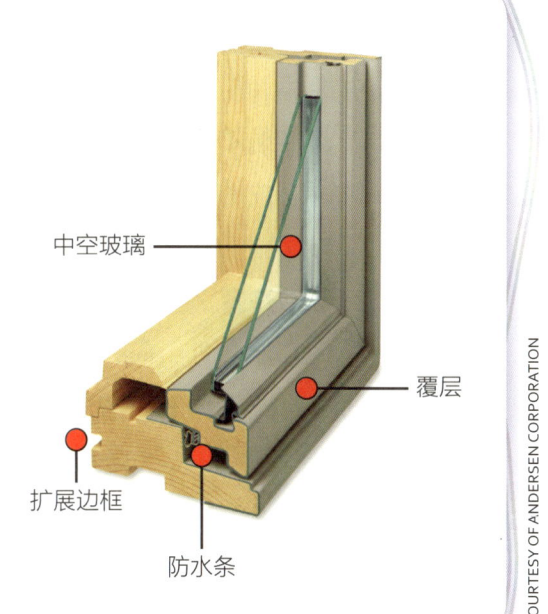

图17-17 窗户解剖图。

第17章 设计风格 493

玻璃是由某些岩石和其他化学物质熔融在一起形成的。在埃及发现的早期人造玻璃珠可追溯至公元前 3500 年。最早将玻璃用于建筑的是罗马人，他们使用氧化锰制出了透明的玻璃。约公元 100 年，玻璃被制成片状用于窗户上，在西欧和地中海地区的贵族建筑中使用。工业革命时期，玻璃制造是重要的工业。新的发现和生产工艺提升了玻璃的光学和热学性能，而且价格也逐渐降低，这使得大尺寸和大量的玻璃能够应用在窗户上。片状玻璃是将熔化的玻璃浇注在桌上制成的，待玻璃冷却后，将两面进行磨光即可。20 世纪早期，新技术的发展使得连续块状玻璃的制造成为可能。门窗使用 U 系数来评价其能耗，该系数通过测量门窗的热传导和热损失获得。U 系数取值基本在 0.25 到 1.25 之间，单位是 $(Btu/h)(ft^2)(°F)$。U 系数较小意味着门窗的隔热性能较好。此外，另外一种普遍使用的玻璃为低辐射玻璃。低辐射玻璃通过涂层来抑制热量从高温一侧向低温一侧传导。这些涂层在冬天抑制室内热量扩散到室外，夏天抑制室外热量传导进室内，从而达到节能的目的。门窗的玻璃也能设计成防碎的，以防止破碎的玻璃割伤人。

工业生产的窗户具有很多标准化的风格、材料和尺寸。固定窗户在民用和商用建筑中都会使用，通常用于大开口且不需要悬臂的地方。在民用建筑中，大多数窗户是可开合的，开合方式通常为上下推拉、左右推拉或者向内或向外斜拉。

最古老的开合窗形式是**双悬窗**。这种窗户的上下窗格可以在窗框中推拉。早先的双悬窗采用很多固定的小块玻璃。如今，在大的窗内设置格栅效果是相同的，窗扇中装配的是尺寸为 6+6 或者 8+8 的玻璃块。老式的双悬窗通过弹簧或重物来固定窗扇，保持打开状态。平推窗与双悬窗类似，但它是左右推拉。

平开窗通过窗格上下方的机件来控制开合。当机件是撑挡时，窗户一般是通过颌向外打开。篷式窗与平开窗类似，但是颌位于窗扇顶部。**百叶窗**和**下悬窗**都是平开窗的变体。

固定窗和可开合窗可以组合在一起成为更大的更有创意的窗单元。复杂窗户的例子有住宅中常见的凸窗和弓形窗。两扇独立窗户间垂直或水平的接合处的构件（隔档）称为中梃。**巴拉迪欧窗**组合了三种或以上的固定窗或双悬窗，且中部有一扇拱形窗。新出现的无缝曲面玻璃角窗和整墙窗对视野无阻碍。玻璃砖在内外墙隔断都可以使用，根据不同的隐私程度，玻璃砖会有不同的样式。

外墙 历史上，人们就地取材，使用原木或石头等建造外墙。除了这

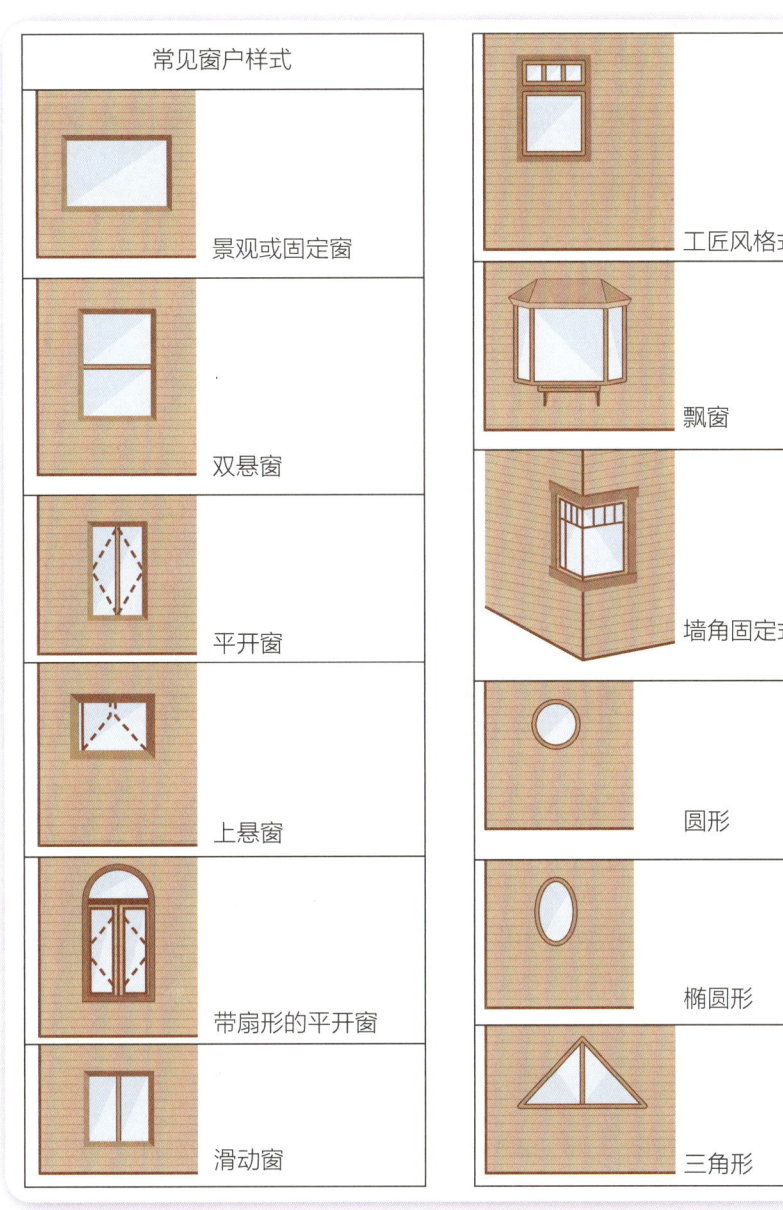

图 17-18 常见的窗户样式。

些天然材料外，最早的材料设计案例之一是砖块的制造。木材、石头、砖等材料都可用来建造墙体或者覆盖建筑物的外墙。

10 000 年前的中东，人们将泥或黏土与水和其他像麦秸和沙子之类的材料混合在一起，然后将这些混合物倒入模具中并晒干，作为建筑材料使用。最先使用窑炉（火炉的一种）来烘干硬化砖块的是罗马人。现如今，在整个意大利，仍能看到包括水渠在内的罗马砖结构建筑。工业革命时期，砖在英国被大量使用。1871 年的芝加哥大火之后，新摩天大楼的设计不允许使用砖石。1896 年投入使用的芝加哥蒙纳德诺克大厦，是现存的最高的砖石结构建筑，共有 17 层。由于砖石结构的自重较大，建筑的底层需要 6 英尺的厚度才能支承上层的重量。如今的砖石会批量生产，且颜色各异，尺寸大小不同。大多数砖块为红色，但烧窑温度更高时，可能会产生紫色或棕色的砖。在美国，最常见的砖块尺

轮到你了

与老师合作,选择一幢合适的房子,收集以下资料:房屋某层的平面尺寸草图,房屋正面和侧面的立面图(包含屋顶以及大致的坡度),确定窗户的形式和外墙材料,以及其他如屋檐装饰、柱子和门廊等的特征。

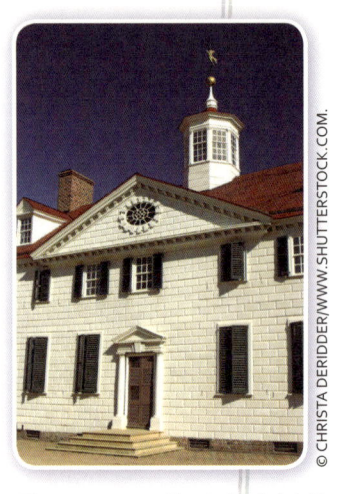

图 17-19 位于华盛顿的维农山庄,看起来像石材的木质外墙。

寸是 8 英寸长、4 英寸宽、2.25 英寸厚。

外墙材料一般较易辨识,但有时候也会将两种类似的材料混淆,例如有些木材看起来很像石材。一个著名的案例便是华盛顿的维农山庄(如图 17-19)。

人们通常会使用较便宜的材料来节约成本,并赋予房屋更美观的外表。例如,乔治亚风格中,木板外墙被处理得像石头,特别在角落处,采用了**隅石砌**。外墙挂板常被处理得像传统的护墙板或松木板一样。仔细观察外墙通常能发现其真实的建造材料。建筑师会采用不同的材料和罩面漆增强建筑物外墙的颜色和质地。

如今,可用于外墙的材料多得数不胜数。

建筑风格

当谈及建筑风格时,你可能会有一些困惑。尽管所有的建筑中都包含门窗等其他建筑元素,但大多数建筑设计时,并不会特别在意建筑风格这一因素。由个人或者当地工匠使用本地材料建造的遮风挡雨的房子,叫做"民居"。相对而言,"古典建筑风格"与时尚有关,反映了高标准的居住条件。

美国内政部发布了美国的历史性建筑物调查报告,文件记录了美国领土范围内 37 000 座建筑物的图纸、照片、历史信息和位置信息。美国的历史性建筑物调查由美国建筑师联合会与美国国会图书馆以及美国国家公园管理局共同发布,展示了 17 世纪到 20 世纪之间,不同时期、不同风格的各种优秀建筑物案例,包括民用建筑、商用建筑、公共建筑、纪念性建筑、军事建筑以及工业建筑。

主要的建筑风格基本都是以历史时期、有影响力的名人以及艺术运动来命名的。殖民时期风格(1600—1800)以美国历史上殖民时期来命名;维多利亚风格(1860—1900)以维多利亚女王命名,维多利亚女王是1837—1901年间统治英国的一位受民众爱戴的君主；工艺美术风格是以19世纪晚期的艺术运动命名的。那些优秀的原始建筑风格一般由个人或者历史保护团体来维护。

当一类新建筑物结合了许多古典设计中的元素时，我们会使用"新"或者"复兴"这样的术语。新式风格的建筑物与古典建筑物的区别主要是建造方式和使用的材料不同。房屋建造受建筑材料的影响很大，建筑材料因为19世纪下半叶发展起来的铁路工业而变得运输方便、价格便宜。鉴定人可以通过对比相应时期的人工制作的材料和当今的机器制造的材料，来判断某幢建筑是历史建筑还是仿造建筑。术语"折中主义"是用来形容包含多种不同风格的设计元素的建筑风格。

殖民时期风格（1600—1800）

美国的早期住宅反映了本土的建筑风格和建造方法。**殖民时期**的住宅，使用了英国、荷兰和西班牙风格的元素。因为大多殖民地是英属的，所以英国殖民风格最为常见。早期的殖民时期风格住宅很简单，由一个进深很深的房间、人字形屋顶和屋檐组成。一般而言，烟囱是房子的一项主要特征。窗户一般都很小，是菱形玻璃窗格的平开窗或者小的双悬窗。这些住宅反映了当时的文化、经济和地域上可用的材料。

在新英格兰，在木框架上做外墙板很常见。在宾夕法尼亚州，开采的石材常被用作建筑材料。价格更加昂贵的砖砌块在费城和弗吉尼亚州广泛使用。荷兰殖民风格住宅常常有向外展开的**屋檐**（拱形）和向屋顶上延伸的**护墙**以及分开的（上和下）前门。法属殖民风格住宅的特征是成对的**法式门窗**、百叶窗以及四坡屋面，新奥尔良市的法国区有

图17-20 殖民时期风格的建筑，位于弗吉尼亚州历史名城威尼斯堡。

很多法国殖民风格建筑。西班牙殖民影响可以从厚厚的砌体墙，低坡或平坡屋面，很少的窗洞以及房间朝向院子中心等方面看出来。上述这些都可以在美国西南部的历史街区中找到。

早期的殖民风格住宅多由一个大房间和一个睡觉的阁楼组成，或者两个大房间和一个中间壁炉组成。古典殖民风格住宅与今天的殖民复兴风格类似，后者发展很好，由至少四个房间围绕着中间的门厅，楼梯和多功能壁炉以及烟囱组成。窗户是双悬窗，由 9+9 的窗格构成。带老虎窗的人字屋顶也很常见（如图 17-20）。

乔治亚风格（1700—1780）

乔治亚风格反映出美国殖民地的财富不断增长。经济条件的提升使得设计者能考虑必要功能以外的元素，例如对艺术、科学和技术的关注不断增长。这种风格反映了帕拉第奥的经典作品特征，同时受英国前三世乔治亚国王统治时期的建筑师的影响。这种风格的建筑有浮雕精美的山墙入口，入口处带有壁柱（平整的圆柱），还有嵌着 12+12 格的双悬窗，由装饰精美的中梃分隔。门上方的窗户和屋顶栏杆也很常见，但在图 17-21 中没有体现出来。木材、砖块或粉刷砌体等材料被用于正面外墙的墙角。乔治亚风格的建筑是对称的，拥有辨识度很高的窗户、烟囱，以及齿形装饰的四坡屋顶（齿状的）或者屋檐造型（如图 17-21）。

图 17-21　乔治亚风格建筑。

图 17-22 联邦风格建筑。

图 17-23 希腊复兴风格建筑。

联邦风格（1780—1840）

联邦风格反映了美国脱离英国，实现文化独立后的景象。这种风格也被称为"亚当式"风格，主要是因为它受生于苏格兰的罗伯特·亚当（Robert Adam）的影响，美国革命时期，他在苏格兰工作。由波士顿建筑师布尔芬奇（Charles Bulfinch）和费城建筑师拉特罗布（Benjamin Henry Latrobe）创造的联邦风格带有乔治亚风格的一些特征，同时对建筑的比例进行了重新定义，使其比乔治亚风格建筑有更多垂直的部分（如图 17-22）。改变的特征还包括更加亮丽和优雅的线脚。这种风格的建筑使用椭圆形的楼梯和半球或拱形的天花板，门廊通常是椭圆形的，窗户是落地窗，每组有三扇窗。这个风格的建筑窗户是渐变的，从底层到顶层，窗户的尺寸逐渐变小。前门处有扇形窗和嵌入式的拱门。

希腊复兴风格（1825—1860）

希腊和哥特式复兴以及意大利风格是建筑风格中浪漫主义时期的一部分。**希腊复兴**风格的流行得益于希腊的民主理想，它的外观特征很明显，被认为是高档古典风格（如图 17-23）。视觉效果的力量来源于一整排的壁柱和多层的门廊。入口是该类建筑主要的特征，常常包含山墙和爱奥尼柱式圆柱。前门被窄的侧灯包围，门上有上悬窗且由线脚装饰。六窗格的双悬窗很常见，但周围使用线脚的情况比较少，一般前门的周围会嵌线。这种风格的屋面通常是低坡度的三角屋面或者是平屋面，带有很宽的檐部。粉饰的砌体墙很常见，但随着建筑物所处地

第17章 设计风格

理位置的不同，采用的木材和砖块也会不同。

维多利亚风格（1860—1900）

维多利亚时期是以维多利亚女王命名的，这位受人爱戴的英国女王在位时间为1837年至1901年。她的主要贡献是政治改革和社会改革，以及巩固了英国政治和扩张了大不列颠帝国的版图。她的青春活力与激情在英国非常受欢迎，这也体现了中产阶级的个人品位。

在美国，由于工业经济的发展，财富迅速增长；在维多利亚时代，人口激增。勤奋工作的美国中产阶级需要新的建筑来体现他们的成功和激情。不断提高的建造技术包括灵活性很强的**轻型结构**，这使设计师设计的高楼、角楼、悬臂以及不规则平面等成为现实。新设施包括室内水管和煤气灯。

工具上的进步，如钢丝锯，使得实现更复杂的建筑装饰细节成为可能。机械工厂加工出主轴、模具、柱和托架等建筑细节构件，然后以合理的价格出售给设计者和建造者。

安妮女王风格和第二帝国风格是**维多利亚**时期其他两种较流行的建筑风格。其他地区性的维多利亚风格还包括斯蒂克风格、理查森罗马风格和辛格风格。安妮女王风格的建筑有非对称的陡峭前屋面山墙或者前后四坡屋顶。这种风格的建筑有一个大的单层弧形门廊，由细巧的柱子支撑，屋檐有华丽的木工工艺，一角有塔楼。与众不同的塔楼在维多利亚风格建筑中很常见。中心塔楼和复折式屋顶在第二帝国风格中较常见。门窗都是单片玻璃且边框简单朴实。外墙通常覆以墙面板，且可被刷成明亮的维多利亚颜色。许多墙上镶嵌的装饰物和窗下

图17-24　维多利亚风格建筑。

的圆角增加了房屋设计的复杂性（如图 17-24）。

其他的新工业公司开始生产新的建筑材料，包括压制砖和厚玻璃板等。涂料公司为维多利亚风格创造了不同颜色的涂料，运输能力不断提高的铁路运输系统使各地的建造者都能买得起建造材料。新出版的房屋平面图和模式手册的书籍鼓舞了新一代的中产阶级业主尝试建造房屋（如图 17-25）。

图 17-25　旧金山阿拉莫广场的维多利亚风格"七姐妹"。

20 世纪风格

20 世纪的建筑设计既反应出新的设计风格，又具有对 19 世纪风格的怀旧。快速增长的工业经济刺激了 20 世纪初期的建筑风格的改变。消费者被鼓励在连锁店或全国性的购物指南中购买新商品、"信贷"购买、观看电影，甚至考虑在福特等新的汽车公司购买汽车。

工业时期，尽管新商品的种类繁多，但还是带来了一种怀旧的生活方式。许多人并不是卢德分子（正如第 1 章提到的，卢德分子欲摧毁新发展的工业），但他们对手工制造的产品和艺术形式（例如日本艺术）越来越感兴趣。建筑方面，这些兴趣表现在对草原风格和工匠风格的喜爱。

草原风格（1900—1920）

草原风格是由一群富有创造力的芝加哥设计师提出的，弗兰克·劳埃德·赖特是其中的重要人物之一。这种风格仅出现于美国，在 1900—1917 年快速发展，它试图与周边环境融为一体。赖特用术语"有机的"一词来形容建筑应该融入环境，而不是在环境中突显出来，这是他建立的设计原则。他的设计作品的特征是大开间的平面布置、水平线条、大挑檐和阳台、不被窗户隔断的墙体、天窗和彩窗，以及天然建筑材料（包括大量使用石头和原木等）（如图 17-26）。

图 17-26　建于 1909 年，位于芝加哥的罗比之屋，被认为是弗兰克·劳埃德·赖特设计的草原风格的最佳代表作。

工匠风格（1905—1930）

工匠风格基于**工艺美术**运动的设计原则。工艺美术运动主要反对维多利亚时期装饰过度的华丽风格和工业化风格。从英国的莫里斯（William Morris）开始，这项运动聚焦于对手工产品的设计和制造。产品依赖于手工艺者的创造，手工艺者为中产阶级生产简单美观的手工制品。不幸的是，手工艺者的薪酬使得这些产品很昂贵，只有富人才有能力购买。在美国，这种风格因使用纹理精美的原木、简单而优雅的

图 17-27　工匠风格房屋,以及一家邮购商店的房屋设计图纸说明。

图形模式、瓷砖以及对大地色的强调运用而深受欢迎。随着人们将个体手工艺者联合在一起,再加上工业机器的使用,中产阶级也逐渐有能力购买这样的产品。在美国,与这一运动有关的重要人物有斯蒂克利(Gustav Stickley,家具制造商、《工匠》杂志出版商)、哈伯德(Elbert Hubbard,罗伊克罗夫特社区创始人)、蒂凡尼(Louis Comfort Tiffany,彩色玻璃艺术家、陶艺家、宝石匠)和亨特(Dard Hunter,陶艺家、美术设计者)等。

　　工匠风格建筑起源于加利福尼亚州南部,通过帕萨迪纳市建筑师查尔斯·格林(Charles Greene)和亨利·格林(Henry Greene)的作品而兴起。最初,两兄弟设计的是简单的工匠平房,平房很小,建筑风格多样,但是"工匠式"和"平房式"这两个名字经常互换。这种风格的特点是屋檐下露出椽头、屋面坡度低、门廊带大柱子,以及广泛使用木饰板、装饰瓷砖和褐土色色调。这种风格因流行杂志的出版而广为传播,且造价相对较低(如图 17-27),一些公司还会提供完整的预加工木材和设计图纸。

图 17-28　加州帕萨迪纳市"根堡住宅"（Gamble House）。

尽管许多工匠风格的房屋相对较小，但也有例外（如图 17-28）。新工匠风格房屋比原来的要大，但房屋中广泛使用的天然材料、褐土色色调和木材依然为住户营造了平静、舒适和随和的环境，这与原来工匠风格的追求是一致的。

装饰艺术风格（1920—1940）

1925 年，法国巴黎举办了一场名为"国际装饰艺术与现代工业博览会"的展览。在展会上，许多知名的设计师展示了他们的最新作品。即使每位设计师都有自己的风格，新材料和工业技术的影响还是很明显，例如，塑料作为新材料被引入，除此之外还出现了霓虹灯。

装饰艺术风格的特点是层次感分明、曲线连续变化，以及使用各种几何形状，使用的材料都是由机器制造的玻璃、铝、不锈钢、漆和用镶嵌物装饰的木材等。装饰艺术风格被认为是优雅的、注重功能性的和现代的，其设计原则被广泛应用于建筑、飞机、火车、汽车、远洋油轮、收音机、闹钟和家具等各个领域（如图 17-29）。

图 17-29　纽约的无线电城音乐厅和克莱斯勒大厦，以及盖迪斯的"爱国者"收音机。

国际风格（1925年至今）

建筑上的 **国际风格** 于20世纪20年代在欧美形成。其主要特征有平屋面、无装饰的墙面，以及与粉刷层或玻璃墙齐平的金属窗。建筑师，如密斯·范·德·罗（Ludwig Mies van der Rohe）（西格拉姆大厦）、约翰逊（Philip Johnson）（范斯沃斯大厦）、勒·柯布西耶（Le Corbusier）（联合国大厦）以及格罗皮乌斯（Walter Gropius）（包豪斯学院），都认为建筑应首先注重功能性。商用建筑的设计更应注重使用现代化的材料，如使用暴露的钢结构和平板玻璃形成幕墙，以减少结构的自重。利用纯几何形式可以解决需要整洁的大开空间的方案。勒·柯布西耶认为"房屋是用来居住的"（如图17-30）。

图17-30 东河边的联合国大厦是纽约曼哈顿很显眼的现代摩天大楼。由勒·柯布西耶等人设计，是钢筋混凝土结构，玻璃幕墙，39层高，于1953年完工。可容纳3400名员工。

很多现代设计师都是极简主义者。**极简主义** 是用来形容设计时只留下必要元素的产品和建筑风格的一个术语。极简主义受包豪斯和风格派运动影响，同时也受某些个人作品的影响，如20世纪早期的建筑师密斯·范·德·罗和设计师富勒等。极简主义基于"少即是多"的原则，这不仅影响了设计美学，同时也对环境产生了影响。

最有趣的极简主义设计者之一是富勒，他以圆顶建筑结构而闻名。富勒是一名美国工程师、作家、设计师、发明家，同时也是一位有名的未来学家，他出版了30多本书，普及了诸如"太空船地球"和"协同论"这些术语。他最有趣的作品之一是流线型汽车（1933年），该车可以容纳11人，最高时速达90英里每小时，油耗为每加仑30英里以上。作为一名环保积极分子，他坚信好的商品可以协调人与环境的关系。他的"少即是多"的设计理念引导人们使用最简单、最合适的材料和方法进行大量生产。他的作品注重寻找长期的、有技术含量的方法解决建筑和交通运输方面的问题（如图17-31）。抛开他早期的发明，1967年的蒙特利尔世博会圆顶建筑是他真正以作品获得认可，并取得国际上的成功的作品。世界范围内一共有超过500 000个圆顶建筑，例如迪士尼乐园未来世界的太空船地球。

图17-31 富勒的作品，蒙特利尔生物圈（1967）。

现代风格（1945年至今）

大多数美国人居住在现代风格的住宅里。这些建筑是第二次世界大战后折中主义运动的一部分，借鉴了20世纪早期工艺美术运动、早期经典风格的设计细节。新的农场、错层的现代住宅成为新时代美国城郊的常见景象（如图17-32）。

复兴风格，如新乔治亚风格、西班牙殖民风

图17-32 现代风格牧场住宅。

格、荷兰殖民风格以及英国都铎王朝风格在这段时期盛行。一些早期的复兴主义风格建筑在第一次世界大战和第二次世界大战期间建造起来（如图17-33）。

到目前为止，在美国最为流行的风格是殖民复兴风格，其被广泛地运用在建筑中，贯穿了整个20世纪（如图17-34）。

图17-33 英国都铎王朝风格住宅。

图17-34 美国殖民复兴风格住宅。

后现代建筑师

后现代主义是开始于20世纪晚期的一场设计运动，它反对现代主义和科学客观性的限制。后现代主义设计师在文化和历史背景下寻求多途径方案，设计方案是基于经验而非抽象的原则，并且更关注个性化需求。后现代设计师以历史或文化的装饰形式、背景为基础，自由地添加表面装饰。

后现代主义（post-modernism）： 开始于20世纪晚期的一场设计运动，它反对现代主义和科学客观性的限制。

自1979年以来，海亚特基金会每年授予一名杰出的建筑师以普利兹克建筑奖。来自美国、墨西哥、英国、爱尔兰、奥地利、德国、日本、意大利、葡萄牙、法国、西班牙、挪威、新西兰、瑞士、澳大利亚、丹麦和巴西的建筑师获得过这项100 000美金的大奖。其中最有名的获奖者之一是贝聿铭，他是一位美籍华人建筑师。贝聿铭被认为是后现代主义建筑师，他最有名的作品之一是位于法国巴黎的1989年建成的卢浮宫金字塔（如图17-35）。

图17-35 贝聿铭与彼得·莱斯设计的卢浮宫金字塔。

第17章 设计风格

案例研究

格雷夫斯，后现代主义建筑师，工业设计师，教授

如果你知道格雷夫斯（Michael Graves）的大名，很可能是因为他为塔吉特商店做的产品设计。但是作为一名国际知名，同时打破过多项惊人纪录的普林斯顿教授，为大众市场进行产品设计，只是格雷夫斯近期的一些工作。他被认为是美国最有成就的当代建筑师和工业设计师之一（如图17-36）。他拥有两家设计公司：迈克尔·格雷夫斯 & 联营公司，以及迈克尔·格雷夫斯设计集团，其中迈克尔·格雷夫斯 & 联营公司提供规划、建筑设计以及室内设计服务，迈克尔·格雷夫斯设计集团专攻产品设计、图标及商标设计。他的公司在世界范围内完成了超过350栋建筑设计，并且为塔吉特、阿莱西、史赛克以及迪士尼等客户带来超过2000件产品设计方案。格雷夫斯和他的公司因其杰出的设计已经获得了200余项奖项。

在建筑方面，他的后现代风格结合改变尺寸比例来强调建筑的朴素元素。几何形状常见于他的设计中，并且有时，一幢综合建筑中会包含几个不同的形状。格雷夫斯的典型做法是使用小调色板颜色，诸如浅"法国"蓝、深蓝、橙色、黄色、绿色以及灰色。材质包括金属、木材、石材、砖、塑料、织物以及大理石。

图 17-36 格雷夫斯，FAIA。

格雷夫斯与塔吉特的合作开始于一个有趣的故事。1996年，塔吉特捐赠了100 000美元来保护一片位于弗吉尼亚的具有历史意义的农田，该农田被确信是年轻的乔治·华盛顿没能砍倒的那颗樱桃树所在地。此外，为了保护这一地区，塔吉特同意资助华盛顿纪念碑翻新所需的脚手架。由于脚手架一般是没什么吸引力的，塔吉特便向格雷夫斯寻求帮助。

（a）

（b）

（c）

图 17-37 （a）迪士尼乐园酒店，佛罗里达州，布埃纳维斯塔湖，（b）美国大使馆，韩国首尔，（c）塔吉特百货的水壶，这些是格雷夫斯联合公司和集团350多件建筑设计和2000多件工业产品设计的代表作品。

案例研究

在与塔吉特合作之前，格雷夫斯的工作主要集中在建筑和高端产品设计。为人们熟知的蔻驰公司的哨子水壶就是他的第一批工业设计作品之一，其他还有厨房小工具、厨房小电器、花园家具、钟表、眼镜架和烛台等（如图17-38）。5年以后，他的设计公司已经为塔吉特集团的家庭和花园部门设计了800多款产品。起初，格雷夫斯不知道这家新的公司会怎么样，但是几乎每个人都喜欢这一新的生产线，并且可以承受这样的价格。对格雷夫斯来说，质量很重要，也正如他所提到的，其实设计一款大家都买得起的产品和设计一款昂贵的产品一样困难，有时候甚至更难。

2003年，格雷夫斯由于细菌感染而瘫痪。他躺在医院，处于死亡的边缘，他不希望自己在这样一个丑陋的地方死去。而轮椅的局限性却让这位设计师对医疗保健品的设计在风格、便利性、功能性等方面都有了崭新的认识。他设计集团旗下的积极生活精品部门致力于提高所有有疾病或者生活障碍的人们的生活质量（如图17-39）。

公众普遍认为《美国残疾人法》对于便利性问题看得相对没有那么重要。而对于残疾人来说，便利性在每天的生活中却是至关重要的。格雷夫斯指出，当他将通用设计原则运用到任何一个设计时，这个设计不仅有利于残疾人，而且有利于所有使用者（见第15章）。2006年，他完成了在华盛顿特区的圣·科莱塔学校的设计，这是一所为260名有各类身心障碍的孩子服务的学校。他说他的许多设计解决方案都可以方便其中的每一个孩子（如图17-40）。

格雷夫斯希望好的设计被尽可能多的人所看到。既然这些看到的人中包括了所有残疾人，他认为自己的设计不该局限于后现代风格，而应该是"形式多样"，即不管传统的还是熟悉的语言及颜色都可以成为他设计作品中的一部分。他的作品是风趣的、好玩的、让人舒适的，并且总是适合使用者的。他已经获得了200多项奖项，其中包括个人建筑师最高奖项——2001年美国建筑师协会的金牌。此外，1999年他获得了比尔·克林顿总统颁发的国家艺术奖章。2010年，为表彰他在普林斯顿大学的39年杰出教学生涯，美国建筑师协会和建筑学院联合会为他颁发了著名

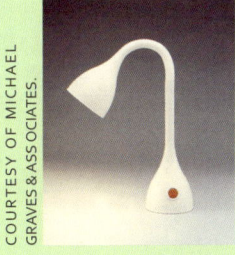

图17-38 格雷夫斯为塔吉特百货设计的一些代表作品。

图17-39 格雷夫斯的积极生活精品是为满足用户健康保健需求而设计的。

案例研究

图17-40 华盛顿特区的圣·科莱塔学校，这是一所专门服务于有严重或多重残疾的孩子的特殊教育学校。这座将近十万平方英尺的建筑由一系列两层校舍以及一个全场体育馆和一个公共活动室组成。

的黄玉奖章（Topaz Medallion）。

虽然格雷夫斯很难恢复行走能力，但他把这些经历当成了一种学习的机会，并由此设计出可以使大家都生活得更加舒适的新产品。

一些设计师既从事建筑设计，也从事工业设计，但是，大部分设计师都是专攻其中一项。弗兰克·劳埃德·赖特就是这样一个例子，虽然他在建筑设计方面的创造性为人们所公认，但他也经常为设计过房子的房主们设计家具甚至是衣服。不过，这些家具和衣服设计得并不总是那么舒服。有一名著名的建筑设计师，他成功地从建筑设计师转变为工业设计师，他就是格雷夫斯。他的成就已经在本章的案例研究中呈现给大家。

轮到你了

找一位普利兹克建筑奖的获奖者，了解更多关于他或者她的获奖设计。为什么这个人可以获奖？

工业设计师（industrial designer）： 产品和系统设计的专业人员。工业设计师致力于创造新的设计方案来优化产品和系统的功能、价值及外观，使消费者和制造商获得共赢。

工业设计

工业设计师设计产品和系统，他们和建筑师一样，创造或使用各种风格，并且，他们会和其他专业设计人员一起合作，尤其是工程师。例如：工业设计师将会为你的下一部手机设计形状和功能，与此同时，电子工程师会为其改进电路来提高语音清晰度及接听效果。

图 17-41　苹果音乐播放器和宝马汽车。

美国工业设计师协会（IDSA）声明：工业设计（ID）是基于用户和制造商双方共赢之上，通过创造开发概念和规范来优化产品和系统**功能**、**价值**与**外观**的专业性服务。

工业设计师致力于通过各种人因工程和其他原则来改进产品的功能。他们选择或者设计适合产品的材料，这些材料可以提升产品的吸引力。他们通过创建一个有效的产品形式或风格，增加纹理和颜色来改善产品的外观。而正是通过改进产品的功能和外观，消费者才会想要购买产品，制造商也将生产更多产品来满足消费者的需求。如果工业设计师很好地完成了他们的工作，那么产品的价值也会增长。尽管我们不认为这些产品可以作为艺术品，但是苹果音乐播放器和宝马汽车对许多人来说都是漂亮的（如图17-41）。

工业设计在20世纪30年代开始成型，基于20世纪洛伊（Raymond Loewy）、德赖弗斯、蒂格（Walter Teague）以及其他人创造的许多新产品。工业设计产生于战后经济萧条时期。企业希望提升消费者对他们产品的兴趣，而工业设计师在创造消费者喜欢的产品形式方面做得非常成功。

洛伊，工业设计之父

洛伊（1893—1986）被称为是"工业设计之父"。他出生于法国，1929年开始为美国企业设计产品，并且成功地创办了他的纽约设计公司。他以一名时尚插画师的身份开始职业生涯，很快，他就把他的创造天赋用到了产品设计上。他在作为工业设计师的职业生涯中，为200多家公司提供咨询，设计的产品小到邮票大到宇宙飞船。他认为"两个价格、功能和质量都一样的产品相比较，外观吸引人的那一个将会胜出

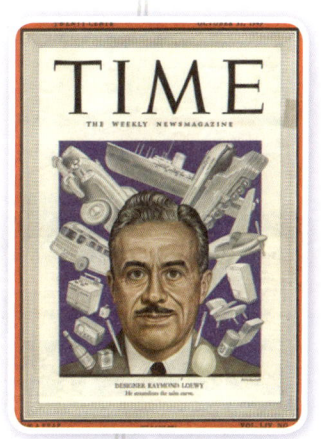

图 17-42　洛伊，《时代》杂志"年度风云人物"，1949年。
RAYMOND LOEWYTM IS A TRADEMARK OF LOEWY DESIGN LLC. WWW.RAYMONDLOEWY.COM

(见图17-42)"。

他的设计都体现了他著名的设计理念："玛雅原则——极度先进，却为人所接受。"他重新设计了西尔斯"冰点"冰箱，为其创造了一个流畅现代的外观。这一外观可以成形是因为洛伊利用了一体式结构，将表面涂漆的金属与结构构架合并在一起。此外，他还增加了冰箱门上的多用途储物架、冰块托盘以及其他高级功能。这一设计是如此的成功，它使得冰箱销量在仅仅2年内就从6万台飙升到27.5万台。

洛伊的大部分设计都是在交通领域。1936年，他开始与实力强大的宾夕法尼亚铁路公司合作，创造了崭新的现代车辆。他的许多设计都遵循了"流线型"原则。

此外，洛伊还为斯蒂庞克汽车公司（Studebaker Motor Company）和灰狗巴士（Greyhound Bus Company）设计汽车（如图17-43）。

图17-43 斯蒂庞克汽车公司的阿文蒂汽车。

图17-44 洛伊为可口可乐公司设计的标志。

你可能不知道斯蒂庞克是汽车公司，但你肯定知道洛伊为可口可乐公司做的设计，以及为其他公司设计的标志（如图17-44）。

洛伊的自传《永不知足》（Never Leave Well Enough Alone）于1949年出版，同年，他登上了《时代》杂志的封面。

盖迪斯与流线型

流线型是第一种通过风洞中的科学研究产生的设计风格。这一风格通过盖迪斯1932年出版的《地平线》（Horizons）一书开始流行起来（如图17-45）。到20世纪中期，许多产品都为流线型，尤其是在汽车、火车、轮船及飞机等工业领域。

图17-45 盖迪斯的流线型（泪滴形）汽车模型设计。

德赖弗斯与人体工程学

德赖弗斯（1904—1972）被认为是美国的"人体工程学之父"（如图17-46）。他被认为是美国工业设计的先驱者之一。20世纪20年代后期，德赖弗斯成立了自己的设计公司，并且在1944年帮助创建了工业设计师协会（后来成为了美国工业设计师协会），他是协会第一任副主席。他在美国许多大型公司工作过，其中包括贝尔实验室、约翰·迪尔公司、胡佛公司、纽约中央铁路、霍尼韦尔以及宝丽来。

他于1937年设计的"话筒与听筒结合"的座机非常出名。这一电话是和贝尔实验室合作开发的，并用黑色的酚醛塑料生产，20多年持续制造生产的事实足以证明这一电话的成功（如图17-47）。

1937年，德赖弗斯开始为约翰·迪尔公司工作。他重新设计了A型拖拉机座椅，使其既安全又舒适。为了让这一拖拉机变得独特，并且在乡村道路上从远处就可识别出来，他在所有人都知道的约翰·迪尔"绿"上增加了约翰·迪尔黄色标志（如图17-48）。

1934年，德赖弗斯接受了胡佛公司设计一个立式真空吸尘器的任务。在他之前的设计，大部分真空吸尘器并没有应用到汽车上。德赖弗斯设计了令人惊叹的胡佛150型真空吸尘器（完成于1936年），并为他赚得了1年25 000美元的聘请费，相当于现在的400 000美元（如图17-49）。

1951年，德赖弗斯登上了《福布斯》杂志的封面。然而他对工业设计最重要的贡献并不是具体的产品设计，而是他将人体工程学原理引入了设计中。他1955年的自传《为人设计》中包括了第一

图17-46 德赖弗斯，美国人体工程学之父。

图17-47 为西部电气设计的302型听筒话筒一体机电话。

图17-49 德赖弗斯设计的胡佛150型立式真空吸尘器。

图17-48 德赖弗斯1937年设计的约翰·迪尔A型拖拉机。

轮到你了

研究盖迪斯、厄尔（Harley Earl）、蒂格（Walter Teague）和贝伦斯（Peter Behrens）的作品，列出他们作为工业设计师为美国主要公司所做的贡献。

次发表的"乔"和"约瑟芬"人体测量表。他坚信适合用户的设计才是最有效的设计。《人体度量》一书于1960年出版，里面包括了从军事记录里得到的数据。1967年，他创建了亨利·德赖弗斯事务所，继续进行他在人体工程学方面的工作。

蒂凡尼和新艺术派

新艺术派 设计风格基于自然形状，用于珠宝、建筑等领域的产品设计中。在这一风格中，图案和设计常常是以弯曲、交织的动植物形状为基础，例如，藤蔓、花、叶子、鸟和昆虫，以及有飘逸秀发的女人等。蒂凡尼设计的彩色玻璃的窗户和灯就是新艺术派风格的典型代表（如图17-50）。新艺术派从19世纪80年代开始，一直持续到20世纪初期。

图 17-50　蒂芙尼设计的彩色玻璃窗户。

新艺术派在欧洲的许多地方都非常流行。许多城市都有代表性的新艺术派风格建筑，例如布拉格（捷克共和国）、巴黎（法国）和巴塞罗那（西班牙）等。以巴黎为例，许多地铁站采用的就是新艺术派风格（如图17-51）。

图 17-51　法国巴黎的新艺术派风格地铁入口。

莫里斯和手工艺

众所周知的 **工艺美术** 运动开始于19世纪80年代的英国，作为对当时在新工厂中以新方式生产的产品的一种回应。一些设计师和工匠强烈地感觉到当时批量生产的消费品的质量和风格都很差。同时，他们认为这些新工厂是在使劳动力失去人性，即成为机器操作员，完成流水线的工作。这一风格是利用传统的手工生产技术，建立在简单的生产线和高质量的工艺之上，只使用包括木材、瓷砖和手工制作的纺织品等天然材料。产品设计时使用大地色系。

莫里斯（1834—1896）是英国工艺美术运动的创始人之一。他以他的壁纸和图案织物设计而出名。在美国，斯蒂克利是工艺美术运动的领导者之一。1904年，在纽约锡拉丘兹，斯蒂克利开始创造手工制造的"教会风格"橡木家具（如图17-52）。

现今，手工艺风格在建筑和家具产品设计中一直很流行。

格罗皮乌斯和包豪斯

建筑师格罗皮乌斯1919年在德国魏玛创建了一所设计学校，叫做**包豪斯**。当时正值第一次世界大战后，德国亟需大量重建，而包豪斯的建成正迎合了这一需求。包豪斯的建筑师明智地拒绝使用当时盛行的建筑装饰风格，而是开创了一种全新的、现代的设计风格。

这所设计学校的基本目标之一就是让产品的设计适合机器和批量生产。"形式服从于功能"这句话开始和包豪斯联系在一起。因为这样的设计十分有用，并且反映出了所使用的材料——材料没有再伪装起来，相反，成了产品本身的一种阐释。包豪斯的许多设计产品看起来都像是现今生产的一样（如图17-53）。

后现代工业设计师

如今，大部分工业设计师都偏向使用后现代风格的元素。有时，"复古"或"新"风格设计会从过去的经典设计中吸取经验。当代设计师们则受电脑、材料和制造能力的发展的影响。到20世纪80年代早期，电子小型化从根本上改变了设计。上半世纪的设计师们，像德赖弗斯、洛伊、蒂格和盖迪斯都是致力于把功能性的物体放入吸引人眼球的包装之中。当今，小部件、新材料和新的生产过程使生产周期更短，设计更灵活。最成功的后现代设计师之一是苹果公司的乔纳森·埃维（Jonathan Ive），他利用所有新技术创造成功的产品。接下来的案例研究中将讲述他为苹果公司设计的作品。

图 17-52 斯塔夫·斯蒂克利的工艺美术风格的书柜（约1900年）。

图 17-53 20世纪30年代典型的包豪斯家具设计。

第17章 设计风格

案例研究

乔纳森·埃维

1997年，埃维被首席执行官史蒂夫·乔布斯任命为苹果公司负责工业设计的高级副总裁。在一个许多公司都把设计工作外包出去的时代，苹果公司则在建立一支特殊的内部设计团队。通过与乔布斯的密切合作，埃维和他的设计团队创造出了一些世界上最成功的电子产品，从1998年的具有革命性意义的iMac G3苹果电脑开始，到后来的ipod苹果播放器（2001），以及iPhone苹果手机（2007）和iPad苹果平板电脑（2010）。平板电脑获得了《时代》杂志的"年度风云发明"奖项，乔布斯也称赞平板电脑是革命性的和神奇的。

埃维1967年出生于英国伦敦附近，他是现今最具影响力的工业设计师之一。青年时期，他对制造东西很感兴趣。只要是他能拿在手上的东西，他都会拆开。随着兴趣的发展，他对产品的形状、材料和如何制成更加有概念了。他很快就发现了产品的形状和颜色限定了人们对这一物品的认知和看法。在年轻时期，他开始意识到历史和文化背景在产品设计中很重要。埃维从来没有充分发展他的绘画技能，但是后来，他觉得年轻时应该在这一方面多努力，就到纽卡斯尔艺术学校（现今的诺森比亚大学）学习了工业设计。1985年，他成为了橘子公司的合伙人，这是一家位于伦敦的设计咨询公司。在橘子公司期间，他的创造力得到了一位客户的赏识，这个客户就是苹果公司。

1992年，乔纳森作为加利福尼亚设计团队的一员加入了苹果公司。他说，当他第一次看苹果公司的产品时，就对其设计印象深刻。从1976年推出的苹果Ⅰ电脑和1984年推出的麦金塔电脑开始，苹果公司的产品设计就被认为是用户友好型的，比如其将组件集成在一个吸引人的外形中。埃维继续了这一传统，1998年，他领导团队重新设计了iMac苹果电脑，在电脑推出的第一年就销售了两百万台，以此帮助了公司的起死回生。这一创新设计把蓝莓、葡萄、橘子、酸橙以及草莓等水果的颜色第一次引入了电脑产业中。而在这之前，电脑都被认为是只有单调的灰色和米色的塑料盒子。

图 17-54a　乔纳森·埃维，苹果公司副总裁，2004年年度设计师。

图 17-54b　史蒂夫·乔布斯，苹果公司总裁。

图 17-55　埃维领导团队在1998年重新设计的 iMac 苹果电脑。

案例研究

　　iMac笔记本电脑被认为开创了苹果电脑的新纪元。它的设计把阴极射线管显示屏和中央处理器集成为一体，并且简化了包括新设计的通用串行总线键盘和鼠标在内的外围连接设备。为拓宽用户市场，并在设计时考虑了互联网用途，G3电脑有233兆赫兹的处理器和15英寸1024×768的屏幕分辨率。尽管iMac笔记本电脑是市场上最快并且最易使用的低端电脑，但是它被广为认可的还是其标志性的视觉吸引力。

　　埃维培养了一个组织严密的团队。他创造了一个很大的工作空间和一个令人难以置信的音响系统，供他的团队专用。团队则利用这个空间来提升创造力和横向思维。他们对细节和创新的关注带来了产业中一些最具创新的产品的发展。

　　埃维和乔布斯有着相似的商业哲学理念，都对细节十分着迷。他们在所有需要做重要决定时相互合作，并且一起工作得非常好。

　　埃维从不忽视任何产品细节。苹果公司的设计团队希望让每一个细节都是直观的、可获得的。在Mac G4电脑中，埃维发明了一个单件塑料芯。在新的外壳设计中，移除了各种杂乱的模块，同时，通风空气可以不需要风扇就进入底部的通风孔中，这使得电脑变得很安静，没有噪音。组件如电路板甚至是CD都可以垂直弹出，使得其在维修时更容易拆卸。而高分子材料的发展使得苹果团队可以在功能目标上集中力量，因为大部分外形都已成为可能。通过完善新的处理技术，例如双色塑料等，苹果团队可以不需要紧固件或者电池盖就生产出完全密封式的iPod播放器。金属连接中新的黏合剂和方法的发展，也为设计创新提供了技术支持。

　　埃维在其设计中着重于简洁、优雅和创新。关于他早期的作品，他说："应用了一种最小而又简单的风格，这就是真正的简洁……G5看起来很简单是因为它真的就是这样。"在他的作品中有一个很重要的影响因素就是自然、有机的形状和颜色。他坚信这些自然的形状可以使产品更加友好，更容易被理解。在最近的一次采访中，埃维提到，设计和生产成功的产品是一件既困难又复杂的事情。在观察一个原型或产品时，他会不断地问自己"为什么它是这样的？"他认为设计应该是这样来"解决的"——当它是对的时候，你应该感觉到"当然，就是应该这样"。许多使用了苹果产品的客户都亲身感受了这一特点——这个产品使用起来很容易，因为它就应该是这样。

　　2003年，苹果公司推出PowerBook电脑的那一年，埃维被伦敦著名的设计博物馆提名为"年度设计师"奖。他设计的iPod音乐播放器改变了世界听音乐的方式，iPhone手机则改变了我们使用手机的方式，而他设计的iPad平板电脑改变了人们看书、浏览网页、听歌、看照片、看视频、收发邮件、玩游戏等许多活动的方式。作为苹果公司负责工业设计的高级副总裁，这位低调谦逊的男人对当代产品设计产生了巨大影响。他十分关注一些显而易见的东西，同时不停地寻找新工具、新材料和新的生产方法为公司开发新产品。埃维指出，现今许多公司都在寻求如何在市场上不一样，而不是致力于通过产品创新来使他们的产品变得更好。你可以在纽约现代艺术博物馆和巴黎的乔治·蓬皮杜中心欣赏到埃维先生早期的作品。

总 结

　　设计既可以是一个过程，例如一位工程师怎样解决一个技术问题，也可以是一个外观（美学），例如与一个历史时期相关的风格，同时也是某个特定的人的作品。所有产品都有视觉上的外观特征，例如：形状、对称、自然、尺寸、比例、光滑度、亮度、纹理、图案、颜色等。风格则用来描述结构和产品设计中所使用的设计元素。建筑风格通常与那些为居住或者商业建筑设计的建筑师的工作相关联。产品风格则通常与为手机或是汽车设计形式的工业设计师的工作相关联。有一些设计师在建筑设计和产品设计两方面都非常成功。

　　建筑师设计居住和商业建筑结构，这些设计需要一个专业的设计团队来完成，建筑师是这个团队的统领，并且负责与客户相关的工作以及确定整个项目的风格。建筑师要关注这个项目的计划，并且使项目必须符合所有规范。规范，是标准的一种形式，由当地政府制定和执行。大部分建筑师都属于美国建筑师协会（AIA），弗兰克·劳埃德·赖特就是美国最著名的建筑师之一。

　　建筑设计由埃及人开创，他们建立了比例原则，创造了柱式等其他结构元素。希腊人使建筑元素更加丰富，特别是发展了柱式的设计。罗马人则拥有高级的工程知识，建造了大型露天剧场、公路、桥梁和排水系统。最引人注目的是，文艺复兴时期的建筑师帕拉第奥创建了大量经典的设计理念，这些理念至今都在沿用。我们可以从结构本身的形状、比例中看出建筑风格，也可以从屋顶、门、窗户、屋檐（柱上楣构）和建筑所使用的材料中看出。其风格包括殖民时期风格（1500—1800）、乔治王朝时代风格（1790—1780）、联邦时期风格（1780—1840）、希腊复古式（1825—1860）、维多利亚时期风格（1860—1900）、草原风格（1900—1920）、工匠风格（1905—1930）、艺术装饰风格（1920—1940）、国际风格（1925—现在）和现代风格（1945—现在）。现今，大多数设计师用新的应用方式来展现经典的设计元素，或者将元素折中混合。

　　工业设计师创造设计产品和系统。大多数工业设计师都属于美国工业设计师协会（IDSA）。早期的工业设计师有：洛伊，他在给宾夕法尼亚铁路公司、灰狗汽车公司和可口可乐公司的设计中都实践了"玛雅原则"；盖迪斯，他使流线型设计变得十分流行，这是一种通过科学研究创建的流线型设计风格；德赖弗斯，人体工程学之父，使设计适合人类使用。大多数的产品设计都体现了后现代风格原则，但是，有一些产品的设计

总　结

则体现为新古典风格的变形，例如维多利亚式、新艺术式、手工艺式或者是艺术装饰式。格雷夫斯和埃维的设计作品就是后现代设计的重要代表，它们影响着当代的建筑设计和产品设计。

课后作业

观察 / 分析 / 综合

1. 在你的社区里选择一个重要的建筑结构，给它拍一张数码照片，并且辨别其中的建筑元素，包括屋顶类型、窗户和门的风格、整体形状，以及所用材料。利用这些特征元素和本章中所学的材料来确定这一结构属于哪个历史风格时期。
2. 选择一位建筑师，制作一个 10 分钟的演示文稿，介绍这位建筑师最具代表性的建筑。
3. 选择一种建筑风格，制作一个 10 分钟的演示文稿，介绍这一风格的典型特征。
4. 选择一位本章中介绍的工业设计师，制作一个 10 分钟的演示文稿，介绍这位工业设计师最具代表性的设计。

补充作业

工程设计分析挑战

■ 选择 1850 年、1900 年、1950 年和 2000 年的四个相似的产品或者结构。制作一份清单来描述这些设计中所用的主要材料，比较分析产品或者结构的尺寸和重量是怎么随着时间改变的，确定设计所用的风格，讨论你所发现的这些差异如何体现了科技发展和数学、科学的进步。

第 17 章　设计风格

第 *18* 章
平面设计和汇报展示

Menu

 **头脑准备**
在学习本章的概念时，请思考下面的问题：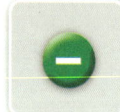

1. 为什么平面设计对于成功的产品设计和有效的专业展示很重要？
2. 使用什么样的平面设计原则才能实现更加有效的设计？
3. 为了完成更好的平面设计作品，你需要具备哪些关于排版样式的知识？
4. 图片和插图的设计，要具备哪些知识才能更加吸引人？
5. 如何在产品和包装成型的过程中使用平面设计？
6. 用于网页和印刷品的平面设计有何不同？
7. 制作精美的PPT演示文稿，需要了解哪些知识？

>> 引 语

每天都有数百种新的印刷**产品**进入市场。印刷的广告和彩色的包装必须经过设计和生产，因此也被视为产品。在本章，"产品"一词将用来指代**平面设计**产品。

经验丰富的商人利用先进的计算机软件、技术复杂的全彩色印刷机和专用纸张来印制平面设计的产品。然而，不论产品制作工艺有多好，还是需要良好的设计才能获得成功（如图18-1）。好的平面设计需要艰苦工作、认真规划、合理运用平面设计原则，以及一遍遍的修订。平面设计需要关注以下两点：（1）表达的内容；（2）表达的外观。好的平面设计不光是**美学**问题。纯粹的艺术只需要考虑艺术家的需要和欲望，而平面设计则不同，它必须满足买家和**受众**的需求。

平面设计师创造了视觉设计。平面设计师通常需要接受4年的大学本科教育，但也有一些设计师在没有接受正规训练的情况下就具备了创作成功方案的能力。

如今，大多数设计师使用先进的设计软件来工作，如使用 Adobe InDesign 或者 CorelDRAW Graphics Suite 来进行页面布局，使用 Adobe Photoshop 来进行图片编辑，使用 Dreamweaver 来进行网页设计，或者使用 PowerPoint 来进行专业展示（如图18-2）。许多软件可以在网上免费或者以较低的价格获得。为了更加高效地进行设计，设计师要用到产品、设计过程和设计原理等相关知识。有了这些知识，再加上设计者的才能，就可以创造有效的设计作品。

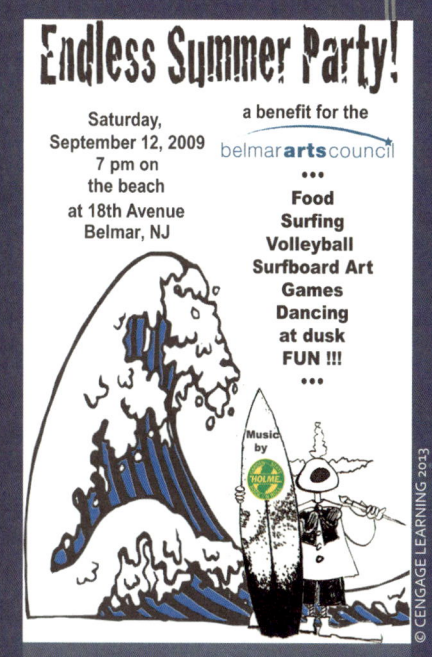

图18-1 这张广告使用平面设计有效地宣传了产品。在本章，我们将平面设计本身视作一种产品。

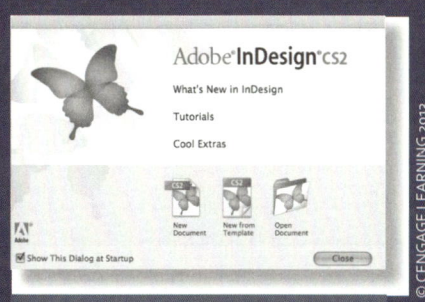

图18-2 许多平面设计师使用Adobe InDesign来进行排版布局。

产品（product）：
在商业上，该术语指代所有购买或者销售的货物和服务。设计产品的目的是满足人们的需求。在零售行业，产品常被称为货物；在制造过程中，产品可以是作为商品购买来的原材料，比如说金属板材或者橱柜级胶合板，用来制造最终的商品。

平面设计（graphic design）：
利用符号、图像、视频等进行某种形式的视觉交流，以美学布局印刷页面上的插图，供网页或多媒体进行数码显示等的设计过程。

第18章 平面设计和汇报展示 519

受众(audience):

设计师出于产品开发目的会关注到某些特征的特定人群。这些特征包括年龄、性别、收入、兴趣和其他与该产品相关的特点。

平面设计过程

如第 2 章描述的 12 步骤那样,平面设计的过程是会重复的,它与其他所有设计过程一样,也具有其独特性质。设计过程以一个明确定义的问题开始(步骤 1:界定问题)。大多数平面设计是为了帮助客户实现与预期受众进行沟通的需求。平面设计师必须完全了解客户的需求以及预期受众的特点。平面设计师首先要把与问题相关的所有可用信息按照一定的逻辑顺序排列。设计师将采用头脑风暴(步骤 2),调查研究(步骤 3),明确问题约束(步骤 4)的步骤进行设计。约束总是包括预算问题,例如是否需要全彩打印、截止时间是什么时候。一旦收集了设计所需的所有信息,设计师将开始探寻所有可能性,有时候要使用缩略草图(步骤 5)。尽管缩略图一般是手绘图,大多数设计师还是会尽可能使用电脑完成工作。设计师通过移动设计元素、尝试不同元素或者添加颜色(步骤 6)来变更设计。当设计师得出满意的方案时,便会给出最终设计提案(步骤 7)。设计师会做一个**综合绘图**(步骤 8,图形原型),作为设计展示的一部分向客户展现。客户最终同意后,设计才能投入大规模生产。

一般情况下,客户会对设计做一些调整或者优化(步骤 9)。设计师要做一些必要的优化,并将优化后的方案给客户过目(步骤 10)。敲定最终方案后,平面设计师会把优化过的方案发送给公司大量**印刷**,或者上传到网站上(步骤 11)。生产的形式取决于其用途。例如:海报、小册子或者包装设计需要采用传统的印刷过程,而手机商标设计则属于生产或后生产过程的一部分,网页设计需要使用编写代码完成,并传送给互联网服务供应商,而展示设计一般会使用 PowerPoint、Keynote 或其他展示程序。

为设计搜集信息

所有的图形产品都是通过视觉传达信息。这种交流过程需要一个信息发送者和一个信息接收者。多数情况下,设计师会在信息发送者(客户)和接收者(受众)之间搭建一座桥梁。每一位客户都有其独特的需求(问题),并且正在寻找一种产品(解决方法)来和特定的受众进行有效的沟通。为了满足这一要求,设计师与客户一起确定设计元素,比如手稿、照片以及插图等,这些元素将出现在设计师的设计过程中。客户可能是摩托罗拉公司,该公司需要为一款新手机设计新商标,也可能是普通餐饮公司,需要为新的早餐食品重新设计包装(如图 18-3)。

受众是客户想要交流的一群人。受众的构成对于设计师来说非常

图 18-3　给新产品或已有产品设计商标时需要利用平面设计。

图 18-4　滑雪板上的图案设计是为了吸引特定的消费者。

重要。诸如年龄、性别、教育程度、民族背景、兴趣、价值观、语言以及经济状况等特点的相关细节都可以帮助设计师更好地了解受众。

图 18-4 展示了伯顿滑雪板公司是如何使用平面设计来吸引预期受众的。产品和包装设计表现出设计师对受众群体构成的考虑。客户选择了富有激情的设计来吸引目标市场人群，并将该滑雪板烙上伯顿公司的大名。因为平面设计的主要目的是在信息发送者（客户）和接收者（受众）之间传达信息，所以，设计师想要出色完成设计就必须了解受众的构成。

创造可能的解决方案

设计师一旦了解了受众和产品的所有信息，就可以开始创作了。二维图像设计师在设计过程中可能会使用逆向工程（参见第 6 章）。平面设计师经常通过观察和分析新的图形作品来勾画新的视觉设计。如果设计师正在考虑一个新的商标或包装设计，他可能会上网搜索或参观一些实体店来寻找有用的符号、照片、插图以及颜色等。创作的过程会有对许多原始想法的升华，直到形成客户认可的视觉解决方案。

尽可能多地寻找设计方案，最好的方法就是绘制缩略草图。**缩略草图**是设计方案的初步图像（如图 18-5），它可以在纸张或电脑上绘制。大多数缩略草图并不是全尺寸的，也很少有细节。它们是用来快速探讨可能的设计方案。在缩略草图中，设计师经常使用一些符号

图 18-5 缩略草图。

图 18-6 用于排印、文字、相片和插图的缩略草图符号。

© CENGAGE LEARNING 2013

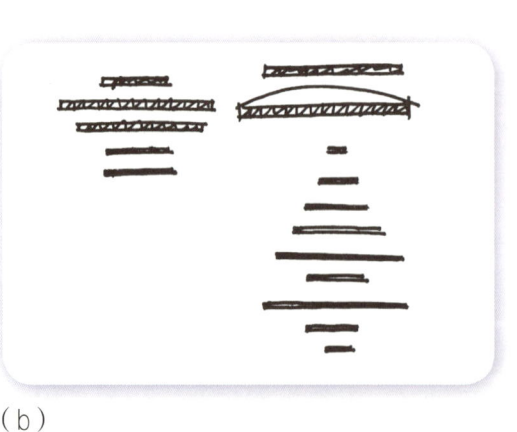

（a）

（c）

（b）

（d）

图 18-7　粗略的设计图。

来表示各种设计元素,如图 18-6 所示。

当设计师已经穷尽了所有可能的设计方案时,他/她就会对缩略草图进行评估。评估包括回顾问题及设计的简要声明,并从中选出最佳设计方案。为了更好地使成果形象化,设计师会为最佳的缩略草图准备一份**粗略设计图**。有时,设计师会利用粗略设计图来整合草图中的想法。大多数设计师会在设计过程的这一步引入色彩。粗略设计图有以下优点:快速、全尺寸地展现最终产品(如图 18-7),且能在短时间内完成。组成段落文字的正文此时仍然可以用线条呈现,但大号字体(如标题)已加入设计样式。图片和插图用草图形式展现。设计师利用粗略设计图解决一切视觉问题,同时确定各个设计元素的空间分配。尤其在最终设计方案可以有多种选择时,粗略设计图可展示给客户。

设计过程的最后步骤中要准备最终样品,称为样稿。样稿是一个可视模型,既可以用标记笔或者丙烯颜料画,也可以用电脑创作。样稿必须能够展现最终产品的样子,要求尺寸完整、细节详实、色彩丰富。由于在电脑上改变图片尺寸和位置十分方便,设计师应给予客户多个可选的设计方案(如图 18-8)。客户通过审查样稿来决定是否同意印刷生产。在生产过程中,样稿将始终伴随产品,便于生产人员知道最终产品的样子。

图 18-8 样稿例子。

平面图像的生产

原则上，当客户同意设计师的样稿后，设计过程就完成了。由于大多数平面作品都有文字、照片和插图，原始图像需要依据商业标准来创作。大多数图像以数字格式创建，图片的质量可以具体到分辨率级别。图片分辨率以 DPI 或 PPI（如表 18-1）为单位。DPI（每英寸墨点数）用来衡量印刷分辨率。在一张印刷图上，DPI 代表 1 英寸（2.54 厘米）直线上油墨或碳粉的点数。另一种衡量方法是 PPI（每英寸像素数），它决定了电脑屏幕、图片扫描仪或电子相机上图片的分辨率。网络和某些点阵打印机的分辨率最低可以是 72 DPI，而高分辨率图像和激光打印机能够达到 2400 DPI 或更高。每种生产方式有不同的要求。平版胶印在一般商业作品（如小册子、海报、杂志和书籍）的印刷中普遍运用。当印刷数量极大，如生产麦片盒或其他包装产品时，凹版印刷通常是最佳生产方式。当需要使用特殊图片或材料时（如在滑板上印一个标志），丝网印刷也许是唯一合适的印刷方式，例如，滑雪板可以由一种柔性丝网印刷系统印制，该系统能够在成型的滑雪板上打印。

尽管关于产品设计和展示的表现方式我们仍有很多内容要学，设计师在平面设计时主要会考虑如下问题：

下订单时需要给出哪些细节？ 印刷人员根据数量（印刷成品数量）、版式（所需尺寸与颜色）、纸张和装饰进行收费，例如，10 000 张 8.5 英寸 ×11 英寸四色双面打印 80# 铜版纸小册子需花费 1200 美元左右。若有附加印刷要求或任务加急，价格会更高。

设计时要用什么软件？ 大多数任务可以使用 Microsoft、Quark、Adobe、Corel 和 Macromedia 等输出的标准软件格式。通常要担心的是收到的图片文件分辨率是否能保证生成高质量的图片。为了得到高质量产品，设计人员最好使用专业软件进行设计。

任务需要多高的分辨率？ 通常人们认为 DPI/PPI 值越高，图片锐化程度或者分辨率越高，然而，这也可能是不正确的。例如，一张 3 英寸 ×4 英寸的照片扫描后分辨率为 300 DPI，然后以 6 英寸 ×8 英寸的尺寸打印，分辨率就只有 150 DPI。为了保证数值精确，DPI 和 PPI 必须根据输入和输出的纸张大小情况测定。一般来说，大多数人无法通过肉眼区分超过 300 PPI 的分辨率。因此，高质量照片在打印时至少需要 300 PPI。

产品类型	应用	分辨率
商业印刷品	全彩	300dpi 或更高
照片	标准打印	
网站	网络	72 dpi
视频	S-VHS	400×480ppi
电视	高清晰度（HD）	1900×1080ppi
显示器	CAD，平面设计和游戏，19寸	1600×1200ppi（UXGA-Ultra-eXtended） 1280×1024ppi（SXGA-SupereXtended）
佳能 320 万像素 S1 相机	一般摄影	2048×1536ppi
尼康 1220 万像素 D2K 相机	专业摄影	4288×2848ppi
惠普激光打印机	工业/商业彩色打印	4800×1200dpi

表 18-1　本表显示了图形产品常用的 PPI 和 DPI 值。

波长在 400～700 纳米之间的电磁波称为可见光，因为它处于人眼可见的波长范围内（如图 18-9）。可见光由三原色红绿蓝（RGB）组成，红绿蓝组合形成白色光。RGB 反映了 **加色原理**。当物体上的颜料吸收电磁波，就要用到 **减色原理**。叠加每种减色——青色、品红、黄色、黑色（CYMK），反射光线会变暗。当所有减色同时出现时，物体将不再反光，在视觉上呈现黑色。

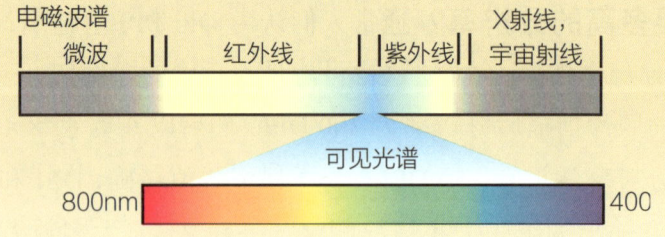

图 18-9　电磁波谱显示了可见光与其他电磁波能量形式的关系。

REPRINTED WITH PERMISSION FROM POPPY EVANS AND MARK A. THOMAS, *EXPLORING THE ELEMENTS OF DESIGN*, SECOND ED. COPYRIGHT © 2008 CENGAGE DELMAR LEARNING.

RGB 和 CMYK 颜色有什么区别？ RGB 是指红色、绿色和蓝色，是加色原理的原色，也是白光的基本组成颜色（如图 18-10）。在设计中，另一种至关重要的颜色原理是减色原理。减色的原色有青色（四色蓝）、品红（四色红）、黄色（四色黄）和黑色。在平面设计中，处理颜色图像会同时运用加色和减色原理。

加色原理描述的是通过对三原色 RGB 的叠加，得到新的更亮的颜色（光能叠加）。如图 18-11 所示，红绿混合后得到一种新的更亮的黄色。RGB 全部混合后得到白色。当舞台设计师为演出创造新的舞台灯光，或工业设计师设计新型显示器、照相机或扫描仪时，会运用加色原理。

减色原理描述的是叠加一层层颜料后，造成光的吸收的过程。当 CMYK 四色颜料全部混合后，结果就是光线全部被吸收，或者说是视觉上的黑色。如图 18-10 所示，将青色与黄色混合后，会产生更深的绿色。当用彩铅或颜料作画，给新车喷漆，或是印刷过程中在基底上使用墨水时，都要运用减色原理。CMYK 印刷中可使用四色印刷或全色印刷。在设计四色印刷品时，最好将文件转至 CMYK 格式（如图 18-11）。

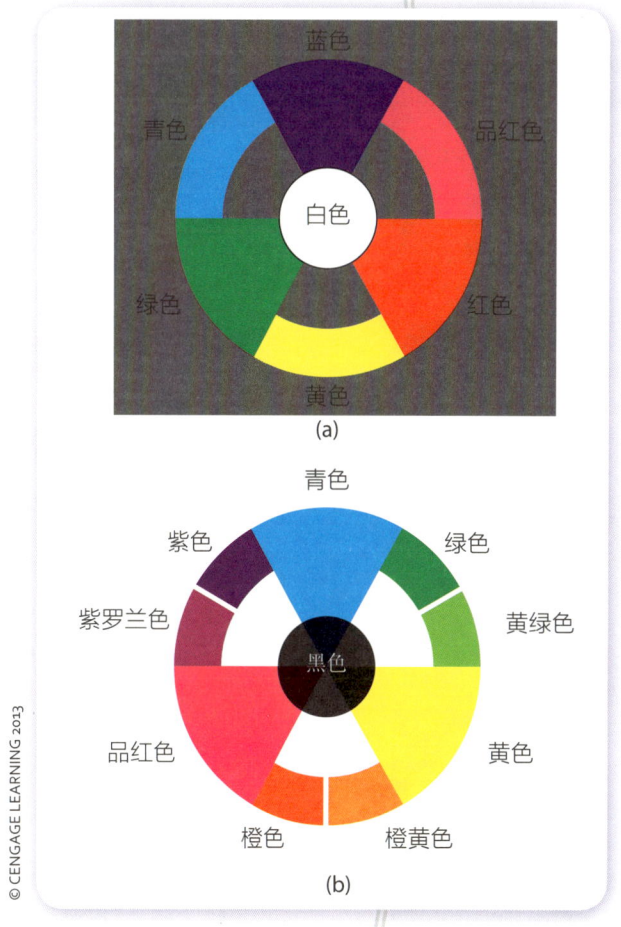

图 18-10 这些色盘展示了基本的加色和减色法（a）加色法，（b）减色法。

图 18-11 放大的 CYMK 图片显示了四原色墨点是如何结合并显现出一系列色彩的。

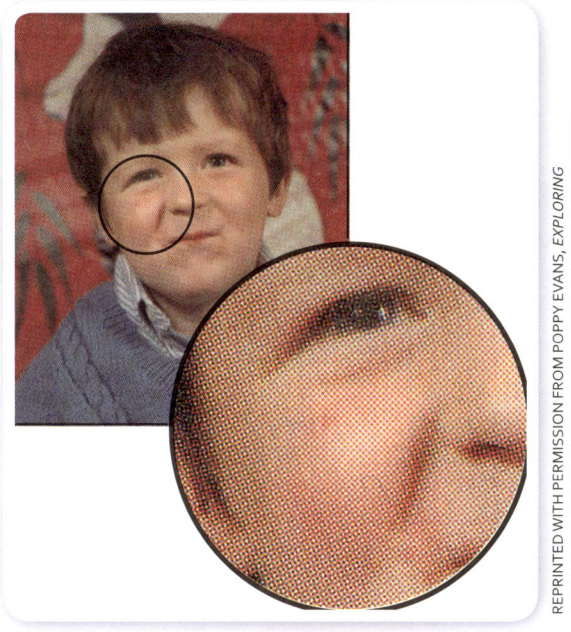

第18章 平面设计和汇报展示 527

成品的颜色和电脑里原始图片的颜色一致吗？ 当你仔细观察色彩时，总会发现原始图片的颜色、显示器上的颜色和印刷品上的颜色之间存在色差。在使用数字印刷时，色差匹配是个普遍存在的问题，不仅在印刷行业，在其他重视颜色的制造业，如油漆、塑料、纺织品生产中也是一样。超文本（HTML）色码用于识别网页内容中的颜色。在纸质印刷设计中，潘通公司发明了色卡系统，可辅助平面设计师注明色彩标号，同时可以使最终产品达到预期的视觉效果（如图 18-12）。

其他注意事项。 所有平面设计师都必须考虑客户的需求以及所需的生产技术。对产品的配送方式和用途进行规划也很重要。例如，如果产品需要邮寄，设计师就必须考虑邮寄规格，设计一张稍大于邮寄标准（4.25 英寸 ×6 英寸）的明信片就说不过去了，明信片尺寸超出标准将增加邮寄费用。如果客户要寄出 100 000 张明信片，尺寸过大将会额外支付 15 000 美元邮寄费！设计师还需要掌握工业标准。印刷公司收到的所有材料必须形式恰当，分辨率合适。一切印刷任务的规格务必精确。印刷公司会发出样品向设计师和客户征求意见。设计师或客户负责校对及查错。一旦样品通过，任何出现在最终出版物里的非印刷问题，印刷公司概不负责。设计师或客户还应当在说明里明确截止期限。最后，按标准运输后，客户将收到产品并按照数量收费，产品数量可能与订单相差 10%。

法律上有哪些需要注意的事项？ 设计师在设计和出版印刷品时，凡牵涉到原始材料或他人**知识产权**时，必须注意一些法律层面的问题。大多数合法使用的限制都由著作权法规定。著作权法保护原创作品，认定其为作者的知识产权，包括文学作品、音乐作品、戏剧作品、哑剧、舞蹈作品、图像作品、美术作品、雕塑作品、电影和录音资料等，未经允许不得擅自抄袭。著作权法允许在某些限制条件下使用原创作品，例如，原创作品可用于教学、研究、新闻报道和评论，不过必须注明作者或发明者，这就是合理使用原则。对于大多数学生来说，在写报告时使用他人的原始材料通常会涉及剽窃问题。剽窃问题同样存在于新平面设计。切记：无论是设计产品、海报中的图像，还是演讲展示中使用的视觉图像，未经允许使用受版权保护的内容材料都是违法的。

在美国，1976 年《版权法》（Copyright Act）规定，原创作品在作者有生之年及死后 50 年内受版权保护。版权法授予原创者对作品进行复制，用以出售、出租、租赁和贷款的专有权。在版权局里对原创作品进行注册并交纳费用可以获得版权。版权标志必须出现在所有受保护的刊物上。版权标志除了版权拥有者姓名及年份外，还由单词 Copyright

图 18-12 潘通色卡样例书中的一页，该样书详细说明了 CYMK 印刷中的墨色。这页纸上每种蓝色的渐变都需要不同的油墨配方，即通过每种颜色样例左下角的数字来指定墨色。

图 18-13 电子剪贴画。

或缩写 copr. 或图标 © 之一组成。国际版权覆盖了全球大多数国家。不幸的是，随着新兴科技的发展，如复印机和电脑的出现，违反版权法变得愈加容易。

商标或其他高辨识度的符号未经允许不得擅自使用。所有原创艺术作品也受到保护，但剪贴画例外。**剪贴画**是一种受产权保护的艺术品，在设计和销售后，买家有权对其复制，购买了剪贴画后，他/她可以以任何理由复制，但不能把它当做剪贴画再卖掉。图 18-13 是一幅剪贴画的样例。

照片也受版权保护。当照片上出现人像时，摄影师必须征得照片中所有人的同意才能出版。至于未成年人，需要得到家长或监护人的同意。在大多数情况下，用于出版的所有艺术作品和照片都必须获得书面形式的使用同意书。

利用设计原理创作有效的平面设计

尽管理解产品和设计过程的本质很重要，但有能力做出有效的设计，还需理解设计元素和展示场所（如在纸上或产品上）的视觉关系。设计元素，例如颜色和色调等的选择、创造、放置及其视觉质量，都要遵循平面设计原理。这些原理包含许多视觉细节，设计师如要创造出十分有效的设计，就需要关注如下五条原理：

> ▶ 统一协调
> ▶ 平衡相称

知识产权（intellectual property）：

通常指创造发明，同时涵盖各种著作，包括文学作品、音乐作品、戏剧作品、哑剧、舞蹈作品、图像作品、美术作品、雕塑作品、电影和录音资料等。美国专利法、商标法和著作权法都对知识产权进行保护。

- 节奏韵律
- 重点强调
- 比例尺寸

平面设计师必须基于各种各样的视觉元素进行设计，比如手写稿、插图、照片和一定数量的空白空间。一旦设计师确定了具体的元素，就会有数以千计填补空白空间的可能方案。许多人认为只有有创造力的人才能做设计，还有人认为设计的好坏由主观感觉决定，没有可供判断的客观规定。这两种观点都是错误的。好的设计既有逻辑性又有美感，它基于简单易懂的原则，理解这些原则能够使设计任务变得更加轻松。

统一协调

我们从统一协调原则开始讨论。为了使设计有效，所有设计元素和页面本身必须成为一个统一体。统一协调原则的一个重要因素就是元素的组合，称为**相关性**。设想一下，你要为一名就职于设计世界学习公司（Designed World Learning）的客户设计新名片。你需要收集所有必要的信息：人名、头衔、地址和联系方式，组合这些元素能帮助看到名片的人理解设计，提升交流质量。请看图18-14的设计，设计师没有将版式信息组合归类，这样的设计效果欠佳，因为读者很难确定哪些信息是在一起的，哪些信息又比较重要。

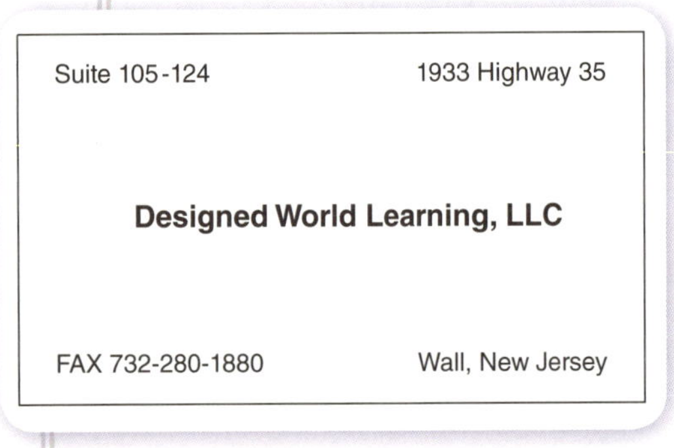

信息分组提升了元素的相近性和设计的视觉美感。图18-15显示了设计师运用相关性原理，将信息分组后的设计结果。

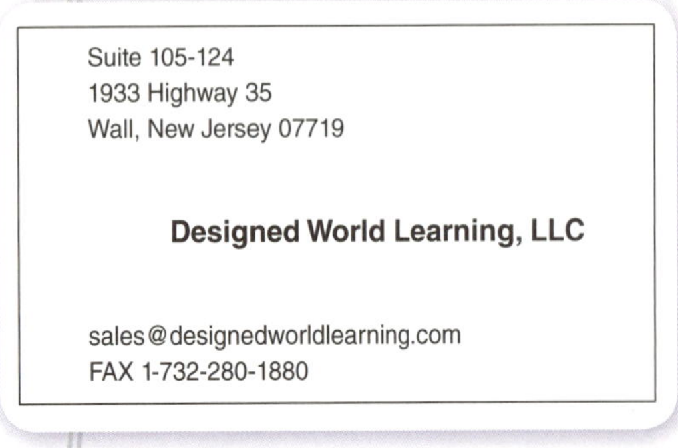

另一个统一协调原则的重要因素是元素的**对齐方式**。对齐方式普遍应用于打印纸张和网页上。在设计中，元素与纸张的关系以及纸张之间的关系都非常重要。页边距及元素对齐方式能增强设计效果。页边距是纸张边缘与元素之间的空白距离。页边距大小变化会影响设计的有效性。即使是单页书的页边距也可以大小不一。现代作品的页边距大小从无（被称为全幅）到边距很大之间变化。尽管元素之间的空白总是被控制在最小，较大的页边距还是可以为人们所接受。

图 18-14　相关的信息没有组合归类，设计效果欠佳。

图 18-15　通过相关性原则组合元素，实现视觉效果相统一。

页边距和页面比例给设计框定了边界。由于每个元素都要放置在页面上,将元素与页边距关联起来是非常有效的设计方法。你能否看出图18-16所示名片中分组信息和页边距的关系?蓝色条带和反白字起强调作用,客户姓名放置在页面的视觉中心,姓名与地址分属两组信息,放置在页面左侧。在印刷时,这种排版称为"左对齐"。地址信息块的处理方式是为了保证与页面底边和左侧的空白大小相同。

图18-16 此卡上的元素与页面整体形状关联性很强。

轮到你了

平面设计师是怎样运用统一协调原则——包括相关性和对齐方式——来完成设计的?如图18-17所示,思考一下如何根据贝尔玛艺术委员会提供的信息去设计无尽夏日派对(Endless Summer Party)的海报。花点时间利用相关性来整理信息。在整理信息时你考虑了哪些因素?尽管解决方案可以有很多,图18-1展示了设计世界学习团队的解决方案。

Endless Summer Party!
A benefit for the Belmar Arts Council
Food, Surfing, Volleyball, Surfboard Art, Games, Fun Dancing (at dusk)
Saturday, September 12, 2009
5-10 pm on the beach at 18th Avenue, Belmar, NJ
Music by Holme

图18-17 广告文案根据描述的产品特性进行分组整理。

平衡相称

视觉和质感的均衡称为平衡。平衡可以是对称的,也可以是不对称的。对称意味着元素围绕着水平或竖直线上某一中心点分布(如图18-18a)。在平面设计中,平衡描述了元素与页面之间的关系。正式平衡是一种对称的设计,即所有元素均衡地围绕页面中心线分布。非正式平衡是一种不对称的设计,意味着不同大小、形状、重量、颜色和色调的设计元素分布在页面的不同位置(如图18-18b)。由于正式平衡法则容易理解,大多数初级设计师倾向于在设计中采用正式平衡的方式。

(a)

(b)

图18-18 (a)正式平衡设计和(b)非正式平衡设计。

第18章 平面设计和汇报展示

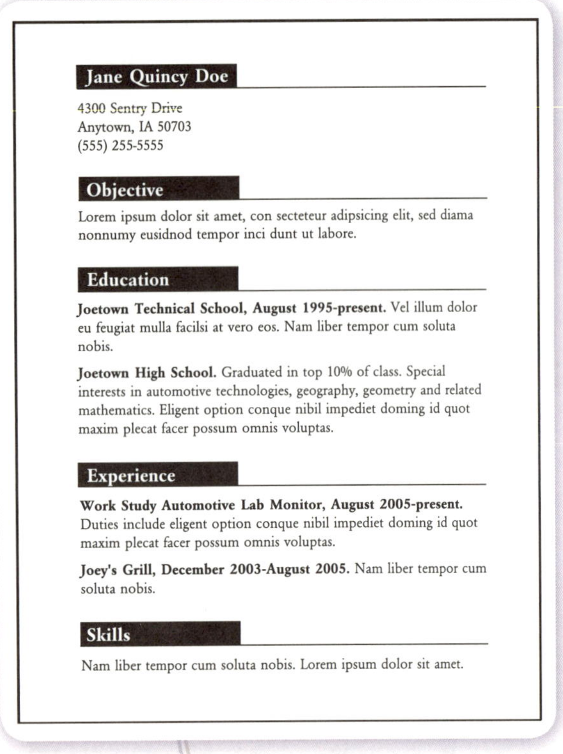

Jane Quincy Doe

4300 Sentry Drive
Anytown, IA 50703
(555) 255-5555

Objective

Lorem ipsum dolor sit amet, con secteteur adipsicing elit, sed diama nonnumy eusidnod tempor inci dunt ut labore.

Education

Joetown Technical School, August 1995-present. Vel illum dolor eu feugiat mulla facilsi at vero eos. Nam liber tempor cum soluta nobis.

Joetown High School. Graduated in top 10% of class. Special interests in automotive technologies, geography, geometry and related mathematics. Eligent option conque nibil impediet doming id quot maxim plecat facer possum omnis voluptas.

Experience

Work Study Automotive Lab Monitor, August 2005-present. Duties include eligent option conque nibil impediet doming id quot maxim plecat facer possum omnis voluptas.

Joey's Grill, December 2003-August 2005. Nam liber tempor cum soluta nobis.

Skills

Nam liber tempor cum soluta nobis. Lorem ipsum dolor sit amet.

图 18-19 重复设计增强了简历的视觉冲击力。

节奏韵律

节奏运用重复和其他图像技术使设计在视觉上浑然一体。通常节奏韵律好的设计更易于阅读，因为重要的元素在设计中占主导地位。**重复**，顾名思义，是指在整个设计中反复使用特定的图形元素（如图 18-19）。通常设计师会在标题中重复用粗体，或在列举项目时使用着重号或标号。设计师使用线条来划分设计板块，或为读者指示不同元素，设计师将设计中的这种指示称作**节奏韵律**。

为了形成一种标准的格式，设计师会在进行多页设计时采用重复的方法。页面格式包括列宽、页边距、主标题、副标题和正文样式。设计师可以将所有照片都放在同一位置，或选择特定标志来标示重要信息。

重点强调

强调的目的是吸引注意力，通过设计元素的**对比**来实现。这些对比可以是尺寸（大和小）、形状（方和圆）、纹理（细腻和粗糙）、亮度（明和暗），或是颜色（红、绿或其他互补色）（如图 18-20）。

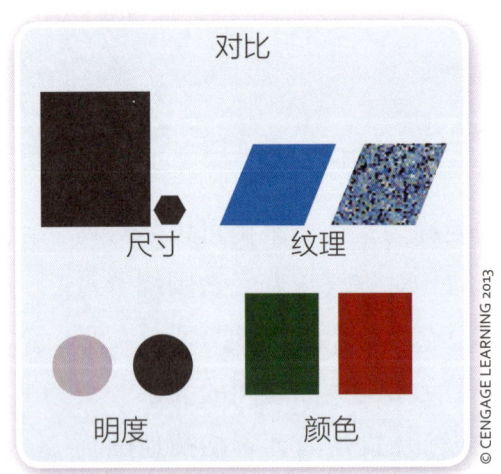

图 18-20 尺寸、纹理、明度和颜色的对比。

在印刷品或网络媒体等平面设计中，经常要使用重点强调。粗体大标题紧挨着较小的正文字体可以营造出强烈的对比。摄影作品中，明与暗形成对比鲜明的视觉效果。明度和色相太过相近的两种颜色不应在邻近处使用。类似的，应避免使用相近的纹理。对比必须大胆才能有效（如图 18-21）。

色彩对于实现设计中的强调极其重要。色彩的流行可能是日新月异，也可能持续不变，比如约翰迪尔公司用的绿。色彩以不同方式影响着人们。不难发现，杂货店里某些食品包装颜色很相近，比如，糖经常采用蓝色包装，将颜色与甜味联系在一起。暖色调，包括红、黄和橙色，和火关联；而冷色调，包括蓝、紫和绿，和水关联。暗色让人感觉意志消沉，亮色令人兴奋。生动的颜色，比如红色，能通过加快脉搏和新陈代谢使人兴奋。蓝色代表平静，棕色和绿色看起来质朴，紫色表明忠心。由于蓝色有不同的特性和效果，在设计中最为常用。理解了颜色对人的影响会让你在设计时更有效地运用色彩。

色相，或者叫色彩的名称，比如红色，是色彩的特征之一（如图 18-22）。如上文所述，品红、青色和黄色是印刷中的原色。当两种原色等量混合时，就会创造出次生色，例如品红和青色混合生成蓝色，青色和黄色混合后生成绿色，黄色和品红混合生成红色。将原色和次生色等量混合将生成中间色，比如将原色黄色与次生色绿色混合，会产生中间色黄绿色。

设计师通过混合各种原色、次生色和中间色来达到强调的目的。然而，某些颜色的对比度会强于其他颜色。**互补色**对比度最高，它们在色盘上两两相对。例如黄色和蓝色是对比强烈的一对互补色。单色配色对比最弱，这些颜色是以黑或白与某种色相任意混合而成。深蓝与亮蓝就是一个单色配色。色彩可以在任何印刷产品中形成对比，而对比度的强弱取决于色彩的选择。

图 18-21　滑雪板的设计通过运用图像元素在色彩、尺寸和形状上的变化实现对比。

COURTESY OF BURTON SNOWBOARDS. GRAPHICS BY JAGER DI PAOLA KEMP DESIGN.

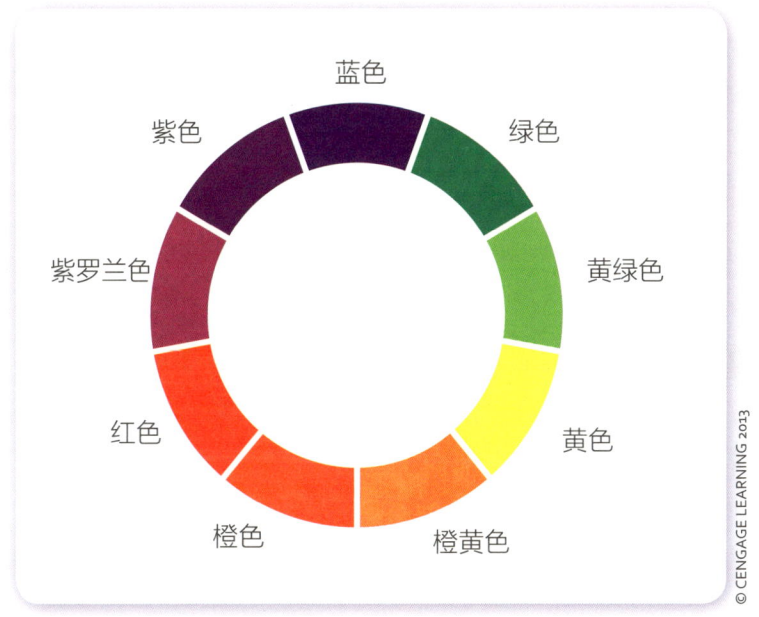

图 18-22　此色轮显示原色和次生色混合产生的中间色。

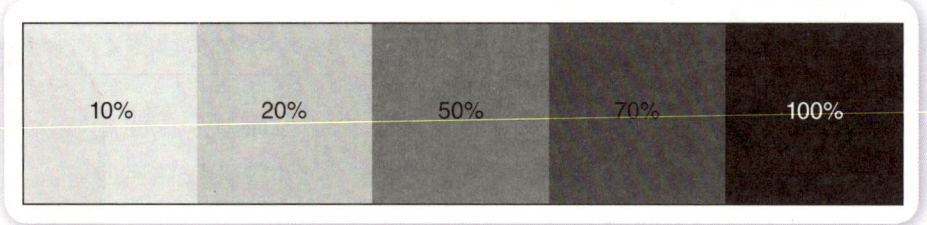

图 18-23 设计师通过着色实现色调变化。

通过增加白色，**色调**可以影响颜色的饱和度和亮度。色调带来对比，和单色配色概念类似。不过，色调仅仅使用单个颜色值，而不是颜色值的混合，通过着色过程实现色调变化。着色过程可以调节纸张中的印刷区域比例。例如，30%的着色是指70%的空白纸张环绕30%的墨点。非印刷区域或者纸张原色在视觉上会和图片混合，显得淡一些（如图18-23）。

如你所见，优秀的设计既合乎逻辑，又需要运用美学原理。在创作有效设计时，平面设计师应考虑怎样将统一协调、平衡相称、节奏韵律、重点强调以及尺寸比例原则运用到设计方案中。

比例尺寸

设计中，部分与部分之间的关系称为**比例**。每个物体都有总的长宽高，物体内部特征还有其他的尺寸。我们把这些不同尺寸之间的关系称作比例。

一旦设计师完成了对所有设计元素的组合分类，就要开始在纸张上进行布局。在美国和加拿大，标准纸张的大小为8.5英寸×11英寸，或称信纸尺寸。其他国家用的则是A4尺寸的纸张（210毫米×297毫米）。当然，设计师也可以选择任何想要的尺寸。页面和书本通常是长方形，比例有2∶3、1∶3、3∶5和5∶8四种。标准纸张、造纸商出售的纸张以及标准印刷公司纸张的大小都接近传统页面比例。国际标准化组织依据1∶1.414的长方形规定了标准纸张尺寸。因此，标准尺寸的纸张也是最为通用并且方便生产的。然而，正方形或者特别长的长方形等不同的纸张比例可以带来视觉趣味——只是成本更高。

视觉中心就是页面的焦点，一般会考虑把最重要的设计元素放在这个位置。视觉中心高于页面的几何中心。将页面按竖直方向分成三等分，视觉中心在底部向上三分之二的位置。因为读者的眼睛会很自然地被页面的这一部分吸引，所以大部分设计师会在视觉中心或其周围放置重要信息，而不是将它们放在页面的几何中心。

图 18-24 （a）黄金矩形，有时称为黄金分割；（b）希腊巴特农神庙建筑是运用黄金分割的著名例子。

长久以来人们已经认识到，将一个形状分成几等分会非常无趣；将各区域分成不同等分，则会形成有趣的形状。古希腊人根据人类身体的比例创造了一种矩形，被称为黄金矩形。希腊人视其为完美比例，并将其广泛地运用于艺术与建筑中。黄金比例大约为 1∶1.618（如图 18-24）。尽管这是一个不错的出发点，但也不要让自己受黄金矩形的局限，把所有物体都制作成黄金比例。

所有这些常见的设计概念在其他设计领域，如建筑和产品设计，都是通用的。熟悉设计元素，培养对可能关系的敏感性，都会使美学设计成为一种可靠的过程，人人都可以使用美学设计。

使用有效的排版印刷

在整个现代史上，人类最有效的交流方式莫过于文字。人类的大部分知识都是使用字母、数字等视觉元素记录。在 1450 年谷登堡（Johannes Gutenberg）发明活字印刷术之前，人们只能用手写的方式记录知识。因此，只有少部分人才能接触到人类积累的知识，这些人能够掌控目不识丁的大众。活字排版需要人工完成，直至 1886 年美国机械工程师默根特勒（Ottmar Mergenthaler）才发明了机械排版。默根特勒的整行铸造排字机被视为 19 世纪最伟大的发明之一。1984 年，排版技术的第二大发明诞生了，Aldus 公司的总裁布莱内德（Paul Brainerd），领衔开发了一款特别的软件程序——PageMaker。该软件结合了苹果公司 Mac 电脑和 LaserWriter 打印机，创造了第一个桌面出版系统（DTP）。这套新系统提供了一种直接将整页排版显示在电脑屏幕上的方式，被称作"WYSIWYD"或者"What You See Is What You Get"（所见即所得）。这套新的 DTP 系统让每个人都可以创造出基本的页面排版。

图 18-25　本文档的每一页都是利用软件组织文字、插图和图片。

排版是指以不同形式组织文字，形成单词、句子、段落和最终页面的整个过程。现如今，大部分作家、记者、文案撰写者都使用专门软件创建手稿。文字处理的最大优势就是可以灵活地编辑和修正文字，对于排版而言就是可以捕获按键。

现代平面设计软件让设计师能够在高分辨率的显示器上组织文字、照片和插画（如图 18-25）。这些图像通过网络或 CD 传送到打印机上。现代系统能在胶卷或纸上，以高于 2500 DPI 的分辨率完成分色和装帧（所有元素按照页面格式合理地布置），输出相关文件。

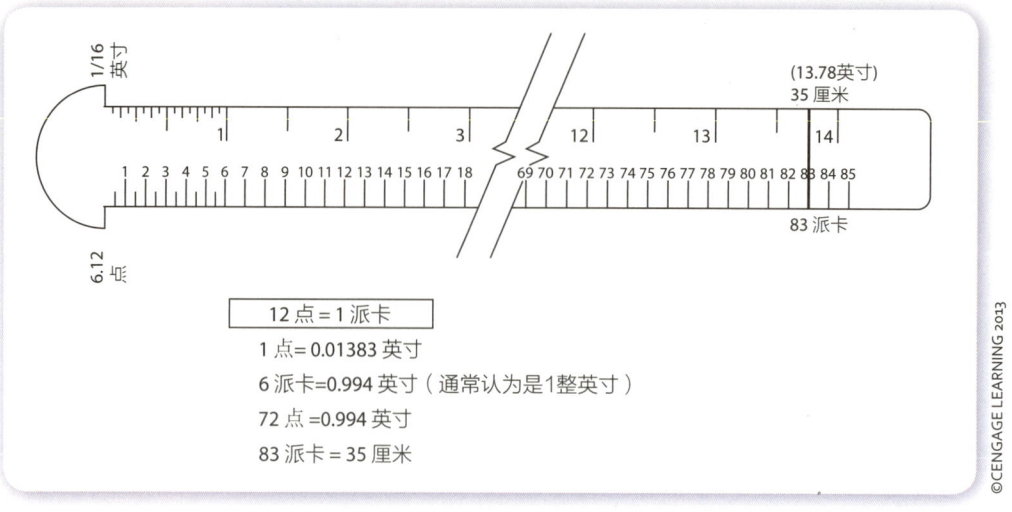

图 18-26 印刷中的度量（点与派卡）：

了解打印规格

完成一个有效作品需要做好一系列版式上的决策，包括字号、行间距、字体、行长度以及版式设计。排版系统，如台式机打印，要利用版式原则，并且要建立在一套排版度量系统的基础上（如图 18-26）。

字号 字号以点衡量。一点（pt）的长度大约是 0.01383 英寸，但是大多数设计者习惯以点的数目来标示字的大小，例如 12 点。这套点度量标准是在 1886 年由美国印刷协会引入。这对我们来说好像有些奇怪，但它确实为处理小字号提供了一种实际的解决方案。在这套系统中，12 点等于 1 派卡。这套系统的优势在于能够轻松地描述字号和其他版式要素。

字体大小的数值其实是活字（一块由铅、锑和锡组成的合金块，上面刻有字样）的大小，而非视觉上元素的大小。此外，即使是相同字号，视觉元素的大小也可以不同，理解字形之间这种微小的区别需要经验。为了帮助解决视觉元素大小的问题，需要使用一套名为 **x 字高**（x-hight）的系统。在 x 字高系统里，先要测量小写字母 x 的高度，再将其他字体的高度与它进行比较（如图 18-27）。

图 18-27 x 字高系统。

REPRINTED WITH PERMISSION FROM POPPY EVANS AND MARK A. THOMAS, *EXPLORING THE ELEMENTS OF DESIGN*, SECOND EDITION. COPYRIGHT © 2008 CENGAGE DELMAR LEARNING.

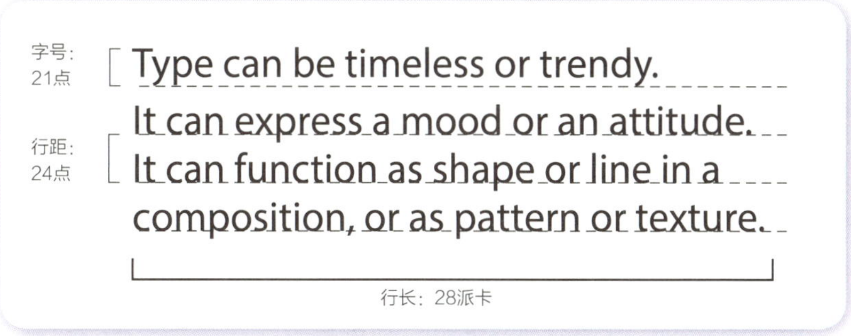

> 字号：21点
> 行距：24点
>
> Type can be timeless or trendy. It can express a mood or an attitude. It can function as shape or line in a composition, or as pattern or texture.
>
> 行长：28派卡

图 18-28　不同行距的视觉效果。

REPRINTED WITH PERMISSION FROM POPPY EVANS AND MARK A. THOMAS, *EXPLORING THE ELEMENTS OF DESIGN*, SECOND EDITION. COPYRIGHT © 2008 CENGAGE DELMAR LEARNING.

行距　和字号一样，行距也是以点测量。在金属活字原型中，行与行之间的空间叫做**行距**（leading，念作"ledding"），时至今日，一些设计师仍在使用这个词。**行距**是两行文字间的竖直距离，以基线间的距离测量（如图 18-28）。

字号和行距同时表示。例如，12/13 表示 12 点的字体，13 点的行距。当字号和行距相同时，比如 12/12，称为**满排**（set solid）。一般来说，行距比字号大 1 点较为合适。然而，如果 x 字高低于普通字高，行距应减小；x 字高大于普通字高，则应增加行距。通常来说，行距不应超过字号 2 点或 20%。行距越大，内部的空白也越大。

字母间的距离称为**字间距**。它能设置成宽松、中等、密集（如图 18-29）。在标准数字化排版时，字间距会自动调整，因此设计师很少需要考虑这点。然而，有的设计要求修改字间距，比如需要调整报刊专栏或者需要在同一行显示网址信息。字间距也是一种设计因素，在所有排版软件中都可以手动调整——即使是 Microsoft Word 也允许用户调整字间距（开始 > 字体 > 高级 > 间距）。

另一个相关的概念是字母紧排。**字母紧排**是为了在视觉效果上调整字间距。大号字体通常需要靠字母紧排来解决字符组合问题，比如图 18-30 中 TY 或者 LA 两处的字母间距离显得太远，需要通过字母紧排来调整。

字体　目前，可供选择的字体有 1500 余种，设计师必须小心确认合适的字体。**字体**是我们给字母实际形状起的名字。不同字体间的差别通常比较微妙。英文字体共有四大类：衬线字体 (serif)、无衬线字体 (san-serif，san 在拉丁语里意为没有)、草体 (cursive) 和装饰字体 (decorative)。衬线字体是指在某些字体元素后加上额外的视觉细节的字体。草体表现手写和装饰风格。字体的种类有很多，用途有限或是装饰功能的字形，一般不适合大写（如表 18-2）。

> **LETTER SPACING**
> **LETTER SPACING**

图 18-29　字间距。

REPRINTED WITH PERMISSION FROM POPPY EVANS AND MARK A. THOMAS, *EXPLORING THE ELEMENTS OF DESIGN*, SECOND EDITION. COPYRIGHT © 2008 CENGAGE DELMAR LEARNING.

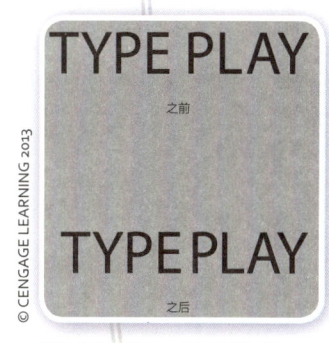

图 18-30　字母紧排。

字体分类	特征	应用场景	举例
衬线字体	衬线字体在字母的末端有衬线或字脚，通常认为属于传统字体。	正文、大段文字、标题和展示	Times New Roman Garamond Palatino
无衬线字体	无衬线字体更加现代。	大段文字、标题和展示	Arial Helvetica Tahoma
手写字体	手写体是类似手工写出的文字。可以是衬线体，也可以是无衬线体；可以是传统的，也可以是现代的。	展示和装饰用途	Brush Comic Lucida Calligraphy
非正式字体	非正式字体的范围很广泛，包含多种传统到现代字体。	展示和装饰用途	Bauhaus Matura Aircut

表 18-2　不同的字体有不同的用途。

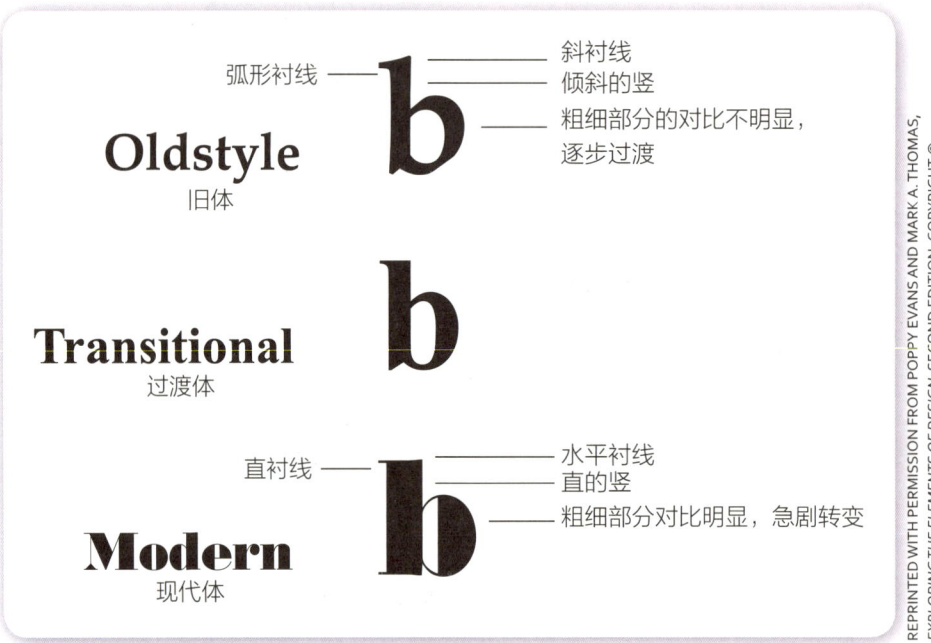

图 18-31　字体家族以及用于区分字体的特征。

每一大类字体又包含了不同的字体家族。一个字体家族包括一个基本字体和各种变异字体，例如粗体和斜体（如图 18-31）。这说明字体的许多部分有相同的特征。这些相同的特征体现在衬线的类型、粗细线条的对比、交叉笔画的位置和方向、向上的长度、下斜的程度以及小写字母"g"的形状。

行长　**行长**是指一行字的长度或所设定的栏的长度，以派卡和点进行度量。一般都为整派卡或者 1.5 派卡为单位测量。和字号一样，行长不是纸张上实际印刷的字的长度，而是可以容纳文字的最大行长。只有在

> Short lines of text are hard to read, be- cause they create un- necessary hy- phenation and awkward line breaks.

> Long lines of text are hard to read because they cause the eye to track back to the beginning of the next line. Readers forced to read long lines of text often find themselves starting to read the line of text they have just read, instead of tracking down to the next line. Sometimes designers compensate for this factor by increasing the amount of leading between lines of text. Although adding space can help the eye to differentiate one line from the next, this option may be impractical when space needs to be saved. To save space and ensure reader-friendly text, set up a column width that allows for no more than fifty characters per line.

上方的例子采用8/10的Garamond字体，行长25派卡。
左方的例子采用18/21的Garamond字体，行长10派卡。

图 18-32　确定合适的行长。

版式有调整的情况下，如大多数报栏里，行长才会与所容纳文字的长度相等。合适的行长应为小写字母表长度的 $1\frac{1}{2}$ 至 $2\frac{1}{2}$ 之间（如图 18-32）。

　　行长也取决于该行的词数。通常情况下，每行7~9个无衬线体或8~10个衬线体单词较为合适。行长影响打印页面的可读性，因此非常重要。

格式　　文字可以放置在空白处的任何位置。**格式**是文字在行中的位置。所有的行间距都是依据与字的大小有关的比例系统确定。字间距是一种视觉因素，有时候需要通过调整字间距的宽度来使间隔看起来正常。在排版时，要不断调整词之间的间隔（一般是增加），直到这一行被填满（如图 18-33）。

排版　　**排版**是为文字设计版面，保证排好的字输出后符合初始要求的过程。另外，排版常常包括将插图（图表）及照片与文字相融合。分页是将完成排版的材料嵌入书本、杂志、报纸或者任何平面媒体的过程。

左对齐	右对齐
Type can be left-justified, right-justified, full-justified, or centered.	Type can be left-justified, right-justified, full-justified, or centered.
两端对齐	居中对齐
Type can be left-justified, right-justified, full-justified, or centered.	Type can be left-justified, right-justified, full-justified, or centered.

图 18-33　对齐方式会影响文本的阅读性。

　　排好的活字过去是放置在铁盘（galley）上，着墨，然后为校对人员提供校样（proof），术语"**铁盘校样**"（galley proof）因此得名。如今，更为普遍的是在网络上进行预览并进行页面校对。就像它的名字那样，页面校对在页面上显示文字。随着最新的电子印前处理系统的使用，文字、插图以及照片（有时是彩色的）都被整合到页面校对中。

　　人们开发出了一系列的符号帮助校对人员进行交流，称为"校对符号"（如图 18-34 为美国的校对符号）。这些标记一般是使用不同颜色标注在页面空白处，方便后期修改。还可以使用引导字符或线条将这

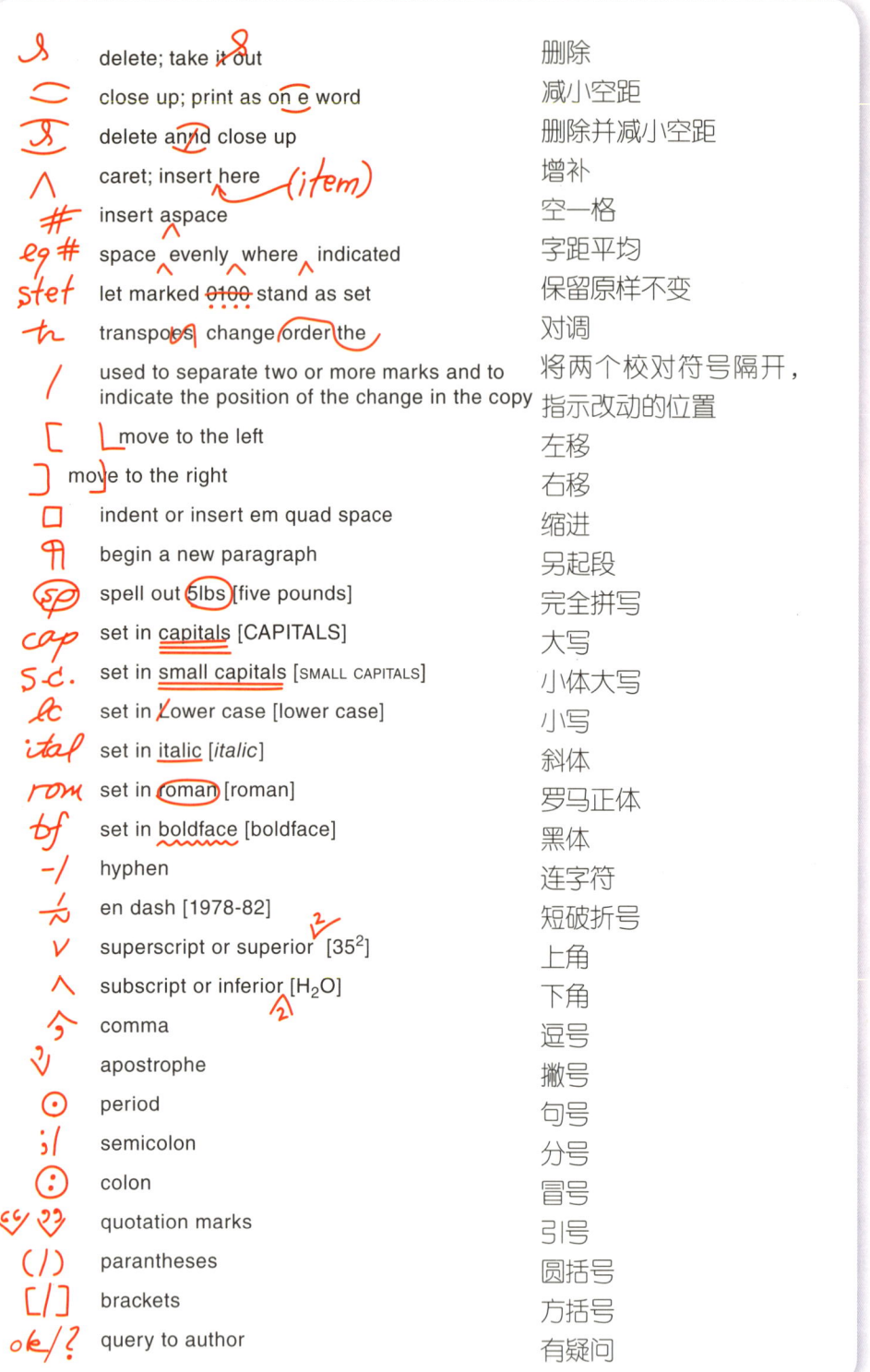

图 18-34　美国的校对符号。

些符号与需要修改的区域相连。

如今，设计师经常被要求使用编辑工具，比如 Miscrosoft Word 中的"修订"，来完成修改的动作。开启"修订"工具后，审核人就可以发现建议修改的位置，内容、语法、以及文本版面上的变化。该功能还允许审核人标注评论或疑问等。所有的修订完成后，撰稿人需要阅览所有修订建议，决定接受或者拒绝这些建议。

轮到你了
名片设计

名片设计较为简单,因为其设计的约束条件很容易理解。设计首先要确定所有必要文字,将这些要素分类组合,然后按重要性将它们进行排列。下一步,设计师要确定图片,比如说公司标识或者个人照片。有些公司有自己公司的颜色,需要通过他们的标准色卡系统识别确定。设计最终生成一个公司名片模板,每位员工通过输入个人信息就可以得到各自的名片(如图18-35)。名片设计是怎样利用设计规则的?

图18-35 新泽西学院名片模板。

使用照片

照片在任何设计中都非常重要。在设计报告、包装以及展示中,照片可以比文本更加明晰地传递信息。人们喜欢看好的照片。在设计过程中,设计师会使用黑白或者彩色照片,他们也会使用自己拍摄的照片、购买现有的照片或者雇用专业的摄影师。只要照片的质量和构图适合,设计师甚至可以使用自己的照片。

技术品质

技术品质包括分辨率、清晰度以及颜色。如前面图18-9所示,320万像素相机能够拍出2048×1536像素的相片,该分辨率可以满足大多数商业出版需求。清晰度与焦点和抖动有关,大多数优质的相机都有自动聚焦功能,然而这一功能不是一直都可靠,有时可能自动聚焦在场景中的错误位置,使关键位置失焦。另外一个失去清晰度的普遍原因就是相机的抖动,许多业余摄影者会尝试手持相机,在释放快门时会导致相机抖动,鉴于此,摄影师应该使用三脚架来固定相机。

最后,光线会影响颜色以及反差。早晨户外的光线最好,晴天高强度的直射阳光会使照片反差太大,散射光则使照片更加柔和。室内光线和相机闪光通常无法满足商业品质的照片,专业摄影师通常会使用

图 18-36　照明和分辨率提高了这张印刷广告的细节感和整体效果。

专用照明设备来补光。图 18-36 展示了光线在印刷广告中的重要性。

构图　构图指选择元素以及在照片中对这些元素进行合理布局。构图要遵循审美原则，如三分法。尽管图片编辑软件可以裁剪照片不需要的部分，但无法改变图片的整体构图。不幸的是，如果图片构图不适合设计思路，那就需要用新照片——不仅增加开销还浪费时间。和设计的其他所有方面一样，好的规划对于拍摄出高质量的照片来说非常重要。以下建议可以在照片规划和拍摄过程中起到帮助：

▶ 多拍照。使用不同的角度和位置进行拍摄。拍摄小孩或宠物时，放低视角，和拍摄对象水平，可尝试使用风景和肖像模式。

▶ 检查背景。通常情况下，简单的或失焦的背景更加容易使人的注意力集中在拍摄对象上。

▶ 将取景器在水平和竖直方向上都分成三等分。移动图片中间的主要对象，将其放置在某个三分之一处（如图 18-37）。

▶ 确保焦点在物体上，锁定焦点后再移动取景器中间的物体。大多数相机使用取景器的中间位置来确定焦距。

▶ 使用早晨光或傍晚光来拍摄风景照。

▶ 了解阳光的方向，确认视野中没有不需要的阴影。阴天的散射光比直射光更好。

▶ 主动调整你的对象，包括道具，从不同的视角进行拍摄。

图 18-37　设计者将自行车手的身体放到水平和竖直三分之一的交汇处。

图 18-38　这个全景照片是利用图像处理软件将三张独立的照片拼接而成。

为设计和产品编辑照片

如果单凭裁剪无法得到可用的照片，可以使用图像编辑软件，如 Adobe Photoshop。图片编辑软件对于准备出版的照片非常有用，它除了可以增加色彩范围和颜色外，还可以把图像从照片背景中提取出来，然后插入到设计中，使图像和设计融为一体（如图 18-38）。

使用插图、符号以及商标

术语 插图 通常可用来指代许多不同类型的图形图像。设计师可以使用图表和图像来呈现不同类别的数据，例如涉及设计群体的人体测量。有时，设计师会用艺术绘制等插图代替照片来传达信息，这些插图可以是素描、黑白或彩色的色调艺术。

符号和商标是插图的一种特殊形式。符号和商标设计的目的在于得到广泛的认识和理解。这些插图的特殊形式包括被剥离到最基本形式的那些文字或图像（如图 18-39）。

工业设计师在 20 世纪初引入商标，用来提升产品和公司的识别度。美国专利商标局为这些商品商标和服务商标提供保护（如图 18-40）。

图 18-39　常见符号。

图 18-40　20 世纪以来，商标"GE"已经被广泛认识。

❻ 网页设计

网络革新了人类交流和购买产品服务的方式。现如今，越来越难找到有哪家公司、政府组织或者个人组织没有网络主页。业余爱好者通过网络获得信息，找寻志同道合的朋友；作家和研究人员依靠网络迅速查找数以百万计的文档，使用搜索引擎获得即时信息；艺术家甚至会利用网络来展示他们的作品，以求受到赏识或出售作品。这带来了设计和网站维护的商业上繁荣。

早期网页设计需要掌握**超文本标记语言（HTML）**，如图 18-41 所示，它是一种为在网页上展示图片信息而开发的计算机语言。时隔不久，软件设计师就开发出了其他程序，使得只有很少 HTML 知识，或根本不了解 HTML 的设计师也可以在"所见即所得"软件环境下创建网页。如今，像 Adobe Dreamweaver、Microsft FrontPage 或者 WordPress 等软件都可以用于网页开发，使用这些程序不仅可以进行网页设计，还可以组织和管理包含数百个不同网页的复杂网站。这些程序同时融合了一些机制，可以将设计师电脑上的文件传输到网页所在的互联网服务器上，这一机制称为文件传输协议（FTP），它曾经是一个单独的操作程序，现在你仍然可以找到一些只能运行这一功能的程序。

HyperText Markup Language simple Web page example:

```
<http>
<title> Department of Technology Education </title>
<body bgcolor="lightblue">
<h1>
Central High School <br> Pre-Engineering Course
</h1>
<p>
Class Meeting Times: 9:17 – 10:02
<p>
Instructor: Mr. Lyons
</body>
</html>
```

图 18-41　一个简单网页的 HTML，及其在浏览器上的显示结果。

网页发展

前面已经详细说明了互联网的发展和进化过程，以及它如何逐渐在我们的生活中占据如此重要的位置。下面，我们将给大家介绍建立网页的基本知识，当然，如果想要创建更加精致的网页，则还需要继续学习。

大多数网页设计都是在个人电脑上进行，设计师设计所需文件存储在电脑硬盘中。有时候，这些存储的文件会被传输到一个

互联网服务提供商 (ISP)，知道网址的人都可以对其进行访问，这个网址被称为**统一资源定位符 (URL)**，以前缀 http:// 为标志。网站设计师在一个阶段创造并改进这些文件，然后在另一个阶段将其传输到 ISP 服务器上。网页设计软件使得设计师可以开展这两项工作。

网页设计和平面设计在其他领域也有许多相似之处，它们都要运用平面设计原则。如今使用的网页浏览器、平台和操作系统多种多样，显示屏的分辨率也有许多选择。印刷页面的设计一旦到了受众的手上就不会再改变，但访客使用不同浏览器和分辨率不同的显示屏，就有可能得到不同的结果。要想创造在这些因素变化时还能保持设计元素不变的网页，这是不可能的，但是专业的网页设计要能够做出选择，使所有的访客都能访问设计美观的网站。

宣传册设计

设计像宣传册之类的更加复杂的项目需要考虑一系列不同的限制条件。因为有更多的信息要交流，设计师需要做多页版式。所有的设计原则仍然适用，一般的版式是使用多栏和网格系统（如图 18-42）。网格系统的优点是可以使每一页在保持外观一致的同时还能有所变化。如图所示，PT CRUISER 这个名字分布在一个网格中，这个网格横穿 4 栏，同时为设计提供了大小限制。汽车的照片通过照片编辑软件进行调整，融合在大号字体中。

图 18-42 利用多栏和网格结构进行多页设计。

轮到你了
商标和包装设计

设计世界学习公司想要开设一门新的课程，推动环保意识。他们想要寻找新的商标和包装设计，来传达能被广泛理解的讯息，支持环境保护意识。使用你自己设计的符号，为新的环境商标创作至少 6 幅缩略图。

7 使用 POWERPOINT 做展示

苹果的 Keynote 或微软的 Powerpoint 等很多软件都可以用作展示准备。专业设计师要做各种各样的展示，还可能在项目的整个过程中提交现状报告。在设计过程的尾声，工程师和其他专业设计师要通过展示向管理层或客户汇报最终设计方案。报告的对象可以是或大或小的群体，他们对于项目的成功至关重要。好的展示来源于艰辛工作、认真规划以及精心设计的辅助图片。展示者还应该事先排练。出色的设计师同时还应该是优秀的演讲者。

准备一次展示

首先，搜集展示的信息，可以从 5W 开始：谁（who）、什么（what）、何时（when）、哪里（where）和为什么（why）。

▶ 谁来做这次展示？谁会来参加这次展示？你独自展示，还是团队里的其他成员也会参加。还有一点非常重要：某个管理高层或许想要来说些什么——你必须事先了解这点。

▶ 展示的预期效果是什么？是穿商务休闲装的非正式会议，还是穿正装的正式会议？展示的时间限制是多少？会议议程上是否还有其他项目？

▶ 展示的预期时间是什么？你需要时间进行充分准备，并需要将这一时间放入你的日程。你是否需要邀请嘉宾？是否要提供交通和停车信息？

▶ 展示的地点在哪里？你需要知道房间的布局。是否有多媒体设备可供展示的内容或者其他文档？是否有足够的座位，是否每个人都可以看到你，听到你说话？是用手持麦克风还是领夹式话筒？如何控制灯光和温度？作为展示者，你的任务是让观众尽可能觉得环境舒适。

▶ 为什么要开这个会议？这也许是最重要的问题，因为它可以帮助设计者组织展示，并整理合适的材料。会议是为设计队伍准备，还是要争取客户对设计方案的支持？

回答完 5W 问题，就可以开始准备展示了。会议的目的和观众的需求会告诉你需要涉及什么内容。做好笔记，然后开始准备大纲。在分配到的时间里你能介绍哪些内容？需要呈现哪些图像或产品？需要做短视频吗？需要发放哪些材料？有时展示者还要写下关于重要事项的总结，称为 **执行概要**。执行概要如何通过图片呈现？需要发放完整的报告吗？报告打印好了吗？你需要做一份 PPT 来展示么？

PPT 在展示中非常有用。你从展示的大纲开始，然后打开程序。

第一步是选择一个空白的演示文稿或者一个新的演示文稿设计模板。有时，设计师会设计独特的模板，或者直接使用公司现有的模板（如图18-43）。

模板有许多样式，包括设计模板、颜色方案和动画方案。每一种模板都可以帮助演讲者设计文本和其他内容，比如图片、表格、视频片段等。尽管程序模板设计得很好，但可能不适合你的展示。设计师可以通过查看幻灯片母版来更换格式，此时排版的任何改动都会显示在所有的幻灯片中。有时，设计者可能只是想修改某一页幻灯片。幻灯片美学方面的修改需要遵循本章前面谈到的设计原则（见图18-44）。展示软件一般可以兼容视频片段或者跳转网页链接。这些程序使用简单，且功能强大，但也可能产生潜在的负面后果。

图18-43　自定义模板的样例。

当展示所需的所有信息都放入幻灯片后，重新播放一遍幻灯片。在房间里偏后的位置观看一下展示效果。坐在后排的观众是否可以看清所有内容？屏幕上的信息量是否合适？这些信息，比如说列表中的各项信息，是否需要依次呈现？如果是，请设定需要的动画方案。重新播放幻灯片，思考在内容、排版、配色方案等方面还有改进的地方么？展示结束后，你可能会想给观众发放展示的文本。如果只是提供信息，每页纸上放6页幻灯片最为有效。如果你想让观众通过记笔记参与进来，每页纸上放3页幻灯片可以给观众留下书写空间。

最后，练习展示。幻灯片可以通过计时设置（通常不准），或者点击鼠标、键盘上的方向键来进行播放。在展示前，几乎每个人都会兴奋和紧张，即使是专业的展示者也是这样。经验充分的讲演者通过将注意力集中在展示和观众上，来忽略自我感受，以克服过度紧张的情绪。新手应该认识到：紧张是正常的，甚至可以享受这个紧张的过程。越是了解自己的展示，越是一遍遍练习材料，越能专注于听众，开展高效的讲演：

- ▶ 做好准备，提前到场，着装得体。
- ▶ 精心设计幻灯片，并对其有信心。
- ▶ 熟悉讲演内容。
- ▶ 千万不要对着屏幕念内容！
- ▶ 准备好讲义。
- ▶ 在观众入场时向其问好，在展示中关注听众的反映。
- ▶ 不要躲在桌子后面，可以的话使用无线鼠标。
- ▶ 掌控全局，适当回答问题但不要离题。
- ▶ 按时结束。
- ▶ 讲演之后与观众交流。
- ▶ 享受每一次展示！

第18章　平面设计和汇报展示

Dr. John R. Karsnitz, Chairperson
Adam Brunner, Graduate Assistant
Henry Harms, TSA
Laura Gardner, President TES
Technology Education/Pre-Engineering and M/S/T Majors

School of Engineering
(430 Students/24 Faculty)

- Technological Studies
  140 Majors/5 Faculty/6 Adjunct Faculty/3 Ph.D. Researchers/6 Support Staff
  60 Technology Education/Pre-Engineering/80 M/S/T Majors
  M.S. Educational Technology/M.A.T. Technology Education
- Electrical/Computer Engineering
  90 Majors/6 Faculty
  40 Electrical/50 Computer Majors
- Mechanical Engineering
  200 Majors/8 Faculty
  120 Mechanical/25 BioEng/25 Civil/30 Eng. Mgmt.

Technological Studies

- **Technology Education/
  Pre-Engineering Major**
  NJDOE Core Content Standard 8 "Technological Literacy"
  (technological & engineering design)
  – Strong M/S Liberal Learning
  – Mechanical Engineering Design Strand
  – Electrical Engineering Design Strand
  – Technological Design Strand
  – Professional Studies (certification)
  – 100% Teaching Placement/Premium

Technological Studies

- M/S/T (ELST, ECST, DHST, SEST)
  – Core (10 units)
  – Specialization (4 units)
- Master's/Educational Technology
- M.A.T. Technology Education
- NSF Projects www.childrendesigning.org
- TIES Magazine www.tiesmagazine.org
- Engineering (School of Engineering)

**The Challenge:
"Tsunami Relief Project"**

- **The Problem:**
  – Tsunamis are fairly common in the Pacific and Indian ocean regions and are caused by an earthquake. The first wave in a tsunami is not necessarily the most destructive. A tsunami has hit a remote island and the islanders are without food or water.

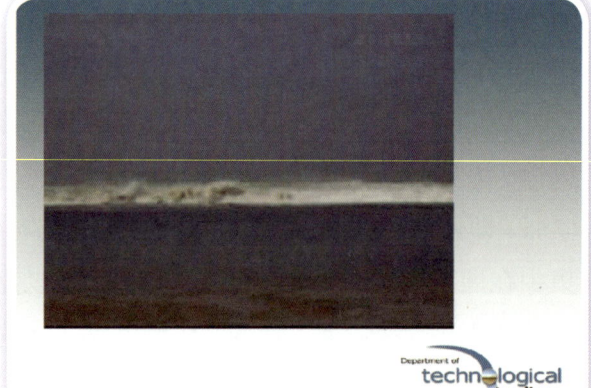

"The Challenge"

- **Design Brief:**
  – Design and build a food packet delivery system to be mounted on the relief ship. Due to the island reef, the ships can only get within one mile of the northern coast of the island. The delivery system must be remotely triggered to protect the ship's crew. Food packets (marshmallows) need to be delivered to both villages from this position.
  – *An illustration and additional specifications will be provided.*

Questions:

- Dr. John Karsnitz
  Professor and Chairperson
  Armstrong Hall 181
  (609) 771-2782/2543
  karsnitz@tcnj.edu
- http://www.tcnj.edu/~tstudies

图 18-44 使用设计模板的讲演稿，介绍性幻灯片使用了部门的商标，幻灯片2、3和4介绍了部门，幻灯片5介绍了设计的挑战，注意：幻灯片6中插入了视频。

总　结

每天都有数百种新的印刷产品进入市场。大多数情况下，这些产品出自经验丰富的商人之手，他们利用先进的计算机软件、彩色印刷机以及特殊的纸张用心地生产出来。好的平面设计需要辛苦地工作、认真地规划、恰当地运用平面设计原则，以及大量的修订工作。最终的设计方案应该满足客户和预期受众的需求。

设计过程包括三个独特的活动。收集和组织信息是设计过程的最初步骤，这一步骤需要你识别和按一定逻辑顺序归置所有关于产品和受众的有用信息。创作包括想法的发展过程，利用称为样稿的一种完整的视觉模型，只有在向客户展示样稿并且获得客户的批准后，设计才能被投入大批量生产。生产包括了筹备产品再生产的所有必要步骤，以及再生产过程本身。再生产，也就是制作图形产品的复制品，是生产的一种特殊形式。

尽管了解产品以及设计过程的性质非常重要，但想要创造有效的设计，还需要了解元素和展现元素的空间之间的关系，这个空间可以是一张纸，或是一件产品。平面设计原则规定了对颜色、色调等元素的选择、创造、放置以及视觉质量。这些原则涉及许多视觉上的细节，设计师可以通过关注与统一性相关的一些规则，例如统一协调、平衡相称、节奏韵律、重点强调和比例尺寸等，实现高效的设计。

有效的排版要求做出合适的版式，包括确定字体大小、行间距、文字样式、行长度和设计版式。排版系统，例如桌面出版系统，要利用印刷原则，并且依据版式测量标准体系。

图片在任何设计中都非常重要。在报告、包装以及讲演中，图片可以实现单凭文字无法呈现的清晰效果。人们喜欢看好的图片。在设计过程中，设计师可以使用黑白或者彩色图片，也可以使用自己拍摄的照片、购买已有的照片或者聘请专业的摄影师，只要照片的质量和构图合格，甚至可以使用自己的照片。

插图是平面展示中用到的广泛的副本类型。图表和图片可以用来展示数据类别。有时候，艺术效果图可以代替照片。这些插图可以是素描，也可以是黑白或彩色渲染的色调艺术。符号和商标是插图的特殊形式。符号和商标的设计需要得到广泛认知和理解。这些特殊形式的插图是从最基本形式剥离的那些文字或其他图像。

互联网被广泛用于交流、研究和买卖商品的过程之中。超文本标记语言 (HTML) 是一种用于在浏览器中呈现信息的计算机语言。软件程序使得并不了解 HTML 的设计师也可以设计网页，并管理复杂网站。这些

总　结

程序同时融合了文件传输协议（FTP）机制，可以将文件夹从设计师的电脑传送到计算机服务供应商（ISP）的服务器上，人们可以通过以前缀 http:// 为标志的统一资源定位符（URL）来访问文件内容。网页设计与其他平面设计有许多相同之处，并且需要遵循平面设计原则。专业的网页设计师要能够做出选择，保证所有的网站访客能够访问到美观的网页。

专业平面设计师需要做各种各样的展示。在项目的早期，他们可能需要做现状报告，随后还有其他阶段报告。在设计尾声，设计师需要通过展示向管理层或客户呈现最终设计方案。汇报的对象可能是较小的或者相对较大的团体，汇报对于项目的成功总是非常重要。好的平面设计需要辛苦地工作、认真地规划，好的设计图片以及讲演者不断的练习。出色的设计师同时还应该是优秀的演讲者。

课后作业

观察 / 分析 / 综合

1. 分析总结图 18-1 中的设计是如何使用设计原则的？
2. 在分页的铜版纸上打印 CMYK 图像（确保材料适用于机器）。将修剪后的不同颜色贴在同一张塑料纸的四个边缘，组合这四色纸。最终，列出混合不同 CMYK 图像的效果清单，可以是青红、红黄或者青黄。当黑色与其他颜色混合时会发生什么？组合所有四种颜色会是什么效果？
3. 利用设计原则设计一张名片。
4. 为一款在全世界发行的手机设计商标。
5. 为某个产品，例如手机，拍摄一张照片，然后使用图片编辑软件去除背景。

补充作业

工程设计分析挑战

- 选择一个 20 世纪最伟大的工程成就，并准备一份 10 分钟的 Powerpoint 进行展示。
- 利用 5W 原则做一次展示。
- 利用笔记和大纲来组织展示。
- 收集视觉图片。
- 准备一份 Powerpoint 展示。选择或者设计一个模板，如果需要的话，也可以修改母版。
- 重新观看你的幻灯片，如有需要可以进行修改。
- 在合适时为观众准备展示信息的副本。
- 练习展示。
- 做展示。

术语表（按照拼音字母顺序排列）

A

安全系数（safety factor）：衡量产品超载能力的系数，它是极限应力（破坏点的应力）和工作应力（允许构件承受的最大应力值）的比值。

B

并联电路（parallel circuit）：电流有多条通路的电路。元件按照这种方式连接的，通常称为"并联"。

C

差异度：也称为变异度（数理统计概念）；是尺寸和参数预期的变化范围。

产品（product）：在商业上，该术语指代所有购买或者销售的货物和服务。设计产品的目的是满足人们的需求。在零售行业，产品常被称为货物；在制造过程中，产品可以是作为商品购买来的原材料，比如说金属板材或者橱柜级胶合板，用来制造最终的商品。

串联电路（series circuit）：电流只有一条通路的电路。元件按照这种方式连接的，通常称为"串联"。

D

导体（conductor）：允许电荷（通常是，但不总是电子）移动的材料。

电流（current）：单位时间里通过导体任一横截面的电荷量。电荷量的单位是库仑，然后再除以相应的时间，就得到"库仑每秒"，或简称"C/s"，它的另外一个名字就是"安培"，简称"安"或"A"。

电压（voltage）：衡量单位电荷在静电场中由于电势不同所产生的能量差的物理量。电压越高，电荷的能量越大。电压在国际单位制中的单位是伏特（V），简称伏。例如，12伏特电池也称为12 V电池。

电阻（resistance）：电阻用来衡量电流（电荷）在材料或部件内流动时受到的阻碍程度。电阻越高，材料或元件对电流的阻力越大。电阻的单位是伏特·秒/库仑，这个电阻单位有点复杂，所以我们通常用欧姆。1欧姆即为1伏特·秒/库仑。欧姆常用符号Ω表示。例如，一个12欧姆的电阻写成12 Ω。

F

反平方定律（inverse square law）：任何表明某些物理量与独立变量（通常是距离）的平方成反比的物理定律。

辅助技术（assistive or adaptive technology）：商业的、改良的或者定制的，用于维持、增强或者促进残疾人使用的产品、装置或者设备。

G

工程设计分析（engineering design analysis）：将数学和科学知识应用到工程设计中，当这个工程设计已经成型，或者大量生产时，对设计方案进行检验，判断设计无法实现预期目标的原因是什么。

工业设计师（industrial designer）：产品和系统设计的专业人员。工业设计师致力于创造新的设计方案来优化产品和系统的功能、价值及外观，使消费者和制造商获得共赢。

古典风格（classical style）："elite"（拉丁文），代表罗马建筑师帕拉第奥建设的最高等级的建筑。这个术语今天用来形容基于古希腊、古罗马设计元素而设计的建筑。

H

后现代主义（postmodernism）：开始于20世纪晚期的一场设计运动，它反对现代主义和科学客观性的限制。

J

机构（mechanism）：机构是一系列相关的运动部件的集合，机构能够输入运动和力，并将其转化成输出的运动和力。机构在运行时遵循自然法则和物理规律。

机器（machine）：机器是一种能够通过转化能量来完成任务的装置。机器可以是机械的，如动力工具和汽车，机器也可以是由电力驱动的，例如计算机。科学中所研究的简单机械包括杠杆、车轮和车轴、滑轮、斜面、楔块和螺钉等，这些简单机械只能改变力的方向或大小。学生在学习本章的机械工程设计时，首先需要了解杠杆和曲柄、摩擦轮和齿轮、凸轮、蜗杆，还有其他的可以传递拉力和压力的工具，以及提供间歇性运动的工具。学生在充分学习了解这些工具后，要尽可能多地使用这些工具来设计可能的解决方案。

计划性淘汰（planned obsolescence）：工业上的一种策略，有意设计、缩短产品的寿命，使产品在一定时间后报废。

加速度（acceleration）：速度随时间的变化率。典型的加速度单位包括：米每平方秒（m/s^2），英尺每平方秒（ft/s^2），英里每平方小时（mi/hr^2），和英尺每小时每秒（$mi/hr \cdot s$）。

建筑结构（structure）：建筑结构是指在建筑物中，用来承受各种载荷和作用力，起到骨架作用的系统，除了由于材料本身的弹性而发生的变化，其形状不会发生变化。

建筑师（architect）：设计民用和商用结构的专业人员，领导整个团队，并且负责与客户接洽，商讨项目范围。建筑师关心项目的用途，并且需要满足所有的规范要求。

交流电（alternating current，AC）：电流方向随时间作周期性变化，最常见的波形是正弦波。也就是说，交流电在时间轴上的变化像正弦曲线。

角度（angle）：将一条直线与另一条直线重合时所需旋转的量。

绝缘体（insulator）：不允许电荷（通常是，但不总是电子）移动的材料。

M

美学（aesthetics）：与外观有关；哲学的一个分支，是对所见事物做出的视觉反应，并以此评判所见事物，这些评价通常会产生喜欢或不喜欢的态度，与文化、经济、政治和道德观念有关系。

密度（density）：将材料的质量除以体积，得到的是密度。空气的密度为 $1.2\ kg/m^3$，水的密度为 $1000\ kg/m^3$，金的密度为 $19.3\ g/cm^3$。

目标群体（target population）：设计面向的人群，目标群体一般针对年龄和性别，当然也需要包含其他特征，如收入、左撇子或身体残疾。

N

耐用品和非耐用品（durable and nondurable goods）：美国商务部用来描述产品有效使用时间的名称。耐用品是指那些能够有效使用 3 年以上的产品，非耐用品是指那些使用期限在 3 年内的产品。

黏度（viscosity）：液体流动的阻力。由于种种因素的存在，温度可以改变液体的黏度。

P

帕斯卡定律（Pascal's law）：对封闭容器中的液体施加压力时，压力会大小不变地向液体的各个方向传递。

平均值（mean）：又称为平均数；所有数值的总和除以数值的个数。例如，前 4 个奇数的平均值为（1+3+5+7）/4=16/4=4。

平面设计（graphic design）：利用符号、图像、视频等进行某种形式的视觉交流，以美学布局印刷页面上的插图，供网页或多媒体进行数码显示等的设计过程。

R

人体测量学（anthropometry）：涉及测量人类外形、尺寸等身体特征的科学分支。人体测量学的资料以统计形式为设计者提供参考。

人体工程学（human factors）：基于人类特征、行为和能力，兼顾安全和高效的原则，对产品、系统、环境进行设计和研究的一门应用科学。

S

示意图（schematic）：用图形符号来表示气动、液压或电控组件系统的简图。

受众（audience）：设计师出于产品开发目的会关注到某些特征的特定人群。这些特征包括年龄、性别、收入、兴趣和其他与该产品相关的特点。

速度（velocity）：位移随时间的变化率。速度的一些典型单位包括米/秒（m/s），厘米/秒（cm/s），英尺/秒（ft/s），和英里/小时（mi/hr 或 mph）。

T

通用设计（universal design）：某项产品、系统或环境的设计能够消除某种障碍，并能够满足所有人（包括特殊需要的人）。

W

位（bit）：也称为比特，是由英文 BIT 音译而来，同时也是二进制数字中的位，信息量的度量单位，为信息量的最小单位。每个二进制数字 0 或 1 就是 1 个位（bit）。二进制数字 11011 有 5 位，而 101 有 3 位。

X

膝腘高度（popliteal height）：人挺直身体坐着时，从地面到膝盖背后（腿弯）的垂直距离。

Y

液压系统（hydraulic system）：利用液体将力从一个点传递到另一点。

运动学（kinematics）：运动学是工程力学的一个分支，研究运动而不考虑导致物体运动的力或物体的质量。

Z

知识产权（intellectual property）：通常指创造发明，同时涵盖各种著作，包括文学作品、音乐作品、戏剧作品、哑剧、舞蹈作品、图像作品、美术作品、雕塑作品、电影和录音资料等。美国专利法、商标法和著作权法都对知识产权进行保护。

直流电（direct current, DC）：只向一个方向流动或者流动方向随时间变化很缓慢的电流。

转动速度（rotational velocity）：角度随时间的变化率。转速的一般单位是弧度每秒（rad/s）和度每秒（deg/s）。[转速还可以用单位时间内转的圈数衡量，例如每分钟转动圈数（rpm）或每秒转动圈数（rot/s）。]

转矩（torque）：这个量在转动中相当于平动中的力。转矩的定义是力乘以距离[$\tau = (F)(d)$]，这个距离是力到旋转中心的距离。希腊字母τ用于表示转矩。转矩的常用单位是牛顿·米（N·m），英尺·磅（ft·lbs）或者英寸·磅（in·lbs）。

字节（byte）：计算机信息技术中用于计量存储容量的一种计量单位，1字节中包含8比特。

图书在版编目（CIP）数据

工程设计导论.下/（美）约翰·R.卡尔斯尼茨（John R. Karsnitz），（美）斯蒂芬·奥布赖恩（Stephen O'Brien），（美）约翰·P.哈钦森（John P. Hutchinson）著；李婵等译. —上海：上海科技教育出版社，2018.8
（中小学工程教育丛书/张民生主编）
书名原文：Engineering Design: An Introduction
ISBN 978-7-5428-6690-5

Ⅰ.①工… Ⅱ.①约… ②斯… ③约… ④李… Ⅲ.①工程技术—高中—教材 Ⅳ.①G634.931

中国版本图书馆CIP数据核字（2018）第042194号

责任编辑　赵　地　汤敏燕
装帧设计　杨　静

中小学工程教育丛书
工程设计导论（下）
约翰·R.卡尔斯尼茨（John R. Karsnitz）
斯蒂芬·奥布赖恩（Stephen O'Brien）
约翰·P.哈钦森（John P. Hutchinson）　著
赖文绚　李婵　李超　林峰　王斌　杨昌荣　张询　周球尚　译

出版发行　上海科技教育出版社有限公司
　　　　　（上海市柳州路218号　邮政编码200235）
网　　址　www.sste.com　www.ewen.co
经　　销　各地新华书店
印　　刷　上海普顺印刷包装有限公司
开　　本　889×1194　1/16
印　　张　17.5
版　　次　2018年8月第1版
印　　次　2018年8月第1次印刷
书　　号　ISBN 978-7-5428-6690-5/G·3825
图　　字　09-2016-203号
定　　价　96.00元

Engineering Design: An Introduction, Second Edition
John R. Karsnitz, Stephen O'Brien and John P. Hutchinson

Copyright © 2013 by Delmar, a part of Cengage Learning.

Original edition published by Cengage Learning. All Rights reserved. 本书原版由圣智学习出版公司出版。版权所有，盗印必究。

Shanghai Scientific and Technological Education Publishing House is authorized by Cengage Learning to publish and distribute exclusively this simplified Chinese edition. This edition is authorized for sale in the People's Republic of China only (excluding Hong Kong, Macao SAR and Taiwan). Unauthorized export of this edition is a violation of the Copyright Act. No part of this publication may be reproduced or distributed by any means, or stored in a database or retrieval system, without the prior written permission of the publisher.

本书中文简体字翻译版由圣智学习出版公司授权上海科技教育出版社独家出版发行。此版本仅限在中华人民共和国境内（不包括中国香港、澳门特别行政区及中国台湾）销售。未经授权的本书出口将被视为违反版权法的行为。未经出版者预先书面许可，不得以任何方式复制或发行本书的任何部分。

Cengage Learning Asia Pte. Ltd.
151 Lorong Chuan, #02-08 New Tech Park, Singapore 556741

本书封面贴有Cengage Learning防伪标签，无标签者不得销售。

上海市版权局著作权合同登记号 图字 09-2016-203 号